科技考古

第五辑

中国社会科学院考古研究所科技考古中心　编

科学出版社
北　京

图书在版编目(CIP)数据

科技考古．第五辑 / 中国社会科学院考古研究所科技考古中心编．—北京：科学出版社，2018.4

ISBN 978-7-03-057084-0

Ⅰ.①科…　Ⅱ.①中…　Ⅲ.①科学技术-考古-中国-文集　Ⅳ.①K875-53

中国版本图书馆CIP数据核字（2018）第065000号

责任编辑：张亚娜　周　赒

责任校对：邹慧卿

封面设计：张　放

责任印制：肖　兴

科学出版社 出版

北京东黄城根北街16号

邮政编码：100717

http://www.sciencep.com

中国科学院印刷厂 印刷

科学出版社发行　各地新华书店经销

*

2018年4月第　一　版　　开本：787×1092　1/16

2018年4月第一次印刷　　印张：16 1/2　插页：14

字数：370 000

定价：168.00元

（如有印装质量问题，我社负责调换）

本书出版受中国社会科学院学科建设“登峰战略”
优势学科科技考古项目资助

《科技考古》编辑委员会

前　言

1995年，中国社会科学院考古研究所诞生了一个新的科研机构，这就是今天的科技考古中心。当时，这个研究机构不仅在中国考古学界,乃至在世界考古学界都显得十分独特，如何命名这个新机构也颇费周折。经过反复思量，最终选择了“考古科技实验研究中心”这个冗长的名称，既强调了考古又体现了科技，既做实验也搞研究，面面俱到，涵盖和照顾到了当时大多数人对科技考古的理解，易于被大家所接受。回想起来，在科技考古的学科定位尚未完全明确的20世纪90年代，科技考古中心的创建本身就是一种超前的举措，具有很强的科学前瞻性和创新性。

经过20余年的探索，科技考古的研究理念、研究目的和研究内容不断明确和完善。这从科技考古中心三易其名可以看出，先是考古科技实验研究中心，再是考古科技中心，后确定为科技考古中心，每一次改名都进一步地突出了考古学在科技考古研究中的重要性。科技考古是利用自然科学中某些学科的研究手段和方法探讨考古学的问题，科技只是手段，考古才是目的。科技考古属于考古学研究范畴，科技考古也是考古，科技考古就是考古。

在中国社会科学院和考古研究所的重点扶持下，科技考古中心已经逐步发展壮大，成为一个实验设备先进、对比标本充足、科研力量雄厚、考古资料丰富、研究成果显著的科研机构。现在的科技考古中心下设了15个实验室，分别从事年代学研究、数字考古、环境考古、土壤微环境分析、人骨考古、动物考古、植物考古、木材分析、食性分析、古DNA分析、成分分析、冶金考古、陶器研究、玉石器研究和考古摄影等，是目前国内乃至国际上研究领域最为齐全的科技考古研究机构之一。

伴随着科技考古中心的发展和壮大，我们不定期地编纂出版了《科技考古》文集，用以展示和宣传科技考古中心诸位学者在其各自研究领域的科研成果。截至目前，已经出版了四辑《科技考古》文集，其中包括科技考古中心成立十周年（第一辑）和二十周年（第四辑）的纪念文集，以及对“中华文明探源工程”的“生业、技术与经济”子课题研究成果的集中展示（第二辑和第三辑）。鉴于近几年科技考古在中国的快速发展，以及不断涌现出的科研新成果，我们决定及时编纂《科技考古》第五辑，将其作为科技考古中心最新成果的汇报，再一次展现给大家。本辑《科技考古》共收集了18篇学术论文，下面逐一简单介绍，以便读者阅读。

《中原地区的生业状况与中华文明早期发展的关系》一文，以考古遗址出土的动植物遗存为基础，对中原地区仰韶文化和龙山文化至二里头文化两个阶段的生业经济进行研究，重点探讨了生产力状况与中华文明早期发展及其动因之间的关系。

《考古出土炭化大豆的鉴定标准和方法》一文，通过对现生大豆粒标本的观察和炭化实验，发现和归纳出栽培大豆和野大豆在豆粒形态特征上的差异，以及被炭化后的变化规律，再结合对重点考古遗址出土炭化大豆粒的观察和检验，科学地提出了专门针对考古出土炭化大豆粒的鉴定标准和方法，有助于学术界对大豆起源和早期耕作技术的研究。

《辽宁长海小珠山遗址考古学文化的年代序列》一文，通过以考古学文化分期为基础建立的地层序列的取样测年，使小珠山遗址年代序列得以充实和细化，形成了该遗址较为完整的考古编年，为辽东及相关区域年代学研究的深入提供了依据。

《佛教考古工作中的多视角三维重建》一文，介绍了无人机拍摄与地面拍摄相结合进行多视角三维重建的方法，这种有别于传统测量技术的新方法，有望在石窟寺研究以及佛教遗产保护领域得到广泛推广和运用。

《东魏皇族元祜的种族探寻》一文，通过对河北磁县元祜墓中人骨的体质人类学和线粒体DNA分析，判断身为东魏皇族的元祜应属于北亚人群，说明鲜卑人群受到汉族的基因影响有限。

《青海喇家遗址出土动物遗骸的锶同位素比值分析》一文，利用锶同位素分析技术对喇家遗址出土动物遗骸进行检测和分析，显示出喇家先民在齐家文化早期至晚期一直自己饲养大部分黄牛和绵羊，到晚期才出现少量的外来黄牛和绵羊。

《殷商时期高分辨率的生态环境重建》一文，通过对安阳殷墟出土的一万余块木炭样品进行鉴定和分析，结合共存因子法分析和木炭树轮年代学研究，为重建殷商时期生态环境以及商都毁弃的原因等研究提供了新的证据和线索。

《商族起源的人骨考古学探索》一文，从人骨考古学角度观察分析商族的种系渊源以及其与同时代或略早的各文化人群的亲疏关系，认为商族人群是一个复杂且多元化的人群集合体，推测其最早可能起源于我国东北地区的西部、西辽河流域等地区。

《圈足上的镂孔：试论商代青铜器的泥芯撑技术》一文，通过表面观察、X射线探伤及青铜器与陶范比对等方法，考察从二里头文化时期到晚商时期泥芯撑技术的发展变化，进而对这一时期青铜器陶范铸造技术的演进开展研究。

《山东章丘西河遗址的古地貌及相关问题》一文，根据观察到的剖面和考古发掘资料，对山东章丘西河遗址及周边区域的地貌和沉积过程进行了划分，并通过对不同地貌单元沉积序列及其空间组合的分析，重建了区域地貌格局及其演化的过程。

《二里头遗址的野生动物资源获取与利用》一文，以二里头遗址出土动物遗存研究为个案，探讨了二里头文化时期的都城及这一城市聚落中人们利用的野生动物资源种类与数量比例、获取与利用野生动物资源的方式及相关问题。

《祭牲礼制化的个案研究——何郢遗址动物考古学研究的新思考》一文，对何郢遗址出土动物遗存进行了系统的研究。在探讨遗址先民获取动物资源方式的基础上，文章又对出土祭牲遗存做了考察，并结合相关考古遗存及文献资料，进一步将中国古代祭牲礼制化的进程分为兴起期、萌芽期或初创期与确立期。

《陕北神圪垯梁遗址4000a BP前后生业经济的稳定同位素记录》一文，以神圪垯梁遗址出土人骨和动物骨骼为研究对象，运用碳氮稳定同位素分析方法重建了该遗址居民的食物结构与家畜饲养策略，探讨了粟作农业在遗址生业经济中的重要性，并指出繁荣的粟作农业经济为社会发展提供了稳定的食物供给，这可能是陕北4000a BP前后文明化进程骤然提速的重要原因。

《殷墟晚商玉器阴刻技术试析》一文，通过对妇好墓出土玉器的微痕分析，发现传统的手持石制工具在很大程度上已被携带解玉砂的旋转砣具取代，而商晚期玉器阴刻纹饰的盛行应该与在内因推动下新工具的发明利用等客观条件的支持有着直接关系。

《卜骨来源研究的新进展：中国新石器时代晚期牛骨的DNA研究》一文，对陶寺和周家庄遗址出土的非刻辞牛卜骨进行了古DNA研究，发现这两处遗址都曾使用家养黄牛的肩胛骨，并且普通牛、原牛和水牛同时存在于龙山时期的这一地区，家养普通牛和野生原牛的肩胛骨也都被用作卜骨原料。

《邺城佛教造像的三维重建探索》一文，通过使用数字摄影测量与多视角三维重建技术进行佛教造像三维重建的探索，有望为邺城佛像全方位空间信息的采集和展示，以及完整数据库的建立提供有力的帮助。

《陶寺遗址石器生产的产能分析》一文，根据陶寺遗址石制品复制实验结果以及出土的大量变质砂岩石片，对陶寺遗址晚期石器生产的产能进行了估算，认为该时期变质砂岩石器的生产超出了自身消费的需求，并输出到周边遗址。

《新疆于田流水墓地青铜时代人类牙齿非测量性状》一文，从采集自流水墓地的百余例人骨标本的牙齿非测量性状研究入手，将其与欧亚大陆范围内的古今人群进行比较研究，结果显示，至少在3000年前新疆西南部就已经出现了来自西方的人群迁徙。

从以上的简介中不难看出，这18篇论文都是从科技考古的不同领域和角度，对我国不同时期和区域的相关考古材料展开研究，在一定程度上代表了科技考古各个研究领域普遍关注的研究内容和最新的研究方法。近些年来，考古学界持续借鉴、获取、更新和利用所有能够为考古学研究提供帮助和服务的自然科学技术和手段，新的方法、新的技术、新的领域、新的发现不断涌现，我国的科技考古已经进入到一个发展的黄金阶段。中国社会科学院考古研究所的科技考古中心顺应了这股科技考古新浪潮，抓住这个科技考古大发展的机遇，与国内其他科技考古研究力量共同努力，不断开拓新的研究领域，继续创造新的辉煌。作为科技考古工作者，我们将与所有的考古学者共怀一个考古梦！

赵志军

2017年11月30日

目　录

中原地区的生业状况与中华文明早期发展的关系

袁　靖

摘要：按照历史唯物主义的基本观点，生产力决定生产关系，经济基础决定上层建筑，生产力的发展是推动人类社会进步的根本动力。依据遗址出土的动植物遗存进行包括当时的家畜饲养业在内的生业经济的研究，探讨当时的主要生产力状况，是认识中华文明早期发展及其动因的重要内容。本文以中原地区分别属于仰韶文化庙底沟类型至二里头文化的西坡、瓦店、王城岗、新砦和二里头等五个典型遗址的生业状况为例，结合其他相关资料，归纳出中原地区的生业特征可以分为仰韶文化和龙山至二里头文化两个阶段。中原地区的生业状况整体上呈持续发展的趋势，新的生产力要素在公元前2000年之前已经进入中原地区。持续发展过程和加入新的生产力要素这两个特征在中华文明早期发展过程中发挥了重要作用。在肯定经济基础决定上层建筑的前提下，还必须高度重视上层建筑在推动持续发展的生业状况及推广新的生产力要素过程中的重要作用。在生业状况基本一致的中原地区出现过多次政治中心的转换，这是上层建筑具有重要作用的表现。在生业发展方面缺乏持续性是其他地区的共同特征，而这一共性与其他地区在考古学文化层面表现出的分裂、中断和倒退等现象是相互关联的。

关键词：中原地区　生业　中华文明

本文提到的中原地区主要指中原核心地区，以东起郑州、西至渑池、北达济源、南抵驻马店一带为其范围[1]，而中华文明早期的时间界定则以目前正在进行的“中华文明探源工程”提出的时间跨度为依据，为公元前3500～前1500年左右。

通过对人工遗迹和遗物的形态特征研究发现，在公元前3500～前2000年左右，当时的中国大地上持续分布着不同类型的文化，各个文化显示出明显的地方性特点。但是，在公元前2000～前1500年左右这个时间段里，西辽河流域的夏家店下层文化发展中断，黄河上游地区的齐家文化之后又出现了寺洼文化、卡约文化等，黄河下游地区的龙山文化演变成岳石文化，长江中游地区的石家河文化发展中断，长江下游地区的广富林文化为后来的马桥文化所替代。这些地区的各个文化从整体上说是走向消失和转型的。

唯独中原地区在公元前1800年左右开始出现了二里头文化，这个文化的发展程度明显高于其他地区的文化，成为中国早期国家出现的标志。探讨文化发展演变的原因，是当今中国考古学界的研究热点。纵观这方面的研究内容，主要是围绕遗址的数量多少、面积大小、分布格局、人工遗迹和遗物的形状特征及其背后蕴藏的性质、作用、社会结构、宗教意识和战争等历时性变化进行探讨，聚焦政治史、社会史、宗教史和军事史等，涉及以生业为研究特征的实例很少。

按照历史唯物主义的基本观点，生产力决定生产关系，经济基础决定上层建筑，生产力的发展是推动人类社会进步的根本动力。依据遗址出土的动植物遗存进行包括当时的家畜饲养业在内的生业经济的研究，探讨当时的主要生产力状况，是认识中华文明早期发展及其动因的重要内容。

本文主要以西坡、瓦店、王城岗、新砦和二里头等五个典型遗址为例进行论述。这些遗址均经过系统的动植物考古研究，即采用浮选法采集植物遗存，通过显微镜观察鉴定农作物种属和统计数量，推测当时的农作物种植方式；通过对发掘出土的动物遗存进行鉴定及统计，有些还应用稳定同位素分析及DNA分析，认识各种家养动物的数量和谱系，推测当时的饲养方法等。此外，还收集了一些相关遗址的动植物遗存研究结果，在此基础上探讨中原地区生业形态的发展变化过程，为认识当时的社会变化原因和特征提供有价值的启示。鉴于现在尚未对与农业相关的生产工具开展全方位的科学研究，本文暂不做过多的讨论。

以下分为各个遗址的生业状况、讨论和结论等三个方面分别阐述。

一、各个遗址的生业状况

多年来，在中原地区发现大量的属于公元前3500～前1500年左右的考古遗址，其中，属于仰韶文化庙底沟类型和大河村类型的遗址、属于王湾三期文化的遗址、属于新砦文化的遗址、属于二里头文化的遗址的数量都相当多，有些文化类型的遗址数量超过数百处[2]。依据类型学的研究结果，属于同一文化类型的遗址在人工遗迹和遗物的特征上具有较强的一致性。但是，在这些遗址中真正开展过植物考古和动物考古研究的数量极少，这里按照时间早晚列举五个具有典型意义的遗址的研究结果，另外，还收集了其他遗址的相关研究结果，分别阐述如下。

（一）河南灵宝西坡遗址

公元前3600年左右的西坡遗址是仰韶文化庙底沟类型的居住遗址[3]，公元前3300～前2900年左右的西坡墓地也属于仰韶文化庙底沟类型[4]，其与西坡遗址的关系当为一个连续发展过程中的不同阶段。由于西坡墓地没有发现与生业相关的遗物，这里以经过植物考古和动物考古研究的西坡遗址为例，尽管其年代偏早，但因为同属于庙底沟类型，所以没有从根本上影响我们的科学认识。

从植物考古学的研究结果看，在西坡遗址出土的炭化农作物遗存中，粟的数量比例占所有出土农作物籽粒总数的90.6%，出土概率为90.9%；黍占8.8%，出土概率为

81.8%；粟和黍合计在农作物籽粒总数中所占比例高达99.4%。水稻的数量占所有出土农作物籽粒总数的0.6%，出土概率为36%。根据统计结果，西坡遗址的农业生产是以种植粟和黍为主，当时的水稻数量极少，不能完全确定是传入的还是在当地种植的[5]。

从动物考古学的研究结果看，家养动物主要为猪和狗，野生动物以鹿科为主。家养动物约占全部哺乳动物总数的63%，野生动物约占37%，以家养动物为主。在家养动物中猪的最小个体数约占总数的98%，狗占2%[6]。

通过对西坡出土人、猪、狗骨的碳氮稳定同位素分析，发现人的碳十三值较高，31例个体的碳十三值为-12.4‰～-7.9‰，平均值为-9.7‰，他们的食物基本属于C_4类，与遗址中出土的农作物遗存以小米为主完全吻合，鉴于这个地区的自然植被以C_3类为主，研究人员认为人的碳十三值反映出当时人的主食可能是小米[7]；狗和家猪的碳十三值与人的相似，狗的碳十三值为-8.2‰，2例猪的碳十三值为-7.4‰和-7.7‰，均高于人的碳十三值，它们可能食用了小米的壳及人的粪便等[8]。

（二）河南禹州瓦店遗址

瓦店遗址属于公元前2200～前1900年左右的王湾三期文化[9]。

从植物考古学的研究结果看，在瓦店遗址出土的农作物遗存中，粟的数量占所有出土农作物籽粒总数的52%，出土概率为66%；黍占9%，出土概率为50%；小米和黄米合计在农作物籽粒总数中所占比例为61%。稻谷占26%，出土概率为62%；小麦占0.2%，出土概率为4%；大豆占13%，出土概率为45%。瓦店遗址已经具备五种农作物。根据统计结果，瓦店遗址的农业生产同样以种植粟和黍为主，但是水稻的数量明显增加。由于发现了水稻的小穗轴，应是当地脱粒，可能是在当地种植的。小麦的数量极少，不能肯定是否属于这个时期；大豆的形态已经脱离了完全原始的状态，属于农作物[10]。

从动物考古学的研究结果看，狗、猪、黄牛、绵羊是家养动物，野生动物以鹿科为主。第一期家养动物约占哺乳动物总数的64%，野生动物约占36%。在家养动物中，猪的最小个体数约占总数的78%，狗和黄牛各占11%左右，没有发现绵羊。第二期家养动物约占67%，野生动物约占33%。在家养动物中，猪约占68%，狗和绵羊各占13%，黄牛占6%左右。第三期家养动物约占73%，野生动物约占27%。在家养动物中，狗约占35%，猪约占24%，绵羊约占23%，黄牛占18%左右。各期都以家养动物为主。从各种家养动物的数量看，猪虽然占据多数或接近多数，但从早到晚有减少的趋势，绵羊在第一期不见，第二、三期逐渐增多，黄牛第三期比第一期多，狗的数量不稳定[11]。

碳氮稳定同位素的测试结果显示，人的碳十三值多数分布在-10.8‰～-8.7‰，食物主要来自C_4类，有3个个体分别为-13.1‰、-14.5‰与-15.0‰，应该食用了一定比例的C_3类；狗的碳十三值为-11.0‰～-8.5‰，食物主要来自C_4类；猪的为-16.1‰～-8.1‰，除-16.1‰这个数据偏低，原因尚需讨论之外，其他9个猪的碳十三值为-12.4‰～-8.1‰，表明其食物主要来自C_4类；黄牛的为-15.1‰～-9.4‰，多数个体以C_4类食物为主食，2例黄牛食用了较高比例的C_3植物；绵羊的为-17.3‰～-16.0‰，以C_3类食物为主食，并食用了较高比例的C_4类食物。这个地区的自然植被同样以C_3类为主，鉴于遗址中出土的农作物遗存以小米为主，兼有水稻，由此可以推测，粟类是瓦店先民食物结构的主体，但稻类的贡献也是显而易见的，尤其在某些人的食物结构中的重要性甚至与粟类食物不相上下。狗和家猪的碳十三值则表明，它们可能主要以小米的壳及人的粪便等为食；黄牛进食了大量C_4类食物，人工喂养小米的秸秆的可能性很大；绵羊主要食草，可能也食用人们提供的小米的秸秆等[12]。

（三）河南登封王城岗遗址

王城岗遗址的文化堆积可以分为公元前2020～前1900年左右的王湾三期文化时期、公元前1800～前1500年左右的二里头文化时期及比这个年代更晚的其他几个时期[13]。这里主要阐述王湾三期文化和二里头文化时期的研究结果。

从植物考古学的研究结果看，王湾三期文化时期粟的数量比例约占所有出土农作物籽粒总数的93%，出土概率为94%；黍占6%，出土概率为60%；小米和黄米合计在农作物籽粒总数中所占比例为99%。稻谷占0.3%，出土概率为17%；大豆占0.03%，出土概率为4%。二里头文化时期粟约占80%，出土概率为79%；黍占8%，出土概率为71%；小米和黄米合计在农作物籽粒总数中所占比例为88%。稻谷占2%，出土概率为57%；小麦占10%，出土概率为79%；大豆占1%，出土概率为26%。两相比较，二里头文化时期小米的比例略有减少，其他几种谷物则有不同程度的增加[14]。

从动物考古学的研究结果看，狗、猪、黄牛、绵羊是家养动物，野生动物以鹿科为主。王湾三期文化时期家养动物约占哺乳动物总数的81%，野生动物约占19%。家养动物中猪的最小个体数约占60%，狗占20%，黄牛和绵羊各占10%左右。二里头文化时期家养动物约占76%，野生动物约占24%。家养动物中狗、猪、黄牛和绵羊各占25%左右。这两个时期都以家养动物为主。从各种家养动物的数量看，自王湾三期文化时期到二里头文化时期，家猪的数量在二里头文化时期比王湾三期文化时期减少，相应地黄牛和绵羊的数量有一个明显增加的过程，狗则大致保持一定的比例[15]。

碳氮稳定同位素的测试尚未完成，从现有的结果看，只有属于商代中期（公元前1400年左右）的黄牛和春秋时期（不会早于公元前700年）的猪各1个，黄牛的为−12.5‰，猪的为−8.1‰，均表现为以C_4类食物为主食，具体解释与瓦店遗址相同[16]。

（四）河南郑州新砦遗址

新砦遗址的文化堆积可以分为公元前2200～前1900年左右的王湾三期文化、公元前1850～前1750年左右的新砦文化和公元前1700～前1500年左右的二里头文化这样三个时期[17]。

从植物考古学的研究结果看，由于工作还没有完成，现在仅仅知道在二里头文化时期，粟的数量比例约占所有出土农作物籽粒总数的67%，出土概率为52%；黍占13%，出土概率为32%；小米和黄米合计在农作物籽粒总数中所占比例为80%。稻谷占12%，出土概率为28%；小麦占4%，出土概率为4%；大豆占3%左右，出土概率为12%。所谓“五谷丰登”的五种农作物都具备了[18]。

从动物考古学的研究结果看，狗、猪、黄牛、绵羊是家养动物，野生动物以鹿科为主。王湾三期文化时期家养动物约占哺乳动物总数的88%，野生动物占12%。家养动物中猪的最小个体数约占83%，狗占8%，黄牛占6%，绵羊占3%。新砦文化时期家养动物约占76%，野生动物占24%。家养动物中猪约占71%，绵羊占14%，黄牛占9%，狗占6%。二里头文化时期家养动物约占76%，野生动物占24%。家养动物中猪约占46%，绵羊占30%，狗和黄牛各占12%左右。自王湾三期文化时期到二里头文化时期都是以家养动物为主，家养动物中家猪的数量虽然始终占据多数，但是从早到晚有减少的趋势，相应的黄牛和绵羊的数量有一个从少到多的过程，其中绵羊的变化特别明显，而狗的数量略有起伏[19]。

另外，新砦遗址中绵羊的年龄结构中大于3岁的占据多数，与国外学者对西亚地区新石器时代遗址中的绵羊年龄结构的研究结果进行对比，这些绵羊也有可能是用于剪羊毛的[20]。

碳氮稳定同位素的测试结果显示，狗的碳十三值为−12.8‰～−7.9‰，食物基本属于C_4类；猪的为−20.8‰～−7.1‰，其中2个个体分别为−20.8‰和−16.4‰，碳十三值非常低，对这2个同位素的数据尚需讨论，其他11个个体为−10.7‰～−7.1‰，猪的食物同样基本来自C_4类；黄牛的为−12.5‰～−7‰，食物基本来自C_4类；绵羊的为−16.2‰～−11.5‰，既有以C_3类为主食者，也有以C_4类为主食者。关于不同动物的碳十三数据的解释，多与前面的相同，要强调的是新砦遗址的绵羊也较多地食用人们提供的小米的秸秆等[21]。

（五）河南洛阳二里头遗址

二里头遗址包括二里头一至四期文化、二里冈上、下层文化及汉代遗存，其中二里头文化年代为公元前1750～前1500年左右[22]。这里主要阐述属于二里头文化的一期至四期的研究结果。

从植物考古学的研究结果看，二里头文化时期粟的数量比例约占所有出土农作物籽粒总数的58%，出土概率为91%；黍占9%，出土概率为64%；两种小米合计在农作物籽粒总数中所占比例为67%。稻谷占32%，出土概率为70%；小麦占0.02%，出土概率为1%；大豆占0.8%，出土概率为29%。尽管五种农作物都存在，但是稻谷的比例很高，这可能与出土地点主要位于贵族居住区有关[23]。

从动物考古学的研究结果看，狗、猪、黄牛、绵羊是家养动物，野生动物以鹿科为主。二里头遗址一期家养动物约占全部哺乳动物总数的91%，野生动物占9%。家养动物中猪的最小个体数约占50%，黄牛和绵羊各占25%左右，没有发现狗（这期动物骨骼标本的数量较少，这个结果只能作为参考）。二期的家养动物约占81%，野生动物占19%。家养动物中猪约占71%，绵羊占20%，黄牛占5%，狗占4%。三期的家养动物约占77%，野生动物占23%。家养动物中猪约占58%，绵羊占29%，黄牛占8%，狗占5%。四期的家养动物约占85%，野生动物占15%。家养动物中猪约占72%，绵羊占17%，黄牛占8%，狗占3%。一到四期的哺乳动物都以家养动物为主。虽然各期家养动物中家猪都占据多数，但猪的比例有减少的迹象，三、四期绵羊和黄牛的数量都比二期要多，而狗的数量一直最少[24]。四期绵羊的年龄结构中也发现大于3岁的占据多数，与新砦遗址的情况类似，这些绵羊也有可能是用于剪羊毛的[25]。

碳氮稳定同位素的测试结果显示，狗的碳十三值为−12‰～−7.4‰，其食物基本来自C_4类；猪的为−19.2‰～−7.2‰，除1个个体为−19.2‰、3个个体为−16.9‰～−14.8‰，对这4个同位素的数据尚需讨论外，其他19个个体均位于−12.4‰～−7.2‰，这些猪的食物同样基本来自C_4类；黄牛的为−12.3‰～−7.4‰，食物基本来自C_4类；绵羊的为−18.4‰～−12‰，既有以C_3类为主食者，也有以C_4类为主食者。关于不同动物的碳十三数据的解释，多与前面的相同[26]。

DNA的研究结果证实，二里头遗址的绵羊属于谱系A，谱系A最早起源于西亚地区。二里头遗址的黄牛属于T3型，T3型也是西亚地区起源的[27]。

（六）其他相关遗址

尽管仅有上述五个遗址系统、科学地做过动植物考古研究，数量十分有限，但是从已经发表的资料看，还有一些遗址的研究成果可以作为参考。例如有两个遗址包含动植物考古的研究结果，在公元前2900～前2400年左右的渑池班村遗址庙底沟二期文化层里发现了大量的粟[28]。家养动物在全部哺乳动物中占据69%，家养动物中家猪占95%，狗占5%[29]。而年代大约为公元前1700年之前、属于二里头文化的洛阳皂角树遗址的农作物有粟、黍、大豆、小麦和稻等，其中以粟的出土率最高[30]。家养动物在全部哺乳动物中占据62%，家养动物中猪占53%，狗占27%，黄牛占20%[31]。这两个遗址的植物考古研究虽然没有做定量的分析，但都是以粟为主。另外，新密古城寨遗址包括王湾三期文化、二里头时期及殷墟时期，自龙山文化至殷墟各个时期，粟在农作物中都占有绝对多数的地位，黍、小麦、藜的出土概率要远低于粟，小麦出现于二里头文化时期。当时是以粟为主，其他三种农作物为辅，是典型的早期旱作农业[32]。这里需要指出的是，我们对古城寨遗址的动物考古研究结果与上述的瓦店、王城岗和二里头遗址相似，由于研究报告尚未发表，这里不宜具体阐述。

此外，其他几个遗址仅有植物考古的研究结果或动物考古的研究结果，如植物考古的研究证实，登封南洼遗址属于二里头文化时期，农作物组合为粟、黍、水稻、小麦、大豆等，其中以粟为主，其次为黍[33]。动物考古学研究证实，公元前3000年左右的洛阳妯娌遗址和渑池笃忠遗址家养动物占据哺乳动物的60%，主要是家猪和狗，以家猪为主。公元前3000～前2800年左右的郑州西山遗址第三期家养动物占据哺乳动物的77%，主要是家猪和狗，以家猪为主[34]。

二、讨　　论

（一）中原地区生业的发展是中华文明形成和发展的重要因素

通过对以上五个遗址及其他相关遗址不同文化期的生业状况进行比较，可以明显地看到自仰韶文化庙底沟类型到王湾三期文化的生业状况产生明显变化，从王湾三期文化到二里头文化呈现持续发展的过程。揭示这个过程对我们认识中华文明的形成和发展具有重要的启示作用。

属于仰韶文化庙底沟类型的公元前3600年左右的西坡遗址的农作物主要是粟和黍，水稻的数量极少，不能肯定是在当地种植还是传入的；家养动物主要为猪和狗，以猪为主，喂养猪的饲料可能为小米的壳和秸秆等。

班村遗址庙底沟二期文化层的年代为公元前2900～前2400年左右，其出土的农作物和家养动物与西坡遗址相似，在一定程度上弥补了中原地区自仰韶文化到龙山文化过渡阶段生业状况的空白。

属于王湾三期文化的公元前2200～前1900年左右的瓦店遗址、王城岗遗址和新砦遗址的王湾三期文化层中，农作物除粟、黍和水稻外，新增加了小麦和大豆，尽管小麦的数量极少，不能肯定是在当地种植的还是传入的，但是瓦店遗址水稻的数量明显增多。家养动物中除狗、猪及始终以猪为主之外，新增加了黄牛和绵羊，在瓦店遗址中这两种动物从早到晚都有增多的趋势。除王城岗遗址王湾三期文化的黄牛和绵羊没有开展碳氮稳定同位素分析以外，其他两个遗址的分析结果显示，喂养狗、猪的方式与西坡遗址的相似，但是黄牛的饲料主要来自人们提供的小米的壳和秸秆等，而绵羊则主要食草，同时也食用人们提供的小米的壳和秸秆等。

属于新砦文化的公元前1850～前1750年左右的新砦遗址中，粟、黍、稻谷、小麦和大豆等五种农作物及狗、猪、黄牛、绵羊等四种家养动物都与王湾三期文化相同，但是黄牛的饲料完全为小米的壳和秸秆等，绵羊也较多地食用人们提供的小米的壳和秸秆等。饲养绵羊除食肉之外，还可能用于剪羊毛、进行次级产品的开发。

属于二里头文化的公元前1750～前1500年左右的二里头遗址、王城岗遗址的二里头文化层和新砦遗址的二里头文化层里，粟、黍、稻谷、小麦和大豆等五种农作物及狗、猪、黄牛、绵羊等四种家养动物都与新砦文化相同，但是水稻的比例较高，各种家养动物的饲料与新砦文化大体一致，王城岗遗址的二里头文化层和新砦遗址二里头文化层出土的黄牛和绵羊的数量都出现增多的趋势，二里头遗址四期也发现了剪羊毛、进行次级产品开发的证据，二里头遗址的家养动物的饲料与新砦遗址的基本相似，古DNA的分析结果显示其黄牛和绵羊的祖先是从中国境外传入的。

另外，属于仰韶文化庙底沟类型的西山、妯娌和笃忠遗址，属于王湾三期文化的古城寨遗址和属于二里头文化的南洼遗址的动植物考古研究结果，也在不同程度上印证了我们对不同文化阶段的生业状况的认识。

包括古DNA测试在内的研究表明，至少在公元前2200年之前，起源于西亚地区的小麦、绵羊、黄牛等均已经通过中国西北或北部地区进入中原地区，即中原地区从仰韶文化到王湾三期文化，生业状况存在一个明显的突变过程，出现了大豆、小麦、黄牛、绵羊等新的生产力要素。这些新的生产力要素进入中原地区是一个划时代的进步。这些新的生产力要素在后来的新砦文化和二里头文化中又得到持续的发展。这里要强调的是，这些新的生产力要素不仅仅是指新的农作物和家养动物的种类，还包括新的农作物种植技术和新的家畜饲养技术，这些技术可以更加有效地利用可耕种土地及自然植被，提高有限区域内的农业生产总量，稳定地获取多种肉食来源。民以食为天，充足的食物资源为人口增长和社会发展奠定了坚实的物质基础。

需要提及的是，尽管对生产工具的研究尚未全面展开，这里不能针对具体遗址和器物进行讨论，但是相关研究证实，与中原地区仰韶文化庙底沟类型相比，王湾三期文化中用于农业生产的工具在种类、形制和数量上均出现变化，反映出当时人类在农业生产的不同阶段中投入劳动的变化，而这种变化标志着农业经济水平的显著提高。从王湾三期文化到二里头文化，在生产工具的形制和数量上没有明显的变化[35]。

从整体上看，中原地区在生业方面一直呈现发展的趋势。依据中原地区整个生业形态的发展趋势及中华文明形成和发展于中原地区的事实，我们可以推测，中原地区的生业形态对中华文明的形成及发展起到了明显的促进作用。当然，生业的发展并不是中华文明形成和发展的唯一因素，但绝对是不可或缺的原因。

（二）中原地区的生业状况与上层建筑存在互动关系

中原地区多个遗址生业状况的相同性为特定聚落在一定地域内成为中心聚落乃至更高规格中心奠定了经济基础，而领导集团及领导者的执政能力在中心聚落乃至更高规格中心的形成过程中发挥了重要作用。

前文提到，分别属于仰韶文化庙底沟类型、大河村类型、王湾三期文化和二里头文化的遗址数量相当多。比如，在中原地区经过科学发掘的王湾三期文化的遗址有三十余处，其人工遗迹和遗物的文化面貌有明显的一致性[36]，因为没有同时开展动植物考古研究，围绕探讨生业问题的证据有一定的局限。但是在这些有限的证据里，仍然可以发现一个值得认真关注的现象，即前面提到的西山、妯娌、笃忠、班村、古城寨和南洼等遗址的生业研究结果与西坡、瓦店、王城岗、新砦和二里头等遗址的生业研究结果存在较为明显的一致性，没有发现一例反证。由此笔者推测，与上述的人工遗迹和遗物的文化面貌具有明显的一致性相同，当时中原地区整体的生业状况也是比较一致的，在仰韶文化庙底沟类型和庙底沟二期文化时期农作物以粟为主，家养动物以猪为主，自王湾三期文化开始，新的生产力要素进入中原地区，农作物和家养动物的种类增多，这种状况到二里头文化及以后的时期一直呈持续发展的趋势。另外，在王城岗遗址、古城寨遗址、新砦遗址等都存在几个文化时期的堆积，这几个遗址都表现出一个特点，就是尽管其生业状况在几个文化时期都保持一致性，呈持续发展的状态，但是这些遗址仅在某一特定时期成为中原地区一定区域内的主要代表，即尽管存在几个时期，尽管生业状况保持稳定且持续发展的态势，但是真正成为当时中心聚落的仅是其中的某一个时期。

自龙山文化至二里头文化，属于不同时期的多个遗址的生业状况是稳定且持续发展的。这是一个极为重要的前提，在此基础上，哪个遗址在一定时期内能够成为一定区域的中心，肯定还涉及一系列其他方面的原因，如战争及外部压力的原因[37]，地势、地貌、水文等自然环境的原因[38]等。笔者认为，除以上提到的几点之外，还有一个不容忽视的原因，即很可能与特定时期某个遗址的领导集团或领导者的执政能力有密切的关系。在生业状况相同的前提下，聚落群中出现以哪个聚落为主的政治中心是因领导集团或领导者的执政能力强弱而异的。依据考古学和环境考古学的相关研究成果[39]，笔者推测这个执政能力除保证生业稳定发展之外，还包括管理社会、统领更多聚落、壮大军事实力、抵御水患等自然灾害、处理对外交往，甚至还包括建设精神文化等。这些能力可能不需要在任何时候都全面展现出来，但是在经济、政治、军事、文化等方面的某些矛盾特别尖锐的时候，则需要充分发挥相对应的某些能力。一旦应对不力，最为严重的后果便是导致政治中心转移或聚落消亡。在这一认识的基础上，我们可以提出以下的观点，中原地区不同时期政治中心的转换，是在生业状况具有相同水准的地域内完成的。在肯定经济基础决定上层建筑的前提下，还必须高度重视上层建筑在稳定且持续发展的经济状况中的重要作用，即特定的领导集团或领导者的执政能力不但可以保证生业的稳定发展，而且可以从整体上或特定的方面提升聚落及聚落群的综合实力，从而左右当时特定区域内的政治格局。而二里头这个“最早的中国”的诞生[40]，与统治阶级的执政能力更是有着密不可分的关系，他们在控制远距离的资源调配、促进农业和手工业的发展、设计宫城布局、制定与礼制相关的内容、指挥战争等方面都发挥了重要的作用。

另外，在瓦店遗址和王城岗遗址、古城寨遗址、新砦遗址等属于王湾三期的文化层里都发现了多种农作物及黄牛和绵羊遗存，以新的生产力要素出现为标志的这种突变出现在属于王湾三期文化的多个处于不同地域的遗址之中，似乎反映出这些新的生产力要素存在一个较快的推广过程。这个现象背后，是否意味着有某种人为的有意识的推动，而能够在这种较大区域内形成推动力，是否意味着当时在一个相当广泛的范围内存在统一的管理组织。虽然仅凭现有的几个遗址的这些资料，我们还不能做出科学的判断，但至少是值得我们认真思考的问题。

（三）中原地区与其他地区特定时间框架内生业状况的比较研究

与中原地区相比，其他地区各个文化类型的生业状况在公元前2500～前1500年左右这个时间段里没有发现始终存在持续发展的过程。

对于其他地区同一时间段里各个遗址的生业状况的研究远不如中原地区那样全面，把植物考古和动物考古聚焦到同一遗址的研究实例不多，难以开展全方位的比较研究。但是从宏观上看，黄河上游地区齐家文化的农作物包括粟、黍和小麦，家养动物包括狗、猪、牛和羊。这个地区的生业状况自齐家文化晚期开始，畜牧经济的比重逐渐增加。原本齐家文化统治的地区也被辛店、寺洼等分布在不同地域内的几个文化占据。这里要强调的是，即便在齐家文化时期，分布在不同地域的遗址中获取肉食资源的方式也明显不同，有的仍然以获取野生动物为主，虽然研究结果尚未正式发表，这里不宜展开讨论，但当时齐家文化在生业状况上的不一致性是可以认定的。黄河下游地区龙山文化的农作物包括粟、黍、稻谷、大豆和小麦，家养动物包括狗、猪、牛和羊。自山东龙山文化以后，后起的岳石文化与前者相比整体上呈现出文化衰落的景象。长江流域只见稻谷，没有发现其他农作物。家养动物为狗和猪，但是家畜饲养长期没有发展起来，获取肉食资源基本上以渔猎为主。长江中游地区自石家河文化之后，出现了一段时间的文化空白。长江下游地区自良渚文化之后，马桥文化在整体水平上不如良渚文化[41]。概括起来说，在公元前2000年以来这个时间段里，其他地区的生业形态有的出现转型，有的呈倒退的趋势，有的出现中断，都没有像中原地区那样呈现出一脉相承的持续发展的过程。中原地区与其他地区在生业状况上的明显差异及其他地区在文化发展上存在的分裂、中断和倒退等现象应该引起我们的高度重视，需要在今后的研究中对其关联性的主次关系进行深入探讨。

三、结　论

本文以中原地区的五个典型遗址的生业状况为例，补充其他相关材料，归纳出中原地区的生业状况呈持续发展的过程及新的生产力要素至少在公元前2200年之前已经进入中原地区，这个过程及变化在中华文明早期发展过程中发挥了重要的作用。中原地区的生业状态在相当长的时间内具有一致性，在具有相同的生业状态的区域内，其政治中心的转换与领导集团或领导者的执政能力有密切的关系。尽管对其他地区的相关研究与中原地区相比尚不到位，但是依据现有的资料，生业状况缺乏连续性是其他地区发展过程中的共同特征，而这个共同的特征与其他地区在文化发展上的分裂、中断、倒退等现象是相互关联的。这些对于我们全面理解生业状况在社会发展过程中的作用是一个有益的启示。

尽管由于我们十余年来在多处遗址中科学地开展动植物考古研究，在填补空白、积累资料方面取得了明显进展，但缺乏更多的资料仍然是我们深入研究的掣肘。今后我们还需要在更多的遗址做好动植物考古学研究，同时结合对人工遗迹和遗物的分析，对本文提出的观点进行更加科学的探讨和反思。

附记　本文得到中国社会科学院哲学社会科学创新工程、国家科技支撑计划项目（批准号：2013BAK08B03）的资助。

注　释

[1]　中国社会科学院考古研究所编：《中国考古学·新石器时代卷》，北京：中国社会科学出版社，2010年，第530页。

[2]　a. 国家文物局编：《中国文物地图集》（河南分册），北京：中国地图出版社，1991年，第34-35页。

b. 朱乃诚：《中国新石器时代考古研究》，见刘庆柱编：《中国考古发现与研究》（1949-2009），北京：人民出版社，2010年，第94-195页。

c. 赵春青：《“新砦期”遗存发现的意义》，见北京大学震旦古代文明研究中心、郑州市文物考古研究所编：《新密新砦》，北京：文物出版社，2008年，第524-544页。

d. 庞小霞、高江涛：《关于新砦期遗存研究的几个问题》，《华夏考古》2008年第1期，第73-80页。

e. 许宏：《最早的中国》，北京：科学出版社，2009年，第142-143页。

f. 方燕明：《二里头文化早期遗存分析》，见杜金鹏、许宏编：《二里头遗址与二里头文化研究》，北京：科学出版社，2006年，第304-318页。

g. 韩建业：《早期中国——中国文化圈的形成与发展》，上海：上海世纪出版股份有限公司、上海古籍出版社，2015年。

[3]　同［2］b。

[4]　中国社会科学院考古研究所、河南省文物考古研究所：《灵宝西坡遗址》，北京：文物出版

社，2010年，第281页。

[5] 农业研究课题组：《中华文明形成时期的农业经济特点》，见中国社会科学院考古研究所科技考古中心编《科技考古》（第三辑），北京：科学出版社，2011年，第1-35页。

[6] 马萧林：《河南灵宝西坡遗址动物群及相关问题》，《中原文物》2007年第4期，第48-61页。

[7] 张雪莲、仇士华、钟建、赵新平、孙福喜、程林泉、郭永淇、李新伟、马萧林：《中原地区几处仰韶文化时期考古遗址的人类食物状况分析》，《人类学学报》2010年第29卷第2期，第197-207页。

[8] Pechenkina E A, Ambrose S H, Ma X, Benfer J R A. 2005. Reconstructing northern Chinese Neolithic subsistence practices by isotopic analysis. *Journal of Archaeological Science*,32: 1176-1189.

[9] 河南省文物考古研究所：《河南禹州市瓦店龙山文化遗址1997年的发掘》，《考古》2000年第2期，第16-39页。

[10] 刘昶、方燕明：《河南禹州瓦店遗址出土植物遗存分析》，《南方文物》2014年第4期，第55-64页。

[11] 吕鹏、杨梦菲、袁靖：《禹州瓦店遗址动物遗存的鉴定和研究》，见北京大学考古文博学院、河南省文物考古研究所编：《登封王城岗考古发现与研究》（2002～2005），郑州：大象出版社，2007年，第815-901页。

[12] Chen X L, Fang Y M, Hu Y W, Hou Y F, Lü P, Yuan J, Song G D, Fuller B T, Richards M P. 2016. Isotopic reconstruction of the late Longshan period （ca. 4200-3900 BP） dietary complexity before the onset of state-level societies at the Wadian site in the Ying River Valley, Central Plains, China. *International Journal of Osteoarchaeology*, 26: 808-871.

[13] 北京大学考古文博学院、河南省文物考古研究所：《登封王城岗考古发现与研究》（2002～2005），郑州：大象出版社，2007年，第782-784页。

[14] 赵志军：《公元前2500年～公元前1500年中原地区农业经济研究》，见中国社会科学院考古研究所考古科技中心编：《科技考古》（第二辑），北京：科学出版社，2007年，第1-11页。

[15] 吕鹏、杨梦菲、袁靖：《动物遗存的鉴定和研究》，见北京大学考古文博学院、河南省文物考古研究所编：《登封王城岗考古发现与研究》（2002～2005），郑州：大象出版社，2007年，第574-602页。

[16] 陈相龙：《龙山时代家畜饲养策略研究》，中国科学院研究生院博士学位论文，2012年，第47-51页。

[17] 北京大学震旦古代文明研究中心、郑州市文物考古研究院：《新密新砦》，北京：文物出版社，2008年，第513-521页。

[18] 同［14］。

[19] 黄蕴平：《动物遗存研究》，见北京大学震旦古代文明研究中心，郑州市文物考古研究院编：《新密新砦》，北京：文物出版社，2008年，第466-483页。

[20] 戴玲玲、李志鹏、胡耀武、赵春青、王昌燧：《新砦遗址出土羊的死亡年龄及畜产品开发策

略》，《考古》2014年第1期，第94-103页。
[21] Dai L L, Li Z P, Zhao C Q, Yuan J, Hou L L, Wang C S, Fuller B T, Hu Y W . 2016. An isotopic perspective on animal husbandry at the Xinzhai site during the initial stage of the legendary Xia dynasty（2070-1600 BC）. *International Journal of Osteoarchaeology*, 26: 885-896.
[22] 张雪莲、仇士华、蔡莲珍、薄官成、王金霞、钟建：《碳十四测年研究》，见中国社会科学院考古研究所编：《二里头》，北京：文物出版社，2014年，第1215-1238页。
[23] 赵志军：《植物资源的获取和利用》，见中国社会科学院考古研究所编：《二里头》，北京：文物出版社，2014年，第1295-1313页。
[24] 杨杰：《二里头遗址出土动物遗存研究》，见中国社会科学院考古研究所编：《中国早期青铜文化》，北京：科学出版社，2008年，第470-539页。
[25] 李志鹏、杨杰、杨梦菲、袁靖：《家养动物的饲养及开发方式研究》，见中国社会科学院考古研究所编：《二里头》，北京：文物出版社，2014年，第1341-1348页。
[26] 司艺、李志鹏、胡耀武、袁靖、王昌燧：《动物的食性分析》，见中国社会科学院考古研究所编：《二里头》，北京：文物出版社，2014年，第1355-1373页。
[27] 蔡大伟、韩璐、孙洋、周慧、朱泓：《动物的古DNA研究》，见中国社会科学院考古研究所编：《二里头》，北京：文物出版社，2014年，第1348-1355页。
[28] 孔昭宸、刘长江、张居中：《渑池班村新石器遗址植物遗存及其在人类环境学上的意义》，《人类学学报》1999年第18卷第4期，第291-295页。
[29] 袁靖：《中国新石器时代居民获取肉食资源的方式》，《考古学报》1999年第1期，第1-22页。
[30] 刘长江：《果实与种子》，见洛阳市文物工作队编：《洛阳皂角树》，北京：科学出版社，2002年，第103-112页。
[31] 袁靖：《古动物环境信息》，见洛阳市文物工作队编：《洛阳皂角树》，北京：科学出版社，2002年，第113-119页。
[32] 陈微微、张居中、蔡全法：《河南新密古城寨城址出土植物遗存分析》，《华夏考古》2012年第1期，第54-62页。
[33] 吴文婉、张继华、靳桂云：《河南登封南洼遗址二里头到汉代聚落农业的植物考古证据》，《中原文物》2014年第1期，第109-117页。
[34] 袁靖：《中国动物考古学》，北京：文物出版社，2015年，第137-142页。
[35] 王小庆、钱益汇、蔡明：《中华文明形成时期黄河流域生产工具的考古学研究》，见中国社会科学院考古研究所科技考古中心编：《科技考古》（第三辑），北京：科学出版社，2011年，第267-277页。
[36] 中国社会科学院考古研究所编：《中国考古学·新石器时代卷》，北京：中国社会科学出版社，2010年，第530-546页。
[37] 赵辉、李新伟：《问学之路——赵辉先生访谈录》，《南方文物》2015年第2期，第39-61页。
[38] a. 莫多闻、赵志军、夏正揩、朱诚、吕厚远、安成邦：《中华文明探源工程环境课题主要进展》，见科技部社会发展科技司、国家文物局博物馆与社会文物司编：《中华文明探源工程文集·环境卷》（Ⅰ），北京：科学出版社，2009年，第1-27页。

b. 王辉：《双洎河中上游地区新石器时代的聚落分布与自然环境关系初探》，见科技部社会发展科技司、国家文物局博物馆与社会文物司编：《中华文明探源工程文集·环境卷》（Ⅰ），北京：科学出版社，2009年，第156-170页。

[39] a. 林沄：《中国考古学中“古国”“方国”“王国”的理论与方法问题》，《中原文化研究》2016年第2期，第5-12页。

b. 同[36]。

c. 戴向明：《中原地区龙山时代社会复杂化的进程》，见北京大学考古文博学院、北京大学中国考古学研究中心编：《考古学研究》（十），北京：科学出版社，第539-578页。

d. 同[37]。

e. 何驽：《怎探古人何所思》，北京：科学出版社，2015年。

[40] 许宏：《最早的中国》，北京：科学出版社，2009年。

[41] a. 同[5]。

b. 动物考古课题组：《中华文明形成时期的动物考古学研究》，见中国社会科学院考古研究所科技考古中心编：《科技考古》（第三辑），北京：科学出版社，2011年，第80-99页。

The Relationship between Subsistence and the Development of Early Chinese Civilization in the Central Plains

YUAN Jing

Abstract: From the historical materialism's point of view, productive forces determine relations of production and the economic base determines the nature of the superstructure. Therefore the growth of productive forces is a fundamental force for the development of human society. According to this theory, it is important to understand the early formation process of Chinese civilization and the factors influencing its development by exploring the human subsistence strategies, including cereal productions and animal husbandry, so as to assess the level of the productive forces in past societies. The present paper investigates subsistence strategies at five typical sites of the Yangshao period Miaodigou type to the Erlitou period—namely Xipo, Wadian, Wangchengang, Xinzhai and Erlitou—which leads to an outline of the subsistence patterns in the Central Plains from the late Neolithic to the early Bronze Age. Two stages, each characterized by its own subsistence pattern, are therefore recognized for the Yangshao period and the Longshan-Erlitou period.

The development of subsistence in the Central Plains, as a whole, was characterized as following a continuously improved process, and new factors affecting the productivity (such as wheat cultivation, cattle and sheep husbandry, and metallurgy) could have been introduced to this region before 2000 BC. These two features, namely the continuous expansion of existing subsistence strategies and the incorporation of new factors, played an extremely important role in the development of early Chinese civilization in the Central Plains. By contrast, archaeological evidence suggests only a partially adoption of the aforementioned new technologies in the middle and lower reaches of Yangtze River or in the lower reach of Yellow River. What seems even more intriguing within this context is the trend towards cultural decline noticed in many parts of the East Asian region but never in the Central Plains.

The present research, on the one hand, confirms the determinant role of economic base during the formation of the superstructure in given societies. The general pattern of continuity in subsistence strategies in the Central Plains, noticed from the late Yangshao to the Longshan-Erlitou periods, can be seen as a reflection of the superstructure determined by economic base. Subsistence economy had provided food surplus and raw materials necessary for the population to grow, wealth to be accumulated, and the elites to emerge, all of which can be causal factors for the emergence of social complexity in pre-state and early state societies. On the other hand, the paper also provides several supports for the hypothesis that the superstructure likewise holds a key role in the sustained development of subsistence and the promotion of new factors of productivity during the early formation process of Chinese civilization. It must be realized that the multiple changes in political centers in the Central Plains could have suggested an important role of the superstructure in the development of subsistence and new factors affecting the productivity in return during the early formation process of Chinese civilization. In the case of the Central Plains, adoption of wheat cultivation, sheep and cattle husbandry, as well as craft production might have been closely related to the emerging elites. Careful consideration must be given in further studies to the relationship between highly developed subsistence economy and sociopolitical superstructure. A lack of continuity in subsistence economy has been widely noticed in regions outside of the Central Plains, which correlates with the cultural separation, interruption, or reversion in these regions.

Key Words: Central Plains; subsistence; Chinese civilization

（原刊于《西部考古》第11辑，略有改动）

考古出土炭化大豆的鉴定标准和方法

赵志军　杨金刚

摘要：大豆是当今世界上最重要的油料作物之一。国内外学术界普遍认为，栽培大豆应该起源于中国。近些年来，伴随浮选法的应用，考古遗址出土了丰富的炭化大豆遗存，为探讨大豆起源的问题提供了大量的实物资料。但是，考古出土的大豆遗存几乎都是识别特征并不明显的豆粒，其中大多数又是因烧烤变形严重的炭化豆粒，为考古出土大豆遗存的鉴定工作带来一定的困难，致使有关大豆起源和早期耕作技术的研究迟迟无法全面展开。

本文通过对现生大豆粒标本的观察，归纳栽培大豆和野大豆在豆粒形态特征上的差异；开展科学的炭化实验，寻找大豆粒被炭化后的变化规律；再结合对西安鱼化寨、扶风周原和友谊凤林古城等重点考古遗址出土炭化大豆粒的观察和检验，总结和制定出了专门针对考古出土炭化大豆粒的鉴定标准和方法。该标准包括豆粒、种皮、子叶（豆瓣）和尺寸四个方面的特征及变化，其中种皮的特征及其被炭化后的变化最为有效，其次是子叶的特征及变化。而豆粒的尺寸大小仅具参考价值。借助这个新建立的鉴定标准，学术界可以对以往发现的和今后出土的大豆遗存开展系统整理和科学鉴定，有助于推动大豆起源和早期耕作技术的研究，宣传中国古代先民的勤劳和智慧以及在农业生产上的创造和成就，弘扬中华文明的伟大和辉煌。

关键词：大豆遗存　鉴定标准　炭化实验　种皮　子叶

大豆（*Glycine max*）俗称黄豆或黑豆，是当今世界上最重要的油料作物之一。国内外学术界普遍认为，大豆应该是起源于中国，但因缺乏考古实物证据，以往对大豆起源的研究主要依靠古代文献记载[1]或对现生大豆的遗传进化分析[2]。近些年来，由于浮选法的应用，考古出土的大豆遗存不断涌现，为探讨大豆起源的问题提供了大量的实物资料[3]。

然而，考古遗址浮选出土的大豆遗存几乎都是炭化的豆粒，与豆科植物的其他器官相比（荚、花、叶、茎等），豆粒的特征并不明显，依靠豆粒的形态特征判别栽培大豆和野大豆具有一定的难度。不仅如此，考古出土的豆粒绝大多数都是炭化的，炭化过程使得豆粒严重变形，对依靠豆粒形态特征鉴定大豆种属又造成了进一步的困难。因此，如何从炭化的豆粒的形态特征入手，寻找并制定考古出土大豆遗存的鉴定标准和方法，就成为亟待解决的植物考古学上的问题。

一、对比标本和研究方法

在植物分类上，大豆属于豆科（Leguminosae）的大豆属（*Glycine*）。在豆科植物中，大豆属是个很小的属，仅包含十余个种，其中包括了栽培大豆和其野生祖本野大豆（*G. soja*）。栽培大豆和野大豆在生物特性和形态特征上都非常相似，却与大豆属中的其他种差异比较显著，以至于有的植物学家建议将栽培大豆和野大豆这两个种单划分为一个亚属[4]。栽培大豆与野大豆的相似性对考古出土大豆遗存的鉴定有利有弊，有利之处是不必担心其他大豆属植物对大豆鉴定结果的干扰，需要考虑的仅是如何识别栽培大豆与野大豆，但不利之处是区分栽培大豆与野大豆的难度较大。

区分栽培大豆与野大豆的关键点应该是豆荚，这与栽培作物的共同特性直接相关。所谓“栽培作物”是指必须依靠人的帮助才能正常再繁殖的植物种类，换句话说，凡是栽培作物都已经丧失了自然再繁殖的能力[5]。例如，禾本科（Poaceae）植物的种子在成熟后自然落粒，随风飘散在土壤中，繁衍后代。然而水稻、小麦、粟、黍、高粱等属于禾本科的谷物在成熟后就不再具备自然落粒的功能了，不落粒是这些谷物与其野生祖本最根本的区别。成熟后不落粒虽然有利于人类收获，但谷物却无法在自然界正常再繁殖。与禾本科植物不同，豆科植物的再繁殖功能主要体现在豆荚特性上。例如，野大豆的豆荚在成熟后会自动爆裂，弹出豆粒，四处散播，繁衍后代。然而栽培大豆的豆荚在成熟后不爆裂或缓爆裂，有利于人类收获。栽培大豆在驯化过程中出现的这种繁殖机制的生物转变，在豆荚形态特征上应该有所反映。但是正如前面提到的，考古遗址出土的古代大豆遗存主要是豆粒，很难见到包括豆荚在内的其他部位的遗存①。所以我们必须面对的现实情况是，炭化大豆粒几乎是唯一可以利用的考古出土实物证据。这就是为什么我们只能从炭化豆粒的形态特征入手，制定考古出土大豆遗存的鉴定标准和方法。

从理论上讲，在没有建立鉴定标准之前，考古出土的炭化大豆粒的栽野属性是未知的，所以寻找栽培大豆和野大豆在豆粒形态特征上的差异，应该从已知种属的现生大豆标本入手，包括现生的栽培大豆和野大豆。

经过实地考察和采集以及其他学者的支持，我们先后共获得了三组野大豆的豆粒标本，分别来自江西万年、安徽黄山和俄罗斯远东符拉迪沃斯托克南部地区。另外，通过学术交流，我们还从复旦大学生命科学学院卢宝荣教授那里获得了对采自山东、上海和北京的三组野大豆的测量数据。相比较而言，现生的栽培大豆标本比较容易获得，如向农民征集自留的地方品种大豆种子，或在乡镇种子商店购买传统的大豆种子。

我们设计的研究思路和方法是：首先，通过显微镜对现生大豆的豆粒标本的各种

---

① 截至目前，考古遗址出土了豆荚遗存的仅有河南新郑望京楼遗址一处，年代属于二里头文化时期。

细微特征进行观察，寻找能够用以判别栽培大豆和野大豆的豆粒形态特征；其次，使用马弗炉对现生大豆的豆粒标本进行炭化实验，观察炭化后豆粒的形态特征和尺寸大小的变化，寻找能够用以判别栽培大豆和野大豆的炭化豆粒的变化规律；再次，观察重点考古遗址出土的炭化大豆粒，核实和检验栽培大豆和野大豆的豆粒形态特征以及炭化后的变化规律；最后，综合以上的观察结果，并加以归纳分析，制定科学的专门针对考古出土炭化大豆粒的鉴定标准和方法。

二、现生大豆粒标本的观察

大豆属的植物种子由种皮和胚两部分组成，属于双子叶无胚乳种子类型。胚包括胚芽、胚轴、胚根和子叶，其中的子叶就是俗称的豆瓣，是大豆粒的主体部分，主要由蛋白质和油脂组成，也是大豆的营养所在。大豆属的植物种子的形态特征一般都比较规整，多呈椭圆形、肾形、扁圆形或圆形，一侧有种脐，脐为长条状，两端钝圆。

我们选择了在河北北部地区收集的黑豆和在江西万年县采集的野大豆作为对比标本，进行了观察和测量（图1；表1）。

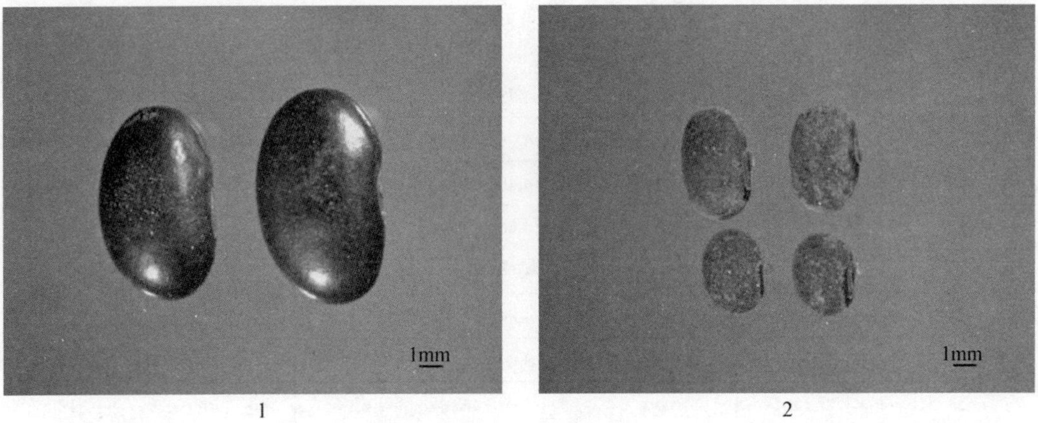

图1　现生大豆豆粒

Figure 1　Current soybean seeds

1. 栽培大豆（河北北部收集）　2. 野大豆（江西万年采集）

1. Domesticated soybean（collected from Hebei Province）　2. Wild soybean（collected from Wannian, Jiangxi Province）

表1　**现生大豆豆粒测量数据**　（单位：毫米）

Table 1　**The measurements of current soybean seeds**　（mm）

序号	现生栽培大豆（河北黑豆）			现生野大豆（江西万年）		
	粒长	粒宽	粒厚	粒长	粒宽	粒厚
1	6.92	6.01	3.91	3.62	1.93	1.87
2	7.17	5.93	4.25	3.58	1.95	1.74

续表

序号	现生栽培大豆（河北黑豆）			现生野大豆（江西万年）		
	粒长	粒宽	粒厚	粒长	粒宽	粒厚
3	7.99	6.21	4.30	3.37	2.02	1.95
4	8.56	6.14	4.52	3.56	2.06	1.95
5	6.91	6.08	5.11	3.62	2.08	1.94
6	7.48	6.61	5.02	3.08	2.20	1.42
7	7.46	6.32	4.07	3.45	2.20	2.00
8	7.33	6.56	4.92	3.37	2.21	2.06
9	7.25	5.70	4.14	3.39	2.21	2.13
10	8.15	5.93	4.28	3.28	2.24	2.20
11	7.14	6.03	4.71	3.86	2.25	2.08
12	6.86	6.01	5.10	3.68	2.26	1.77
13	7.79	6.69	4.45	3.54	2.26	2.04
14	7.45	5.62	4.29	3.48	2.28	2.05
15	7.54	5.07	4.61	3.20	2.28	1.98
16	7.21	6.60	4.79	3.15	2.28	1.79
17	8.42	6.57	4.76	3.54	2.29	2.10
18	6.75	5.99	4.40	3.34	2.30	1.88
19	7.22	5.89	4.56	3.37	2.30	1.90
20	7.92	5.96	4.56	3.71	2.30	1.96
21	7.35	6.45	4.84	3.24	2.32	1.89
22	7.89	6.16	3.84	3.51	2.35	2.27
23	7.11	6.66	4.92	3.69	2.36	2.13
24	6.75	5.67	4.61	3.83	2.40	2.12
25	8.44	6.34	4.35	3.21	2.40	2.00
26	7.27	5.93	4.43	3.94	2.40	1.58
27	7.14	5.77	4.71	3.53	2.41	2.19
28	7.17	6.43	5.57	3.69	2.41	2.21
29	7.82	6.54	5.16	3.72	2.41	2.33
30	6.55	6.11	4.28	3.26	2.42	1.74
31	6.34	5.83	4.45	3.59	2.43	2.08
32	7.94	6.32	4.63	3.97	2.44	2.17
33	7.74	6.60	4.87	3.37	2.44	2.00
34	7.88	6.53	4.58	3.52	2.45	2.32

续表

序号	现生栽培大豆（河北黑豆）			现生野大豆（江西万年）		
	粒长	粒宽	粒厚	粒长	粒宽	粒厚
35	5.66	5.23	4.45	3.49	2.45	2.05
36	6.55	5.96	4.90	3.74	2.46	2.06
37	7.22	6.03	4.12	3.56	2.46	2.25
38	7.93	6.37	4.54	3.60	2.47	1.97
39	8.17	6.08	4.27	3.73	2.47	2.11
40	7.74	6.74	4.79	3.64	2.47	2.00
41	8.16	6.06	5.13	3.89	2.48	2.15
42	7.45	6.16	4.36	3.37	2.48	2.21
43	6.84	6.74	4.43	3.48	2.48	2.32
44	6.97	6.01	5.23	3.26	2.49	2.10
45	7.48	6.71	4.90	3.94	2.49	2.30
46	7.43	6.11	5.08	3.59	2.49	2.17
47	7.24	5.88	4.17	3.68	2.49	2.15
48	8.31	6.59	4.56	3.73	2.49	2.21
49	7.61	6.45	4.79	3.67	2.50	2.22
50	7.01	6.20	4.85	3.44	2.51	2.22
51	7.89	6.48	4.37	3.70	2.51	2.26
52	7.72	6.30	4.56	3.81	2.51	2.26
53	7.22	6.56	4.63	3.52	2.52	2.26
54	8.14	6.61	4.89	3.25	2.52	2.32
55	7.61	6.17	4.99	3.60	2.53	2.04
56	7.43	6.42	4.84	3.68	2.53	2.24
57	6.83	6.09	4.10	3.34	2.53	2.46
58	8.16	5.69	3.99	3.37	2.54	2.14
59	7.14	5.86	3.96	3.90	2.55	2.03
60	7.51	6.47	5.00	3.63	2.55	2.24
61	8.43	5.62	3.97	3.71	2.56	2.18
62	7.52	6.04	4.48	4.17	2.58	2.23
63	7.40	6.34	4.89	4.05	2.58	2.38
64	7.47	6.61	4.76	3.65	2.61	2.22
65	7.78	6.35	4.95	4.06	2.61	2.32
66	7.59	6.16	4.93	3.37	2.61	2.28

续表

序号	现生栽培大豆（河北黑豆）			现生野大豆（江西万年）		
	粒长	粒宽	粒厚	粒长	粒宽	粒厚
67	8.17	5.39	3.75	3.81	2.61	2.29
68	6.99	6.52	4.61	3.68	2.62	2.13
69	6.24	5.44	3.27	3.68	2.62	2.34
70	6.88	6.19	4.42	3.78	2.62	2.21
71	7.32	5.75	4.80	3.62	2.63	2.20
72	7.52	6.45	4.64	3.47	2.64	2.31
73	7.22	6.30	5.18	3.63	2.64	2.33
74	6.19	5.24	3.23	4.00	2.65	2.21
75	7.66	5.02	4.32	3.59	2.66	2.33
76	6.74	5.67	4.93	3.74	2.66	2.35
77	7.62	5.78	4.45	3.97	2.67	2.40
78	7.94	6.65	4.93	3.98	2.67	2.32
79	8.91	6.06	4.56	3.91	2.67	2.34
80	7.69	6.07	4.25	3.85	2.69	2.50
81	7.76	5.85	4.69	3.43	2.69	2.32
82	7.53	6.50	4.84	3.63	2.69	2.35
83	8.23	5.82	3.96	3.53	2.70	2.17
84	7.35	6.35	5.10	3.85	2.71	2.36
85	7.38	6.35	4.98	3.99	2.71	2.40
86	7.27	6.20	4.79	3.67	2.72	2.57
87	7.42	6.04	4.59	4.04	2.74	2.36
88	7.05	6.61	4.64	3.70	2.74	2.51
89	7.08	6.17	4.81	3.87	2.76	2.37
90	7.48	6.20	4.90	3.63	2.76	2.37
91	7.25	6.16	4.51	4.00	2.77	2.50
92	7.58	6.35	4.69	3.57	2.79	2.25
93	6.82	5.90	3.99	3.77	2.79	2.45
94	8.38	5.76	3.99	3.98	2.80	2.32
95	6.84	6.04	4.51	3.71	2.81	2.55
96	6.71	6.09	4.53	3.71	2.82	2.35
97	7.27	5.88	4.59	3.58	2.83	2.53
98	7.31	5.90	4.41	3.94	2.83	2.45

续表

序号	现生栽培大豆（河北黑豆）			现生野大豆（江西万年）		
	粒长	粒宽	粒厚	粒长	粒宽	粒厚
99	6.96	5.93	4.87	3.88	2.84	2.37
100	6.85	5.77	4.34	3.77	2.86	2.67
平均值	7.42	6.13	4.57	3.64	2.50	2.19
标准差	0.56	0.37	0.40	0.23	0.20	0.21

栽培大豆的种子呈椭圆形或圆球形，有些大豆因豆脐内凹呈肾形，豆粒的种皮光亮，没有泥膜。我们观察的是黑豆，但实际上大豆颜色以黄色为主，也有淡绿色的，所以大豆也被称作“黄豆”、“黑豆”或“青豆”。现生栽培大豆的尺寸都很大，在河北北部征集的黑豆的测量数据显示，栽培大豆的豆粒的平均粒长为7.42毫米，粒宽是6.13毫米，粒厚是4.57毫米。栽培大豆与野大豆的一个显著区别是含油量高，现生栽培大豆的平均含油量高达19%，所以大豆是现今世界上重要的油料作物。

野大豆的豆粒呈椭圆形或扁圆形，种皮应该为黑色，但外表敷着一层泥膜，所以呈土褐色。豆粒的尺寸较小，在江西万年县采集的野大豆的测量数据显示，豆粒的平均粒长为3.64毫米，粒宽是2.50毫米，粒厚是2.19毫米。根据我们所掌握的不同地区的野大豆的测量数据，现生野大豆的粒长一般在3.7毫米左右，粒宽为2.6毫米左右（表2）。野大豆的种子质地致密而坚硬，不易吸水。与栽培大豆相比，野大豆的蛋白质含量高，但含油量却低于栽培大豆，平均值约在10%~15%[6]。

表2　不同地区野大豆的测量数据统计

Table 2　The statistics of measurements of wild soybean seeds from varied regions

样品来源	样品数量	粒长（毫米）		粒宽（毫米）	
		平均长度	标准差	平均宽度	标准差
江西万年县采集	100	3.64	0.23	2.50	0.20
安徽黄山采集	50	3.97	0.25	2.89	0.22
俄罗斯远东采集	40	3.39	0.28	2.50	0.22
复旦大学收藏（山东）	30	3.42	0.26	2.54	0.16
复旦大学收藏（上海）	30	3.92	0.20	2.73	0.22
复旦大学收藏（北京）	30	3.68	0.28	2.68	0.20

根据表1的测量数据不难看出，现生的栽培大豆与野大豆在豆粒尺寸大小上的差异是非常显著的。栽培大豆的豆粒长度在6~9毫米，粒宽在5~7毫米；野大豆的豆粒长度

在3～4毫米，粒宽在2～3毫米。如果仅根据这组测量数据，似乎很容易区分栽培大豆和野大豆，例如可以将5毫米作为鉴定标准，凡是豆粒的测量数据（不论粒长还是粒宽）大于5毫米就是栽培大豆，因为栽培大豆的粒长或粒宽很少有小于5毫米的；同理，凡是豆粒的测量数据小于5毫米的就是野大豆，因为野大豆的粒长和粒宽很少有大于5毫米的。但问题并没有这么简单。首先，这仅仅是一组对比标本的测量数据，并不能代表所有的栽培大豆品种和不同地区的野大豆群体；其次，栽培大豆在驯化过程中以及早期的发展过程中，豆粒的尺寸大小应该是逐步变化的，特别是那些与大豆起源研究直接相关的早期考古遗址出土的大豆遗存，所代表的大豆群体正处在驯化过程中，尚未完全脱离野大豆的生物特性和形态特征，其豆粒尺寸应该较小，很可能与野大豆相差无几，甚至小于现生的野大豆。所以，经过对考古遗址出土的大豆粒的测量，如果粒长或粒宽大于5毫米，将其鉴定为栽培大豆遗存应该是可信的。但是，如果粒长小于5毫米，仅凭测量数据是无法判断其栽野属性的，特别是对早期考古遗址出土的大豆遗存而言，豆粒的测量数据仅具参考价值。

除了尺寸大小之外，栽培大豆与野大豆的豆粒在种皮特征上也存在着显著的差异，如栽培大豆种皮光亮，野大豆种皮附着泥膜。但是，对考古遗址出土的大豆遗存而言，种皮的颜色和附着泥膜实际是没有鉴别意义的，因为前面已经多次提到，考古出土的不论是栽培大豆还是野大豆都是经过炭化的豆粒，泥膜已经消失，种皮颜色一般都变成焦黑色。

然而我们在对现生大豆粒标本的观察过程中，却有个意外收获。为了观察大豆粒内部结构特征，我们使用榔头将大豆粒敲开，结果发现了一个非常有趣的现象：凡是栽培大豆的豆粒一旦破碎，种皮就会从子叶上剥落；凡是野大豆的豆粒，不论破碎程度如何，种皮始终与子叶黏附在一起（图2）。经过查询相关资料发现，这个现象应该与大豆种皮的细胞组织结构有关。大豆种皮自外向内有四层细胞组织，分别是表皮细胞、栅栏细胞、柱状细胞、海绵柔组织。野大豆种皮的栅栏细胞层厚实而致密，海绵柔组织层

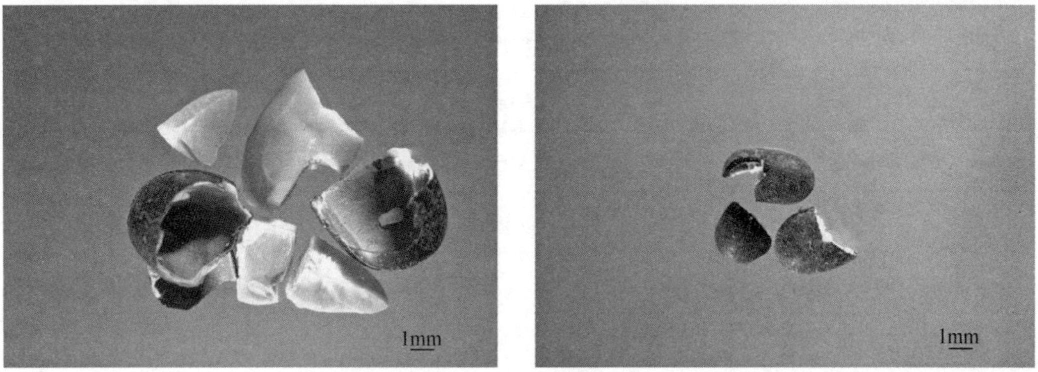

1　　　　2

图2　破碎大豆粒

Figure 2　broken soybean seeds

1. 栽培大豆（河北北部收集）　2. 野大豆（江西万年采集）

1. Domesticated soybean（collected from Hebei Province）　2. Wild soybean（collected from Wannian, Jiangxi Province）

很薄，由此造成种子的吸水性差，种皮坚硬而且与子叶结合紧密。与之相反，栽培大豆种皮的栅栏细胞层较薄，排列疏松，海绵柔组织层较厚，由此造成栽培大豆粒的吸水性强，种皮脆软而且易剥落[7]。这个重要的发现为寻找考古出土炭化大豆的鉴定标准提供了重要信息和启示。

三、现生大豆粒标本的炭化实验

植物是有机物质，长期埋藏在土壤中必然会逐渐腐烂消失，除了某些特殊的埋藏环境，例如处于极干燥地区或长期被水浸泡的地点，考古遗址埋藏的植物遗存之所以能够在文化堆积中长期保存，主要是因为植物在埋藏前经过了火的烤烧变成了炭化物质[8]。因此就大多数考古遗址而言，只有那些被炭化的植物遗存才有可能被长期保存在文化堆积中，考古出土的大豆遗存当然也不例外。

所谓炭化植物遗存，是指植物在燃烧过程中没有得到充分燃烧而形成的以碳元素为主的炭化物质。炭化过程一般会造成植物种子本身在形态特征、表面光泽和尺寸大小上出现一些变化，因此，建立考古出土炭化大豆的鉴定标准，除了需要观察分析现生大豆粒的形态特征之外，还必须要考虑大豆粒在炭化后出现的变化。为此，我们开展了对现生栽培大豆和野大豆豆粒标本的炭化实验。

炭化植物的形成是植物在燃烧过程中产生化学反应的结果，由燃烧温度、燃烧时间、燃烧环境中氧气的含量及被燃烧植物个体的大小和潮湿程度等诸多因素所决定。我们的炭化实验采用可调温马弗炉作为燃烧环境，以完全干燥的现生栽培大豆粒和野大豆粒作为实验样品，影响炭化程度的诸多因素就集中在两个变量上：一是燃烧温度，二是燃烧时间。为此，我们设计的炭化实验方案包括两个指标，即燃烧温度和燃烧时间。燃烧温度自250℃起，至450℃止，每增加50℃划分出一个温度档，共分5档。燃烧时间自5分钟起，至60分钟止，每增加5分钟划分出一个时间段，共分12段。

具体炭化实验过程以设定温度的第一档为例（图3）。首先将马弗炉的温控器调至250℃，然后将栽培大豆粒和野大豆粒分别放置在小坩埚内，将坩埚放入炉内，启动马弗炉，待温度计显示到达设定温度时开始计时，燃烧5分钟，停止马弗炉加热，立即用坩埚钳取出坩埚，待被炭化的大豆粒冷却后在显微镜下观察并记录变化。然后继续选择栽培大豆粒和野大豆粒各一粒放置小坩埚入炉，燃烧10分钟，取出观察并记录变化。再继续选择栽培大豆粒和野大豆粒各一粒放置小坩埚入炉，燃烧15分钟，取出观察并记录变化。以此类推，每次增加5分钟的燃烧时间，直至60分钟的炭化实验结束，共获得12组设定温度为250℃的炭化实验结果。然后将马弗炉的温控器重新调至300℃，继续炭化实验，获得12组设定温度为300℃的炭化实验结果。整个炭化实验包括了5个温度档，12个时间段，先后共获得60组炭化实验结果。

炭化实验结果显示，逐步提高温度档或增加时间，栽培大豆粒和野大豆粒表现出了不同的变化趋向和程度（图4、图5）。例如当温度设定在250℃时，燃烧25分钟后，野大豆的豆粒基本没有发生变化，栽培大豆的种皮表面出现一条细裂纹。当温度提高到300℃时，燃烧25分钟后，野大豆在豆粒背脊部出现纵向膨裂，栽培大豆在种皮表面出

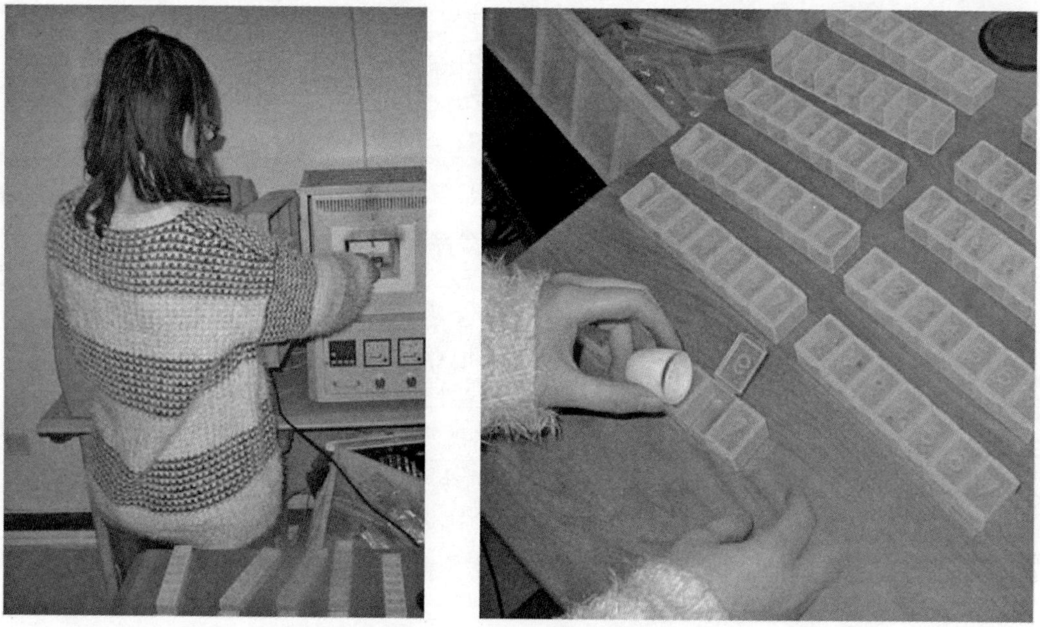

1 2

图3 现生大豆粒的炭化实验

Figure 3 The charring experiment of current soybean

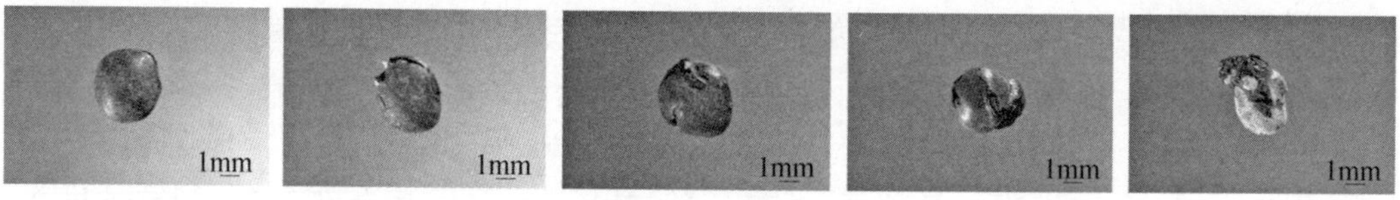

1 2 3 4 5

图4 野大豆粒炭化实验结果（25分钟）

Figure 4 The result of charring experiment of wild soybean seed （25min）

1. 250℃ 2. 300℃ 3. 350℃ 4. 400℃ 5. 450℃

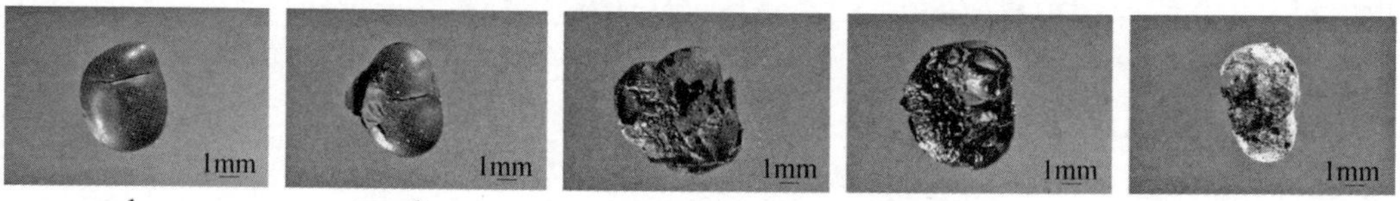

1 2 3 4 5

图5 栽培大豆粒炭化实验结果（25分钟）

Figure 5 The result of charring experiment of domesticated soybean seed （25min）

1. 250℃ 2. 300℃ 3. 350℃ 4. 400℃ 5. 450℃

现了大面积爆裂。当温度提高到350℃时，燃烧25分钟后，野大豆的种皮开始变成焦黑色，表面出现裂纹；栽培大豆的豆粒变形，种皮破裂成碎片状并剥落，子叶膨胀爆裂。

当温度达到400℃时，燃烧25分钟后，野大豆的豆粒也开始变形，子叶膨胀，但由于种皮仍然完整地附着在豆粒上，致使膨胀的子叶向一个方向挤爆突出，突出部位呈瘤状；栽培大豆的种皮剥落殆尽，子叶完全裸露，表面出现蜂窝状的凹坑或空洞，在显微镜灯光下反射出油亮光芒。温度高达450℃时，燃烧25分钟后，栽培大豆和野大豆的豆粒都开始灰化，呈灰白色，但有趣的是，野大豆豆粒虽然几乎被燃烧成灰，种皮仍附着在豆粒上，不脱落。

通过对炭化实验结果的整理和分析发现，栽培大豆和野大豆的豆粒被炭化后表现出的变化有所不同，其中最突出的差别是种皮的变化。例如被炭化的野大豆的种皮虽然也出现了一些变化，如泥膜消失并呈焦黑色，背脊出现纵向膨裂，表面出现细裂纹等，但是直至被燃烧成灰状，种皮仍然完整地附着在豆粒上。然而，被炭化的栽培大豆的种皮变化非常激烈，随着燃烧温度的提高或时间的增加，种皮爆裂成碎片状，并逐渐剥落，致使子叶裸露。栽培大豆种皮在炭化过程中的脆弱性和易剥落性应该与前面提及的种皮细胞组织结构的特性有关。

经过炭化，栽培大豆和野大豆的子叶即豆瓣的变化也有明显不同。相比较而言，野大豆粒的子叶质地紧密，含油量低，因此在燃烧温度较低的炭化过程中能够基本保持原貌，当燃烧温度达到一定的高度或燃烧时间足够长时，野大豆子叶也会出现膨胀，但由于被种皮紧密包裹，膨胀的子叶只能向一个方向挤爆突出，突出部位呈瘤状。与野大豆豆粒不同的是，栽培大豆豆粒的子叶质地疏松，含油量高，因此在燃烧温度较低的炭化过程中就会出现膨胀乃至爆裂，而且由于种皮剥落，子叶膨胀或爆裂的部位和方向无规则，致使豆粒变形严重，当燃烧温度达到一定的高度或燃烧时间足够长时，子叶所含的油脂被燃烧掉，导致豆粒表面出现密集的大小不同的蜂窝状凹坑或空洞。

国外有学者对印度地区出产的豆类作物种子做过炭化实验，结果发现，豆粒被炭化后在尺寸上会出现缩变，粒长缩小10%~20%，粒宽缩小10%左右[9]。有机物质被炭化后发生缩变的情况很好理解，因为有机质物质在燃烧过程中水分消失，导致燃烧物的体积缩小。但这个规律是否也适用于中国的栽培大豆尚不清楚，为此，我们又对大豆粒被炭化后在尺寸大小上的变化进行了实验。

具体实验过程是：取栽培大豆和野大豆各一粒，在显微镜下进行测量并记录测量尺寸；然后根据以往的炭化实验的经验，将这两粒豆粒标本在350℃的温度下燃烧15分钟，炭化后取出，在显微镜下重新测量粒长、粒宽和粒厚的尺寸。先后共选择了10组栽培大豆和野大豆的豆粒标本进行了相关实验（表3）。

表3　炭化大豆的尺寸大小变化实验（单位：毫米）

Table 3　The experiment of the variation of size of charred soybean（mm）

栽野属性	未炭化			炭化后		
	粒长	粒宽	粒厚	粒长	粒宽	粒厚
栽培大豆	7.48	5.48	3.83	7.92	4.73	3.39
	7.62	4.88	3.42	7.89	5.01	4.18

续表

栽野属性	未炭化			炭化后		
栽培大豆	9.25	5.60	3.88	9.98	6.38	5.26
	6.61	4.45	3.21	10.67	7.00	5.47
	9.31	5.93	3.45	7.83	5.43	4.39
	8.97	5.12	3.73	8.64	5.25	4.89
	7.01	4.55	3.53	7.74	5.68	4.49
	7.66	4.58	3.51	8.28	5.26	4.21
	7.97	5.14	3.03	7.82	5.17	4.37
	7.24	4.92	3.19	7.19	5.13	4.74
平均值	7.91	5.07	3.48	8.40	5.50	4.54
标准差	0.95	0.49	0.28	1.09	0.69	0.59
野大豆	3.59	2.49	2.17	3.57	3.05	2.43
	4.60	3.32	2.31	3.34	2.61	2.42
	3.69	3.00	2.31	3.77	2.20	1.98
	4.20	2.84	1.72	3.67	3.06	2.62
	4.39	3.16	2.55	4.75	2.93	2.56
	4.33	2.96	2.40	3.92	2.93	2.79
	3.96	2.74	1.64	3.86	2.67	2.08
	3.43	2.56	1.83	3.66	2.53	2.48
	3.78	2.74	2.01	3.47	3.12	2.82
	3.91	2.81	1.51	4.41	3.33	3.07
平均值	3.99	2.86	2.05	3.84	2.84	2.53
标准差	0.38	0.26	0.36	0.43	0.34	0.33

实验结果发现，野大豆的豆粒被炭化后确实缩小了，然而，栽培大豆的豆粒被炭化后不仅没有缩小，粒长和粒宽的平均值反而还略有增加。具体原因有待进一步的实验和分析，估计最大的可能性是，与印度的豆类作物相比较，中国的栽培大豆含油量高，油脂易燃烧，燃烧后导致大豆的子叶膨胀爆裂，并出现大小不一的凹坑或空洞，致使大豆粒严重变形，由此造成了测量数据的异常。例如从表3中可以看出，炭化后的栽培大豆粒有些个体明显变形，粒长测量数据增大，而粒宽却相对减少，或反之。但无论如何，炭化后的栽培大豆粒的测量尺寸总体上是趋向增大的，这也是此次研究的一个新发现。

四、考古遗址出土炭化大豆粒的检验

自21世纪初开始，浮选法在中国考古学界逐步得到普及，在考古发掘过程中采用浮选法可以获取包括大豆遗存在内的各种古代植物遗存，为系统探讨大豆起源提供了重要资料。在过去的十余年间，中国社会科学院考古研究所的植物考古实验室在遍布全国各地的百余处考古遗址开展过浮选工作，累计浮选土样近万份，从中获得了数量惊人的古代植物遗存，仅炭化植物种子一项就多达数百万粒。经统计，其中有58处考古遗址浮选出土了炭化大豆遗存，我们从中选择了三处具有代表性的考古遗址，即黑龙江友谊凤林古城遗址、陕西西安鱼化寨遗址和陕西扶风周原遗址，对浮选出土的炭化大豆粒进行观察和测量，以此核实和检验通过观察现生标本和炭化实验所获得的认识，即栽培大豆和野大豆在豆粒形态特征上的差异以及炭化后的变化规律。

凤林古城是位于黑龙江七星河流域的一处汉魏时期古城，绝对年代在距今2000年前后[10]，伴随考古发掘浮选出土了异常丰富的炭化植物遗存，其中包括1600余粒炭化大豆种子。之所以选择凤林古城遗址检验大豆形态特征和炭化后变化规律，主要是因为该遗址文化遗存年代晚，出土的炭化大豆粒数量丰富，根据经验推测，凤林古城出土的大豆遗存应该属于栽培大豆。凤林古城出土的炭化大豆粒均为长圆形，豆粒饱满，因炭化膨胀或爆裂，变形严重；种皮几乎全部剥落；裸露的子叶即豆瓣表面可见大小不一的凹坑或空洞，在灯光下反射出油亮光芒（图6）。这些特征都符合通过现生标本观察和炭化实验所获得的栽培大豆的特征。测量数据显示，凤林古城出土的大豆粒平均粒长为5.55毫米，粒宽3.83毫米（表4）。这个测量数据已经明显大于现生的野大豆。综合以上因素，凤林古城遗址出土的大豆遗存毫无疑问属于栽培大豆。

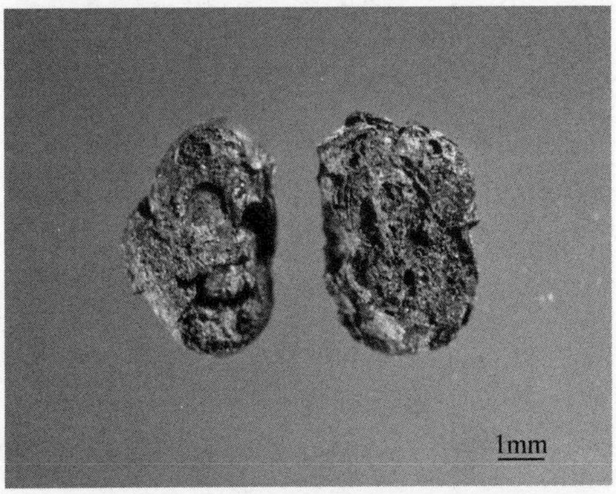

图6　凤林故城出土炭化大豆粒

Figure 6　The charred soybean seeds excavated from the Fenglin site

表4 考古遗址出土炭化大豆粒的测量数据统计

Table 4 The statistics of measurements of charred soybean seeds from the archaeological sites

出土遗址	相对年代	样品数量	粒长（毫米）		粒宽（毫米）	
			平均长度	标准差	平均宽度	标准差
陕西西安鱼化寨	仰韶早期	37	2.75	0.45	1.93	0.31
陕西扶风周原	龙山晚期	50	4.27	0.51	2.95	0.46
黑龙江友谊凤林古城	魏晋时期	100	5.55	0.64	3.83	0.50

鱼化寨遗址位于陕西西安市内，是一处重要的新石器时代仰韶文化村落遗址，文化堆积分别属于仰韶文化早期和仰韶文化晚期，其中仰韶文化早期又可以细分为北首岭期、半坡期和史家期，绝对年代在距今6000年前后。伴随考古发掘浮选出土了大量炭化植物遗存，其中包括138粒大豆属的植物种子，完整者有41粒，属于仰韶文化早期的有37粒[11]。选择鱼化寨遗址主要是因为该遗址出土了仰韶文化早期的大豆遗存，绝对年代偏早，出土数量较少，根据经验猜测，鱼化寨遗址出土的仰韶文化早期大豆遗存有可能属于野大豆。根据显微镜观察，鱼化寨遗址出土大豆粒呈长圆形，虽经过炭化，豆粒变形却并不明显，大多数豆粒的种皮保存基本完好，有的豆粒背脊部出现纵向膨裂，有的豆粒种皮出现裂纹，还有少数豆粒因子叶膨胀挤爆豆皮突出呈瘤状（图7）。所有这些特征都与通过对现生标本的观察和炭化实验所获得的野大豆的特征相吻合。对出土的37粒仰韶文化早期炭化大豆粒进行了测量，平均粒长为2.75毫米，粒宽是1.93毫米，这个测量数据甚至小于现生野大豆的数据。综合以上因素，我们判断鱼化寨遗址浮选出土的仰韶文化早期大豆粒应该属于野大豆。

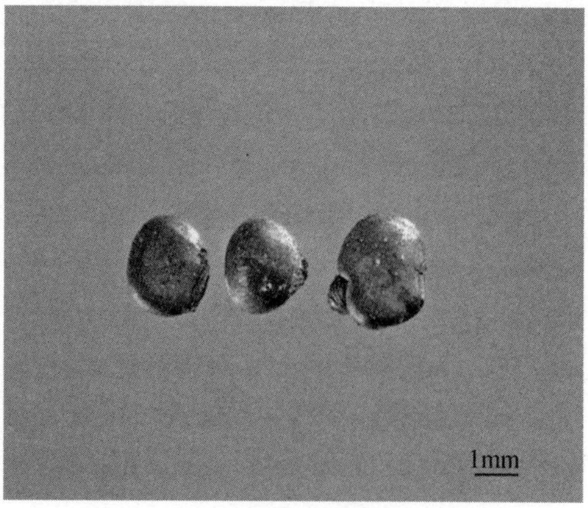

图7 鱼化寨遗址出土炭化大豆粒

Figure 7 The charred soybean seeds excavated from the Yuhuazhai site

周原遗址位于陕西扶风岐山脚下，这一带密集地分布着仰韶、龙山、先周、西周、东周及更晚时代的不同时期的人类生活居住的遗迹，是一处重要的古代遗址分布区。伴随考古发掘浮选出土了各种炭化植物种子12000余粒，其中包括炭化大豆粒159

粒，大部分为龙山时代样品（122粒），绝对年代在距今4000年前后[12]。选择周原遗址主要是因为该遗址出土有较为丰富的龙山时代大豆遗存，其绝对年代恰好介于鱼化寨和凤林古城之间。根据显微镜观察，周原遗址出土的龙山时代炭化大豆粒呈长圆形，籽粒饱满，因炭化膨胀，略有变形；种皮大部分剥落，少量附着在子叶上；子叶表面可见一些凹坑或空洞，在灯光下反射出油亮光芒（图8）。这些特征基本符合炭化栽培大豆的特征。周原遗址龙山时代炭化大豆粒的平均粒长是4.27毫米，粒宽是2.95毫米。这个测量数据略大于现生野大豆的数据，但明显小于现生栽培大豆的数据。综合以上因素，我们认为周原遗址出土的大豆遗存虽然应该属于栽培大豆，但仍然处在被驯化的早期阶段，所以还保留了一些野大豆的特征，如偏小的豆粒尺寸。

通过对以上三处考古遗址出土的大豆遗存的观察、测量和分析，证实了我们从现生标本观察和炭化实验中所获得的认识，即栽培大豆和野大豆在豆粒形态特征上的差异经过炭化后又进一步发生了变化，其中尤其以种皮和子叶（豆瓣）的变化最为明显，可以用来判别考古出土的大豆遗存为栽培还是野生。而栽培大豆和野大豆在豆粒尺寸上的差异在早期考古遗址出土的大豆遗存上表现得不明显，对栽野属性的鉴别仅具参考价值。

图8　周原遗址出土龙山时代炭化大豆粒

Figure 8　The charred soybean seeds excavated from the Zhouyuan site in the Longshan period

五、考古出土炭化大豆遗存的鉴定标准

通过对现生大豆粒标本的观察，了解到栽培大豆粒与野大豆粒的各种细微特征以及不同；通过炭化实验，认识到栽培大豆粒与野大豆粒被炭化后出现的各种变化以及不同；再结合对重点考古遗址出土炭化大豆粒的观察和检验，梳理归纳出炭化栽培大豆粒与炭化野大豆粒的判别标准，用以对考古出土炭化大豆遗存进行鉴定。

（一）豆粒的特征及炭化后的变形

野大豆的豆粒呈椭圆形或扁圆形，质地致密而坚硬，不易吸水。炭化的野大豆粒一般变形不明显，常见的变化包括背脊部出现纵向膨裂，或因子叶膨胀向一个方向挤爆突出呈瘤状。

栽培大豆的豆粒呈椭圆形或球形，有些大豆因豆脐内凹呈肾形，质地相对疏松，具有吸水性。炭化的栽培大豆粒一般都严重变形，膨胀甚至爆裂，种皮剥落，子叶裸露，表面出现密集的大小不同的蜂窝状凹坑或空洞。

（二）种皮的特征及炭化后的变化

野大豆的种皮为黑色，外表敷着土褐色泥膜，种皮质地坚硬而且与子叶结合紧密。炭化的野大豆种皮泥膜消失，表面出现裂纹，有的背脊部出现纵向膨裂，但一般不脱落，基本完整地附着在豆粒上。

栽培大豆的种皮光亮平滑，以黄色为主，也有黑色或淡绿色，种皮质地脆软而且易剥落。炭化的栽培大豆种皮爆裂呈碎片状，大部分甚至全部剥落，致使子叶完全裸露。

（三）子叶（豆瓣）的特征及炭化后的变化

野大豆的子叶表面粗糙，质地致密而坚硬，蛋白质含量高，油脂含量低。炭化的野大豆子叶变化不明显，有的出现局部膨胀，但由于被种皮紧密包裹，膨胀部位向一个方向挤爆突出，突出部呈瘤状。

栽培大豆的子叶表面细腻，质地疏松易破碎，油脂含量高，蛋白质含量较低。炭化的栽培大豆子叶出现膨胀乃至爆裂，由于子叶所含油脂被燃烧掉，表面出现密集的大小不同的蜂窝状凹坑或空洞，在显微镜灯光下反射出油亮光芒。

（四）尺寸大小及炭化后的变化

野大豆粒的尺寸较小，粒长或粒宽一般不超过5毫米。炭化后尺寸略有缩小。

现生的栽培大豆粒的尺寸远大于野大豆粒，但考古出土的早期栽培大豆粒的尺寸相对较小，甚至可能小于现生的野大豆粒尺寸。炭化后尺寸略有膨胀。

为了方便鉴定过程的参考和使用，我们将以上的鉴定标准精炼成为表5。

表5　考古出土炭化大豆鉴定标准

Table 5　The identification standards of charred soybean unearthed from archaeological sites

形态特征	野大豆	栽培大豆
豆粒形态	椭圆形或扁圆形；质地致密坚硬； 炭化后变形不明显，或背脊部出现纵向膨裂，或出现瘤状突出	椭圆形或球形；质地相对疏松； 炭化后变形严重，膨胀爆裂，种皮剥落、裸露子叶表面出现凹坑或空洞
种皮特征	表面覆有泥膜，质地坚硬，不易剥落； 炭化后泥膜消失，出现裂纹，一般不剥落，基本完整附着在豆粒上	表面光亮平滑，质地脆软，易剥落； 炭化后爆裂破碎，大部分或全部剥落

续表

形态特征	野大豆	栽培大豆
子叶特征	质地致密坚硬，蛋白质含量高，油脂含量少； 炭化后无变化，或向一侧膨胀呈瘤状突出	质地疏松易破碎，油脂含量高，蛋白质含量较低； 炭化后爆裂变形，表面出现蜂窝状凹坑或空洞，显油亮光泽
豆粒尺寸	偏小，粒长或粒宽一般不超过5毫米； 炭化后略有缩小	偏大，但考古出土的早期大豆粒的尺寸相对较小； 炭化后略有膨胀

六、结　语

近些年来，由于浮选法的应用，考古出土的大豆遗存不断涌现，为探讨大豆的起源和早期耕作技术提供了大量的实物资料。然而，考古遗址浮选出土的大豆遗存几乎都是炭化的豆粒。栽培大豆与野大豆的豆粒形态相似，特征不突出，再加之炭化又致使豆粒变形严重，因此，以往对考古遗址出土大豆遗存的鉴定主要依靠豆粒的尺寸大小。栽培大豆是由野大豆驯化而成的，豆粒尺寸在驯化过程中应该是逐步变大的，对考古遗址出土的特别是与大豆起源研究相关的早期考古遗址出土的大豆遗存，仅依靠豆粒尺寸是不足以判别其栽野属性的。所以，虽然有难度，但仍然需要从炭化的豆粒形态特征入手，寻找并制定考古出土大豆遗存特有的鉴定标准和方法。

研究从三个方面入手，对现生大豆粒标本的各种细微特征进行观察，努力寻找能够用以判别栽培大豆和野大豆豆粒的形态特征；开展炭化实验，观察栽培大豆和野大豆豆粒被炭化后的变化规律；选择几处可以预测出土大豆遗存性质的考古遗址，检验浮选出土的大豆粒形态特征以及被炭化后的变化规律。在此基础上，综合归纳栽培大豆与野大豆豆粒形态的差异以及被炭化后出现的变化规律，制定出了科学的专门针对考古出土炭化大豆粒的鉴定标准和方法。

新建立的鉴定标准包括豆粒形态、种皮特征、子叶（豆瓣）特征和豆粒尺寸四个方面，其中最有效和准确的鉴定标准是种皮的形态特征以及被炭化后的变化规律，子叶（豆瓣）炭化后所发生的变化规律也具有很强的识别性。然而，豆粒尺寸的大小对判别栽培大豆和野大豆具有一定的局限性，特别是对早期考古遗址出土的大豆遗存而言，豆粒尺寸大小对栽野属性的鉴别仅具参考价值。

借助新建立的鉴定标准，我们可以对以往发现的和今后出土的考古大豆遗存开展准确的鉴定和系统的分析，从而为探讨大豆起源提供可靠证据，推动大豆起源和早期耕作技术的研究，完善中国农业起源研究内容，并为探讨栽培作物及农业起源这一世界性的热门课题开辟一个新的研究领域。

附记　本研究得到了国家文物局指南针专项“栽培大豆的起源和早期耕作技术”、中国社会科学院创新课题“中国古代农业起源和发展”的资助。

注 释

［1］ a. 王连铮：《大豆的起源演化和传播》，《大豆科学》1985年第4卷第1期，第1-6页。

b. 郭文韬：《略论中国栽培大豆的起源》，《南京农业大学学报》（社会科学版）2004年第4卷第1期，第60-69页。

［2］ a. 张丽、曹永强、武丽石、宋书宏：《大豆起源与进化浅析》，《杂粮作物》2010年第30卷第6期，第396-399页。

b. 田清震、盖钧镒：《大豆起源与进化研究进展》，《大豆科学》2001年第20卷第1期，第54-59页。

［3］ 赵志军：《中国古代农业的形成过程—浮选出土植物遗存证据》，《第四纪研究》2014年第34卷第1期，第73-84页。

［4］ 黄德爱、庄炳昌：《世界大豆属植物分类现状及形状描述》，见庄炳昌主编：《中国野生大豆生物学研究》，北京：科学出版社，1999年，第298-323页。

［5］ 赵志军：《农业起源研究》，见刘迎秋、文学国主编：《社科大讲堂》，北京：经济管理出版社，2011年，第455-474页。

［6］ 杨光宇、刘显华：《中国野生大豆化学品质形状研究》，庄炳昌主编：《中国野生大豆生物学研究》，科学出版社，1999年，第102-118页。

［7］ a. 张义君：《野生大豆和栽培大豆种子形态和种皮结构的比较研究》，《种子》1985年第4期，第26-28页。

b. 徐亮、李建东、殷萍萍、王国骄、燕雪飞：《野生大豆种皮形态结构和萌发特性的研究》，《大豆科学》2009年第28卷第4期，第641-646页。

［8］ 赵志军：《植物考古学的田野工作方法——浮选法》，《考古》2004年第3期，第80-87页。

［9］ a. Braadbhaart F, Boon J J, Veld H, David P, van Bergen P F. 2004. Laboratory simulations of the transformation of peas as a result of heat treatment: changes of the physical and chemical properties. *Journal of Archaeological Science,* 31: 821-823.

b. Dorian Q Fuller, Emma L Harvey.2006.The archaeobotany of Indian pules: identification, processing and evidence for cultivation. *Environmental Archaeology*, 2006, 11（2）.

［10］ 张伟、王学良、田禾、王辉、张春峰：《黑龙江友谊县凤林城址1998年发掘简报》，《考古》2000年第11期，第24-34页。

［11］ 赵志军：《鱼化寨遗址植物遗存报告》，见西安文物保护考古研究院编：《西安鱼化寨》，北京：科学出版社，2017年，第1312-1326页。

［12］ 周原考古队：《周原遗址（王家嘴地点）尝试性浮选的结果及初步分析》，《文物》2004年第10期，第89-96页。

Criteria and Methods for Identification and Characterization of Archaeological Carbonized Soybeans

ZHAO Zhi-jun, YANG Jin-gang

Abstract: It is conventionally accepted among academics that soybeans (*Glycine max*), the most important source of vegetable oil in the modern day world, originated in China. Over the past few years, the increasingly application of flotation in the fieldwork has led to rich findings of carbonized soybean remains, which could serve as valuable material evidence for searching for the homeland of soybeans (*Glycine max*). Unfortunately, soybeans recovered from archaeological sites barely retain clear and easily identifiable morphological features; even worse, most of them were carbonized and underwent dramatic changes in their morphology due to burning. The successful identification and characterization of wild/cultivated soybeans is thus rare and the investigation into the homeland of soybeans and early farming technologies has been long delayed.

Based on observations and examinations on modern (cultivated) soybean specimens, the present paper summarizes the morphological features that potentially distinguish wild soybeans from cultivated ones. Moreover, a series of strictly designed laboratory experiments were carried out to prepare carbonized soybeans, in the hope of understanding the pattern of changes in soybean's morphology as the experiments went on under different conditions. Furthermore, the validity and reliability of established pattern of changes was tested on carbonized soybeans recovered from important archaeological sites such as Yuhuazhai and Zhouyuan (both in Shaanxi Province) and Fenglin site in Youyi County (Heilongjiang Province).

Given the results of experiments and case studies, a few criteria and methods were summarized and proposed as possible solutions to the identification and characterization of carbonized wild/cultivated soybeans. Morphological features (and their changes) are expected to be noticed on seed, seed coat, cotyledon, and size of soybeans. Among them, seed coat has very distinctive morphological features and so are the changes on its carbonized form; the cotyledons of soybeans are less distinctive and their changes in carbonization experiments did not stand out as noticeably as seed coat. The seed size itself does not suffice to distinguish between wild and cultivated soybeans and therefore has little statistical significance. With the newly established criteria, it is hoped that more systematic research and scientific identification and characterization would be carried out on archaeological soybeans both from previous fieldwork and those in the future. Only in this way can the search for the homeland of soybeans and the exploration of early farming technologies be greatly enhanced, which contributes to a better appreciation of ancient Chinese people's diligence and intelligence, their creativity and achievements in agricultural production, and the splendid Chinese civilization.

Key Words: soybean remains; identification criteria; experiments of carbonization; seed coat; cotyledons

（原刊于《南方文物》2017年第3期，略有改动）

辽宁长海小珠山遗址考古学文化的年代序列

张雪莲　金英熙　贾笑冰

摘要：通过以考古学文化分期为基础建立的地层序列的取样测年，结合以往考古学研究及测年结果，对于小珠山遗址考古学文化年代序列进行分析与研究，使原有的年代序列得以充实与细化，也使已有的年代关系更为清晰，从而形成该遗址较为完整的考古编年，为辽东及相关区域年代学研究的深入提供了依据。

关键词：辽宁　小珠山遗址　新石器时代　碳十四测年　年代序列

一、引　　言

小珠山遗址位于辽宁长海广鹿岛中部，1978年辽宁省博物馆等单位对该遗址进行了发掘，并首次提出辽东半岛的新石器文化分为小珠山上层、中层、下层三个文化类型[1]。相关的碳十四测年工作开始于20世纪70年代末80年代初。小珠山及部分相关遗址的测年结果为这一考古学文化分期提供了绝对年代标尺，成为该地区新石器时期考古学文化序列研究的重要参照。此后，随着考古工作的进一步开展，新的遗址不断发现，促进了该地区史前考古学文化研究的深入，也使小珠山遗址年代序列的进一步明确愈显重要。2006~2009年，中国社会科学院考古研究所等单位对小珠山遗址做了更为全面的发掘[2]。在发掘过程中，结合分期研究建立了系统的地层序列，并以此为基础采集了数量较多的样品进行碳十四测年，为小珠山遗址的系统测年研究提供了条件。本文拟通过对目前所得测年数据的系统分析，结合以往测年与研究成果，对小珠山遗址考古学文化的年代序列做进一步分析和探讨。

二、测年材料和方法

（一）样品采集

本次研究所用碳十四测年材料大多数为遗址中发现的动物骨骼。2006~2009年在小珠山遗址共发掘探方27个。本文讨论的测年数据涉及7个探方，其中4个木炭样品采自2006年发掘的T1612，其测年数据已经发表[3]。其余30个数据的样品采自2009年发掘的T1713、T1613、T1513、T1413、T1412、T1013。

1978年在小珠山遗址发掘揭露的地层堆积共分5层，其中第5层划分为下层，第3、4层划分为中层，第1、2层划分为上层。2006年以来的发掘工作又将这三个文化层细分为五期，下层被细分为第一期和第二期；中层作为第三期并分为两段，分别对应原先的第4层和第3层；上层细分为第四期和第五期。本次研究所测碳十四年代数据的取样层位、所属期段均见表1、表2。

（二）测年方法

已经发表的2006年采集木炭样品的碳十四测年数据以常规方法加以测定。由于之后采集的样品量较少，均采用加速器质谱测年方法测定。样品前处理由中国社会科学院考古研究所考古科技实验研究中心碳十四实验室完成，样品制备及测年一部分由西安加速器质谱中心完成（样品编号ZK-4021～ZK-4037），另一部分由中国科学院广州地球化学研究所AMS-^{14}C制样实验室和北京大学核物理与核技术国家重点实验室联合完成（样品编号ZK-3668～ZK-3684）。

三、测年结果及初步分析

（一）数据结果

碳十四测年数据列为表1和表2。

表1　小珠山遗址2006年出土木炭样品碳十四测年数据表

Table 1　The radiocarbon dating results of charcoal samples excavated from Xiaozhushan site in Liaoning, China in 2006

序号	实验室编号	原编号	样品物质	分期	碳十四年代（1950，5568，B.P.）	树轮校正年代（B.C.,OxCal.310,1σ）	树轮校正年代（B.C.,OxCal.310,2σ）
1	ZK-3276	1612⑧C	木炭	一期	5532±42	4450～4410（22.2%） 4400～4330（46.0%）	4460～4320（95.4%）
2	ZK-3277	1612⑨C	木炭	一期	5398±40	4330～4235（68.2%）	4350～4220（77.3%） 4210～4150（10.7%） 4130～4060（7.4%）
3	ZK-3278	1612⑩C	木炭	一期	5693±47	4590～4450（68.2%）	4690～4440（95.4%）
4	ZK-3279	1612H8	木炭	一期	5678±36	4545～4460（68.2%）	4620～4440（93.9%） 4420～4400（1.5%）

表2 小珠山遗址2009年出土动物骨骼样品碳十四测年数据表

Table 2 The radiocarbon dating results of animal bone samples excavated from Xiaozhushan site in Liaoning, China in 2009

序号	实验室编号	原编号	样品种属	分期	碳十四年代（1950，5568，B.P.）	树轮校正年代（B.C.，OxCal.310,1σ）	树轮校正年代（B.C.，OxCal.310,2σ）
1	ZK-3668	T1713③A	小型鹿	五期	3835±30	2350～2270（37.7%） 2260～2200（30.5%）	2460～2190（95.4%）
2	ZK-3670	T1713⑤	鹿?	三期晚段	4635±25	3500～3450（54.1%） 3380～3360（14.1%）	3520～3420（75.7%） 3390～3350（19.7%）
3	ZK-3671	T1713㉔	鹿?	二期	4510±30	3340～3310（10.6%） 3300～3260（3.9%） 3240～3110（53.7%）	3360～3090（95.4%）
4	ZK-4029	T1713㉕	小型鹿（獐）	二期	5780±38	4690～4580（67.2%） 4570～4560（1.0%）	4720～4530（95.4%）
5	ZK-4030	T1713㉕	梅花鹿	二期	5799±33	4710～4610（68.2%）	4730～4540（95.4%）
6	ZK-4033	F16①（F16叠压于T1713第28层下）	鹿	一期	5646±34	4525～4450（68.2%）	4550～4360（95.4%）
7	ZK-4034	F16②	梅花鹿	一期	5647±31	4525～4450（68.2%）	4550～4440（83.2%） 4430～4370（12.2%）
8	ZK-4035	F16③	梅花鹿	一期	5623±31	4500～4440（43.8%） 4420～4370（24.4%）	4520～4360（95.4%）
9	ZK-3672	T1713㉙	鹿?	一期	5700±40	4590～4460（68.2%）	4690～4630（7.3%） 4620～4450（88.1%）
10	ZK-3674	T1713㉜	中型梅花鹿	一期	5635±25	4500～4445（62.8%） 4415～4400（5.4%）	4540～4440（77.0%） 4430～4370（18.4%）

续表

序号	实验室编号	原编号	样品种属	分期	碳十四年代（1950，5568，B.P.）	树轮校正年代（B.C.，OxCal.310,1σ）	树轮校正年代（B.C.，OxCal.310,2σ）
11	ZK-3675	F14④居住面（F14叠压于T1713第32层下）	鹿?	一期	5675±25	4535～4485（55.7%） 4480～4460（12.5%）	4555～4450（95.4%）
12	ZK-3676	F14④	鹿?	一期	5635±30	4520～4440（59.5%） 4420～4400（8.7%）	4540～4360（95.4%）
13	ZK-4031	T1613㉓	小型鹿	一期	5815±32	4720～4610（68.2%）	4770～4550（95.4%）
14	ZK-3677	T1513⑤A	鹿?	五期	3765±25	2270～2250（5.1%） 2210～2130（63.1%）	2290～2130（89.7%） 2090～2050（5.7%）
15	ZK-3678	T1513⑫B	鹿?	四期	4585±30	3490～3460（16.4%） 3380～3330（47.3%） 3210～3190（4.5%）	3500～3430（22.5%） 3380～3320（51.4%） 3220～3170（11.7%） 3160～3110（9.8%）
16	ZK-3679	T1513⑰	鹿（右跟骨）	三期晚段	5595±30	4460～4440（14.5%） 4425～4365（53.7%）	4490～4350（95.4%）
17	ZK-3680	T1513⑱	小型鹿科	三期晚段	5600±35	4460～4435（18.2%） 4430～4365（50.0%）	4500～4350（95.4%）
18	ZK-3681	T1513㉔	小型鹿科	二期	5610±30	4490～4440（22.3%） 4430～4360（45.9%）	4500～4350（95.4%）
19	ZK-3682	T1513㉘	鹿（左肱骨近端）	一期	5770±30	4690～4580（68.2%）	4710～4540（95.4%）
20	ZK-3683	T1513㉙	鹿?	一期	5790±30	4705～4600（68.2%）	4720～4550（95.4%）
21	ZK-3684	T1513㉛	鹿?	一期	5745±30	4670～4630（11.7%） 4620～4540（56.5%）	4690～4500（95.4%）
22	ZK-4023	T1413㉑	猪	三期早段	4404±29	3090～3050（24.2%） 3040～3000（14.6%） 2990～2930（29.4%）	3270～3240（2.1%） 3100～2910（93.3%）

续表

序号	实验室编号	原编号	样品种属	分期	碳十四年代（1950，5568，B.P.）	树轮校正年代（B.C.，OxCal.310,1σ）	树轮校正年代（B.C.，OxCal.310,2σ）
23	ZK-4024	T1413㉑	梅花鹿	三期早段	5664±38	4535～4455（68.2%）	4600～4440（87.9%） 4430～4370（7.5%）
24	ZK-4025	T1413⑬	獐	三期早段	5574±37	4450～4410（30.4%） 4405～4360（37.8%）	4490～4340（95.4%）
25	ZK-4026	T1413 ⑦	小鹿胫骨	三期晚段	4705±30	3630～3600（11.7%） 3530～3490（16.6%） 3440～3370（39.9%）	3630～3570（20.3%） 3540～3490（21.3%） 3470～3370（53.8%）
26	ZK-4027	T1413⑪	小型鹿	三期晚段	3967±29	2565～2530（30.5%） 2495～2460（37.7%）	2580～2430（88.8%） 2420～2400（2.6%） 2380～2340（4.0%）
27	ZK-4028	T1413⑩	不明	三期晚段	4621±36	3500～3430（47.9%） 3380～3350（20.3%）	3520～3340（95.4%）
28	ZK-4021	T1412⑥	不明	四期	3965±28	2565～2530（28.6%） 2495～2460（39.6%）	2580～2430（88.2%） 2420～2400（2.8%） 2380～2340（4.3%）
29	ZK-4022	T1412④	不明	四期	3898±29	2470～2340（68.2%）	2470～2290（95.4%）
30	ZK-4037	F9①（F9叠压于T1013第5层下）	小型鹿	五期	4058±29	2830～2820（3.1%） 2630～2560（45.7%） 2530～2490（19.5%）	2840～2810（7.1%） 2680～2480（88.3%）

（二）数据分析

图1显示了2006～2009年小珠山遗址的34个碳十四测年数据。由图中数据分布的情况可见，7个探方的样品年代数据所处范围基本可归为三组，第一组大多距今6000多年，第二组大多距今5000多年，第三组大多距今4000多年。

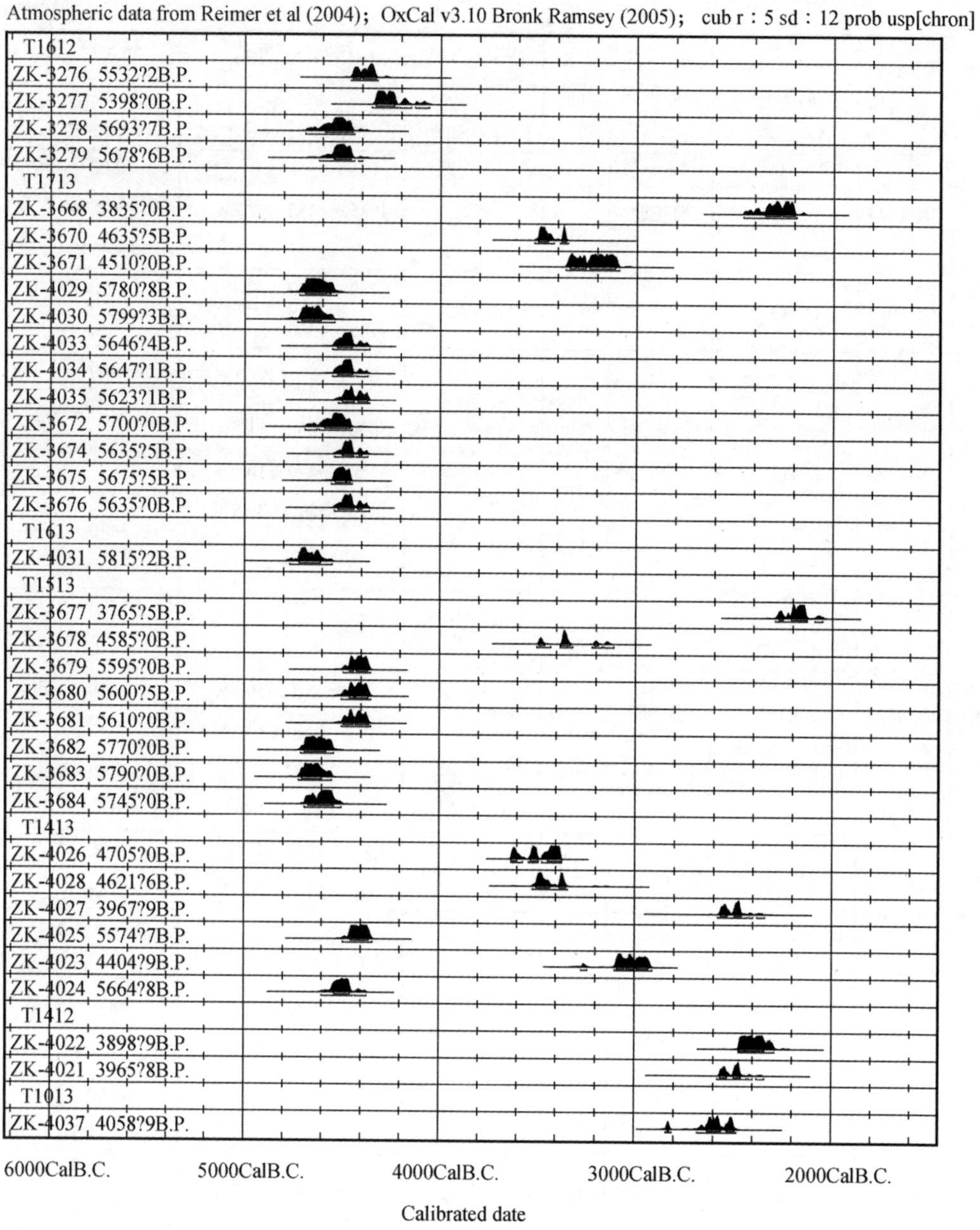

图1 小珠山遗址2006～2009年碳十四测年数据校正年代分布图

Figure 1 The radiocarbon dating results of samples excavated from Xiaozhushan site in Liaoning, China in 2006～2009

表1和表2给出了1σ和2σ的树轮校正年代值范围，通过比较可以看出两者范围相差不大，下面仅就1σ的树轮校正年代值进行讨论。

T1612的碳十四测年数据共4个，样品采自第8～10层及H8，均属小珠山文化第一期，4个数据所显示的年代范围大致为距今5700～5400年，校正后年代大致为公元前4590～前4235年。

T1713的第3层属于第五期，第4层属第四期，第5、6层属第三期晚段，第7～17层属第三期早段，第18～26层属第二期，第27～34层属第一期。该探方的测年数据共有13个。其中第24层的数据ZK-3671，年代为公元前3340～前3110年，明显晚于本期另外2个数据，而且还略晚于三期晚段的数据，其结果存疑。结合分期与地层关系，由数据分布情况可大致推断第五期的年代为公元前2350～前2200年，第三期晚段的年代为公元前3500～前3360年，第二期的年代为公元前4710～前4560年，第一期的年代为公元前4590～前4370年。

T1613仅测定了一个年代数据（ZK-4031）。样品采自该探方第23层，属第一期，碳十四年代为距今（5815±32）年，校正年代为公元前4720～前4610年。

T1513第3～6层属第五期，第7～12层属第四期，第13～19层属第三期晚段，第20～23层属第三期早段，第24、25层属第二期，第26～31层属第一期。该探方的测年数据共有8个，由此可大致推断第五期的年代为公元前2270～前2130年，第四期的年代为公元前3490～前3190年，第三期晚段的年代为公元前4460～前4365年，第二期的年代为公元前4490～前4360年，第一期的年代公元前4705～前4540年。

T1413的第3、4层属第五期，第5、6层属第四期，第7～11层属第三期晚段，第12～21层属第三期早段，第22层属第二期，之下的地层属第一期。该探方的测年数据共有6个。其中第11层的数据ZK-4027，年代范围较同期第7层和第10层的数据明显偏晚，其结果存疑。而第21层的数据ZK-4023，年代范围明显晚于同层位的数据ZK-4024，并且晚于第13层的数据ZK-4025，也明显偏离。剔除这两个明显偏离的数据之后，可大致推断第三期晚段的年代为公元前3630～前3350年，第三期早段的年代为公元前4535～前4360年。

T1412的第二层属于第五期，第3～8层属第四期。该探方的测年数据有2个，样品分别采自第4层和第6层，据此可大致推断第四期的年代为公元前2565～前2340年。

T1013仅有一个测年数据ZK-4037，样品采自F9（叠压于第5层下，属第五期），年代为距今（4058±29）年，校正后年代为公元前2830～前2490年。

将上述7个探方样品数据分析得到的年代结果按照分期进行比较，其结果显示其中两组年代有偏离。一组是T1513中属第三期晚段中的2个数据（ZK-3679、ZK-3680），年代范围较之T1713和T1413的同期数据明显偏老，而与T1413中第三期早段的1组数据相近。另一组是T1513中属第四期的一个数据ZK-3678，年代范围较之T1412的同期数据明显偏老，而与T1413、T1713中第三期晚段的两组数据相近。这些数据年代偏老的原因还难以断定，与同层位其他数据相比，碳十四年代的偏离程度一般在500年以上，甚至达到900年左右。根据近年来我们对加速器质谱测年所进行的对比检验结果，可能的测年波动引起的偏离再大也不会达到如此程度。这两组年代偏老的数据，取样位置大致处在所属地层的最下部，测年结果又恰与下一个期段的数据相近，是否可能因为地层关系比较复杂而导致取样有误，还有待于进一步核查。

最后，将上述7个探方样品数据分析得到的年代结果列于表3进行比较，可大致推断小珠山遗址各期段的年代范围。第一期为公元前4720～前4235年，第二期为公元前4710～前4360年，第三期早段为公元前4535～前4360年，第三期晚段为公元前3630～前3350年，第四期为公元前2565～前2340年，第五期为公元前2830～前2130年。

表3　各探方分期及年代范围

Table 3　The phasing and dating of excavation grids of Xiaozhushan site in Liaoning, China

分期 探方	一期	二期	三期早	三期晚	四期	五期
T1612	4个数据，公元前4600～前4300年					
T1713	7个数据，公元前4590～前4370年	2个数据，公元前4710～前4560年		4个数据，公元前3360～前3500年		4个数据，公元前2235～前2200年
T1613	1个数据，公元前4720～前4610年					
T1513	3个数据，公元前4705～前4540年	1个数据，公元前4490～前4360年				1个数据，公元前2270～前2130年
T1413			2个数据，公元前4535～前4360年	2个数据，公元前3630～前3350年		
T1412					4个数据，公元前2565～前2340年	
T1013						1个数据，公元前2830～前2490年

四、以往测年及研究状况

（一）小珠山下层的年代

小珠山下层文化遗存主要分布在辽东半岛沿岸和岛屿，经调查和发掘的遗址除小珠山外，还有广鹿岛柳条沟东山，大长山岛上马石遗址Ⅲ区第4层[4]、獐子镇沙包子下层、李墙屯下层、海洋乡南玉屯、新金县塔寺屯、大长山岛镇清化宫，东港市大岗[5]，东港市孤山镇闫砬子、赵砬子、王砬子[6]，宽甸县永甸乡幸福村[7]，东港市马家店乡后洼[8]，庄河市黑岛乡北吴屯遗址[9]下层等。

小珠山遗址1978年发掘所采样品的碳十四测年结果中没有下文化层的数据。但关于小珠山下层年代的问题一直受到学术界关注，随着相关遗址的发掘、研究及测年结果的出现，其认识也逐步清晰。

较早的研究是与沈阳新乐遗址进行比较，认为小珠山下层与新乐下层的年代相近[10]。新乐遗址1973年试掘时发现有叠压关系的上、下两层文化遗存[11]，下层的碳十四测年数据有3个，分别为距今（5980 ± 95）年、距今（6160 ± 95）年、距今（5970 ± 120）年，校正年代分别为公元前5030～前4782年、公元前5234～前4946年、公元前5048～前4770年[12]。该遗址第二次发掘的F2（属新乐下层）炭化木桩，碳十四测年数据为距今（6430 ± 130）年（ZK-667），校正年代为公元前5490～前5240年[13]。由此推定该层年代大致为距今7000年，小珠山下层的年代应与之相近。

吉林农安左家山遗址的地层堆积可分4层，文化分为三期。属第一期后段的T11第3层所出蚌壳样品，碳十四测年数据为距今（5930 ± 80）年（BK85016），校正后年代数据为距今（6755 ± 115）年，即公元前4936～前4773年。而属第三期的H17所出炭化骨骼样品，碳十四测年数据为距今（4250 ± 80）年（BK85060），校正年代为公元前2921～前2703年[14]。有研究者认为小珠山下层基本应相当于左家山第二期，因此其绝对年代不会达到距今7000年，即应晚于距今（6755 ± 115）年（公元前4936～前4773年），而早于第三期的年代[15]。其后，有学者根据对陶筒形罐的分析，认为小珠山下层对应的是左家山一期以及兴隆洼文化，而小珠山中层对应的则是左家山的二期、三期[16]。也有学者认为小珠山遗址的下、中、上层应分别与左家山遗址的第一、二、三期文化相对应[17]。

还有学者根据出土遗物的器形、纹饰等特征，认为小珠山下层的年代应与西辽河流域的赵宝沟文化、兴隆洼遗址红山文化早期如F133等测定的年代一致，校正年代为距今6500年前后[18]。

比较一致的是对东港后洼遗址和庄河市北吴屯遗址的研究及测年结果分析，这也是此后展开讨论的年代数据基础。后洼遗址的地层堆积可分为4层，其中第4层划分为下层遗存，第2、3层划分为上层遗存，其下层被认为属小珠山下层文化遗存。后洼遗址下层遗存的碳十四测年数据共有5个，其年代处在距今5600～5400年，校正年代为距今6000多年。北吴屯遗址的地层堆积可分为4层，其中第1、2层划分为上层遗存，第3、4层划分为下层遗存。考古学研究表明北吴屯下层属小珠山下层文化遗存，其碳十四测年数据经校正后为距今（6470 ± 185）年。上述两处属小珠山下层文化的遗存，年代均为距今6000多年。

（二）小珠山中层的年代

属于小珠山中层文化的遗存主要发现于旅顺口区郭家村[19]下层、北海乡王家村东岗[20]上层、广鹿岛吴家村[21]等遗址。

关于小珠山中层文化的年代。一种观点是，在类型学研究的基础上，主要参照吴家村、郭家村遗址的测年数据，认为其年代距今5000多年[22]。吴家村遗址的文化堆积可分为3层，第2层与小珠山中层基本属于同一时期，碳十四测年数据为距今（4690±100）年，校正后年代为公元前3627～前3350年（BK78064，ⅡG1F1）。郭家村遗址的地层堆积可分为5层，其中第1、2层划分为上层遗存，第3～5层划分为下层遗存，发掘者认为下层应属于小珠山中层遗存。郭家村的碳十四测年数据共有6个，其中明确为下层的数据一个，年代为距今（4870±100）年，校正后年代为公元前3780～前3530年[23]。

另一种观点认为，小珠山中层文化明显受到山东大汶口文化的影响，主要参照小珠山遗址本身的测年结果，认为其年代为距今6000多年[24]。1978年发掘所采样品测定的小珠山遗址中层的年代数据共有5个，碳十四年代均为距今5000多年，校正后年代为距今6000多年。在1981年发表的简报中，发掘者依据小珠山中层和吴家村的测年结果，也将小珠山中层的年代定为距今6000多年至5000多年。还有一些学者持同样的看法[25]。

显然，涉及小珠山中层的两组年代（距今5000多年和距今6000多年）相差较大。考察相关遗迹、遗物及取样单位可以发现，虽然两组年代存在明显差别，但它们无疑都反映了小珠山中层的年代，应该只是代表不同的层位。1978年小珠山遗址发掘时将第3、4层划分为中层遗存。多数学者认为，吴家村第2层与郭家村遗址的第4层乃至第3层，大致属于同一时期遗存；而郭家村第3、4层又与胶东半岛的北庄二期相近，属大汶口文化中期遗存[26]。小珠山第4层和郭家村第5层则与胶东半岛的紫荆山下层、北庄一期相近[27]。由此看，吴家村第2层、郭家村第4层的测年结果应与属小珠山遗址中层的第3层具有大致的对应关系，也基本上能反映出小珠山遗址第3层的年代。而小珠山遗址1978年的采样单位属第4层，其测年结果代表的是第4层出土的遗迹和遗物。

对小珠山中层文化的遗迹、遗物进行全面考察，通过类型学并结合地层关系加以研究，可认为小珠山中层文化实际上包含了几种不同的器物类型，相互之间还具有早晚关系，因而其年代跨度会相应较大。例如有学者提出，小珠山中层文化不仅包括吴家村第2层、郭家村第3、4层，还有比之更早的遗存[28]；也有观点认为，小珠山中层应相当于胶东半岛考古学文化的紫荆山下层和北庄一期[29]；还有学者认为该层遗存与左家庄二、三期、赵宝沟文化、红山文化，乃至山东大汶口文化、中原仰韶文化的庙底沟类型及半坡晚期等相对应[30]。

关于小珠山遗址第4层的测年数据，有学者感觉偏早，认为可能有误。但实际上，不止一次的测年结果证明这一年代应该是可信的。反过来，器物类型学研究也表明该层位的年代可能会较早。

（三）小珠山的上层年代

除小珠山遗址外，属于小珠山上层文化的遗存主要发现于广鹿岛王家蛎碴岗和大长山岛上马石中层[31]、旅顺口区郭家村上层、铁山镇老铁山积石墓地[32]、甘井子区四平山积石墓[33]等。

学者们对小珠山上层文化的看法相对较一致，通过与胶东半岛的考古学文化进行比较，认为其中山东龙山文化的因素较为明显[34]。

关于小珠山上层文化的年代，已有测年数据的遗址有郭家村上层、上马石中层、王屯南窑等。上马石遗址的文化堆积可分为3层，其下层大致对应小珠山下层遗存，中层对应小珠山上层遗存，上层属青铜时代，测年样品采自中层遗存。南窑遗址的测年样品采自房址堆积。以往对小珠山上层文化测年的数据有8个，校正年代基本为距今4800～4300年[35]。

五、初步认识

对以往的测年及研究成果加以梳理，与本次研究的测年结果进行比较，可以获得以下初步认识。

（一）小珠山遗址各文化层的年代

小珠山遗址下层遗存的年代过去没有具体的测年数据，但通过与相关遗址进行比较研究，并结合后洼、北吴屯遗址的测年结果（分别为距今6300～6000年和距今6500年前后），可以大致推定为距今6000多年。本次研究的测年结果也显示了大致相同的年代范围，为距今6700～6300年。

小珠山遗址中层遗存的偏下部堆积（目前划分为三期早段），即原简报所列第4层，所出器物的形制及纹饰与胶东半岛的紫荆山下层[36]和北庄一期[37]比较接近，后两者属山东新石器时代较早的考古学文化，年代大致为距今6000多年[38]，这与过去小珠山遗址第4层的测年结果（距今6600～6200年）是基本吻合的。而小珠山遗址中层遗存的偏上部堆积（目前划分为三期晚段），即原简报所列第3层，与之相应的测年结果见于吴家村遗址、郭家村下层，校正后年代为距今5700～5300年。

对比本次研究的测年数据可以看出，小珠山遗址过去所列第4层和第3层的年代与目前所划分的三期早段和三期晚段的年代相吻合，即早段为距今6000多年，晚段为距今5000多年。

一般认为小珠山遗址上层遗存受山东龙山文化影响比较明显，其年代也应与山东龙山文化遗存比较接近，相关遗址测年数据的大致年代为距今4800～4300年，这与本次对小珠山遗址上层遗存测年的比较接近。

（二）紫荆山下层和北庄一期的年代

过去在胶东半岛新石器时代遗址的测年中曾遇到一些问题，如白石村遗址的年代与考古学研究的结论有差距，明显晚于相对应考古学文化的年代[39]。紫荆山下层、北庄一期的年代也存在类似的现象。由于多处遗址均存在类似的年代偏晚现象，有学者认为可能与测年样品本身有关[40]。

本次研究对小珠山遗址所做的测年，有部分数据与紫荆山下层、北庄一期等胶东半岛考古学文化遗存的年代相关，这里略作探讨。

北庄遗址在20世纪80年代进行了发掘，所测定的属北庄一期的年代数据有8个，其校正年代为距今5600～5000年。北庄一期及紫荆山下层属胶东半岛新石器时代较早的考古学文化，年代相当于大汶口文化的较早阶段。发掘者对北庄一期的年代进行了详细研究，依据其与北辛文化、大汶口文化等的比较，认为其年代应在距今6400～6300年[41]。但实际测年结果为距今5000多年，差距较大。

小珠山遗址第4层出土的双钩涡纹等彩陶纹饰、觚形器、蘑菇形把手及鸡头形盖纽等，与胶东半岛紫荆山下层、北庄一期的同类器物纹饰及形制基本相同，推测小珠山遗址第4层的年代应与紫荆山下层、北庄一期的年代相一致[42]。据小珠山遗址发掘所采样品测定第4层的年代为距今6000多年，与之对应的紫荆山下层、北庄一期的年代范围也应相近，这与发掘者对北庄一期推定的年代也大致相同。

也有学者在对小珠山中层遗存与北庄遗址的一、二期遗存进行比较后，认为小珠山中层的早、晚段分别与北庄一、二期对应[43]。北庄二期的1个测年数据为距今（4580±70）年，校正后年代为公元前3490～前3137年，这与北庄一期的7个年代范围几乎一致，显然该遗址某些测年数据存在偏离。在小珠山中层晚期的遗存中，吴家村遗址的1个测年数据为距今（4960±100）年，校正后年代为公元前3627～前3390年，据此基本可以推断北庄二期的测年数据是可信的。北庄一期的测年数据也基本处于同一年代范围，则显然出现了偏离。通过对小珠山中层早、晚段遗存及其年代的比较，可知北庄一期与小珠山中层早段遗存相比较，不仅器物形制、纹饰等方面互相对应，年代也应该大致对应。总之，小珠山中层早段遗存的年代测定和进一步研究，为相关遗存如北庄一期、紫荆山下层的年代研究提供了重要参照。

（三）小珠山遗址距今6000多年与距今5000多年的年代分界

小珠山中层早段遗存（第4层）的年代，20世纪70年代末80年代初两个实验室的测年结果均为距今6000多年，此次研究的测年结果与之相符。而小珠山下层遗存的年代，以往的研究认为大致为距今6000多年，本次研究得到的测年结果也为距今6000多年。如此则显示，小珠山遗址下层与其中层早段的年代大体一致。这样一来，可能过去有学者认为的下层与中层之间距今6000多年与距今5000多年的年代差别，实际上体现在中层的早段与晚段之间，也就是小珠山遗址原先发掘的第4层与第3层之间，而非第5层与第4层之间。

从前文可以看出，实际上随着后洼下层和北吴屯遗址测年结果的公布，小珠山下层与中层早段的年代关系已经逐渐清晰。此次研究进一步验证了先前的测年结果。

在以往的研究中，还有学者对小珠山遗址地层堆积做了更为细致的分期探讨。在对小珠山下层、中层所发现的器物类型以及周边相关遗址普遍存在的筒形罐及其纹饰的比较与研究的基础上，将小珠山下层和中层同类器物作了系统划分。据此认为第4层所出较早的一组器物（即带有刻划纹的侈口筒形罐）与下层（第5层）的二组器物（同样是带有刻划纹的侈口筒形罐）应属同一时期[44]。研究者认为尽管不排除较早的器物进入较晚地层这种可能性，但更有可能的是两组同为一个时代。结合测年结果也可以看出这种推断的合理性。同时，研究者通过对于所划分出的各组器物之间差别的考察，发现被划分为下层属于一期的器物（对应第5层）与中层较早一组属二期的器物（对应第

4层）之间的差别，远远小于二期与中层相对较晚一组被划分为三期的器物（对应第3层）之间的差别，也就是说第4层与第3层之间的差别较大。这也从类型学和地层学上为两个有较大差别的时段的划分提供了参照。

（四）小珠山遗址年代序列的细化

通过本次测年并结合以往的研究成果，小珠山遗址下层和上层的年代得以明确，中层则细分为早、晚两段，其年代也得到进一步验证，使该遗址整个年代序列得到充实与细化。

据发掘者研究，小珠山下层和上层均可进一步细分。关于下层的细分问题，过去已有多位学者进行过讨论[45]，目前仍受到关注[46]。由目前所测定的年代结果来看，下层年代的细分还需要深入研究。而对于上层，由于测定的年代数据较少，若要细分也有待于进一步的测年和分析。

小珠山遗址各层的年代与中原同时期文化的关系，学者们也有许多讨论，如认为在绝对年代上，小珠山下层大致对应的是老官台文化—半坡文化，小珠山中层则对应庙底沟文化—半坡四期文化[47]。通过小珠山遗址年代的进一步明确和细化，可以看出，仅从绝对年代加以比较，小珠山遗址下层与中层早段的年代大致处于半坡时期，而中层晚段则处于庙底沟中期的年代范围。

（五）关于年代测定的问题

从本次研究的测年数据看，不同实验室测定的数据在可比较的范围内没有明显的差异。首先，三个实验室测定的数据在可比较的范围内没有发现明显的差异，这为小珠山遗址考古学文化年代序列研究提供了条件。而考古发掘所提供的系统的地层关系为年代研究奠定了基础。测年中出现的6个偏离的数据，除其中3个数据有可能是因为前面提到的边缘因素而导致偏离外，其他3个数据明显偏离其所在层位的年代的现象应引起注意。尽管存在一些偏离，但结合图1可以看出，从整体看，偏离的数据也大多仍然处于三个大的分组之中。同时，探方T1413的ZK-4023，若排除了因为测年因素可能引起的偏离，所体现出来的年代值也值得关注，应进一步核实其准确堆积层位并追溯其所代表的遗存，看能否获得更有价值的信息。

六、结　　语

通过考古发掘中系统的地层序列的取样测年，结合以往考古学研究及测年结果，完成了小珠山遗址考古学文化年代的测定与分析，使原有的年代序列得以充实和细化，也使已有的年代关系更为清晰，从而形成该遗址较为完整的考古学编年，为辽东及相关区域考古年代学研究的深入提供了依据。

（1）新的测年结果显示，小珠山遗址下层遗存的年代为距今6700～6300年；中层早段遗存的年代为距今6500～6300年，中层晚段遗存的年代为距今5500～5300年；上层遗存的年代为距今4800～4100年。

过去小珠山中层早段（原先发掘的第4层）已有测年数据，本次研究的测年结果同已有数据相吻合。下层和上层过去没有直接的测年结果，但通过考古学研究认定可以对应的相关遗址的文化层测年结果，也基本上与现在小珠山遗址自身的年代测定结果相一致。

（2）过去结合后洼、北吴屯遗址的测年，认定小珠山下层的年代应为距今6000多年，而此前小珠山中层早段的测年结果也是距今6000多年。这两个层位的年代一致被本次研究的测年结果进一步验证。由此表明，小珠山遗址距今6000多年与距今5000多年的年代分界并不在原先所认为的小珠山遗址下层和中层之间，而是处于中层的早段和晚段之间。

（3）过去的测年结果和本次研究的测年结果均显示，小珠山中层早段年代为距今6000多年，文化特征与小珠山中层早段相近的北庄一期的年代研究也因此得到了参照。

附记 本课题得到中华文明探源工程、中国社会科学院创新工程的资助。在研究过程中得到仇士华、朱延平、般玮璋、栾丰实、王锡平先生的指导，测年样品的动物种属鉴定由吕鹏博士完成，在此一并致谢！

注 释

[1] 辽宁省博物馆、旅顺博物馆、长海县文化馆：《长海县广鹿岛大长山岛贝丘遗址》，《考古学报》1981年第1期，第63-110页。

[2] 中国社会科学院考古研究所、辽宁省文物考古研究所、大连市文物考古研究所：《辽宁长海县小珠山新石器时代遗址发掘简报》，《考古》2009年第5期，第16-25页。

[3] 中国社会科学院考古研究所考古科技实验研究中心碳十四实验室：《放射性碳素测定年代报告》（三五），《考古》2009年第7期，第64-67页。

[4] 同［1］。獐子镇沙包子下层、李墙屯下层、海洋乡的南玉屯、新金县的塔寺屯遗址也均见该文献。

[5] 辽宁省博物馆：《辽宁东沟大岗新石器时代遗址》，《考古》1980年第4期，第300-305页。

[6] 丹东市文化局文物普查队：《丹东市东沟县新石器时代遗址调查和试掘》，《考古》1984年第1期，第21-36页。

[7] 许玉林、金石柱：《辽宁丹东地区鸭绿江右岸及其支流的新石器时代遗存》，《考古》1986年第10期，第865-872页。

[8] 许玉林、傅仁义、王传普：《辽宁东沟县后洼遗址发掘概要》，《文物》1989年第12期，第1-22页。

[9] 辽宁省文物考古研究所、大连市文物管理委员会、庄河市文物管理办公室：《大连市北吴屯新石器时代遗址》，《考古学报》1994年第3期，第343-380页。

[10] 同［1］。

[11] 沈阳市文物管理办公室：《沈阳新乐遗址试掘报告》，《考古学报》1978年第4期，第449-466页。

[12] 中国社会科学院考古研究所：《中国考古学中碳十四年代数据集》（1965-1991），北京：文

物出版社，1991年。本文涉及的碳十四年代测定数据，除特别注明者均出自该书。

[13] 沈阳市文物管理办公室、沈阳故宫博物馆：《沈阳新乐遗址第二次发掘报告》，《考古学报》1985年第2期，第209-222页。

[14] 吉林大学考古教研室：《农安左家山新石器时代遗址》，《考古学报》1989年第2期，第187-212页。

[15] 陈全家、赵宾福：《左家山新石器时代遗址的分期及相关文化遗存的年代序列》，《考古》1990年第3期，第234-238页。

[16] 许永杰：《东北境内新石器时代筒形罐的谱系研究》，《北方文物》1989年第2期，第19-29页。

[17] 陈雍：《左家山新石器时代遗存分析》，《考古》1992年第11期，第1033-1038页。

[18] 朱延平：《小珠山下层文化试析》，见中国社会科学院考古研究所编著：《考古求知集——`96考古研究所中青年学术讨论会文集》，北京：中国社会科学出版社，1997年，第186-193页。

[19] 辽宁省博物馆、旅顺博物馆：《大连市郭家村新石器时代遗址》，《考古学报》1984年第3期，第287-329页。

[20] 许明纲：《试论大连地区新石器和青铜文化》，见中国考古学会编辑：《中国考古学会第六次年会论文集》，北京：文物出版社，1990年，第50-66页。

[21] 同[1]。

[22] 许玉林：《辽东半岛新石器时代文化初论》，见苏秉琦主编：《考古学文化论集》（二），北京：文物出版社，1989年，第96-112页。

[23] 同[19]。

[24] 徐光冀：《小珠山遗址》，见《中国大百科全书·考古学》编写委员会编：《中国大百科全书·考古学》，中国大百科全书出版社，1986年，第583-584页。

[25] a.安志敏：《辽东半岛的史前文化》，《大连文物》1992年第1期，第8-14页。

b.王锡平：《试论环渤海地区史前文化的关系与文明》，见苏秉琦主编：《考古学文化论集》（四），北京：文物出版社，1997年，第96-103页。

[26] a. 许玉林、苏小幸：《略谈郭家村新石器时代遗址》，《辽宁大学学报》（哲学社会科学版）1980年第1期，第43-46页。

b.宫本一夫：《论辽东半岛与山东半岛先史文化的地域性及其相互影响》，《辽海文物学刊》1993年第1期，第138-144页。

c.佟伟华：《胶东半岛与辽东半岛原始文化的交流》，见苏秉琦主编：《考古学文化论集》（二），北京：文物出版社，1989年，第78-95页。

[27] a. 栾丰实：《辽东半岛南部地区的原始文化》，见栾丰实著：《海岱地区考古研究》，济南：山东大学出版社，1997年，第375-407页。

b. 同[25]b。

c. 朱延平：《东北地区南部公元前三千纪初以远的新石器考古学文化编年》，见苏秉琦主编：《考古学文化论集》（四），北京：文物出版社，1997年，第84-95页。

d. 孙祖初：《论小珠山中层文化的分期及与各地比较》，《辽海文物学刊》1991年第1期，第37-46页。
［28］ 赵辉：《辽东地区小珠山下、中层文化再检讨》，《文物与考古》1995年第5期，第28-37页。
［29］ a. 李步青、王锡平：《胶东半岛新石器文化初论》，《考古》1988年第1期，第66-76页。
b. 同［27］a。
c. 同［26］b。
d. 同［26］c
［30］ a. 同［16］。
b. 同［27］c。
c. 同［27］d。
d. 安志敏：《辽东史前遗存的文化谱系》，见张学海主编：《纪念城子崖遗址发掘60周年国际学术讨论会文集》，济南：齐鲁书社，1993年，第107-118页。
［31］ 同［1］。
［32］ 旅大市文物管理组：《旅顺老铁山积石墓》，《考古》1978年第2期，第80-85页。
［33］ 澄田正一、秋山进午、岗村秀典：《1941年四平山积石墓调查》，见苏秉琦主编：《考古学文化论集》（四），北京：文物出版社，1997年，第38-42页。
［34］ a. 同［25］a。
b. 同［27］a。
［35］ 同［20］。
［36］ 山东省博物馆：《山东蓬莱紫荆山遗址试掘简报》，《考古》1973年第1期，第11-15页。
［37］ 北京大学考古实习队、烟台地区文管会、长岛县博物馆：《山东长岛北庄遗址发掘简报》，《考古》1987年第5期，第385-394页。
［38］ a. 严文明：《胶东原始文化初论》，见山东省《齐鲁考古丛刊》编辑部编：《山东史前文化论文集》，济南：齐鲁书社，1986年，第63-95页。
b. 韩榕：《胶东史前文化初探》，见山东省《齐鲁考古丛刊》编辑部编：《山东史前文化论文集》，济南：齐鲁书社，1986年，第96-119页。
c. 张江凯：《试论北庄类型》，见北京大学考古系编《考古学研究》（三），北京：科学出版社，1997年，第37-51页。
［39］ 烟台市博物馆：《烟台白石村遗址发掘报告》，见北京大学考古学系、烟台市博物馆编：《胶东考古》，北京：文物出版社，2000年，第28-95页。
［40］ 同［38］c。
［41］ 同［38］c。
［42］ a. 同［26］b。
b. 同［26］c。
［43］ 同［27］c。
［44］ 同［28］。
［45］ a. 同［16］。
b. 同［18］。
c. 同［28］。

d. 王嗣洲：《辽东半岛新石器时代考古学文化谱系研究》，《史前研究》，2000年，第52-62页。

e. 同［27］a。

［46］ 毕德广、乌云花：《小珠山下层文化的分期与类型》，见中国人民大学北方考古研究所、中国人民大学历史学院考古文博系编：《北方民族考古》（第1辑），北京：科学出版社，2014年，第15-32页。

［47］ 同［27］c。

Chronological Sequence of Archeological Culture at the Xiaozhushan Site in Changhai County, Liaoning Province

ZHANG Xue-lian, JIN Ying-xi, JIA Xiao-bing

Abstract: The Xiaozhushan site is located in central Guanglu Island, Changhai County of Liaoning Province. In 1978, a collaborative excavation, led by Liaoning Provincial Museum and other institutes, were carried out the site, leading to the first characterization of three culture types (the Lower, the Middle, and the Upper Xiaozhushan) for Neolithic cultures on the Liaodong peninsula. Radiocarbon (^{14}C) dating targeting material remains unearthed from Xiaozhushan and other relevant sites began in the late 1970s to the early 1980s. The absolute dates obtained in these studies lay the basis for constructing the chronological sequence of the Xiaozhushan Culture and were crucial for exploring those of the Neolithic archaeological cultures within the same region. Following the excavations at Xiaozhushan, more fieldwork was conducted in the same region, with new sites being found consistently. While the studies of prehistoric cultures in the region were greatly promoted, it became more and more obvious that further investigation of the chronological sequence of archaeological cultures at Xiaozhushan was necessary. Between 2006 and 2009, archaeologists from Institute of Archaeology at Chinese Academy of Social Sciences and other institutions carried out more comprehensive excavations at the Xiaozhushan site. During the excavations, a complete sequence of cultural layers was constructed on the basis of previous cultural divisions. Quite a lot of samples were collected from these cultural layers for radiocarbon dating and the dates generated on them made possible a systematic study of the chronological sequence of archaeological cultures at Xiaozhushan.

Samples collected from cultural layers revealed by excavations and their radiocarbon dates, when combined with the previously conducted archaeological studies and dates obtained from them, made possible the dating of archaeological cultures at the Xiaozhushan site, which contributed to a refinement of the chronological sequence already established by then and a clearer recognition of the relations among cultural layers. A more complete sequence of archaeological cultures was therefore constructed for the Xiaozhushan site, which offered very useful information for promoting a deeper understanding of the regional chronological sequence of archaeological cultures in Liaodong and surrounding areas.

The new radiocarbon dates show that remains of the Lower Xiaozhushan are dated roughly between 6700 and 6300 BP; that those from the early and the late phase of the Middle Xiaozhushan are dated to 6500 to 6300 BP and 5500 to 5300 BP, respectively; and that remains of the Upper Xiaozhushan are dated between 4800 and 4100 BP. In previous studies that combined archaeological findings and radiocarbon dates from the Houwa and Beiwutun sites, the Lower Xiaozhushan was believed to have begun as early as some 6000 years ago (6000 BP). The ^{14}C dating in the present study generated roughly similar dates (6000 BP) for the Lower Xiaozhushan. Previous studies placed the beginning of the early phase of the Middle Xiaozhushan around 6000 BP, which was also confirmed by the present study. This leads us to conclude that the period of 6000 to 5000 BP does not represent the transition from the Lower Xiaozhushan to the Middle Xiaozhushan, as previously argued, but rather the early to the late phase of the Middle Xiaozhushan.

The present study confirms that the early phase of the Middle Xiaozhushan began around 6000 BP. This finding provides reference information for the chronological study of the Beizhuang Phase I, which shares the similar cultural characteristics with the early phase of the Middle Xiaozhushan.

Key Words: Xiaozhushan site; Neolithic Age; radiocarbon (^{14}C) dating; Liaodong peninsula; chronological sequences

（原刊于《考古》2016年第5期）

佛教考古工作中的多视角三维重建

刘建国

摘要：佛教考古研究中面对的发掘现场、出土文物、地面建筑等往往尺寸高大，外形复杂，使用传统测量技术很难准确把握这类文化遗产的空间特征信息，测量与绘图工作难度巨大。而运用多视角三维重建技术，通过地面拍摄与无人机的超低空拍摄技术，可以全方位地快速获取各种佛教考古发掘现场、出土佛像、砖塔建筑等的数字影像，制作成具有真实纹理的三维模型，最后导出不同平面、立面、剖面的正射影像图、数字高程模型等数字成果，为佛教文化遗产的研究、保护与展示提供技术支持。

佛寺遗址考古发掘与文物保护现场往往包含古建筑、石窟、佛塔、摩崖石刻等遗迹，高低起伏很大，表面非常复杂。需要运用无人机拍摄与地面拍摄相结合的方法获取多视角影像，制作文化遗产的三维模型，全面记录佛教文化遗产的空间信息。出土的佛像等可移动文物形态千变万化，色彩多种多样，需要采用灵活多变的方法拍摄多视角影像。各种文化遗产的三维模型为后续发掘报告整理、考古学研究、博物馆展示等奠定了丰厚的材料基础。而低成本、易操作的多视角三维重建技术，将会在石窟寺展示、佛教遗产保护与佛教考古研究中得到迅速、广泛、深入的运用。

关键词：佛教考古　多视角三维重建　佛像　无人机

佛教考古研究中面对的发掘现场、出土文物、地面建筑等往往尺寸高大，外形复杂，使用传统测量技术很难准确把握这类文化遗产的空间特征信息，测量与绘图工作难度巨大。而运用多视角三维重建技术，通过地面拍摄与无人机的超低空拍摄技术，可以全方位地快速获取各种佛教考古发掘现场、出土佛像、砖塔建筑等的数字影像，制作成具有真实纹理的三维模型，最后导出不同平面、立面、剖面的正射影像图、数字高程模型等数字成果，为佛教文化遗产的研究、保护与展示提供技术支持。

一、佛寺遗址考古发掘现场的三维重建

佛寺遗址考古发掘现场往往包含古建筑、石窟、摩崖石刻等遗迹，高低起伏很大，地面非常复杂，测量、绘图工作的难度很大。如果通过无人机拍摄的影像制作发掘

区的三维模型，再输出俯视影像图和多个立面的正射影像图，成为考古现场绘图的准确依据，则能够全面提取佛寺遗址发掘现场的空间信息，提高绘图精度和速度。

超低空拍摄之前需要在地面设置、测量一些地面控制点，控制点标志可以摆放在拍摄区域的四角位置，避免沿一条直线摆放。控制点标志一般使用4个具有红色、黄色三角形图案的环氧树脂标志板（彩版一，1），标志板的中心位置非常明显，在不同分辨率的影像上都可以精确地确定，红、黄颜色在野外绿色、灰色等环境中也非常醒目，易于辨认。标志板大小合适的时候才能在拍摄的影像中清晰地显示，易于标注中心位置。

控制点坐标需要使用电子全站仪或静态后差分GPS进行测量，使用电子全站仪进行测量可以获得很高的测量精度，特别是使用免棱镜方式直接瞄准控制点中心进行测量时，能够得到3～5毫米的测量精度。使用棱镜测量时，应该尽量降低棱镜的高度，以提高测量精度。使用静态后差分GPS进行测量时的精度基本上也能控制在5毫米左右。现场测量的控制点坐标数据最好使用照相机拍摄，或者直接联机导出成文本文件，以避免笔录时出现抄写错误。

拍摄时的飞行高度需要根据影像的分辨率来大致确定，对于2400万像素的照相机而言，携带24毫米焦距镜头，一般飞行3～4米的相对高度可以获得1毫米的正射影像图，30～40米的相对飞行高度可以获得1厘米的正射影像图，100米左右的相对飞行高度可以获得3～5厘米的正射影像图。

太原蒙山大佛及其建筑基址，地表起伏40余米，大佛纵深近30米，使用常规方法无法获取全部的多视角影像，必须使用无人机才能够拍摄满足三维重建要求的多视角影像。拍摄时首先安置相机垂直向下拍摄整个遗址区域的影像，然后使相机倾斜45°左右拍摄有高低起伏的区域，最后再安置相机水平方向拍摄垂直的立面。同时根据不同纵深还应该从不同位置拍摄，确保遗址内的各个平面、立面都不会出现遗漏的情况（彩版一，1）。然后对全部影像进行处理，生成具有真实纹理的蒙山大佛三维模型后，即可导出模型数据、平面和立面的正射影像图、数字高程模型，最后根据数字高程模型再生成等值线图（彩版一，2）等成果。

二、佛寺考古出土文物的三维重建

佛寺遗址等发掘现场往往会出土很多圆雕佛像等文物，将其放置在台面上时，总会有与台面接触的部分无法拍摄影像，为了生成这类文物各个部分的整体三维模型，其多视角影像一般分两组拍摄，然后在Agisoft PhotoScan软件中分别生成密集点云，最后通过密集点云合并生成完整文物的密集点云。

拍摄第一组影像时，首先将特制的测量控制板放置在平整、稳定的小台面上，然后在测量控制板上平稳地放置石刻佛像，最好使佛像正面的方向与控制板边缘（坐标轴）的方向一致。如果没有制作测量控制板，也可以简单地使用坐标纸来替代。对于比较大的石刻佛像，可以将测量控制板或坐标纸水平放置在佛像附近。按照彩版二，1中红色箭头指示的方向围绕佛像拍摄3圈影像，这样围绕佛像的头部、肩部、底部拍摄各个角度的影像后，再对下巴、胳臂等处补拍一些影像，确保各个部位没有遗漏。第二次拍摄时把佛像横置，直接放在另外一个台面上，抬高佛像底部，然后按照彩版二，2中红色箭头指示的方向围绕佛像拍摄另外3圈佛像底部、背部、侧面等的影像。两组影像中的第一圈拍摄5或6幅影像，第二、三圈分别拍摄18～20幅影像。整件器物拍摄大约100幅影像即可。其中拍摄第二组影像时不需要使用测量控制板，但是必须与拍摄第一组影像时使用在不同位置安放的不同台面，否则两组影像生成的点云数据就会以共同的台面为参照进行配准，无法生成完整的佛像三维模型。

在进行三维重建之前，应该首先检查全部影像的亮度、反差是否合适。对于亮度暗淡、反差低平的影像，应该设置合理统一的参数对全部影像进行调整。

在Agisoft PhotoScan软件中，首先建立两个“堆块”分别加载拍摄的两组多视角影像。其中第一组拍摄的影像要运行“工作流程”菜单中“对齐照片”“建立密集点云”“生成网格”“生成纹理”的四个步骤，然后依次精确标注测量控制板上4个控制点，在“参照”面板中分别输入4个控制点的三维坐标数据，进行“设置”后检查各控制点的误差情况。

第二组拍摄的影像只处理“工作流程”菜单中的“对齐照片”与“建立密集点云”两个步骤。然后运行“工作流程”菜单中的“对齐堆块”，之后使用点云编辑工具删除拍摄时支撑台面、测量控制板的点云与离散噪点等的密集点云。再运行“工作流程”菜单中的“合并堆块”，选择菜单中的“合并密集点云”选项，软件会生成一个名为“Merged Chunk”的堆块，查看合并后的密集点云是否完整，回到“参照”面板中点击“设置”图标进行坐标系设置。再运行“工作流程”菜单中的“生成网格”与“生成纹理”，完成整件文物的三维重建工作。

各项设置参数不宜过大，“建立密集点云”的“质量”选项选择“中”“低”或“最低”，“生成网格”的“面数”为80万左右，“生成纹理”的“纹理大小”为6000～20000即可。

根据佛像的三维模型，可以导出俯视、仰视、侧视等的正射影像图，也能够导出某个平面或立面的断面图或剖视图等（彩版三，1）。还可以导出数字高程模型，并由此生成等值线图（彩版三，2）。

三、石窟的三维重建

石窟是从山崖壁面向内部纵深开凿的古代庙宇建筑，里面有宗教造像或宗教故事的壁画，是佛教考古研究的重要内容之一。石窟内往往光线非常暗淡，有的石窟具有中心柱，两侧的甬道狭窄，为多视角三维重建时的影像拍摄工作带来诸多不便。

石窟内拍摄多视角影像之前需要摆放测量控制板标志，并精确测量其三维坐标。拍摄影像时需要使用LED摄影灯，一般使用3或4个LED摄影灯。其中两个摄影灯使用三脚架支撑，摆放在合适的位置，另外1或2个摄影灯安排辅助人员徒手拿着，跟随摄影人员的照相机不断调整位置和光照角度，确保每幅影像亮度合适、均匀。

多视角影像的拍摄一般从石窟的前厅开始，可以分别对各个壁面、顶面、地面等依次拍摄，拍摄距离较远的顶面时应该适当增加焦距，每个部位至少拍摄不同角度的两幅影像。前厅拍摄完成后，可以进入一侧的甬道继续拍摄，甬道入口处转角较多，应该多拍摄几幅影像。甬道内一般比较狭窄，需要使用短焦距的广角镜头倾斜角稍大一点进行拍摄。然后再拍摄后室和另外一侧的甬道，完成对整个石窟的拍摄。

拍摄结束后可以将影像复制并且缩小，对缩小的影像进行快速三维重建，分析三维模型的重建效果，若有效果不佳或遗漏部分，需要返回石窟寺内进行补拍。

彩版四，1为新疆克孜尔的8号石窟，拍摄了290余幅影像制作了整个石窟的完整三维模型，由此可以导出石窟的各平面、立面等正射影像图（彩版四，2）。

石窟的三维模型经过进一步处理后可以制作成虚拟现实的展示材料，使石窟考古研究人员和爱好者不需要到达现场也能够观察石窟的整体结构与壁画等的各个细节。虚拟现实的展示材料可以调整合适的亮度，加载相关介绍的音频内容，获得比实地参观石窟更好的效果，以便减少到石窟参观的游客数量，也降低了石窟遭受二氧化碳等的侵害。

四、砖塔类文物与摩崖石刻的三维重建

砖塔、摩崖石刻等不可移动文物往往比较高大，仅仅从地面拍摄多视角影像一般不能满足对其进行三维重建的需要，所以需要使用无人机来辅助完成多视角影像拍摄工作。

山西万荣高村孤山西麓的槛泉寺塔为方形11级密檐式砖塔，塔基为须弥座束腰塔座，一层南面辟拱门，一至四层塔檐下为仿木构砖雕斗栱，五层以上迭涩出檐，各级设有半圆拱门[10]。

现场拍摄数字影像之前，首先在槛泉寺塔周围的地面上摆放4个地面控制点标志，标志板大小为20厘米×20厘米，使用电子全站仪在同一测站分别测量并记录4个标志板中心位置的相对坐标。

拍摄槛泉寺塔的多视角影像时，首先手持照相机从地面拍摄地面控制点与塔身底部的影像，镜头为蔡司16～70毫米的变焦镜头，塔身底部使用短焦距拍摄，然后逐渐增加焦距往塔身上部拍摄，从地面不同位置拍摄整个砖塔的影像，注意保持相邻影像之间具有足够的重叠。然后使用无人机携带照相机向下倾斜进行拍摄，镜头为福伦达15毫米定焦镜头，拍摄塔身立面和塔檐上部的影像。无人机从槛泉寺塔的一面中部起飞，一边上升一边拍摄，飞到顶部后转移到相邻一角，一边下降一边拍摄，经过4次升降完成拍摄，一共拍摄有340多幅影像用于制作槛泉寺塔的三维模型（彩版五）。

根据制作完成的槛泉寺塔三维模型，即可导出砖塔的正立面影像图（彩版六，1）、侧立面影像图（彩版六，2）等数字成果（影像图的分辨率最高可达2毫米），为后续文物保护工作中绘制线图、标注病害、施工规划等提供支持。

重庆的大足石刻是大足区境内主要表现为摩崖造像的石窟艺术的总称，是唐末、宋初时期的宗教摩崖石刻，以佛教题材为主，其中以宝顶山石刻和北山摩崖石刻最为著名，其以佛教造像为主，儒、道教造像并陈，是中国晚期石窟造像艺术的典范。大佛湾石刻是宝顶山石刻的主体部分，位于圣寿寺左下的一个山湾内，崖面长约500米，高8～25米。造像刻于东、南、北三面崖壁上，全部造像图文并茂，无一龛重复。

大佛湾石刻的多视角影像拍摄时，使用支架抬升照相机的高度，沿着参观栈道一段一段地拍摄大佛湾全部石刻的影像，共拍摄了2500余幅，成功制作了两段各200多米的摩崖石刻三维模型（彩版七），以及圆觉洞、毗卢洞的三维模型。大佛湾石刻有的部分比较高，使用无人机配合拍摄应该会更好。

五、结　语

佛教考古工作会面临各种尺寸、形状、材质的文化遗产，在对其进行三维重建过程中需要有针对性地选择多视角影像的拍摄方法，精确制作出具有真实纹理的三维模型，为各种文化遗产的存档、展示、保护等工作提供支持。精确的三维模型必将是数字博物馆建设与展示的主要内容。佛教遗址的调查与发掘现场、出土文物及其遗址周边环境都可以进行三维重建，然后通过立体视频、展示触控屏、立体展示头盔等多种技术，为参观者呈现丰富多彩的内容与奇妙的视觉体验。

佛教考古发掘现场对出土文物的三维重建既可以建立文物的三维模型档案，也可以导出俯视、仰视、正立面、侧立面、剖面等的正射影像图，据此可以在绘图软件中绘制各个平面、立面、剖面的线划图，提高绘图的精度和速度。

佛教考古调查与发掘现场、出土佛造像、摩崖石刻、石窟等的真实三维模型，全面记录了佛教文化遗产的空间信息，为之后的发掘报告整理、考古学研究、博物馆展示等奠定了丰厚的材料基础。而低成本、易操作的多视角三维重建技术，将会在石窟寺展示、佛教遗产保护与佛教考古研究中得到迅速、广泛、深入的运用。

Multi-view 3D Reconstruction for the Research of Buddhist Archaeology

LIU Jian-guo

Abstract: In the study of Buddhist archaeology, researchers need to face some excavation site, unearthed cultural relics and building structures with bigger size and complicated shape. It’s very difficult to accurate grasp the spatial characteristic information of these cultural heritage by traditional measurement technology, and also very hard to mapping and surveying. However, Through the ground Photography and the ultra low altitude photography technology of UAV, multi-view 3D reconstruction technology could been employed to make the 3D models with real texture of Buddhist archaeological excavation site, unearthed figure of Buddha, pagoda-tower building etc. quickly, and then export some digital products such as orthophoto images of different planes, elevations and sections, provide technical support for the research, protection and display of Buddhist cultural heritage.

The Buddhist temple sites of archaeological excavation and cultural relics protection which often contain relics such as ancient buildings, caves, pagodas, and cliff inscriptions, etc. with high and low ups and downs, the surface is very complex. The method of UAV shooting and ground shooting would been used to obtain multi-view images, and then making the 3D model of cultural heritage, comprehensive recording the spatial information of Buddhist cultural heritage. The movable cultural relics such as the unearthed Buddha statues with protean shapes and variety of colors, A flexible and flexible approach were required to capture multi-view images. 3D models of various cultural heritages have laid a solid foundation for the follow-up organize the excavation report, archaeological research, museum display and so on. The technology with low-cost and easy-to-operate of multi-view 3D reconstruction, will be employed rapidly, extensive and in-depth in the displayed in cave temple, Buddhist heritage protection and Buddhist archaeological research.

Key Words: Buddhist archaeology; multi-view 3D reconstruction; figure of Buddha; UAV

东魏皇族元祜的种族探寻

张雅军　赵　欣　张　旭　沈丽华

摘要： 元祜墓是河北磁县北朝墓群中的一个墓葬。墓室中有一棺一椁朽痕，棺内有一具人骨。墓葬中还发现了有碑文的墓志石，从墓志记载获知，墓主人是徐州刺史元祜，他是北魏皇帝拓跋焘的重孙，葬于537年，死时56岁。人骨的保存状况不好，收集到一些头骨片、完整下颌和小部分体骨。骨骼上的一些特征显示出男性特点，关节面普遍存在关节炎症状，胸椎和腰椎上都有小型骨赘，为骨性关节炎的表现。牙齿磨耗严重，有牙周病及根尖脓肿现象。由于头骨破损严重，无法运用形态观察和测量数据来判断元祜的种族形态类型。元祜骨骼的线粒体DNA结果显示，元祜归属于单倍型类群C，而且与元祜线粒体DNA的单倍型有共享序列的人群基本都在亚洲，特别是北亚地区，结合元祜的单倍型类群的归属，推测元祜应该属于北亚人群。

对中国古代鲜卑人群的人骨形态学研究指出，其形态特征更近似于蒙古人种的北亚类型，同时也有不同程度的东亚类型特征。从鲜卑的发展历史看，鲜卑并不是一个“纯粹”的种族，而是一个多民族混血的“混合体”，除了与匈奴不可避免地发生基因交流外，与东亚类型人群主要是汉族也应该发生过基因交流。但DNA的分析显示，鲜卑人群受到汉族的基因影响有限，并没有改变鲜卑人群为北亚类型的主体特征。另一方面，虽然鲜卑族不断南迁、汉化并最终融入汉族主体中，但是在遗传学上并未显示出拓跋鲜卑人群与现代汉族较近的关系，主要是因为汉民族主体庞大，来源复杂，鲜卑人群的混入并没有对汉民族产生较大影响。

关键词： 元祜　东魏　河北磁县　拓跋鲜卑　蒙古人种类型

一、引　　言

元祜墓位于河北磁县，是磁县北朝墓群中的一个墓葬，中国社会科学院考古研究所河北队于2006～2007年对北朝墓群进行了发掘。经过考古队的发掘清理获知，元祜墓未被盗掘，推测原因是早年墓室坍塌，地面坟丘标识不显著。墓葬中随葬品组合完整，包括百余件彩绘陶俑、陶模型明器、青铜明器和陶瓷器等。墓室中还有壁画，虽有残缺，但能看出绘的是青龙、白虎，是迄今难得一见的东魏王朝画迹。墓室中发现了一棺一椁朽痕，棺内有一具人骨。此外，还发现了墓志石，其上有碑文。从墓志记载获知，墓主人是徐州刺史元祐，葬于537年，死时56岁。元祜是北魏皇帝拓跋焘的重孙，死后埋葬在东魏皇族元氏的陵墓茔域内[1]。北魏（386～557年）是鲜卑族拓跋珪建立的北方政权，所以元祜的族属应为拓跋鲜卑。

二、元祜墓人骨材料鉴定

墓葬编号为M003，采集的骨骼朽蚀严重，保存状况不佳，收集到头骨片、完整下颌和部分头后骨骼。从保留下来的骨骼特征可以判断该个体为男性，耻骨联合面的磨耗显示其年龄在55岁左右（墓志显示56岁）。牙齿磨耗严重，从牙齿磨耗程度上看，年龄应该超过50岁，上颌牙齿有严重齿病，右第一臼齿生前脱落，齿孔闭合；左犬齿和第一前臼齿出现根尖脓肿，已经形成较大面积的脓肿洞；从左第一前臼齿的齿孔痕迹看，其齿槽骨有侵蚀现象。下颌牙齿都保存下来了，牙齿磨耗也很严重，臼齿部位的齿槽骨表现出牙周病的现象，但没有造成牙齿的脱落。

骨骼关节面普遍存在关节炎症状，如肩关节、肘关节、踝关节、跗关节、趾关节等都有表现。此外，胸椎和腰椎上都有小型骨赘，即骨质增生，为骨性关节炎的表现。

因为头骨破损无法测量，所以我们无法从头骨的测量数据来分析元祜的种族类型，不过古DNA的测试弥补了这一缺憾。

三、元祜人骨的线粒体DNA分析[2]

测试样品取自元祜的一颗臼齿和一段肢骨，对此做了线粒体DNA（mtDNA）高可变Ⅰ区（HVR-Ⅰ）序列分析和编码区的扩增产物长度多态性（APLP）分析。

测试结果显示，元祜个体归属于单倍型类群C。单倍型类群C在距今6万年前已经出现在亚洲地区，主要分布于东北亚，包括西伯利亚地区，以及美洲土著居民中。它的地理分布主要是从中亚到俄罗斯东北部堪察加半岛和日本岛的广大区域内[3]，其分布频率在西伯利亚人群中最高，在南亚人群中极低。在台湾的汉族人中偶尔有发现，可以归因于近期的迁徙事件[4]。

与元祜线粒体DNA的单倍型有共享序列的人群包括中国的汉族、蒙古族、维吾尔族、哈萨克族和土家族，俄罗斯的高加索人、雅库特人、尤卡吉尔人，蒙古的蒙古族，以及巴基斯坦人，图瓦人，亚洲人群，西南美洲与中美洲的人群。在共享序列中，除一例分布于美洲外，其余均分布于亚洲，特别是北亚地区，结合单倍型类群的归属，推测元祜个体应该属于北亚人群。

此外，也观察了单倍型类群C在其他一些人群的分布情况，包括内蒙古商都东大井东汉时期拓跋鲜卑遗存[5]、内蒙古察右中旗七郎山魏晋时期拓跋鲜卑遗存[6]、辽宁喇嘛洞三燕墓地[7]、蒙古国额金河谷匈奴人群[8]和现代锡伯族[9]（表1）。有观点认为，锡伯族是鲜卑族的后裔[10]，而且鲜卑族与匈奴族[11]也有较密切的关系。

从表1的对比看出，单倍型类群C在鲜卑人群、匈奴人群和现代锡伯族人群中都有一定的分布，尤其在拓跋鲜卑人群中的分布频率最高。另外，元祜个体的线粒体DNA的HVR-I序列为16129-16223-16298-16327，在匈奴人群和锡伯族中都有与之相同的个体，在东大井和七郎山拓跋鲜卑人群中也找到了与之只相差一个位点的个体，而且16223（C→T）、16298（T→C）和16327（C→T）在鲜卑和匈奴都有，是古代西伯利亚（北亚）人群中常见的突变位点。这个DNA结果显示，元祜更可能为蒙古人种的北亚类群。

虽然已有多个关于拓跋鲜卑人群的DNA研究，但是有明确墓志记载、身份确定的拓跋鲜卑人的DNA研究，元祜尚属首例，他对于今后判断拓跋鲜卑人群的遗传结构提供了参考依据。

表1　单倍型类群C在相关人群中的分布频率

Table 1　Haplogroup frequencies distribution in contrasted populations

人群	七郎山拓跋鲜卑	东大井拓跋鲜卑	喇嘛洞三燕墓地	匈奴	现代锡伯族
总数	16	7	17	46	48
C型数量	5	2	3	6	13
C型分布频率（%）	31.25	28.57	17.6	13.04	20.08

四、讨　论

前面已经提到，从文献资料看，元祜的族属应为拓跋鲜卑人。

鲜卑族是继匈奴族之后在我国北方草原崛起的一个强大的游牧民族。91年，北匈奴被东汉王朝击败后被迫西迁，而本来居住在东北地区的鲜卑族此时大举南下、西进，占据匈奴故地，之后与此地的匈奴、丁零、乌桓、汉族等混血后形成许多新的部别，在五胡十六国及南北朝时期，鲜卑族又先后建立了前燕、西燕、后燕、南燕、西秦、南凉、北魏、东西魏、北齐、北周及在青海地区的吐谷浑王国。至隋唐，鲜卑已不再作为政治实体和民族实体存在，而是逐渐融合到其他民族之中[12]。

鲜卑大体可分为北部鲜卑（以拓跋部为主要代表）和东部鲜卑（包括慕容鲜卑）。从上述鲜卑的发展历史看，鲜卑并不是一个“纯粹”的种族，而是一个多民族混血的“混合体”。

迄今为止，中国境内考古遗址出土的、被多数人认同的可能与鲜卑族有关的人类学材料有9批，地点、时代和分布等见表2。

表2　中国境内与鲜卑人群有关的考古遗址

Table 2　Some archaeological sites related to Xianbei population in China

地点	时代	族属
内蒙古扎赉诺尔墓地	东汉	拓跋鲜卑
内蒙古南杨家营子墓地	东汉晚期	拓跋鲜卑

续表

地点	时代	族属
内蒙古三道湾墓地	东汉	拓跋鲜卑
内蒙古东大井墓地	东汉	拓跋鲜卑
内蒙古包头百灵庙墓地	东汉-魏晋	拓跋鲜卑
内蒙古七郎山墓地	魏晋	拓跋鲜卑
辽宁朝阳魏晋时期墓葬	魏晋	慕容鲜卑
吉林大安渔场墓地	东汉—西晋	慕容鲜卑
内蒙古兴和叭沟墓地	东汉—北魏	鲜卑（拓跋鲜卑？）

扎赉诺尔墓地出土的人骨按照头骨形态差异被分为两组，A组以低阔颅形和宽而扁平的面部为特征而与西伯利亚蒙古人种最接近；B组较A组颅增高，鼻子较狭窄，与西伯利亚蒙古人种和北极蒙古人种都接近而疏远于东亚和南亚类型[13]。南杨家营子的人骨据分析与西伯利亚蒙古人种最接近，但其较窄的颧宽可能与东亚或北极蒙古人种有关[14]。三道湾的人骨种系特征属于西伯利亚蒙古人种类型，与近代蒙古族接近，其中有些狭面高颅个体可能与东亚类型有关[15]。东大井组最接近北亚蒙古人种，但在个别体质特征上与东亚类型也存在着不同程度的联系[16]。百灵庙汉魏时期鲜卑居民与代表北亚类型的蒙古组和布里亚特组人群在颅骨的形态特征上最接近，而与东亚类型的华北组比较疏远[17]。七郎山人骨接近西伯利亚蒙古人种[18]。辽宁朝阳魏晋人骨与北亚蒙古人种最接近，与近代蒙古组关系密切[19]。吉林大安渔场的一例男性头骨在形态特征上与蒙古人种北亚类型存在较多的一致性，个别项目上也与东亚类似[20]。叭沟墓地鲜卑人群在形态特征上与北亚类型存在很大的相似性，但在个别特征上又表现出与东亚类型的接近[21]。

此外，黑龙江平洋、内蒙古完工[22]、山西大同北魏时期人群及辽宁喇嘛洞等人群的族属问题还有争议，这里不作为鲜卑人群来讨论。

比如，对山西大同的北魏时期墓地出土人骨的族属成分，张振标等[23]认为，大同北魏居民颅骨特征的种族类型与华北地区以北的古代或近代的居民关系最为密切，是以具有蒙古人种特征的东北亚类型为主体，但带有欧洲人种特征的乌孙人类型的种族特征，明显有别于汉族的颅骨特征，是鲜卑人。另一种观点是韩巍[24]提出的，他认为大同北魏居民的主体种族成分为古中原类型，故可以推测其族属来源应以汉族为主，但在其体质特征的形成过程中或许也受到过鲜卑人的影响。

总结以上对鲜卑人群的形态学的种族类型分析结果，无论是拓跋鲜卑还是慕容鲜卑（辽宁朝阳、吉林大安渔场），其形态特征都更近似于蒙古人种的北亚类型，同时会不同程度地显示出东亚类型特征。这是因为在鲜卑人群的形成和发展过程中，不可避免地会与其他人群，也包括东亚类型人群（主要是汉族）发生混杂和有基因交流。

但是，根据对已出土的被认为是拓跋鲜卑人群的DNA研究结果看，鲜卑人群受到东亚人群（主要是汉族）的基因影响很有限，并没有改变鲜卑人群为北亚类型的主体特征。

赵欣曾利用古DNA研究方法探讨了鲜卑人群的流向[25]（图1）。从图中看，从上到下分为四支，依次是欧罗巴人、中亚人群、东亚人群和北亚人群，东大井东汉拓跋鲜卑人群和七郎山魏晋鲜卑人群均位于北亚人群的分支上，且位于邻接树的一支上不可分开。与他们距离最近的还有锡伯族、鄂伦春族。匈奴人群与他们相距也较近，但存在一定距离。应该说，从系统发育邻接树中我们可以看出，东汉至魏晋时期的鲜卑人群存在最近的母系遗传关系，而且与锡伯族也有很近的遗传关系，其次是鄂伦春族，而与匈奴人群或多或少地保持着一定的距离。于长春[26]也指出，拓跋鲜卑典型的基因特征来自东北亚人群，并表现出与鄂伦春族、蒙古国蒙古人及鄂温克族比较接近的基因上的亲缘关系。

关于锡伯族的来源，上述DNA分析支持其族源是古代的鲜卑人，符合《锡伯族源新考》[27]中所说，他们是当时未南下的鲜卑的后裔。

根据史料记载，拓跋鲜卑进行了历史上两次大规模的南迁。第一次南迁大约在东汉初年，拓跋鲜卑离开大鲜卑山南迁至大泽（呼伦湖），第一次与匈奴发生民族融合。到了东汉晚期，拓跋鲜卑完成了由呼伦湖至匈奴故地（河套及大青山一带）的第二次南迁[28]。拓跋鲜卑在两次南迁过程中与匈奴发生基因交流应该是不可避免的。DNA的分析结果显示，拓跋鲜卑和匈奴的遗传距离比较近，二者在系统发育邻接树中也都表现了很近的聚类分布，两者之间的亲缘关系应该不远。

虽然鲜卑族不断地南迁、汉化并最终融入汉族主体中，但是在遗传学上并未显示出拓跋鲜卑人群与现代汉族较近的关系，主要是因为汉民族主体庞大，来源复杂，鲜卑人群的混入并没有对汉民族产生较大影响。

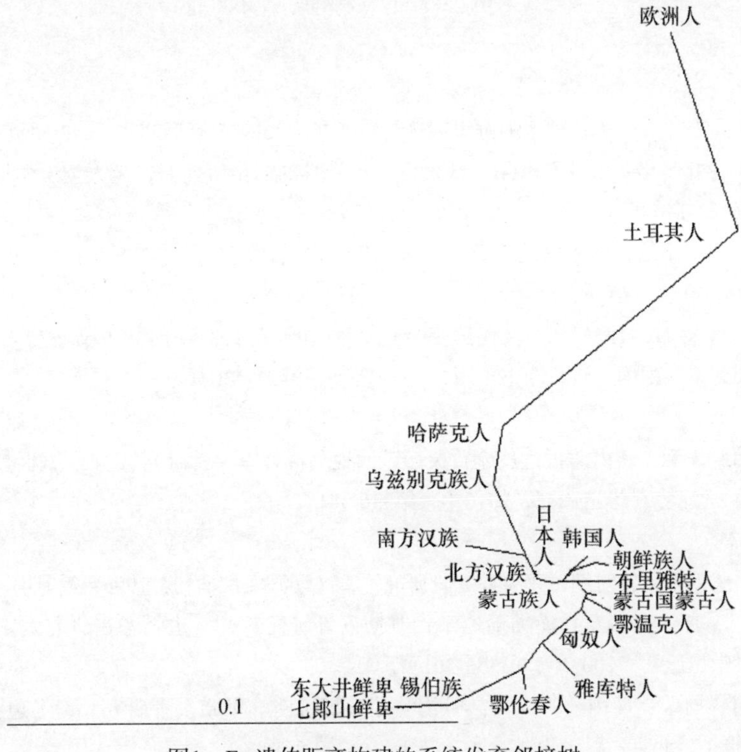

图1　F_{ST}遗传距离构建的系统发育邻接树

Figure 1　Neighbor-joining tree based on F_{ST} values

注 释

[1] 朱岩石、何利群、沈丽华：《河北磁县北朝墓群发现东魏皇族元祜墓》，《考古》2007年第11期，第3-6页。

[2] 赵欣、张雅军、李红杰等：《河北省磁县北朝墓群M003墓主人元祜的线粒体DNA分析》，《南方文物》2016年第4期，第203-208页。

[3] Torroni A, Miller J A, Moore L G, et al.1994. Mitochondrial DNA analysis in Tibet: implications for the origin of the Tibetan population and its adaptation to high altitude. *Am J Phys Anthropol*, 93: 189-199.

[4] Giles RE, Blanc H, Cann H M, et al.1980. Maternal inheritance of human mitochondrial DNA. *Proc Natl Acad Sci USA*, 77: 6715-6719.

[5] 陈靓、朱泓、郑丽慧：《内蒙古东大井东汉时期鲜卑墓葬人骨研究》，《内蒙古文物考古》2003年第1期，第77-86页。

[6] 郑丽慧、朱泓、陈靓：《内蒙古七郎山魏晋时期鲜卑墓葬人骨研究》，《内蒙古文物考古》2003年第1期，第87-91页。

[7] Wang H J, Ge B W, Victor H Mair, Cai D, Xie C. 2007. Molecular Genetic Analysis of Remains from Lamadong Cemetery, Liaoning, China. *Am J Phys Anthropol*, 134: 404-411.

[8] Christine Keyser-Tracqui, Gubézy E, Ludus B. 2003. Nuclear and mitochondrial DNA analysis of a 2000-year-old necropolis in the Egyin Gol Valley of Mongolia. *Am J Hum Genet*, 73: 247-260.

[9] 于长春、李文荣、谢力、张小雷、周慧：《新疆锡伯族人群线粒体DNA的遗传学分析》，《吉林大学学报》（理学版）2007年第45卷第5期，第485-489页。

[10] 同[9]。

[11] 同[8]。

[12] 宿白：《东北、内蒙古地区的鲜卑遗迹》，《文物》1977 年第5期，第42-54页。

[13] 朱泓：《扎赉诺尔汉代墓葬第三次发掘出土颅骨的初步研究》，《人类学学报》1989年第5期，第123-130页。

[14] 潘其风、韩康信：《东汉北方草原游牧民族人骨的研究》，《考古学报》1982年第1期，第117-136页。

[15] 朱泓：《察右后旗三道湾汉代鲜卑族的人种学研究》，《内蒙古文物考古文集》（第2辑），北京：中国大百科全书出版社，1998年，第421-430页。

[16] 同[5]。

[17] 张全超、朱泓：《内蒙古达茂旗百灵庙砂凹地墓群鲜卑人骨研究》，《边疆考古研究》（第8辑），北京：科学出版社，2010年，第336-341页。

[18] 同[6]。

[19] 朱泓：《朝阳魏晋时期鲜卑墓葬人骨研究》，《辽海文物学刊》1996年第2期，第79-90页。

[20] 朱泓：《吉林省大安县渔场墓地汉晋时期人骨研究》，《边疆考古研究》（第2辑），北京：科学出版社，2003年，第353-361页。

[21] 张全超、周蜜：《内蒙古兴和县叭沟墓地汉魏时期鲜卑族人骨研究》，《边疆考古研究》（第4辑），北京：科学出版社，2005年，第262-268页。

[22] a. 张旭、魏东：《平洋、完工墓地古代居民种系问题再认识》，《草原文物》2012年第1期，第79-86，第131页。

b. 潘玲：《完工墓地的文化性质和年代》，《考古》2007年第9期，第78-86页。

[23] 张振标、宁立新：《大同北魏石器墓葬人骨的种族特征》，《文物季刊》1995年第3期，第21-33页。

[24] 韩巍：《山西大同北魏时期居民的种系类型分析》，《边疆考古研究》（第4辑），北京：科学出版社，2005年，第270-280页。

[25] 赵欣等：《从分子生物学角度看鲜卑族的流向》，《吉林师范大学学报》（自然科学版）2010年第1期，第34-37页。

[26] Yu C C, Xie L, Zhang X L, Zhou H, Zhu H. 2006. Genetic analysis on Tuoba Xianbei remains excavated from Qilang mountain cemetery in Qahar Right Wing Middle Banner of Inner Mongolia. *FEBS Letters*, 580 (26): 6242-6246.

[27] 吴扎拉·克尧、曹熙：《锡伯族源新考》，辽宁民族研究所编著《锡伯族史论考》，沈阳：辽宁人民出版社，1986年，第39-52页。

[28] a. 田刚：《嘎仙洞与拓跋鲜卑的历史发展》，《黑龙江民族丛刊》2004年第4期，第63-67页。

b. 傅义汉：《鲜卑探源》，《雁北师范学院学报》2002年第4期，第37-39页。

An Ancestry Search for the Eastern Wei Royal Yuan Hu(元祜)

ZHANG Ya-jun, ZHAO Xin, ZHANG Xu, SHEN Li-hua

Abstract: The tomb of Yuan Hu belongs to the Northern Dynasties cemeteries excavated in Cixian County of Hebei Province. In the burial chamber, traces of one inner coffin and one outer coffin were noticed, and human skeletal remains were found in the inner coffin. There was also an epitaph stone in the burial, from which it is learned that Yuan Hu, the Northern Wei Emperor Tuoba Tao's great-grandson and regional inspector of Xuzhou, is the tomb occupant, who died in 537 AD at the age of 56. Being in a poor state of preservation, the human skeletal remains include only some cranium fragments, a complete lower jaw, and a small portion of body bones. Some skeletal characteristics suggest that the skeletal remains belong to a male. The articular surface shows signs of osteoarthritis. Thoracic vertebrae and lumbar vertebrae both have small osteophytes, suggesting the presence of osteoarthritis (OA). Severe dental wear is noticed and there were the periodontosis and the alveolar abscess. As the cranium (of Yuan Hu) was severely damaged, it is impossible to assess the ancestry by making observations on cranial morphology or by a metric data of skull. The mitochondrial DNA (mtDNA) extracted from Yuan Hu's skeletal remains suggests that he belonged to the Haplogroup C. Since the populations sharing the same haplotype with Yuan Hu are mainly distributed in Asia (in North Asia particularly), Yuan Hu is therefore believed to belong to the population groups of North Asia. Furthermore, the Haplogroup C have been found among the ancient populations of Xianbei and Xiongnu as well as in the present Xibo population in certain proportions, and their chances to be noticed in the ancient groups of Tuoba Xianbei are especially higher. The mtDNA HVR-I haplotype of Yuan Hu is 16129-16223-16298-16327, which has been also reported in the Xiongnu and Xibo populations, while Tuoba Xianbei individuals at the Dongdajing and Qilangshan sites have a haplotype with only one mutation compared to that of Yuan Hu. More importantly, the mutations 16223 (C→T), 16298 (T→C), and 16327 (C→T), found both in Xianbei and Xiongnu populations, are very commonly seen in ancient population groups of North Asia. Therefore, the DNA analysis supports that Yuan Hu belongs to the Mongoloids of North Asia.

Craniometric studies have shown that the ancient Xianbei population is morphologically more similar to the Mongoloids of North Asia, although they also demonstrate characteristics of the East Asian type in varying degrees. Taking into consideration the history of Xianbei, the populations of Xianbei were not "pure"; instead, they were genetically-mixed and multi-ethnic. This can be the case especially with the southward migration of the Tuoba Xianbei population, during which genetic exchange not only occurred inevitably with the Xiongnu population but also with populations of the East Asian type (mainly the Han Chinese). The DNA analysis, however, suggests that the Xianbei population was genetically influenced by the Han populations only to a limited degree and that they did not change their main characteristics as of the North Asian type. On the other hand, even though the Xianbei population consistently moved south, mixed with and finally was assimilated into the Han population, the genetic evidence is not strong enough to support a closer genetic relationship between populations of the Tuoba Xianbei and the present Han Chinese. This is mainly due to the significantly large number and the multiethnic nature of the Han population, which makes the genetic contribution of the Xianbei population to the Han population barely detectable.

Key Words: Yuan Hu; Eastern Wei Dynasty; Cixian County of Hebei Province; Tuoba Xianbei; Mongoloid classification

（原刊于《南方文物》2017年第4期，略作修改）

青海喇家遗址出土动物遗骸的锶同位素比值分析

赵春燕　吕　鹏　袁　靖　叶茂林

摘要： 喇家遗址位于青海民和官亭盆地，主体为齐家文化的遗存，距今4300~3900年。因喇家遗址所在甘青地区是中华文明发源地之一，而齐家文化是甘青地区史前文化发展的特殊阶段，在东西文化的交流中有着不可忽视的作用，因而喇家遗址的考古学研究具有重要的学术地位。利用锶同位素分析技术对喇家遗址出土动物遗骸进行检测与分析，可以为探讨人对动物的驯养、分配、消费的过程和方式提供信息，有助于我们认识当时人类的行为模式，探讨人类社会的经济成分、组织结构和意识形态等诸方面的问题。

本文通过热电离质谱分析方法对喇家遗址出土的26例动物样品的锶同位素比值进行了测定。数据分析表明，猪牙釉质的锶同位素比值的标准偏差远小于其他动物，因此猪牙釉质锶同位素比值可以代表当地的锶同位素水平。经过计算得到喇家遗址当地的锶同位素比值为0.711058~0.710802。以此为前提可以推测，喇家遗址出土的绵羊和黄牛大部分产自遗址当地。结合这些样品的考古学背景资料还发现，少数可能为外来的绵羊和黄牛均出土于齐家文化晚期。上述研究结果表明，喇家遗址先民在齐家文化早期至晚期一直自己饲养大部分黄牛和绵羊，至晚期才出现少量的外来黄牛和绵羊。

关键词： 喇家遗址　齐家文化　锶同位素比值　动物

一、引　言

黄河上游的甘青地区是中华文明非常重要的源头之一，齐家文化是这个区域内古代文化发展的一个重要阶段。考古学研究表明，齐家文化距今4300~3900年，是新石器时代向青铜器时代过渡的一种文化遗存。喇家遗址是齐家文化时期甘青地区的一个具有中心性质的聚落遗址，位于青海民和官亭镇，多年的考古发掘揭示喇家遗址是经历了地震、大洪水及山洪袭击的多重灾难遗迹，是极为难得的史前灾难遗址，因此被列为2001年度中国十大考古新发现之一。不仅如此，经过几年持续不断地发掘，遗址出土了数量丰富的陶器、石器、骨器和玉器，反映了齐家文化时期人们的生活方式和生存状态；磬王的发现，显示了礼乐文明所代表的具有较复杂的社会政治结构的出现。遗址的布局结构和变化过程、高规格的遗存等诸多文化现象，反映出史前社会的较高发展阶段，可以说喇家遗址的发现，加深了学术界对齐家文化的认识[1]。

出土动物牙釉质的锶同位素比值分析不仅可以确立当地锶同位素比值范围，在此基础上探讨人及动物的迁移活动，而且可为探索古环境的变迁及动物的驯养等研究提供十分有价值的信息，因此，动物牙釉质和骨骼的锶同位素分析对考古学研究具有十分重要的学术价值[2]。喇家遗址也出土了大量的动物遗存。众所周知，人和动物的生存方式都要受到自然环境的制约，从某种意义上来讲，对动物骨骼的分析与研究应与人一样重要。研究人对动物的驯养、分配、消费的过程和方式，有助于我们认识当时人类的行为模式，探讨人类社会的经济成分、组织结构和意识形态等诸方面的问题。

最近几年，我们已经连续对二里头遗址、陶寺遗址、瓦店遗址等中原地区的古代动物遗存进行了锶同位素比值分析与研究[3]。研究结果表明，上述遗址出土不同种类动物的来源不一，与遗址的考古学背景密切相关。换言之，对出土动物遗存的锶同位素比值分析与研究可以从不同角度反映当时当地人类社会的经济结构和意识形态等问题。对喇家遗址出土动物牙釉质的锶同位素比值分析与研究，其重要性在于为进一步探索出土的人和动物的迁移与驯养方式打下基础。喇家遗址出土动物是否是当地驯养，反映了当时人类生存方式的选择，也是社会生活的一个侧面，无疑是探究齐家文化时期人类社会发展过程的一个重要方面。所以，我们选择喇家遗址出土动物遗骸作为研究对象，通过热电离质谱分析方法对喇家遗址出土动物牙釉质的锶同位素比值进行了测定，以检测数据为基础，探讨了遗址出土动物的来源及饲养方式。

二、原理与方法

锶同位素分析技术应用于考古学研究已经30余年了，其原理在国内外文献中都有报道，笔者也在以前发表的多篇论文中述及，在此不再赘述。一言以蔽之，不同的矿物和岩石因成矿或成岩的年代不同以及母岩的铷锶含量比不同，其锶同位素组成也是不同的。一般以$^{87}Sr/^{86}Sr$比值作为某一地区的表征指标，通过锶同位素的地区特征可以追溯人类或动物栖息地[4]。对于出土动物牙釉质来说，它能够很好地保持其生存地的同位素比值特征，且很少受到污染，因而成为锶同位素比值测定的首选标本[5]。

具体的方法就是，首先，确认何种动物是当地动物；其次，以遗址当地出土的动物牙釉质的锶同位素比值的平均值加（减）2倍的标准偏差来确定当地的锶同位素比值范围；最后，根据当地的锶同位素比值范围，判断其他动物是否为当地出产抑或来源不同。

在参考了国际上一系列的研究成果和我们以前的研究结果之后，选择了喇家遗址出土的鼠、猪、绵羊和黄牛这几种动物的骨骼和牙齿作为标本，采用固体热电离质谱方法对其进行锶同位素比值测定。首先确定喇家遗址当地锶同位素比值范围，再以此为标准，探讨其他动物是否为当地饲养，抑或是外来的。

（一）样品的选择与考古学背景

喇家遗址所在的青海官亭盆地，范围约20平方千米，以黄河的一、二、三级阶地为主体，平均海拔在1800米左右，周围是海拔2千米以上的山地。考古普查表明，此区域内古遗址约有数十处，从庙底沟时期、马家窑文化、齐家文化，到辛店文化及卡约文化等不同时期和不同的文化类型，在距今5000～3000年左右，是一个非常具有聚落考古研究价值的区域[6]。喇家遗址的规模、重要遗迹的发现及王者之器的出土，都已显示该遗址是一处官亭盆地齐家文化时期极为重要的聚落遗址，也是认识及研究齐家文化时期经济与生业的重要遗址。家畜种类的增加与饲养方式的变化，在一定程度上反映了史前农业经济的发展[7]。根据喇家遗址出土动物标本的具体情况，鼠类采集的是骨骼样品，其他动物均采集的是牙齿样品。采集考古出土动物样品具有特殊性，首先，考古发掘出土的标本量是有限的，而且这些有限的标本也不一定完全符合检测的要求；其次，还要优先考虑其他学科动物考古学研究的需要，如食性分析、DNA等；最后，在有限的标本情况下，尽量采集动物的M1或M2齿。本次分析的动物标本分别来自喇家遗址不同文化时期。每个样品的具体背景资料情况列于表1中。

（二）样品的预处理与测定

选择喇家遗址出土的26份动物骨骼与牙釉质样品作为研究对象。样品的预处理是在中国社会科学院考古研究所超净实验室内进行的。首先用工具打磨每一个样品表面，除去任何可见的污垢或杂色物质，之后用纯净水超声清洗3次，每次20分钟；再加入Milli Q 超纯水，超声清洗3次，每次20分钟。清洗后的样品加入5%稀醋酸（优级纯），超声清洗30分钟，浸泡7小时，将稀醋酸倒掉，再加入Milli Q 超纯水，超声清洗3次，每次20分钟。然后将样品放入恒温干燥箱干燥后，于825℃下灼烧8小时灰化处理。

灰化后的样品首先进行元素分析，准确称取试样于聚四氟乙烯密闭溶样罐中，加硝酸及氢氟酸混匀后加盖密闭，于微波炉上预热，冷却后转移到自动控温电热板上于160℃下消解48小时。

待消解完全后，冷却至室温，将溶液转移至容量瓶，定容后上机检测。所用仪器为Ⅻ型电感耦合等离子体质谱仪（美国Thermo Fisher公司）；Elix-Milli-Q 纯水系统（美国Millipore公司）；所用硝酸、乙酸等化学试剂为优级纯。

ICP-MS仪的主要工作参数为：功率：1200W；冷却气流速：13L/min；辅助气流速：0.70L/min；载气流速：0.89L/min。采用标准曲线法。

元素分析之后再进行锶同位素比值测定。首先，准确称取0.1～0.2g粉末样品于低压密闭溶样罐中，再准确加入锶稀释剂，用混合酸 $HF+HNO_3+HClO_4$ 溶解24小时。待样品完全溶解后，蒸干，加入6mol/L的盐酸转为氯化物蒸干。用0.5mol/L的盐酸溶液溶解，离心分离，清液栽入阳离子交换柱［ϕ0.5cm×15cm，AG50W×8（H^+）100～200目］，用2.5mol/L的盐酸溶液淋洗锶。蒸干，质谱分析。

同位素分析采用ISOPROBE-T热电离质谱计，单带，M^+，可调多法拉第接收器接收。质量分馏用$^{86}Sr/^{88}Sr$=0.1194校正，标准测量结果：NBS987为（0.710250±0.000007）。

三、结果与讨论

（一）喇家遗址当地的锶同位素比值范围

喇家遗址出土动物遗骸的锶同位素比值分析结果列于表1中，其中包含2只鼠、8个猪、10只羊和6头牛，共计26份样品。

表1 喇家遗址出土动物牙釉质的$^{87}Sr/^{86}Sr$的比值

Table 1 Strontium isotope results from the tooth enamel of animals at the Lajia site

实验室编号	出土单位	分期	种属	部位	$^{87}Sr/^{86}Sr$	2σ
2012613-3	2003 QMLT533H48	早期	鼠	骨骼	0.710918	0.000008
2012613-19	2003 QMLT534H57	晚期	鼠	骨骼	0.710887	0.000013
2012613-2	T1106H82	辛店文化	猪	牙齿	0.710842	0.000010
2012613-5	2001 QMLT533H29	晚期	猪	牙齿	0.710888	0.000012
2012613-9	2005 QMLT0616H68	晚期	猪	牙齿	0.711034	0.000013
2012613-7	2001 QMLT512①F14②	晚期偏早	猪	牙齿	0.710972	0.000011
2012613-16	T536M12	晚期	猪	牙齿	0.710967	0.000011
2012613-17	2001 QMLT501⑥	晚期	猪	牙齿	0.710943	0.000005
2012613-18	2000 QMLT2711G1②	早期	猪	牙齿	0.710934	0.000008
2012613-25	2007 QMLH92	晚期	猪	牙齿	0.710861	0.000011
2012613-4	2001 QMLT503H23	晚期	黄牛	牙齿	0.711056	0.000010
2012613-1	2000 QMLT2613H8	晚期	黄牛	牙齿	0.711030	0.000011
2012613-23	2001 QMLT512T513F15②	晚期	黄牛	牙齿	0.710921	0.000008
2012613-24	2005 QMLT534⑤	晚期	黄牛	牙齿	0.710928	0.000009
2012613-26	2001QMLT512①FF14②	晚期	黄牛	牙齿	0.711140	0.000011
2012613-10	2006 QMLT1103F32填土②层	早期	黄牛	牙齿	0.710941	0.000013
2012613-12	2000QMLT2613：G1：④	早期	绵羊	牙齿	0.710872	0.000010
2012613-13	2000QMLT2113G1：⑤	早期	绵羊	牙齿	0.710892	0.000009
2012613-21	2000 QMLT2711G1②	早期	绵羊	牙齿	0.710886	0.000008
2012613-14	2001QMLT512①FF14②	晚期偏早	绵羊	牙齿	0.710916	0.000010
2012613-15	2001QMLT513①FF15	晚期	绵羊	牙齿	0.711006	0.000008
2012613-20	2005 QMLT1013F23	晚期	绵羊	牙齿	0.710909	0.000008
2012613-11	2005 QMLT0616H68	晚期	绵羊	牙齿	0.708375	0.000010
2012613-22	2001 QMLT509⑦	晚期	绵羊	牙齿	0.710952	0.000014
2012613-8	2005 QMLT0616H68	晚期	绵羊	牙齿	0.711118	0.000014
2012613-6	2001 QMLT511H26	辛店文化	绵羊	牙齿	0.711020	0.000011

注：样品的早期与晚期均指齐家文化时期

前面已经提到若要探索喇家遗址出土动物的来源，首先必须建立当地的锶同位素比值范围，才能以此判断其他动物是否为当地出产抑或来源不同。在参考了国际上一系列的研究结果后，根据喇家遗址出土动物的考古学研究，选择了猪牙釉质样品来确定当地的锶同位素比值范围。其理由如下。第一，动物考古学研究结果证明，猪是我国最早进行饲养，也是最重要的家畜之一。其判别标准有动物生理形态的标志、动物群组成的标志、动物群年龄结构的标志、社会和文化的标志、分子遗传学的标志及动物食物的标志等[8]。目前所知，中原地区最早的家猪来自距今8500年以前的贾湖遗址[9]。而甘青地区最早的家猪则出土于甘肃天水西山坪遗址的大地湾文化层，年代为距今8000～7400年[10]。喇家遗址出土的猪依据牙齿的测量数据、猪的死亡年龄以及猪的遗骸出土时的考古学背景认为其为家猪。第二，根据此次对喇家遗址出土动物牙釉质的锶同位素比值的测定结果，经过计算得出猪牙釉质的锶同位素比值的标准偏差为0.000064，而黄牛的标准偏差为0.000088，绵羊的标准偏差为0.000817。猪牙釉质的锶同位素比值的标准偏差远小于其他动物，可以推断猪由当地饲养的可能性也是最大的。

在国际上，一般是以遗址出土的当地动物牙釉质的锶同位素比值的平均值及2倍标准偏差来确定当地的锶同位素比值范围[11]，根据喇家遗址出土猪牙釉质的锶同位素比值测定结果，经过计算得到8个猪牙釉质的锶同位素比值的平均值为0.710930，将该平均值加或减2倍标准偏差可以得到喇家遗址当地的锶同位素比值为0.711058～0.710802。由于出土鼠的检测数据只有2个，其锶同位素比值分别为0.710918和0.710887，且在上述当地的锶同位素比值范围之内，所以，这个结果与猪牙釉质的锶同位素比值的检测结果可以互相验证，说明以猪牙釉质的锶同位素比值建立当地的锶同位素比值范围是可行的。在这里，没有讨论鼠骨的去污染问题，是因为我们之前发表的关于瓦店遗址出土动物的锶同位素比值分析论文中，对此已经探讨过，证明该方法确实可行。即使鼠骨在埋藏过程中受到污染，而且污染没有被排除，那它们也是代表了埋藏环境即当地的锶同位素比值特征，因此，不会影响结论的成立。

至此，我们以喇家遗址出土猪牙釉质样品确定了当地的锶同位素比值范围，再以此判断其他动物是当地的出生还是外来的。判别方法即是通过对喇家遗址出土动物牙釉质的锶同位素比值与当地的锶同位素比值进行比较，不外乎会有两种情况：其一是牙釉质的锶同位素比值在遗址当地的比值范围内，表明该样品代表的个体是在遗址当地出生并饲养长大，死亡后埋葬在当地；其二是牙釉质的锶同位素比值在遗址当地的比值范围以外，表明该样品代表的个体是在其他地区出生，死亡前或死亡后进入遗址当地并埋葬在当地。

（二）喇家遗址出土绵羊的来源

为了更直观地说明喇家遗址出土动物的情况，将所测定的26份动物牙釉质样品的锶同位素比值绘制在图1中。图1中纵坐标表示锶同位素比值（$^{87}Sr/^{86}Sr$），横坐标表示动物种类，两条虚线之间的部分就代表遗址当地的锶同位素比值范围。从图1可以明显看出，有2只绵羊的牙釉质样品的锶同位素比值不在遗址当地的锶同位素比值范围内，表明这2只绵羊可能都不是在当地出生的；其他8只绵羊的牙釉质样品的锶同位素比值则位于遗址当地的锶同位素比值范围内，表明这8只绵羊可能是在当地出生、长大，死亡后葬于此地。这个结果说明喇家遗址出土的绵羊可能来源各不相同，有一部分绵羊来自当地，还有一部分绵羊来自外地。但来自外地的绵羊数量很少，大约只占20%，均为晚期出土的绵羊，而早期的绵羊均为当地出生，这一方面说明早期喇家人也许已在当地饲养绵羊，主要以自给自足为主；另一方面也暗示早期喇家人与外界交流很少，直到晚期才开始与外界接触。

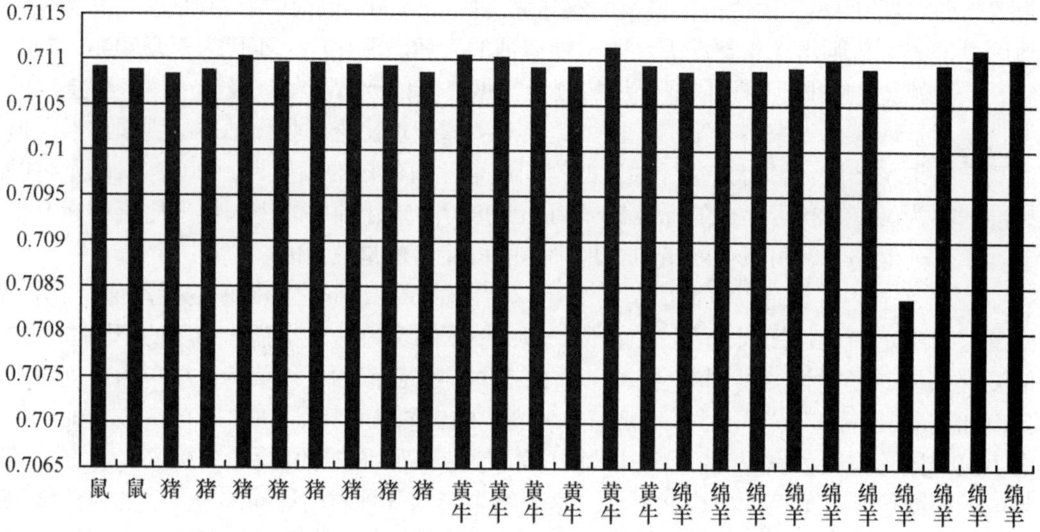

图1 喇家遗址出土动物遗骸的锶同位素比值柱状图

Figure 1 Histograms of $^{87}Sr/^{86}Sr$ values in the tooth enamel and bone of animals from Lajia site

（三）喇家遗址出土黄牛的来源

动物考古学研究结果表明喇家遗址出土的牛均属于黄牛。因此本次进行锶同位素分析的样品也全是黄牛。将6头黄牛的牙釉质锶同位素比值与遗址当地的锶同位素比值进行比较得知，仅有1头黄牛的牙釉质样品的锶同位素比值高于遗址当地的锶同位素比值，表明这个动物也许不是当地出生的；而另外5头黄牛的牙釉质样品的锶同位素比值均在遗址当地的锶同位素比值范围内，表明这5头黄牛可能是在遗址当地出生的，死亡后埋藏在此。这个结果同样说明喇家遗址出土的黄牛中，来自外地的黄牛数量也很少，仅占16.7%左右，且也是齐家文化晚期出土的。

（四）喇家遗址先民获取动物资源的方式及所反映的问题

通过上述研究结果可知，在喇家遗址齐家文化早期至晚期猪已大部分由当地饲养，这由两方面的独立研究结果证实。一方面依据出土猪牙齿的测量数据、猪的死亡年龄以及猪的遗骸出土时的考古学背景认为其为家猪；另一方面则根据此次对喇家遗址出土动物牙釉质的锶同位素比值的测定结果，经过计算得出猪牙釉质的锶同位素比值的标准偏差远小于其他动物，可以推断猪由当地饲养的可能性也是最大的。

此外，研究还表明，喇家遗址先民在齐家文化早期至晚期一直自己饲养大部分黄牛和绵羊，至晚期才出现少量的外来黄牛和绵羊。说明喇家遗址的先民可能在早期通过自养动物即可满足生存需要，所以，晚期才出现外来黄牛和绵羊作为补充。其中1只绵羊和1头黄牛牙釉质锶同位素比值的相近（0.711118 ± 0.000014 ~ 0.711140 ± 0.000011），有可能来自同一地区。目前还不能确定这些非本地出生的黄牛和绵羊来自哪里，因为那需要大量的同位素分析数据作基础才能判断。

动物考古学研究表明，黄牛在甘青地区被驯化的时间在距今5000 ~ 4000年左右，稍早于齐家文化；而绵羊作为家养动物在公元前3000年以前的甘青地区已经被发现[12]，喇家遗址的年代在公元前2500年 ~ 前1900年左右（也就是距今4500 ~ 3900年左右），这段时间西北地区出现一定规模的家畜养殖，应该是可能的。

四、结　论

通过测定喇家遗址不同时期出土的鼠、猪、黄牛、绵羊牙釉质的锶同位素比值，经过计算得出猪牙釉质锶同位素比值的标准偏差远远小于其他动物，可以推断猪由当地饲养的可能性是最大的。这一结果与依据牙齿的测量数据、猪的死亡年龄以及猪的遗骸出土时的考古学背景认为喇家遗址出土的大部分猪为家猪的动物考古学研究结果是一致的。因此猪牙釉质锶同位素比值可以代表当地的锶同位素水平。以喇家遗址出土猪牙釉质的锶同位素比值测定结果建立的当地的锶同位素比值范围为根据可以推测，喇家遗址出土的绵羊和黄牛可能大部分产自遗址当地。结合这些样品的考古学背景资料还发现，少数可能为外来的绵羊和黄牛均出土于齐家文化晚期。上述研究结果表明，喇家遗址的先民可能在早期通过自养动物即可满足生存需要，所以，至晚期才出现少量外来黄牛和绵羊作为补充。这一方面说明早期喇家人获取动物资源的方式以自给自足为主；另一方面也许暗示早期喇家人与外界交流很少，而到晚期才开始与外界接触。

附记　本研究得到国家自然科学基金项目（批准号：21271186）、国家社会科学基金项目（批准号：12BKG019）、中国社会科学院哲学社会科学创新工程（批准号：11120151001027）、嵩山地区文明化进程与华夏文明的形成（批准号：D2-2）和国家科技支撑计划项目（批准号：2013BAK08B03）共同资助。

注　释

［1］ a.中国社会科学院考古研究所甘青工作队、青海省文物考古研究所:《青海民和县喇家遗址2000年发掘简报》，《考古》2002年第12期，第12-25页。

b.《喇家遗址发现具有多种祭祀功能的祭坛》，《中国社会科学院院报》2004年4月15日第1版。

［2］ a. Hoppe K A.2004. Late Pleistocene mammoth herd structure, migration patterns, and Clovis hunting strategies inferred from isotopic analyses of multiple death assemblages. *Paleobiology*, 30（1）: 129-145

b. Aberg G.1995. The use of natural strontium isotopes as tracers in environmental studies. *Water,*

Air and Soil Pollution, 79 (1-4):309-322

[3] a. 赵春燕、袁靖、何努：《陶寺遗址出土动物牙釉质的锶同位素比值分析》，《第四纪研究》2010年第1期，第22-28页。

b. 赵春燕、李志鹏、袁靖、赵海涛、陈国梁、许宏：《二里头遗址出土动物的来源初探——根据出土动物牙釉质的锶同位素比值分析》，《考古》2011年第7期，第68-72页。

c. 赵春燕、吕鹏、袁靖、方燕明：《河南禹州市瓦店遗址出土动物遗存的元素和锶同位素比值分析》，《考古》2012年第11期，第89-96页。

[4] Bentley R A, Price T D, Stephan E.2004. Determining the "local" $^{87}Sr/^{86}Sr$ rang for Archaeological skeletons: A case study from Neolithic Europe. *Journal of Archaeological Science*, 31: 365-375.

[5] Copeland S R, Sponheimer M, Lee-Thorp J A, Roux P J L, Ruiter, D J D, Richards M. 2010. Strontium isotope ratios in fossil teeth from South Africa: Assessing laser ablation MC-ICP-MS analysis and the extent of digenesis. *Journal of Archaeological Science*, 37: 1437-1446

[6] 叶茂林、任晓燕：《喇家遗址发掘与官亭盆地遗址群的聚落考古》，《中国文物报》2005年1月21日第7版。

[7] 袁靖：《试论经济技术与经济发展状况与中华文明形成的关系》，见科技部社会发展科技司、国家文物局博物与社会文物司编：《中华文明探源工程文集：技术与经济卷》（1），北京：科学出版社，第7-9页。

[8] 袁靖、黄蕴平、杨梦菲等：《公元前2500年～公元前1500年中原地区动物考古学研究——以陶寺、王城岗、新砦和二里头遗址为例》，《科技考古》（第2辑），科学出版社，2007年，第12-34页。

[9] 罗运兵、张居中:《河南舞阳县贾湖遗址出土猪骨的再研究》，《考古》2008年第1期，第90-96页。

[10] 周本雄：《师赵村与西山坪遗址的动物遗存》，见中国社会科学院考古研究所编著：《师赵村与西山坪》，北京：中国大百科全书出版社，1999年，第335-339页。

[11] 同［4］。

[12] 傅罗文、袁 靖、李水城：《论中国甘青地区新石器时代家养动物的来源及特征》，《考古》2009年第5期，第80-86页。

Strontium Isotopic Ratios in Animal Remains at the Lajia Site, Qinghai Province

ZHAO Chun-yan, LYU Peng, YUAN Jing, YE Mao-lin

Abstract: The Lajia Site is located in the Guanting Basin in Minhe County, Qinghai Province. The site was occupied mainly in the Qijia Culture period, which is dated roughly between 4300 and 3900 BP. Since that the Lajia site is located within the Gan-Qing region, one of the regions that witnessed the emergence of Chinese civilization, and that the Qijia Culture period holds a special position in the development of Neolithic cultures in the Gan-Qing region because it connects the East to the West, the archaeological studies of the Lajia site, therefore, become extremely important. The application of strontium isotope analysis to animal skeletal remains unearthed from the Lajia site can offer information about many aspects of human societies, such as animal husbandry, distribution and consumption of meat, subsistence economy, social organization, and ideology.

In the paper,the thermal ionization mass spectrometry (TI-MS) was applied to 26 animal skeletal samples selected from the Lajia site to determine their strontium isotopic ratios. This would shed light on (1) the species of local animals and (2) the sources of animals other than those identified as local (whether they were local as well or non-local?). The latter issues can be addressed in two steps: first, constructing the local isotopic background (that is, the strontium isotopic ratio range), which can be done by calculating the mean strontium isotopic ratios extracted from animal teeth unearthed at the Lajia site plus or minus two standard deviations; second, identifying the other animals as local or non-local on the basis of the constructed strontium isotopic ratio range.

The strontium isotopic ratios of animal skeletal samples from the Lajia site have shown that, compared to other animals, pigs have a much smaller standard deviation in terms of the strontium isotopic ratios in their enamels. It is therefore suggested that the pigs are most likely locally grown, a finding that is consistent with dental measurements, estimates of pig’s age at death, and zooarchaeological interpretation of pig's skeletal remains upon excavation, which suggested that most pigs were raised locally. Therefore, the strontium isotopic ratio noticed for pigs can serve as the strontium isotopic signature in local background.The mean $^{87}Sr/^{86}Sr$ ratios of 8 pigs enamel samples were 0.710930，According to the local strontium isotopes ratio range determined by the mean $^{87}Sr/^{86}Sr$ ratios ± 2 s. d. of 8 pig enamel samples (0.711058—0.710802), we find out that 2 out of the 10 sheep unearthed from the Lajia site might not be local and the other 8 sheep being local but buried at the site after death. Furthermore, only one cattle could have come from somewhere else while the other five ones being local. Taking archaeological information into consideration, it can be concluded that a very few sheep and cattle might be non-local animals and they all were dated to the late Qijia Culture period.

Given the findings from strontium isotope analysis, it is suggested that, from the early to the late Qijia Culture period, inhabitants of the Lajia site were taking care of most of their cattle and sheep. Non-local cattle and sheep were not noticed at the Lajia site until the late Qijia Culture period and they represented only a very small proportion in the animal pool at the site. This indicates that inhabitants of the Lajia site might have relied on animals fed by themselves as a meat source and did not include non-local animals until the late Qijia Culture period. As one sheep and one cattle shared very close strontium isotopic ratios in their enamels, they might have come from the same region. On one hand, it can be said that inhabitants of the Lajia site relied mainly on local animals as a source of meat (that is, they lived as self sufficiently) during the early Qijia Culture period; on the other hand, it suggests that during the early Qijia Culture period inhabitants of the Lajia site could have had very little communications with those who living at near or far distances. Communications between inhabitants of the Lajia site and neighboring populations did not begin until the late Qijia Culture period.

Key Words: Lajia site; Qijia Culture; strontium isotope analysis; animals

（原刊于《2015中国·广河齐家文化与华夏文明国际研讨会论文集》，略有改动）

殷商时期高分辨率的生态环境重建

王树芝　岳洪彬　岳占伟

摘要：自然环境及其演变不仅对塑造文化的区域特色起着重要的作用，而且深刻地影响了文化的进程。商代是中国历史上的第二个重要朝代，生态环境对其形成和发展起着重要的作用。通过对安阳殷墟刘家庄同乐北区出土的大于4毫米的12979块木炭样品进行鉴定发现，这些木炭分别属于18种木本植物，侧柏属（*Platycladus* sp.）、硬木松亚属（subgen. *Diploxylon*）、栎属（3个种）（*Quercus* spp.）、杏亚属（*Armeniaca* sp.）、槭属（*Acer* sp.）、榉属（*Zelkova* sp.）、构树属（*Broussonetia* sp.）、枣属（*Ziziphus* sp.）、流苏树属（*Chionanthus* sp.）、杨属（*Populus* sp.）、栾树属(*Koelreuteria* sp.）、鹅耳枥属(*Carpinus* sp.）、白蜡树属（*Fraxinus* sp.）、青冈属（*Cyclobalanopsis* sp.）和2种未鉴定的阔叶树。其中落叶的栎属出土概率最高，表明落叶的栎属是当地的优势种，对群落环境起主要作用。通过对鉴定出的木炭树种进行共存因子法分析，结果表明，商代晚期年均温（MAT）为7.4～15.9℃，年降水量（AP）为620～1200毫米，湿润指数（IM）为−14.2～52.6。对树种的生态特性和共存因子法分析表明，商代晚期气候与现今并没有明显的不同。通过对遗址出土的大块木炭进行树轮年代学研究，重建了商代晚期的降水量，结果表明商代晚期气候是波动的，既有干旱时期，又有湿润时期。商代晚期后段气候不是完全干旱，反而有时降雨量更大。重建结果与考古学研究结果大体相同，指示水患有可能是商都毁弃的重要原因之一。该研究为重建殷商时期的生态环境提供了契机，为探求“自盘庚徙殷至纣之灭，二百七十三年更不徙都”的原因以及周武王时，周起兵攻商，商王朝就此灭亡的原因，提供了高分辨率的环境背景信息。

关键词：刘家庄同乐北区　殷墟　木炭分析　树轮分析　生态环境

自然环境为人类的生存发展提供了活动空间和物质基础。自然环境及其演变不仅对于塑造文化的区域特色起着重要的作用，而且深刻地影响了文化的进程。商代是中国历史上的第二个重要朝代，生态环境对其形成和发展起着重要的作用。

关于殷商时期的生态环境有两种决然不同的观点。罗振玉依据考古出土的象牙、镂刻象牙礼器、卜辞[1]，王国维依据典籍《吕氏春秋·古乐篇》中的记载[2]，徐中舒依据甲骨文有关“象”字的出现和古史中的传说[3]，胡厚宣依据卜辞中所载降雨、降雪、获象、捕兕的刻辞和殷墟发掘出土的动物标本[4]，丁骕依据对黄河冲积量和黄土被蚀去容积的估算[5]，杨钟健、刘东生依据殷墟出土之哺乳动物[6]，竺可桢依据植物物候期等[7]，施雅风依据孢粉与古植物、野生动物、古土壤、古湖泊、古冰川及与冰芯、海侵与考古等资料[8]，都认为殷商时期气候温暖湿润。唐际根等通过对殷墟以西姬家屯遗址中的西周文化层下伏生土的样品磁化率测定、孢粉分析、古土壤微结构分析及气候和植被比较研究，得知殷商时期气候温和适宜，降水、气温均比当今略高，类似于今天的长江流域[9]。而甲骨学家董作宾认为，“骨化石所提出者，不过是一种意见，而卜辞是不能证实，也还有许多问题”，坚持认为殷代安阳的气候与今世的安阳实在无甚差异[10]。此外，朱彦民从考古发现和甲骨文反映的殷墟文化各期生态资料的数量变化，并结合文献记载的“象之南迁”“洹水一日三绝”“河竭而商亡”，以及“雨土于亳”等材料来看，商代晚期中原地区气候开始变冷变干，土壤变质，旱灾频仍，沙尘暴时起，植被减少，野生动物灭绝、迁徙等[11]。

上述学术观点，是学者根据甲骨文反映的文化各期生态资料、文献记载或根据自然剖面中的土壤剖面磁化率、孢粉分析获得的。由于对甲骨文字的解释不同，对考古材料认识上的参差，历史文献的考释也可能存在谬误，在自然剖面的分析方面又很难找到与遗址文化层年代一致的自然剖面，缺乏来自遗址中文化层的直接证据，获得的环境信息在解释一些文化现象时令人疑惑。即使有些研究材料来自遗址文化层，如一些热带和亚热带动物骨骼，由于动物的易迁移性和易施予饲养环境，也存在同样的困惑。

植被是环境研究的综合体，是自然界中气候变化的晴雨表，气候的变化必然在植被上有所反应。木炭分析可以鉴定到属，甚至可以鉴定到种，而且木炭分析的优点在于木材来自文化层，是人类活动的结果，与考古学文化具有同时性，还能代表局域地理范围内的地方性植被、气候特征，特别是一些当地植被的优势种或建群种，它们具有较强的气候指示意义[12]，通过木炭分析能真实有效地反映遗址周围的微环境。利用木炭遗存解释古生态的方法已经成熟，主要是通过考古遗址木炭量化分析方法和途径，使木炭组合具有古生态代表性[13]。

近30年，木炭分析在国外广泛开展，已经取得了不少研究成果。比如：利用自然剖面孢粉和木炭重建生态气候[14]；利用木炭分析和精确定年的树轮序列重建生态气候[15]；利用考古遗址木炭种属出土概率重建不同地区不同文化时期的生态环境[16]；利用木炭图式推测干旱事件[17]；利用特有种气候分析法定量分析遗址周围的气候和环境[18]；利用植物中稳定碳同位素评估环境变化，从考古遗址出土木炭的碳同位素组成（$\delta^{13}C$）量化过去可用水量的变化[19]；以考古出土木炭的解剖特征，主要是用与水分运输有关的导管数量和导管面积研究古环境[20]。总之，木炭分析已经成为第四纪和新近纪环境研究中的一种强有力的研究方法。

树轮定年是考古领域应用的多种断代测年方法中最精确的一种定年方法，可以精确到年，甚至到季节。年轮的宽窄则与相应生长年份的气候条件密切相关，在干旱年份树木生长缓慢，年轮就窄，在湿润年份年轮就宽，因此，树木年轮是周围环境的记录器，从这个记录器中可以提取各种环境信息。同一气候区内同种树木的不同个体，在同一时期内年轮的宽窄变化规律是一致的[21]。Douglas于1914年发表了第一篇用树轮资料重建降水量的文章以后，树轮资料便在对过去环境变化的研究中发挥着重要的作用，是高分辨率的环境待用资料，而且，在我国也利用考古出土木材进行过气候重建研究[22]。

2008年，在安阳工作队岳洪彬等田野一线学者的帮助下，在刘家庄同乐北区不同考古单位采集到了大量的、丰富的大块木炭遗存，为我们利用木炭分析、共存因子分析以及树木年轮分析方法综合重建殷商时期的生态环境提供了契机，为探求“自盘庚徙殷至纣之灭，二百七十三年更不徙都”的原因以及周武王时周起兵攻商，商王朝就此灭亡的原因，提供高分辨率的环境背景信息。

一、研究区概况

（一）研究区的自然地理概况

殷墟地处太行山林虑山系以东、安阳盆地与华北平原接汇带的洹河二级台地上，地处北纬36º，东经114º，面积约36平方千米，行政区划属河南安阳。所在的安阳盆地，东西长约20千米，南北宽约10千米，面积约200平方千米。其地势西高东低，海拔由130米逐渐降至80米左右。发源于太行山区的洹河（又名安阳河）自盆地西南流入，先北行，再折而东行，最终注入卫河。盆地西接太行山山区，南北两侧是海拔200米左右的丘陵，东部与华北平原相接。

商代安阳地区的地貌环境，与现代相比有着较大差别。就地势而言，西北高、东南低的特征更为显著，其时黄河在安阳东部自南向北流经，漳河在殷墟以北约20千米处自西向东流经，殷墟南部还有淇水。上述三条河流与洹河一道，构成安阳地区的主要水系[23][24]。今天的殷墟地处暖温带，属大陆性季风气候，四季分明，水温适宜。年平均气温13.6℃，7月份平均气温27.2℃，1月份平均气温-2.7℃，绝对最低气温-21.7℃，无霜期201天。年平均降水量606.1毫米，降雨多集中在7、8月份。冬春多北风，夏秋多南风[25]。

安阳属于暖温带南部落叶栎林亚地带的黄、淮河平原栽培植物区。本区植物区系成分以华北区系为主[26]。安阳市附近的原始植被已被破坏殆尽，现今植被主要为以小麦、玉米、棉花、粟等为主的农作物，散生有杨树、榆树、柳树、泡桐等常见树种。安阳市以西的太行山区，随海拔高度变化，植被组成存在一定差异。200～500米为浅山区，植被稀疏且人为破坏严重，阳坡主要有酸枣、黄荆、黄背草等植物；阴坡散生少量乔木，如榔榆、黄栌等；灌木主要有荚迷、忍冬等。500～800米为中山区，属落叶阔叶林带，优势或常见木本植物包括槲栎、栓皮栎、鹅耳枥、槭属、榆属等；灌木有黄荆、胡枝子、盐肤木、绣线菊、黄刺玫等。800～1500米的乔木有青檀、黄连木、麻栎、柿树、小叶白蜡；灌木有连翘、绣线菊、野皂荚、鹅耳枥、黄栌、丁香属等。海拔1500米以上植被为以华山松为主的常绿针叶林[27]。

（二）刘家庄同乐北区的考古发现

殷墟是中国最著名的古文化遗址，是中国考古学的发源地，也是中国第一个有文献记载并为考古发掘所证实的商代都城遗址，在2006年第30届联合国教科文组织世界遗产委员会会议上被列入《世界遗产名录》。殷墟文化为商代晚期文化，分为四期。一期约当盘庚、小辛、小乙、武丁早期，年代为公元前1320～前1239年左右；二期约当武丁晚期、祖庚、祖甲时期，年代为公元前1255～前1195年左右；三期约当廪辛、康丁、武乙、文丁时期，年代为公元前1255～前1070年左右；四期约当帝乙、帝辛时期，年代为公元前1087～前1046年左右[28]。

自1928年10月，学术界首次组织了对殷墟的发掘，自发掘以来，清理出小屯宫殿宗庙区、王陵区、多处居民点、铸铜作坊、制骨作坊和墓地等[29]。刘家庄同乐北区是殷墟的重要组成部分，位于殷墟小屯宫殿宗庙区的正南部，北距宫庙区约1000米。2006年5～8月，经国家文物局批准，安阳工作队对刘家庄同乐北区西部进行了发掘，揭露面积为3000平方米。2008年2～10月，进行了第二期发掘，发掘面积达4000余平方米。共发现带车辙的商代道路多条，商代房基数十座、灰坑数百座、灰沟二十余条、窖穴四十余座、水井三十余眼、铜器窖藏坑一座、祭祀遗存多处，以及历代墓葬九百余座，出土各类遗物数千件[30]。2010年3月至2011年12月，安阳队又在2008年发掘的东侧进行了第三次发掘，发掘面积近30000平方米，发现了殷墟时期的道路、沟渠、陶窑、夯土建筑、祭祀坑、水井、窖穴、大型灰坑和大批墓葬等，并出土大批遗物[31]。

本次检测的样品，均为2008年刘家庄同乐北区第二次发掘中所取（图1）。

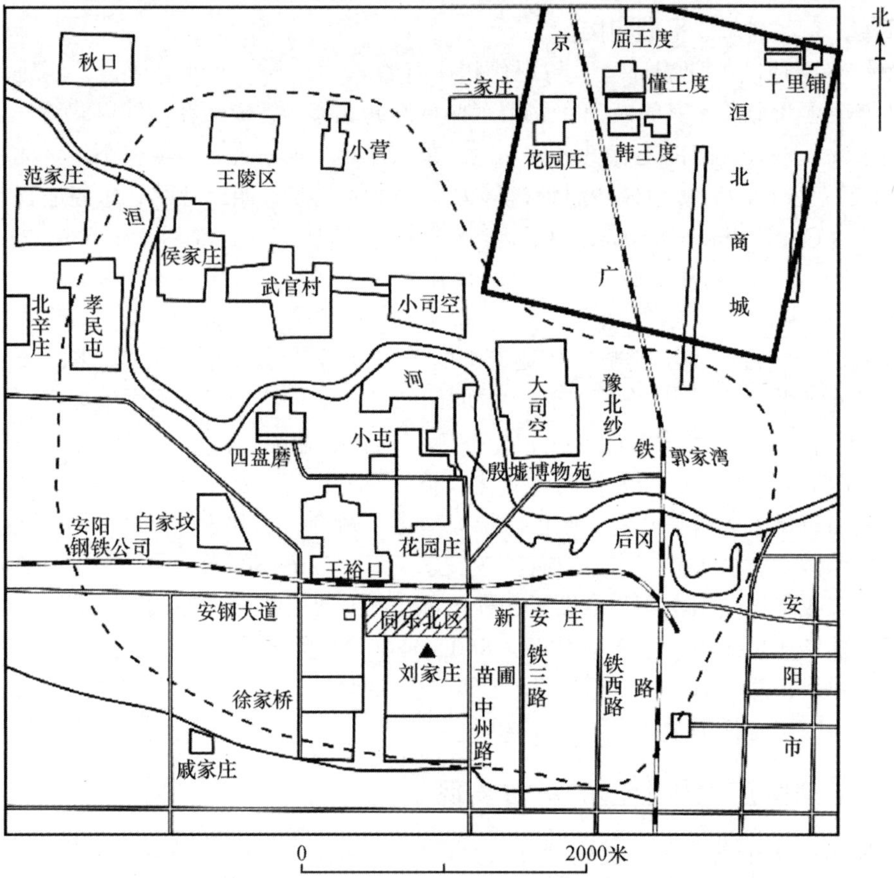

图1　河南安阳殷墟刘家庄同乐北区发掘位置

Figure 1　Location of Liujiazhuang Locus North, Yinxu, Anyang city, Henan province

二、研究方法

（一）取样

2008年，安阳工作队在刘家庄同乐北区的商代道路、水井、墓葬、房址、灰沟、灰坑和地层中，共采集466份木炭样品，其中，道路上3份、水井中5份、墓葬中4份、房址中110份、灰沟中36份、灰坑中212份及地层中96份。

（二）研究方法

1. 木炭的鉴定

将采集的木炭样品按不同考古背景分类、登记，用4毫米孔径筛子进行筛选，大于4毫米的木炭有12979块。每块木炭切横向、径向和弦向三个面，先在具有反射光源、明暗场、物镜放大倍数为5倍、10倍、20倍、50倍的Nikon LV150金相显微镜下观察、记载木材特征，结合《中国木材志》[32]《中国主要木材构造》[33]等工具书对树种木材特征的描述、图版对采集的现代树种木材切片进行木炭树种的鉴定。然后将样品粘在铝质样品台上，样品表面进行镀金，在Quanta 650扫描电子显微镜下进行拍照。

结果分析按出土概率统计。出土概率是指在遗址中发现某种植物种类的可能性，是根据出土有该植物种类的样品数在采集到的样品总数中所占比例计算的。这种统计方法的特点，是不考虑每份样品中所出土的各种植物遗存的绝对数量，仅以“有”和“无”二分法作为统计标准，因此在客观上最大限度地减少了由绝对数量造成的误差对分析结果的影响[34]。

2. 木炭树种的共存因子法分析

根据《中国木本植物分布图集》[35]，找到考古遗址所在地的现今树种及其年均温（MAT）、年降水量（AP）、湿润指数（IM）气候参数的最大和最小值，找到所有树种的共同的耐受区间。根据古气候研究中常被应用的均一性原理，即古今气候有着同一属性，因此，现在树种生存所需气候（水文）要素应与过去相差不大。因此，共同的耐受区间也就是古代树种生长的生态环境。

3. 树木年轮分析

2014年夏季，王树芝和岳洪彬在安阳林州市林业局同志的引导下，在距离安阳殷墟72千米的林虑山的寨底村山坡阳面，在不同的海拔上用较细的（直径为4.3毫米）生长锥，从13棵（表1）年龄在30年以下的树上采集26个活树树芯样品，放到纸管里。回到实验室后，用乳胶粘在木槽里，用绳子绑牢，固定，自然干燥。完全干燥后，解开绳子，用不同粒径的砂纸摩擦样品的表面，直到样品表面十分光滑、年轮相当明显、细胞壁也非常清楚后，进行交叉定年。在交叉定年的过程中，要去掉假生长轮、添加丢失年轮。

定完年后，利用德国Heidelberg公司生产的LINTAB树轮测量仪，从树芯向树皮方向测量年轮宽度，该系统测量精度为0.01微米；利用COFECHA程序，对定年和轮宽量测值进行检查；利用ARSTAN软件，建立标准年表。最后，再利用离刘家庄同乐北区70千米的林州气象台站1961～2014年的降水与温度资料，用LINITAB软件进行降水与温度重建。

表1　26个树芯的信息

Table 1　Information of twenty-six tree cores

样品数	北纬	东经	海拔高度（米）
1	36° 09.719′	113° 45.293′	565
2	36° 09.728′	113° 45.290′	569
3	36° 09.727′	113° 45.288′	574
4	36° 09.738′	113° 45.260′	590
5	36° 09.737′	113° 45.259′	591
6	36° 09.754′	113° 45.220′	607
7	36° 09.728′	113° 45.219′	605
8	36° 09.754′	113° 45.213′	610
9	36° 09.754′	113° 45.212′	608
10	36° 09.756′	113° 45.202′	613
11	36° 09.762′	113° 45.194′	611
12	36° 09.764′	113° 45.186′	614
13	36° 09.763′	113° 45.196′	614

再从有明确层位的地层中，而不是有特殊考古背景（如壁炉、窑等遗迹）的木炭中，挑取有最外层年轮的木炭样品，沿与导管成90°的方向把木炭剖开，炭屑很少进入到细胞的空隙中，细胞壁产生一个反射明显的表面，年轮特征非常清晰。然后，对每一个样品进行拍照。定年和测量的过程与现代树芯相同。据此，重建各文化层所代表时期的降水和温度。

三、研究结果

（一）鉴定结果

采集的466份木炭样品中，共有12979块大于4毫米的木炭。经鉴定，12979块木炭分别属于18种木本植物，有侧柏属（*Platycladus* sp.）、硬木松亚属（subgen. *Diploxylon*）、栎属（3个种）（*Quercus* spp.）、杏亚属（*Armeniaca* sp.）、槭属（*Acer* sp.）、榉属（*Zelkova* sp.）、构树属（*Broussonetia* sp.）、枣属（*Ziziphus* sp.）、流苏树属（*Chionanthus* sp.）、杨属（*Populus* sp.）、栾树属（*Koelreuteria* sp.）、鹅耳枥属（*Carpinus* sp.）、白蜡树属（*Fraxinus* sp.）、青冈属（*Cyclobalanopsis* sp.）和2种未鉴定的阔叶树（表2）。

表2 木炭种属在不同考古背景中出现次数

Table 2 The number of species in different archaeological contexts

树种	路	井	墓	房	灰沟	灰坑	地层	出现次数
栎属	3	5	4	109	7	199	89	416
侧柏属	3		1	1	28	14	22	69
硬木松类			1		28	3	3	35
槭属		1		1		10	15	27
榉属			1	1		8	8	18
杏亚属						4	4	8
构树属				1		1	3	5
枣属						3	2	5
流苏树属						1	2	3
杨属						1		1
栾树属						1		1
鹅耳枥属				1				1
白蜡树属					1			1
青冈属						1		1
未知A							1	1
未知B						1	2	3

落叶的栎属占绝对优势，出土概率为0.89（416/466）；侧柏属位居第二位，为0.15；第三位是硬木松，为0.08；第四位是槭属，为0.06；第五位是榉属，为0.04；第六位是杏亚属，为0.02；第七位是枣属和构树属，分别为0.01；第八位是流苏树属和未知阔叶树种B，为0.006；杨属、栾树属、鹅耳枥属、白蜡树属、青冈属和未鉴定的阔叶树种A出土概率最低，为0.002。由此表明落叶栎属是当地的优势树种，对聚落环境起主要作用。

（二）木炭树种的共存因子法分析结果

为了提高重建气候的分辨率，对现代同类植物生态气候进行共存因子法分析。

共存生态因子分析法（Coexistence Approach，CA）是古气候定量重建的方法之一。该方法常被用于新近纪或更早期古气候定量重建，其可靠性和分辨率也得到大量工作的验证。其前提是假设化石与最近亲缘种生活的气候和环境相同或相似，两者生态幅和对气候耐受性（tolerance）具有相似性。首先找到多个种在系统演化上的最近亲缘种（Nearest Living Relatives species，NLR species），分析最近亲缘种分布地区的现代气候参数，将所有参数数据范围叠加产生共存区间，得到气候参数的定量数值。

根据《中国木本植物分布图集》，找到考古遗址所在地的现今树种及其年均温、年降水量、湿润指数气候参数的最大和最小值（表3）。

表3 现代植物种属的气候参数

Table 3 Climatic parameters of modern tree species

树种	年均温（℃）	年降水（毫米）	湿润指数
栓皮栎	14.7（2.6～22.2）	1088（397～3495）	31.5（−43.4～246.5）
侧柏	12.7（0.5～24.6）	876（111～1997）	11.8（−82.3～130.7）
油松	9.1（−4.1～16.4）	597（127～1502）	−9.7（−81.2～128.6）
五角枫	10.6（−0.2～17.7）	811（70～1828）	12.0（−91.1～128.6）
榉树	14.6（7.4～21.7）	1145（512～2713）	39.7（−36.5～246.5）
杏	13.2（−1.3～21.0）	908（225～1751）	19.5（−65.1～121.7）
构树	16.5（2.6～24.8）	1296（373～3495）	51.6（−14.2～128.9）
酸枣	11.6（0.4～15.9）	618（349～1200）	−17.9（−51.1～52.6）
流苏树	14.1（2.2～21.7）	1069（377～3495）	30.4（−37.2～224.4）
小叶杨	11.2（−4.8～17.1）	686（35～1770）	−7.1（−94.9～128.6）
栾树	13.5（2.0～21.4）	940（349～1997）	14.8（−51.1～147）
千金榆	11.0（1.9～17.1）	778（367～1828）	7.2（−40.9～112.2）
白蜡树	14.5（1.4～22.4）	1086（196～2014）	30.1（−69.4～137.5）
青冈	15.9（5.3～24.1）	1344（620～3495）	55.9（−22.2～246.5）

根据表3，做出出土树种的共存因子分析图，获得了刘家庄同乐北区的气候要素值，包括温度指标、水分指标和水热综合指标。结果表明，年均温为7.4℃～15.9℃，年降水量为620～1200毫米，湿润指数为−14.2～52.6（图2）。

（三）树轮分析结果

1. 现代降雨重建

对从不同生境采集的26个活树树芯交叉定年、测量、用COFECHA程序对定年和轮宽量测值（图3）进行检查，结果表明序列平均相关系数0.747，平均敏感度0.326，平均标准差0.617，没有缺轮，问题段为0。利用ARSTAN软件，采用负指数函数剔除与树龄有关的生长趋势，采用双权重平均法合并得到标准年表。这些年表是一条无量纲、平均值为1、最小为0的数值。气候重建采用离刘家庄同乐北区最近的林州气象台站1961～2014年的气候要素数据，包括月平均气温、月最高气温、月最低气温、月降水量、每月的最高和最低降水量。

重建方程的稳定性检验，是决定重建值在校准期以外是否可信的关键一步。由于校准期时段仅为37年，难以采用独立检验的方法，所以采用国际年轮研究中常用的“逐一剔除法”（leave-one-out）进行检验。

首先要重建上年7月至当年6月的降水量。上年7月份至当年6月的降水量（P）与树木年轮宽度指数（RI）之间的相关系数为0.379（图4）。校准期重建值对实测值的解释方差R^2为14.4%，调整自由度后的解释方差R^2a为12.0%，达到了0.01的极显著水平。原

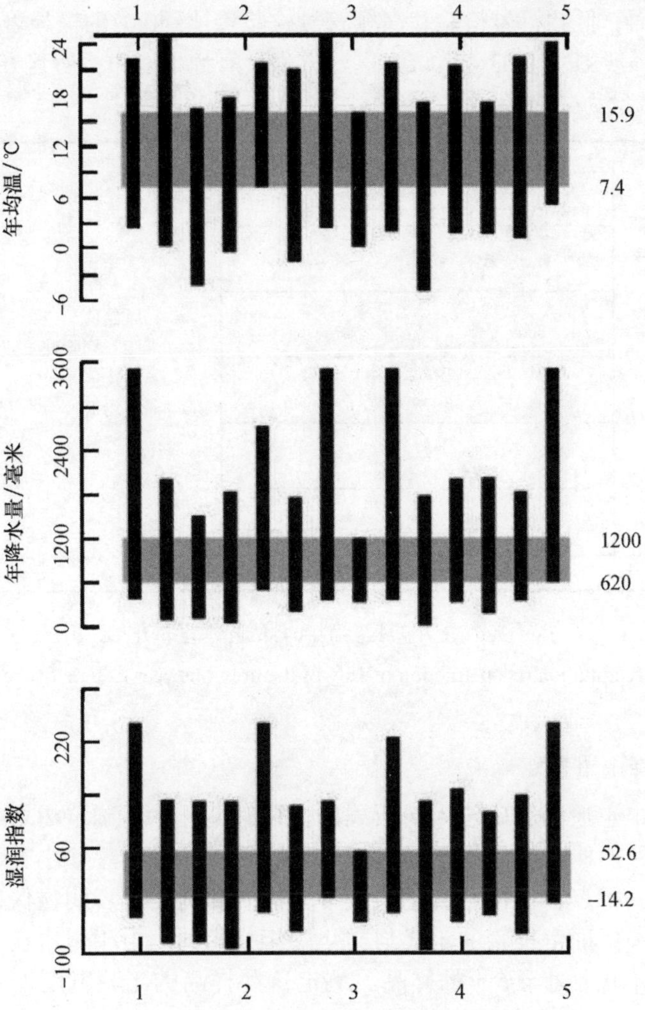

图2　出土树种的共存因子分析

Figure 2　Coexistence approach of unearthed species

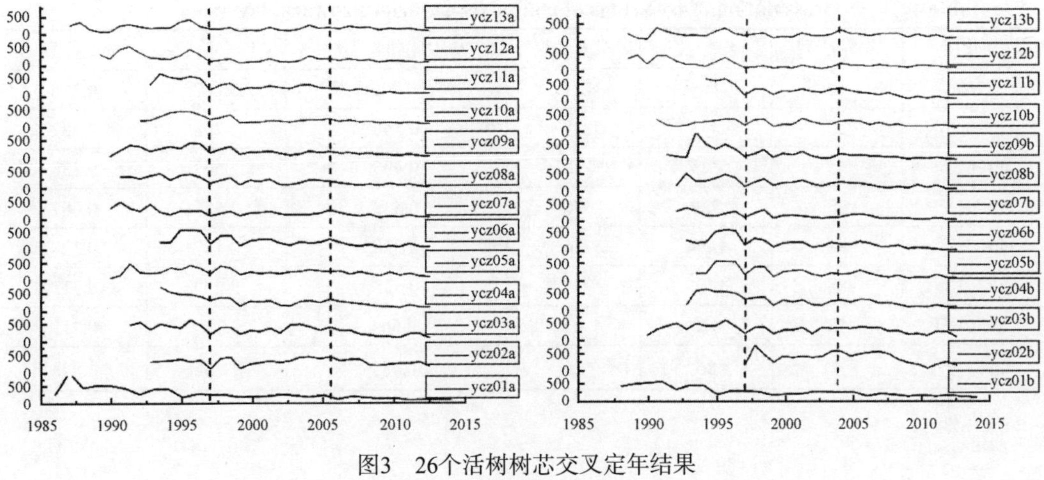

图3　26个活树树芯交叉定年结果

Figure 3　The results of cross dating of twenty-six tree cores

始值符号检验方面，低频符号检验和高频符号检验均达到0.01的极显著水平。误差缩减值RE为0.0448，一般RE > 0.03，就认为重建方程具有预报能力。所建方程为：P = 375 + 258 RI，平均降水量为629.9毫米。

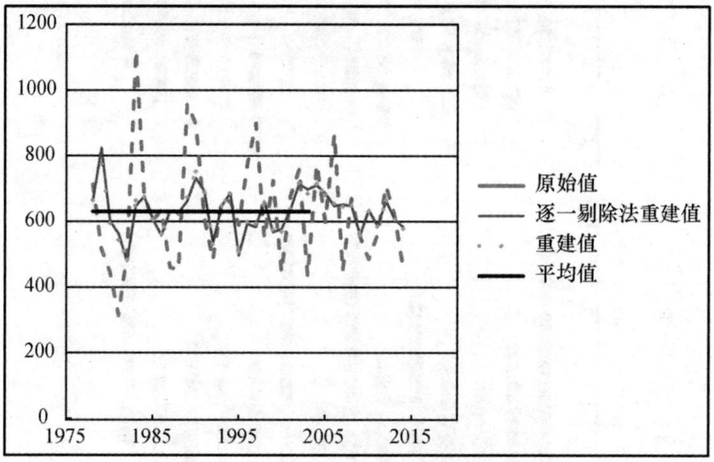

图4　上年7月至当年6月的降水量重建

Figure 4　Precipitation reconstruction of July of the previous year to June of the current year

2. 殷商时期降雨重建

首先，根据出土遗物，确定木炭所属的文化时期，然后确定树木生长时期与此文化层时期是否一致。栓皮栎最外层径向有明显的特点，除有一些小突起外，整个径壁较光滑，根据这些特点，在每一文化层找带有树芯和树皮或者明显保留最外层年轮的样品，就可以基本保证生长轮的年代与文化层年代相同。由于树木在生长初期生长较不规则，所以，不包括小于5年的样品。测定这些样品的年轮宽度，并交叉定年，用COFECHA程序对定年和轮宽量测值进行检查，结果如表4。

表4　　各个文化层木炭树轮交叉定年

Table 4　　Cross dating of tree rings of charcoals in various cultural layers

文化层	年轮序列	年轮数	年表长度	与主序列相关性	标准偏差	敏感度
T1702④	10	118	27	0.722	3.267	0.306
T1702⑤	25	343	28	0.548	3.208	0.332
T1701⑥	45	723	30	0.495	2.563	0.338
T1701⑦	35	589	36	0.539	2.556	0.301
T1701⑧	88	1494	36	0.528	2.187	0.328
T1701⑨	85	1406	34	0.528	2.200	0.312
T1701⑩	58	976	44	0.564	2.199	0.318
T1701⑬	4	86	26	0.483	1.245	0.273

利用ARSTAN软件建立标准年表。这里需要说明的是虽然木材炭化后横向长度会收缩，我们实验结果表明栓皮栎经400℃高温持续1小时炭化，收缩25%，但是，由于建立年轮宽度指数年表时用商除，所以，木炭不影响重建结果。根据上年7月至当年6月的降水量（P）与树木年轮宽度指数（RI）之间所建方程为：P = 375 + 258 RI，重建了殷墟晚期的降水量，进一步重建了各个文化层的平均降水量（图5）。

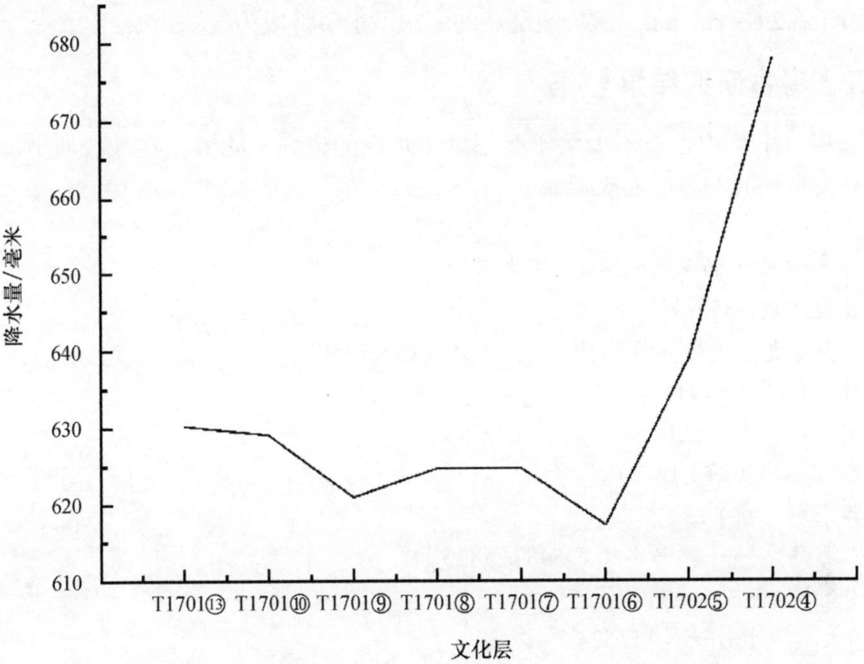

图5　殷商晚期8个文化层上年7月至当年6月的平均降水量

Figure 5　Mean precipitation reconstruction of July of the previous year to June of the current year of eight cultural layers during late Shang Dynasty

重建结果表明，第13层上年7月至当年6月的降水量平均值和第10层的平均降水量较大，分别为630.2毫米和629.1毫米；第9层平均降水量减少，为620.9毫米；第8层和第7层平均降水量又开始增加，都为624.7毫米；第6层减少，为617.2毫米；但到第5层所代表的文化时期，平均降水量迅速增加，为639毫米；到第4层所代表的文化时期，平均降水量猛然增加，高达677.9毫米。

2008年发掘的刘家庄同乐北区商代遗址的地层堆积较厚，可以T1701、T1702、T1601和T1602等探方为代表。第1～3层均为晚于商代的文化层，第4～13层为商代文化层。根据这些地层中所包含的遗物判断，第4层属商代文化层中最晚的堆积，大致相当于殷墟四期偏晚阶段；第5层属于殷墟四期偏早阶段；第6～8层大致属于殷墟三期；第9～13层为殷墟二期。

（四）孢粉分析结果

许青海等对汪家店和茶店陂两个全新世地层自然剖面孢粉分析表明，古土壤上部冲积层顶部年代约为2800 cal. a B.P.前后，两条剖面上部冲积层沉积物孢粉组合中出现大量的中华卷柏孢子，表明冲积层是人类活动破坏森林植被后水土流失严重的反映。认为殷都毁于在2999 cal. a B.P.武庚叛乱后的一次洪水事件成为废墟[36]。

（五）考古研究结果

殷墟甲骨卜辞中也有不少关于商都发生水患的记载。陈梦家在《殷墟卜辞综述》曾列举有关水患的卜辞。现摘录如下。

洹费其乍兹邑祸（续4.28.4武丁卜辞）
洹其盗（前6.32.6）
口洹隹㞢枫——勿隹洹隹㞢枫（簠地40，续5.30.9）
水其福兹邑（乙3162）
御水于土，宰（铁14.3.99.4，珠835）
羽己卯其水（前4.12.7）
洋其来水（前4.13.5）
今二月弗水——其弗水（乙5483+5825）
其㞢大水（下3.4，庚甲卜辞）
其㞢大水，十月一（甲3824）
亾来大水——㞢大水（哲庵44）
洹弘弗敦邑（珠393）
戊辰卜贞水（甲2492廪辛卜辞）
其告水入于上甲兄大乙一牛（粹148）康丁卜辞
冬日雨，大水，乙敀（别二，东大）
□水弗害禾（库47武文卜辞）
其水——不水（宁滬1.482）
其水——又水（宁滬1.483）
亾水——水亾尤（辅仁90）
今岁亾大水——其又大水——及兹月又雨（金377乙辛卜辞）
由上可知水患有两种：一是河水来入为患，一是久雨成大水为患。关于后者，卜辞“宁雨”之祭所以为止雨而祈求。[37]

在历年来对殷墟的考古发掘中，常常发现一种较为特殊的堆积现象，即在商代地面的低洼处，常发现一层深灰或黑色的淤积土。这层堆积土层的特征如下：一是较纯净，包含少量殷墟四期偏晚阶段的陶片；二是仅分布于商代地面的低洼处，呈片状分布；三是这种片状分布的堆积在安林铁路以南区域较为常见；四是该堆积层能明确判定时代者均为殷墟四期偏晚阶段。据科技考古学者现场考察分析，认为这种堆积应是由于水的作用而形成的淤积土层。综合诸种证据，我们认为，该淤积土层很可能与殷墟四期偏晚阶段降雨量陡增，致使洹河泛滥有关。

2008年安阳工作队在刘家庄同乐北区再次发现了黑色淤积土层，并且分布面积较大。其中在一条商代的南北向道路上也发现了此堆积，也就是说，商代道路因长期被辗压形成了路沟，这层黑色淤积土则填平了路沟。这条道路上原有14条车辙印痕，可见当时此处交通的繁忙程度之高。但是黑色淤积土层填平了该路沟后，该路废弃，昔日的繁荣不再，在黑色淤积土层上又形成了2条车辙印痕，方向与原来道路的方向一致，向南方延伸。我们依据这种地层堆积关系判断，在殷墟四期偏晚阶段，降雨量明显较殷墟四期以前增多，甚至多次造成洹河泛滥，形成甲骨卜辞中所说的“大水”。因此，有学者认为，“殷墟都城的废弃原因较为复杂，决非单一力量所致，水患可能是其废弃的重要原因之一”。该研究结果与上文的树木年轮分析结果大致相符。

四、讨　论

从采集的466份木炭样品中的12979块木炭鉴定结果看，12979块木炭分别属于18种木本植物，有侧柏属、松属硬木松、栎属（3个种）、杏亚属、槭属、榉属、构树属、枣属、流苏树属、杨属、栾树属、鹅耳枥属、白蜡树属、青冈属和2种未鉴定的阔叶树。虽然喜温湿的榉属、流苏树属和青冈属有出现，但概率只有0.05，栎属出土概率为0.89，说明栎属是当地的优势种，对群落环境起主要作用。竹笋可以食用，竹子可以用来编织，可直接应用于建筑、水利、农业生产和日常生活用具，还可以作为燃料，因此，竹子是人们常用的自然资源之一。然而，在采集466份木炭样品12979块的木炭中未见到如王城岗遗址[38]、瓦店遗址[39]、二里头遗址[40]和偃师商城遗址[41]出土的竹子，连普通民邑孝民屯遗址也没出现[42]，说明遗址周边没有竹子存在。1990年，在安阳郭家庄一座殷墓（M160）中，发现一件中国最早的以细竹篾编织的小竹篓，有可能是外地传入。

对鉴定出的木炭树种进行共存因子法分析，结果表明，年均温为7.4～15.9℃，年降水量为620～1200毫米，湿润指数为-14.2～52.6。现今安阳年平均气温13.6℃，年平均降水量629.9毫米（林州1961～2014年气候资料），由此表明，当时的年均降水量和温度与现今相差不大。

全年降水量重建结果与现今降水量相比，有的文化层降水量多于现今，有的反而少。在找出有髓心和最外层年轮的木炭中，5～10年，甚至更多年份的连续干旱期都有存在，在湿润年份年轮较宽，干旱年份年轮较窄，如图6所示，说明干旱缺水的年份时有发生，这种现象支持了杨升南的观点[43]。

上年7月至当年6月的降水量重建表明，第13文化层平均年降水量与第10文化层的较大，分别为630.2毫米和629.1毫米；第9文化层年均年降水量减少，为620.9毫米；第8和第7文化层开始增加，都为624.7毫米；第6文化层稍有减少，为617.2毫米；第5文化层开始增加，为639毫米；第4文化层猛然增加到677.9毫米。说明商代晚期气候是波动

图6 不同文化层都有数年连续的干旱时期

Figure 6 Several consecutive drought years existing in different cultural layers

1. T1702④ 2. T1602⑤ 3. T1702⑥ 4. T1701⑦ 5. T1701⑧ 6. T1701⑨ 7. T1701⑩ 8. T1701⑬

的，既有干旱时期，又有湿润期。商代晚期后段气候不是干旱，反而降雨量更大，是否与殷墟都邑的毁弃有关，需要今后更深入地研究。

五、结　论

刘家庄同乐北区共12979块大于4毫米的木炭样品经过鉴定，分别属于18种木本植物，样品中栎属出土概率最高，表明栎属是当地的优势种，对群落环境起主要作用。

（1）对鉴定出的木炭树种进行共存因子法分析，结果表明，商代晚期年均温为7.4℃～15.9℃，年降水量为620～1200毫米，湿润指数为−14.2～52.6。树种的生态特性和共存因子法分析表明，商代晚期气候与现今并没有明显的不同。

（2）对从林绿山不同生境采集的26个活树树芯进行树轮年代学研究，结合离刘家庄同乐北区最近的林州气象台站发布的1961年以来的气候要素数据，建立了上年7月至当年6月的降水量与树木年轮宽度指数之间的方程：P=375+258 RI。

上年7月至当年6月的降水量重建表明，第13文化层平均年降水量与第10文化层的较大，分别为630.2毫米和629.1毫米；第9文化层年均年降水量减少，为620.9毫米；第8和第7文化层开始增加，都为624.7毫米；第6文化层稍有减少，为617.2毫米；第5文化层开始增加，为639毫米；第4文化层猛然增加到677.9毫米。

降水量重建结果显示，与现今平均年降水量相比，有的文化层降水量多于现今，有的反而少。每个文化层中有树芯和最外层的木炭中，5～10年，甚至更多年份的连续干旱期都有存在。商代晚期气候是波动的，既有干旱时期，又有湿润期。商代后段气候不是完全干旱，反而降雨量更大，是否与殷墟都邑的毁弃有关，需要今后更深入地研究。

附记　本研究得到了国家文物局全国文物保护科学和技术研究项目（批准号20110107）和中国社会科学院创新工程共同资助。

注　释

［1］罗振玉：《殷墟书契考释》，永慕园印，1914年。

［2］王国维：《观堂集林：附别集》，北京：中华书局，1959年。

［3］徐中舒：《殷人服象及象之南迁》，见“中央”研究院历史语言研究所编著：《历史语言研究所集刊》第2本1分册，北平：京华印书局，1930年，第60-75页。

［4］王星光：《商代的生态环境与农业发展》，《中原文物》2008年第5期，第57-62页。

［5］丁骕：《华北地形史与商殷的历史》，《“中央”研究院民族学研究所集刊》1965年第20期，155-162页。

［6］杨钟健、刘东生：《安阳殷墟之哺乳动物群补遗》，见中国科学院历史语言研究所：《中国考古学报》（第4册），北京：商务印书馆，1949年，第145-153页。

［7］竺可桢：《中国近五千年来气候变迁的初步研究》，《考古学报》 1972年第1期，第15-38页。

[8] 施雅风主编：《中国全新世大暖期气候与环境》，北京：海洋出版社，1992年，第14页。
[9] 唐际根、周昆叔：《姬家屯遗址西周文化层下伏生土与商代安阳地区的气候变化》，见郭旭东：《殷商文明论集》，北京：中国社会科学出版社，2008年，第314-323页。
[10] 董作宾：《读魏特夫商代卜辞中的气象纪录》，见刊华西协合大学：《中国文化研究所集刊》1942年第3卷第1-4期合刊。
[11] 朱彦民：《商代晚期中原地区生态环境的变迁》，《南开学报》（哲学社会科学版）2006年第5期，第54-61页。
[12] 王树芝、李虎、张良仁、陈国科、王鹏、赵志军：《甘肃张掖黑水国西城驿遗址出土木炭指示的树木利用和古环境》，《第四纪研究》2014年第34卷第1期，第43-50页。
[13] a. Théry-Parisot I, Chabal L, Chrzavzez J. 2010. Anthracology and taphonomy, from wood gathering to charcoal analysis. A review of the taphonomic processes modifying charcoal assemblages, in archaeological contexts. *Palaeogeography*, *Palaeoclimatology*, *Palaeoecology*, 291: 142-153.
b. Chabal L. 1997. Forêts et sociétés en Languedoc (Néolihique final, Antiquité tardive). L'anthracologie, méthode et paléoécologie. DAF 63, Editions de la Maison des Sciences de l'Homme, Paris, 189.
[14] a. 张芸、孔昭宸、阎顺、杨振京、倪健：《天山北坡晚全新世云杉林线变化和古环境特征》，《科学通报》2006年第51卷第12期，第1450-1458页。
b. 孙楠、李小强、周新郢等：《甘肃河西走廊早期冶炼活动及影响的炭屑化石记录》，《第四纪研究》2010年第30卷第2期，第318-325页。
c. 崔海亭、李宜垠、胡金明、腰希申、李旸：《利用炭屑显微结构复原青铜时代的植被》，《科学通报》2002年第47卷第19期，第1504-1507页。
d. 李宜垠、侯树芳、赵鹏飞：《微炭屑的几种统计方法比较及其对人类活动的指示意义》，《第四纪研究》2010年第30卷第2期，第356-363页。
e.李虎、安成邦、董惟妙、王树芝、董广辉：《陇东地区齐家文化时期木炭化石记录及其指示意义》，《第四纪研究》2014年第1期，第35-42页。
[15] Marguerie D, Hunot J-Y. 2007. Charcoal analysis and dendrology: data from archaeological sites in north-western France. *Journal of Archaeological Science*, 34: 1417-1433.
[16] a. Heinz C, Barbaza M. 1998. Environmental changes during the Late Glacial and Post-Glacial in the central Pyrenees （France）: new charcoal analysis and archaeological data. *Review of Palaeobotany and Palynology*, 104: 1-17.
b. 王树芝、王增林、朱延平：《内蒙古赤峰市大山前第一地点夏家店下层文化的植被和生态气候》，《华夏考古》2004年第4期，第44-51页。
c.王树芝、王增林、许宏：《二里头遗址出土木炭碎块的研究》，《中原文物》2007年第3期，第93-99页。
d. Heinz C, Thiébault S. 1998. Characterization and palaeoecological significance of archaeological charcoal assemblages during late and post-glacial phases in southern France. *Quaternary research*, 50: 56-68.
e. 谭志海、黄春长、庞奖励、周群英：《陇东黄土高原北部全新世野火历史的木炭屑记录》，《第四纪研究》2008年第28卷第4期，第733-738页。

[17] Scheel-Ybert R. 2001. Man and vegetation in Southeastern Brazil during the Late Holocene. *Journal of Archaeological Science*, 28 (5): 471-480.

[18] a. 李承森、王宇飞、孙启高：《定量分析第三纪以来环境变化的新方法——特有种气候分析法》，《植物学报》2001年43卷第2期，第217-220页。

b. 王树芝、王增林、吴耀利、黄卫东、王杰：《雕龙碑遗址房屋建筑出土木炭研究》，《考古》2002年第11期，第85-87页。

[19] a. Ferrio J P, Voltas J, Araus J L. 2003. Use of carbon isotope composition in monitoring environmental changes. *Management of Environmental Quality*, 14: 82-98.

b. Ferrio J P, Alonso N, Lopez J B, Araus J L, Voltas J. 2006. Carbon isotope composition of fossil charcoal reveals aridity changes in the NW Mediterranean Basin. *Global change biology*, 12 (7): 1253-1266.

[20] Marconetto M B. 2010. Paleoenvironment and anthracology: determination of variations in humidity based on anatomical characters in archeological plant charcoal (Ambato Valley, Catamarca, Argentina) . *Journal of Archaeological Science*, 37: 1186-1191.

[21] 王树芝：《树木年代学研究进展》，《考古》2001年第7期，第47-54页。

[22] a.王树芝：《青海都兰地区公元前515年以来的树木年轮年表的建立及应用》，《考古与文物》2004年第6期，第45-50页。

b. Sheppard P R, Tarasov P E , Graumlich L J, et al. 2004. Annual precipitation since 515 BC reconstructed from living and fossil juniper growth of northeastern Qinghai Province, China. *Climate Dynamics*, 23: 869-881.

c. Zhang Q B, Cheng G D, Yao T D, Kang X C, Huang J G. 2003. A 2326-year tree-ring record of climate variability on the northeastern Qinghai-Tibetan plateau. *Geophysical research letters*, 30: 1739-1741.

d. Shao X, Xu Y, Liang E, Zhu H, Wang S. 2010. Climatic implications of a 3585-year tree-ring width chronology from the northeastern Qinghai-Tibetan Plateau. *Quaternary Science Reviews*, 29: 2111-2122.

[23] 中国社会科学院考古研究所安阳工作队：《河南安阳市洹北商城的勘察与试掘》，《考古》2003年第5期，第3-16页。

[24] 中国社会科学院考古研究所：《中国考古学》（夏商卷），北京：中国社会科学出版社，2003年，第284-286页。

[25] 《安阳县志》编纂委员会：《安阳县志》，郑州：中州古籍出版社，1990年，第1-236页。

[26] 中国植被编辑委员会:《中国植被》，北京: 科学出版社，1995年，第814-815页。

[27] 许清海、曹现勇、王学丽、李月丛、荆志淳、唐际根：《第四纪研究》2010年第30卷第2期，第273-286页。

[28] a.同［24］，第289-295页。

b.夏商周断代工程专家组：《夏商周断代工程1996～2000年阶段成果报告》（简本），北京：世界图书出版公司，2000年，第88页。

[29] 中国社会科学院考古研究所：《殷墟的发现和研究》，北京：科学出版社，1994年，第8页。

[30] 中国社会科学院考古研究所安阳工作队：《河南安阳市殷墟刘家庄同乐北区2008年发掘简报》，《考古》2009年第7期，第24-38页。

[31] 中国社会科学院考古研究所安阳工作队：《河南安阳市殷墟刘家庄同乐北区2010-2011年发掘简报》，《考古》2012年第12期，第26-42页。

[32] 成俊卿、杨家驹、刘鹏：《中国木材志》，北京：中国林业出版社，1992年，第1-700页。

[33] 腰希申：《中国主要木材构造》，北京：中国林业出版社，1988年，第1-258页。

[34] 赵志军：《植物考古》，中国社会科学院考古研究所：《科技考古的方法与应用》，北京：文物出版社，2012年，第90-104页。

[35] 方精云、王志恒、唐志尧：《中国木本植物分布图集》，北京：高等教育出版社，2009年，第1-1908页。

[36] 同［27］。

[37] 陈梦家：《殷墟卜辞综述》，北京：中华书局，1988年，第523、524页。

[38] 王树芝、方燕明：《王城岗遗址出土木炭指示的古气候》，《中国社会科学院古代文明研究中心通讯》2010年第20期，第39-44页。

[39] 王树芝、方燕明、赵志军：《龙山时代的植被、古气候及植物利用——以河南瓦店遗址的木炭分析为例》，《第四纪研究》2012年第2期，第226-235页。

[40] 王树芝、赵海涛、陈国梁、许宏、赵志军、齐乌云：《二里头遗址V区出土木炭的分析与研究》，中国社会科学院考古研究所编：《夏商都邑与文化（二）——“纪念二里头遗址发现55周年学术研讨会”论文集》，北京：中国社会科学出版社，2014年，第372-382页。

[41] 王树芝、王学荣、谷飞、赵志军、齐乌云：《偃师商城祭祀遗址出土木炭的分析与研究》，中国社会科学院考古研究所：《夏商都邑与文化（一）——“夏商都邑考古暨纪念偃师商城发现30周年国际学术研讨会”论文集》，北京：中国社会科学出版社，2014年，第1256-266页。

[42] 王树芝：《安阳殷墟孝民屯遗址出土木炭的初步分析》，《殷墟孝民屯》，文物出版社，待刊。

[43] 杨升南：《商时期的雨量》，《中国史研究》2008年第4期，第31-36页。

A High-resolution Ecological Reconstruction of Environment in the Late Shang Period

WANG Shu-zhi, YUE Hong-bin, YUE Zhan-wei

Abstract: The natural environment and its changes over time not only play a significant role in shaping regional cultures, but also have a substantial influence on the cultural process. As the second most important dynasty in Chinese history, the Shang Dynasty was strongly influenced by the ecological environment during the state formation and development. There are two completely different perspectives on the ecology in the Shang period: one argues for a wet and warm climate while the other believes that it turned cold and dry in the Central Plains in the late Shang, along with frequent sandstorms, a reduction in vegetation cover, and anima extinction and migration. However, neither of the two perspectives based their arguments on direct evidence from cultural strata. In the past few decades, charcoal analysis and dendrochronology or tree-ring dating have been proven highly useful in studies of the long-term environmental changes. Therefore, both can serve as most important techniques for high-resolution reconstruction of ecological changes.

The present paper aims to establish high-resolution environmental backgrounds by applying charcoal analysis, coexistence approach, and dendrochronology to the rich and large pieces of charcoal remains recovered in 2008 from the Liujiazhuang Lotus North.

A total of 12979 pieces of charcoal samples, each with a size greater than 4 mm, were collected from Liujiazhuang Lotus North at Yinxu in Anyang City, Henan Province. They were identified to belong to 18 species of ligneous plants, including: *Platycladus* sp., subgen. *Diploxylon, Quercus* spp. (three species), *Armeniaca* sp., *Acer* sp., *Zelkova* sp., *Broussonetia* sp., *Ziziphus* sp., *Chionanthus* sp., *Populus* sp., *Koelreuteria* sp., *Carpinus* sp., *Fraxinus* sp., *Cyclobalanopsis* sp., and two other unidentified hardwood species. Charcoals belonging to *Quercus* sp. are most commonly encountered, which have an 89% (416/466) chance to be found. Charcoals from *Platycladus* sp. are the second most abundant and have a 15% chance to be collected, followed by those belonging to subgen. *Diploxylon* (8%), *Acer* sp. (6%), *Zelkova* sp. (4%), *Armeniaca* sp. (2%), *Ziziphus* sp. and *Broussonetia* sp. (both 1%), and *Chionanthus* sp. and undetermined hardwood species B (both 0.6%). The lowest chance (0.2%) for charcoals to be found in identification applies to *Populus* sp., *Koelreuteria* sp., *Carpinus* sp., *Fraxinus* sp., *Cyclobalanopsis* sp., and undetermined hardwood species A. Therefore, it is clear that *Quercus* spp. were the dominant tree species around the Lotus North site, which should have had the most significant influence on local settlemental environments back in the Shang period.

The coexistence approach, when applied to tree species identified by their charcoals, showed that in the late Shang the annual mean temperature (MAT) was between 7.4 and 15.9 ℃ and the annual precipitation (AP) was 620 to 1200 mm. The moisture index (IM) was between −14.2 and 52.6. Both ecological features shared among tree species and the coexistence approach altogether suggest that the climate in the late Shang is not significantly different from that today. The dendrochronology of large pieces of charcoals makes possible the reconstruction of precipitation in the late Shang. It turns out that there were climate fluctuations in the late Shang and both dry and wet periods existed. It was not completely dry in the latter stage of the late Shang; rather, greater precipitation sometimes did occur. The ecological reconstruction of environment in the late Shang fits fairly well with oracle bone inscriptions and archaeological discoveries, the latter of which both suggest that flooding could have been an important reason that led Shang cities to be abandoned. The study presented here offers opportunities for the reconstruction of ecology in the Shang period and, more importantly, it provides high-resolution environmental backgrounds for understanding why the Shang kings never changed the capital again in the next 273 years from King Pan Geng, who moved the capital to Yin, to the last emperor King Zhou of Shang. It also contributes to a better understanding of the decline of Shang state, especially after the King Wu of Zhou defeated the King Zhou of the late Shang.

Key Words: Liujiazhuang locus north; Yinxu; charcoal analysis; dendrochronology; ecological environment

（原刊于《南方文物》2016年第2期，略作修改）

商族起源的人骨考古学探索

王明辉

摘要： 关于殷商文化和殷商族群的起源，历史学界和考古学界历来众说纷纭，莫衷一是。概括起来，主要有西方说、东方说、北方说、东北说、晋南说、中原说等。本文从人骨考古学角度观察和分析商族的种系渊源和与其同时代或略早的各文化人群间的亲疏关系，探讨商族的起源。目前，有关商族的人类学材料已发现了很多，但只有殷墟遗址、前掌大遗址和藁城台西遗址的人骨材料经过了较为细致的研究。本文的研究以这些材料为基础，同时选择了早于商代、可能与商族起源有关的不同地域和不同时代的古代对比组，来探讨商族人群的渊源关系。研究方法主要采用多元统计分析方法中的欧氏距离系数和聚类分析等方法，所有数据和图、表均用SPSS19.0软件制作。通过人骨考古学的初步分析，我们认为商族人群是一个复杂且多元化的人群集合体。殷墟出土人骨显示，殷商平民继承了中原地区新石器时代和早期青铜时代人群的体质特征，同时受到了来自北方人群体质特征的影响。殷商的上层、甚或本身可能与王族成员有关的人群，他们的体质形态更多的呈现出以北亚蒙古人种为主、混有东亚蒙古人种因素的特征，这与西辽河流域和东北西部地区的古代人群有关，这暗示了商族的早期起源可能与该地域的古代人群和文化有关。据此推测，商族可能最早起源于我国东北地区西部、西辽河流域等地区。在与其他“古东北类型”居民相同或相似的环境中，逐渐形成自身的人类学特征。他们具有的某些东亚人种的因素应该是由于商族迁徙到以东亚蒙古人种为主的中原地区后发生的混血现象，形成了在北亚蒙古人种典型特征下又略带东亚蒙古人种成分的体质形态。

关键词： 商族　起源　人骨考古学

一、引　　言

关于殷商文化和殷商族群的起源，历史学界和考古学界历来众说纷纭，莫衷一是。概括起来，主要有以下几种观点。

西方说。主要是指陕西说，这是传统观点。《史记·殷本纪》：“契封于商。”汤“始居亳，从先王居”。东汉郑玄《集解》：“商国在太华之阳。”晋皇甫谧《帝王世纪》也称："商契始封于商，在禹贡太华之阳，今上洛，商是也。"东汉许慎《说文解字·高部》："亳，京兆杜陵亭也。"此说对后世影响很大，如皮锡瑞、蒙文通、顾颉刚、荆三林、饶宗颐[1]等多主张此说。也有学者根据斝式鬲的变化认为先商文化起源于陕西[2]。

东方说。又可分为豫东鲁西南说、濮水流域说和山东半岛说等。王国维认为商族早期居留地商在河南商丘、亳在山东曹县[3]；郭沫若认为商族起源于豫东鲁西南地区[4]；张光直、栾丰实等也认为商族起源于豫东鲁西南一带[5]；田昌五、方辉等认为商族起源于濮阳或濮水流域[6]；徐中舒、王玉哲、佟柱臣等认为商族起源于山东，并与山东龙山文化联系起来[7]；有学者甚至认为商族起源于济南大辛庄遗址[8]。

北方说。又可分为渤海湾说、冀东北说、易水流域说、北京说、冀中南说、豫北说等。胡厚宣、翦伯赞等认为商族起源于渤海湾一带[9]；杨锡璋、韩建业等认为早期先商文化可能在古黄河下游地区或冀东北、京津唐地区[10]；丁山等认为商族源于易水流域[11]；曹定云认为商族起源于北京[12]；邹衡先生认为商人最早活动中心地点在滹沱河和漳河之间；李伯谦先生认为下七垣文化是先商文化；严文明先生认为豫北冀南的后冈二期文化可能是商族祖先的文化；刘绪先生认为商族发源地在河北中南部及其周围地区[13]；朱彦民推测商族起源于河北东北部的京津地区、燕山以南的渤海湾一带[14]。

东北说。傅斯年首倡此说，认为商族源于东北；顾颉刚也曾服膺此说；劳幹、金景芳也认为商族源于东北或辽西[15]；干志耿等认为商族源于幽燕；郭大顺认为夏家店下层文化与先商文化有密切关系[16]。

晋南说。李民认为山西南部是商族的摇篮，张国硕认为商族在关中东部与山西相邻地区，郑杰祥认为商族起源于山西永济一带，陈昌远从文献证据说明商族起源于晋南[17]，邹衡、李伯谦、王克林等认为先商文化与山西的古代文化有密切关系[18]。

中原说。徐旭生认为夏商氏族一脉相承；安志敏认为商文化是在中原龙山文化基础上发展起来的；高广仁等认为殷商文化是本地起源的，又是多根系的；赵芝荃认为二里头文化是先商文化等[19]。李民、张国硕等认为夏商周三族同源[20]。

此外，还有一些说法，例如卫聚贤认为商起源于江浙一带，张光直也认为东南沿海的良渚文化与商文化有密切的联系[21]。坚持这种观点的史学家和考古学家相对比较少。

回顾商族起源的学术史就会发现，这些研究结果都是根据历史文献或考古资料取得的，但关于商族起源的文献和考古资料比较零碎和片段化，有些互相抵牾，加之学者的不同解读，造成商族起源研究争论频仍。笔者欲另辟蹊径，重点从人骨考古学角度观察和分析商族的种系渊源和与其同时代或略早的各文化人群间的亲疏关系，探讨商族的起源。笔者认为人种的变迁和变化速度要比文化的变化速度慢得多，更能从广阔的时间、空间范围内给我们的论证以正确、合理、科学的解释。

在此需要说明两点：一是商族的界定；二是人骨考古学（human osteoarchaedogy）的概念。本文讨论的商族是指商王朝统治领域内的商人，不包括商王朝以外受商文化影响的区域的人群，也不包括商王朝领域内的外族人。关于商族的成分，至少包括两个部分：一是商王朝内社会上层的统治阶层；另一个是社会下层的平民和奴隶。

人骨考古学是一个新兴概念，也称为"人体骨骼考古学"，是以考古遗址出土的人类骨骼遗存（包括牙齿）为研究对象，采用形态学、解剖学、功能学、病理学、创伤学、生物学、物理学、化学、遗传学等分析手段，探索研究一系列的考古学问题，包括人类的起源与进化、古代人类的体质特征、生长发育、生活方式、健康状况、饮食结构、社会经济、人口结构、迁徙行为、社会冲突及人群亲缘关系和遗传结构等。人骨考古学包括人类骨骼形态学、古病理学、古人口学、骨化学和古代DNA等分支学科。它与过去的体质人类学（physical anthropology）概念有很大的重合，但也有一些差异，简单说来主要体现在以下几点：①人骨考古学的研究对象是考古遗址中发掘出土的人类骨骼或其他组织，不包括体质人类学研究的第四纪动物、灵长类动物，也基本不包括体质人类学研究的皮纹学、耵聍学和血型学等；②人骨考古学的目标是利用人骨材料解决考古学问题，更加注重人骨材料与社会和文化之间的关系问题，如人群迁徙、文化融合、体质变迁、社会冲突、生业模式、基因混杂等，而不是利用人骨材料解决其他学科的问题，如遗传学本身的问题等。因此，我们认为人骨考古学的概念更能适合目前的考古学学科研究需要。

二、材料与方法

目前，有关商族的人类学材料已经发现了很多，主要包括偃师商城、郑州商城、小双桥遗址、望京楼遗址、荥阳关帝庙遗址、殷墟、河北藁城台西遗址、山东济南大辛庄遗址、滕州前掌大遗址等。但是这些遗址的人类学材料和研究并不充分，郑州商城的人骨材料没有相关研究[22]；偃师商城和小双桥的人骨材料保存较差，研究不充分[23]；望京楼遗址、荥阳关帝庙遗址和大辛庄遗址的人骨材料正处于研究之中[24]。殷墟遗址、前掌大遗址和藁城台西遗址的人骨材料已有了较为细致的研究。本文的研究以这些材料为基础。

目前商族的人骨材料保存较好且研究比较充分的仍然是殷墟遗址。虽然殷墟人骨的研究很多，但比较充分的研究成果是《安阳殷墟头骨研究》一书和安阳大司空遗址出土人骨的研究。《安阳殷墟头骨研究》共研究了两批材料。一是安阳西北岗祭祀坑人骨材料，但是由于学术界对祭祀坑人骨材料的来源有不同的认识，有人认为是来自战争俘虏，是外族人；有人认为是奴隶，是下层人；也有人认为是平民，是本族的人；人骨研究也表明，他们的体质特征很复杂。二是历年来在王陵区外挖掘的中小墓的平民墓葬出土的人骨资料。这些人骨资料包括三类。第一类墓形较大，随葬品丰富，有成套的青铜礼器，甚至有车马器、玉石器等，或有殉人。此类墓数量很少，约2%～4%，推测墓主人身份为社会上层。第二类为中等墓，大多有棺椁和一定数量的陶礼器随葬，有的有铜或铅制兵器。这类墓占大多数，墓主人生前有一定的生活资料和政治地位，可能是社会中的平民（自由民）阶层。第三类墓形小，常无葬具，无随葬礼器，有时有几件日用陶器或全无随葬品，这些墓主人大概是下层平民中的贫苦的族众。总之，这些中小墓墓主社会地位应主要是殷王朝的平民或社会主体，其中少数人的社会地位可能比一般平民更接近殷王族或本身就是王族成员[25]。安阳大司空商代人群的人骨研究显示他们的体质特征与本地区的主体居民一致，属于古中原类型居民的范畴[26]。

前掌大遗址位于山东滕州，时代约为商末周初。人骨材料研究显示，前掌大墓地古代人群可以分为两个不同类型的人群，A组人群接近于现代东亚蒙古人种，B组人群接近于北亚蒙古人种；A组人群是黄河中下游地区新石器时代以来祖先体质特征的延续，B组人群可能与商周以来北方人群南下混血有关[27]。

台西遗址位于河北藁城，年代下限不晚于晚商早期，可能是商代北方的方国。人骨研究显示，台西遗址古代人群与安阳殷墟中小墓第一类人群关系密切，同时与东北地区古代人群也有较为密切的渊源关系[28]。

同时，为了更方便地比较商族人群的体质特征以及与其他古代人群的关系，我们选择了早于商代、可能与商族起源有关的不同地域和不同时代的古代对比组，来探讨商族人群的渊源关系。这些对比组包括安阳殷墟中小墓（2组）、安阳西北岗祭祀坑组（5组）[29]、大司空组、藁城台西组、前掌大组、大甸子夏家店下层组（2组）[30]、河北蔚县合并组[31]、呈子二期组[32]、仰韶合并组[33]、柳湾合并组[34]、庙底沟二期组[35]、陶寺组[36]、游邀组[37]、姜家梁组[38]、庙子沟组[39]、庙后山组[40]、夏家店上层文化合并组[41]等共23组，各组材料的具体情况见表1。

表1 商族人群材料与对比组情况简表

Table 1 List of Shang clan and contrast groups

对比组	地点	时代	文化属性
殷墟中小墓②组	安阳殷墟遗址	青铜时代	殷墟文化
殷墟中小墓③组	安阳殷墟遗址	青铜时代	殷墟文化
西北岗祭祀坑Ⅰ组	安阳殷墟遗址	青铜时代	殷墟文化
西北岗祭祀坑Ⅱ组	安阳殷墟遗址	青铜时代	殷墟文化
西北岗祭祀坑Ⅲ组	安阳殷墟遗址	青铜时代	殷墟文化
西北岗祭祀坑Ⅳ组	安阳殷墟遗址	青铜时代	殷墟文化
西北岗祭祀坑Ⅴ组	安阳殷墟遗址	青铜时代	殷墟文化
大司空组	安阳殷墟遗址	青铜时代	殷墟文化
前掌大组	山东滕州前掌大遗址	青铜时代	商周文化
台西组	河北藁城台西组	青铜时代	商文化
大甸子一组	内蒙古赤峰敖汉旗大甸子遗址	青铜时代	夏家店下层文化
大甸子二组	内蒙古赤峰敖汉旗大甸子遗址	青铜时代	夏家店下层文化
蔚县合并组	河北张家口蔚县三关遗址	青铜时代	夏家店下层文化
呈子二期组	山东诸城呈子遗址	新石器时代	龙山文化
仰韶合并组	西安半坡遗址、陕西宝鸡、华县元君庙遗址和华阴横阵遗址	新石器时代	仰韶文化
柳湾合并组	青海乐都柳湾遗址	新石器时代	马家窑文化、齐家文化

续表

对比组	地点	时代	文化属性
庙底沟组	河南陕县庙底沟遗址	新石器时代	庙底沟二期文化
陶寺组	山西襄汾陶寺遗址	新石器时代	陶寺文化
游邀组	山西忻州游邀遗址	青铜时代	游邀晚期遗存?
姜家梁组	河北阳原姜家梁遗址	新石器时代	仰韶—龙山文化
庙子沟组	内蒙古察右前旗庙子沟遗址	新石器时代	庙子沟文化
庙后山组	辽宁本溪庙后山遗址	青铜时代	庙后山文化
夏家店上层文化合并组	内蒙古赤峰红山遗址、夏家店遗址、宁城南山根遗址	青铜时代	夏家店上层文化

研究方法主要采用多元统计分析方法中的欧氏距离系数[42]和聚类分析[43]等方法，所有数据和图、表均用SPSS19.0软件制作。对比项目和各项数据见表2，对比结果制成的聚类树状图见图1。

三、结果和讨论

图1显示，商族与其他人群之间的关系是比较复杂的，呈现错综复杂的态势，最明显的表现是殷墟中小墓和祭祀坑各组在聚类图上分布得比较分散，这说明商族的种系成分和来源是复杂和多元的。在最远的20～25距离中，23个对比组可以分为两个类群，台西组、庙后山组、殷墟中小墓三组、祭祀坑一组和前掌大组明显首先聚类在一起，其余18组聚类关系相对较近。在这18组中，我们可以清楚地看到可以分为3个亚组：大甸子二组、蔚县合并组的夏家店下层文化组为一亚组；陶寺组、游邀组、仰韶合并组、庙底沟组和呈子二期组等黄河中下游地区新石器时代各组为一亚组；其余11组为一亚组。在这11组古代人群中，除了殷墟的各组（中小墓二组、祭祀坑二、三、四、五组和大司空组）外，其余皆为中国北方的古代人群，多属于长城沿线甚至更北的古代人群。在这一亚组中，我们还可以分为3个支组：祭祀坑二组、三组和大司空组三个安阳本地组为一支组；姜家梁组、庙子沟组和夏家店上层文化合并组可以为一支组；祭祀坑四、五组、中小墓二组和大甸子一组成为一个支组；柳湾合并组相对游离于这10组之外。可以看出，以安阳殷墟为代表的商族人群各组并没有首先与黄河中下游地区新石器时代早期青铜时代各组居民聚类在一起，相反，商族人群的各组，无论是代表商人平民，还是来源不太明确的商代人群，首先与中国北方新石器时代至早期青铜时代各组聚类在一起，这很明显地说明商族人群的起源可能并不在中原地区的新石器时代和早期青铜时代古代人群，而可能在中国北方。就代表商族平民、甚至可能是社会上层的中小墓二组、三组的聚类分析结果看，他们与西辽河流域和东北地区的古代居民可能存在更为密切的关系。

具体而言，殷墟中小墓二组与大司空组、祭祀坑二组、三组、四组、五组、大甸子一组、姜家梁组、庙子沟组、夏家店上层文化合并组及柳湾组等古代人群的体质特征

表2 商族人群与其他古代人群的对比

Table 2 Comparison table between Shang clan and other ancient groups

项目 对比组	颅长	颅宽	颅高	最小额宽	颧宽	上面高(n-sd)	眶宽(mf-ek)右	眶高右	鼻宽	鼻高	鼻颧角	颅指数	颅长高指数	颅宽高指数	上面指数	垂直颅面指数	眶指数	鼻指数	额宽指数
殷墟中小墓二组	184.03	140.13	140.32	90.43	133.08	73.81	42.43	33.55	26.99	53.38	144.38	76.50	76.09	99.35	53.98	53.11	78.59	50.98	64.35
殷墟中小墓三组	187.18	142.67	134.83	93.86	145.40	75.08	44.88	35.52	28.96	56.42	144.81	76.27	72.08	94.53	51.66	55.30	79.32	51.41	65.46
祭祀坑Ⅰ组	182.50	144.44	135.10	93.78	141.18	73.56	41.64	33.50	27.28	54.42	146.35	79.15	74.21	93.63	51.91	54.45	80.75	50.39	64.88
祭祀坑Ⅱ组	182.86	136.90	141.06	92.68	134.52	71.38	40.98	32.14	27.68	51.62	146.35	75.07	77.11	104.13	53.15	50.60	78.61	54.37	67.95
祭祀坑Ⅲ组	181.50	133.50	138.50	92.25	131.50	71.00	40.50	32.50	25.00	52.75	146.35	73.58	76.32	103.75	53.99	51.26	80.24	47.40	69.10
祭祀坑Ⅳ组	182.54	139.06	140.12	91.18	135.06	72.94	41.92	33.12	26.86	52.82	146.35	76.35	76.51	101.29	54.01	52.06	79.13	50.71	65.83
祭祀坑Ⅴ组	180.14	136.76	136.70	89.04	131.32	72.16	40.44	32.76	26.50	52.90	146.35	75.71	76.31	100.23	54.95	52.79	81.07	50.27	65.13
大司空组	183.36	135.37	138.86	93.51	136.17	72.25	43.38	32.50	26.52	51.66	144.03	73.56	75.30	102.51	51.98	53.35	74.14	51.54	69.21
前掌大组	187.58	145.29	134.65	94.60	138.60	77.10	43.44	34.71	28.05	56.69	144.98	77.54	69.25	89.42	57.43	60.39	79.84	50.15	65.24
台西组	187.75	143.00	144.00	96.50	148.00	75.75	45.00	35.00	28.25	57.50	144.75	76.79	75.79	98.00	53.04	51.56	75.51	49.02	66.77
大甸子一组	182.67	138.13	141.06	90.45	135.09	73.53	43.08	33.59	27.01	53.22	145.07	75.61	77.59	101.93	55.31	52.02	78.33	50.51	65.63
大甸子二组	174.23	145.07	141.08	92.86	138.40	73.40	42.89	33.29	27.34	53.14	146.98	83.44	82.40	96.85	53.21	51.21	75.99	51.37	59.63
蔚县合并组	175.11	142.37	138.58	91.42	136.37	72.97	42.44	32.66	25.96	52.79	142.64	81.32	79.53	98.09	53.32	52.35	77.05	49.39	64.37
呈子二期组	184.50	144.20	144.30	94.80	136.90	74.90	44.07	34.07	26.20	53.20	141.90	78.20	78.10	99.50	54.70	53.30	78.90	49.30	65.70
仰韶合并组	180.70	142.56	142.53	93.64	136.37	73.38	43.41	33.48	27.56	53.36	146.40	79.10	78.62	99.41	54.48	51.60	77.18	52.08	65.59
柳湾合并组	185.93	136.41	139.38	90.30	137.24	78.19	43.87	34.27	27.26	55.77	146.49	73.92	74.74	100.96	57.60	56.57	78.46	49.09	65.94
庙底沟组	179.43	143.75	142.17	93.69	140.83	73.84	41.75	32.42	27.31	53.99	147.56	80.31	77.64	99.47	51.86	54.06	77.71	50.15	65.18
陶寺组	184.73	141.93	144.04	94.53	140.32	73.92	44.80	32.79	27.23	54.45	146.53	76.93	77.64	102.06	51.55	52.32	74.42	49.99	66.26
游邀组	183.65	140.65	142.13	94.00	137.60	73.95	44.42	34.08	26.79	53.10	147.54	76.73	77.15	101.02	53.53	51.41	76.73	50.52	66.64
姜家梁组	178.27	134.20	138.10	88.60	135.63	75.53	44.41	33.39	27.04	55.58	146.76	75.76	78.74	102.33	55.71	54.58	77.39	49.00	66.02
庙子沟组	177.63	137.03	140.93	90.36	136.64	73.50	43.93	32.93	26.23	52.63	149.81	77.22	79.57	102.95	53.68	52.05	76.76	49.90	66.03
庙后山组	192.80	144.00	143.50	99.00	145.30	75.50	44.60	32.60	25.90	54.10	151.00	74.80	74.50	99.65	51.96	52.61	74.94	48.02	68.75
夏家店上层文化合并组	181.19	136.20	140.70	89.00	133.75	75.10	42.80	34.44	28.08	53.60	149.50	75.06	78.26	103.46	56.15	53.38	80.48	52.43	65.35

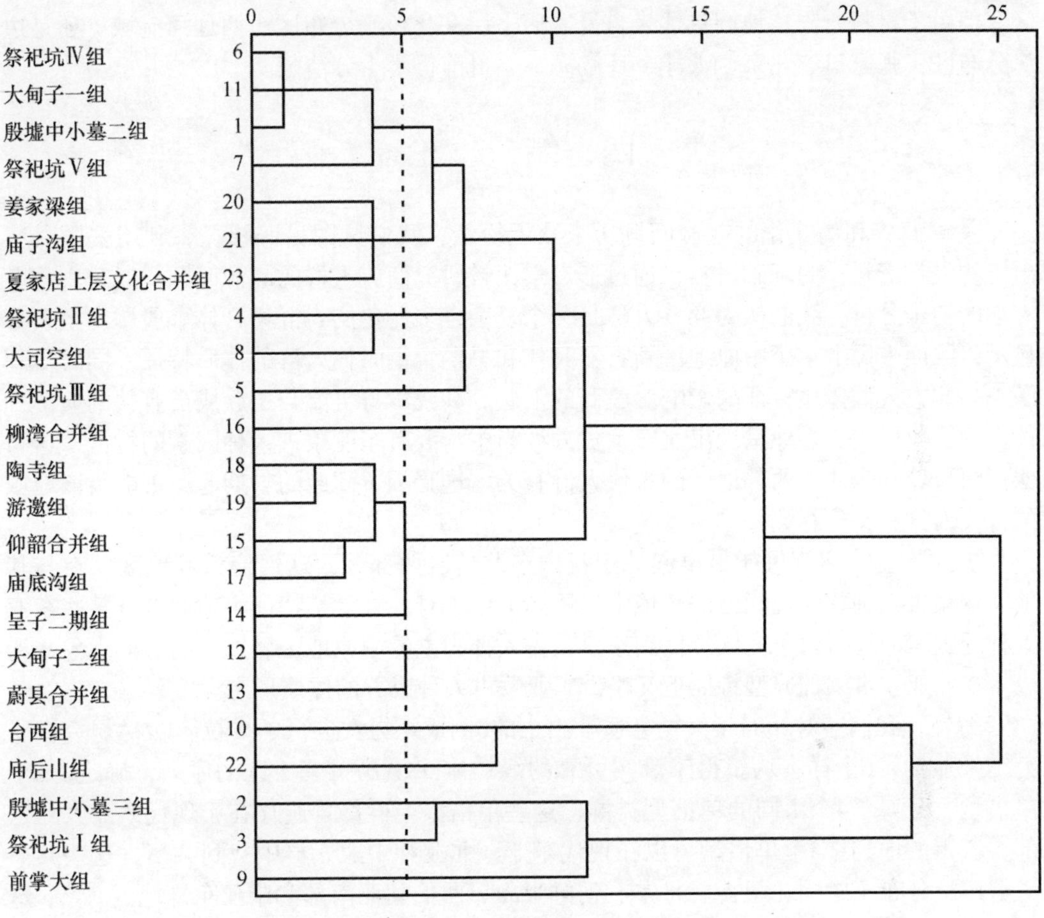

图1 商族人群与其他对比组的聚类结果图

Figure 1 Clustering results for Shang clan and contrast groups

都是以东亚蒙古人种成分为主，同时在某些特征上不同程度的存在北亚蒙古人种因素。中小墓三组仅8例，但意义重大，随葬品较多且等级较高，墓主人身份一般较高甚或为王族成员，他们具有明显北亚蒙古人种特征。这些特征在新石器时代和青铜时代早期主要分布在长城以北的东北、西辽河流域等地，最南到达张家口、天津、北京等地，到了商代早中期可到达石家庄地区，他们和夏家店下层文化的各组具有明显的接近趋势。如果我们把中小墓二组作为商王朝人群的主体，按照人骨考古学的分析，他们更多地具有东亚蒙古人种的特征，这些特征的主体分布在新石器时代的中原地区，朱泓先生称为“古中原类型”[44]，例如庙底沟组、仰韶合并组、呈子二期组等。中小墓二组具有的东亚蒙古人种特征应该来自以中原地区为中心的黄河中下游地区，他们一方面继承了该地区新石器时代和早期青铜时代人群的体质特征，另一方面受到了来自北亚蒙古人种因素的影响，从而在聚类关系上产生了一定的形态偏离，而首先与中国北方地区类似体质特征的人群发生了较为密切的聚类关系。如果把中小墓三组作为接近王族或本身即王族成员来看，或者代表商王族的体质特征的话，他们可能更多地来自西辽河流域和东北地区。但由于材料所限，他们具体来自夏家店下层文化核心分布区（西辽河流域）还是边缘分布区（张家口、北京、天津、环渤海），目前仍不十分清楚。

四、结　论

关于商族和商文化的起源问题历来众说纷纭，我们试图另辟蹊径，利用安阳殷墟出土的人骨资料作为基础材料，通过形态学比较研究商族人群的起源问题。通过人骨考古学的初步分析，我们认为商族人群是一个复杂且多元化的人群集合体。殷墟出土人骨显示，殷商平民继承了中原地区新石器时代和早期青铜时代人群的体质特征，同时受到了来自北方人群体质特征的影响。殷商的上层、甚或本身可能与王族成员有关的人群，他们的体质形态更多地呈现出北亚蒙古人种为主、混有东亚蒙古人种因素的特征，这与西辽河流域和东北的西部地区的古代人群有关，这暗示了商族的早期起源可能与该地域的古代人群和文化有关。

据此推测，商族可能最早起源于我国东北地区西部、西辽河流域等地区。在与其他北亚蒙古人种相同或相似的环境中，逐渐形成本身的人类学特征。他们具有某些东亚人种的因素应该是由于商族迁徙到东亚蒙古人种为主的中原地区后发生的混血现象，形成了在北亚蒙古人种典型特征下又略带东亚蒙古人种成分的体质形态。

另外，我们还对2004年大司空遗址出土的6例成年男女进行了线粒体DNA研究。研究结果显示，6个样本均获得了真实可靠的线粒体DNA高可变Ⅰ区的序列，确定为6个单倍型，分属于4个不同的单倍型类群，这些单倍型类群都普遍存在于现代欧亚大陆东部，获得的序列中5个单倍型可以在现代东亚、北亚和中亚人群中找到共享，这些共享人群广泛分布于中国、蒙古、日本、朝鲜半岛、西伯利亚南部和中亚东部地区[45]。这些人群的体质特征主要属于东亚蒙古人种和北亚蒙古人种类型。这些单倍型类群多样性较高，暗示殷墟商代晚期自由民的组成应该是复杂多元的，人群来源可能也是多样的。

此外，在殷墟一些器物上塑造的人像形态显示了商族的体质形态的复杂化特征，例如在1959年南阳出土的人面陶范，塑造的人面形态具有突出的颧骨、窄的鼻型结合扁平的面部，呈现北亚蒙古人种的面型[46]；在另一件青铜方鼎上塑造的人面形态也与此类似[47]；著名的虎食人卣青铜器上人面的形象也具有宽扁的面部特征[48]；妇好墓中部分跪坐玉人的颅面部形态明显具有低颅阔面等北亚蒙古人种的形态特征，同时也有一些具有其他体质形态的颅面部特征的玉人形象[49]。

总之，在现有人类学材料的基础上，我们认为商族人群的种系成分和种族来源比较复杂。通过人骨考古学的分析，商族的早期起源，可能与中国东北地区、西辽河流域等早期人群有关，只是在历史不断发展和人群的迁徙过程中，不同体质形态的人群经过了大规模的基因融合，尤其是商族人群中的平民在与中原地区古代人群融合中受到不同程度的“古中原类型”人群的影响，而部分商族上层人群可能较多地保留了祖先的基因和体质形态。殷墟作为都城为来自不同地域、不同种族的人群提供了一个开放的平台，为各人群基因的交流、体质的融合创造了机缘，这在一定程度上印证了殷墟商代晚期居民人群构成多元的推测。

目前我们正在研究郑州望京楼遗址二里头、二里冈文化的人骨资料，我们这次对这些材料进行了全面的鉴定和采样，包括形态学、古病理学、遗传学、年代学、同位素、寄生虫学等，希望能够进一步弄清商代早期人群的体质特征、健康状况和遗传信息，对商族起源的研究也许有一定帮助。

附记　本课题的研究得到中国社会科学院知识创新工程和国家社会科学基金青年项目《商系墓葬人骨资料的整合研究》（课题号：12CKG005）的资助。

注　释

［1］ a. 皮锡瑞：《今文尚书考证》（卷三十），北京：中华书局，2004年。

b. 蒙文通：《古史甄微》，成都：巴蜀书社，1999年。

c. 顾颉刚：《殷人自西徂东札记》，见宋镇豪主编：《甲骨文与殷商史》（第三辑），上海：上海古籍出版社，1991年，第240-260页。

d. 荆三林：《试论殷商源流》，《郑州大学学报》1986年第2期，第41-50页。

e. 饶宗颐：《契封于商为上洛商县证》，见沈建华编：《饶宗颐新出土文献论证》，上海：上海古籍出版社，2005年，第115-129页。

［2］ 铜官：《斝式鬲与先商文化》，见王光镐主编：《文物考古文集》，武汉：武汉大学出版社，1997年，第118-126页。

［3］ a. 王国维：《说商》，见王国维：《观堂集林》（卷十二），北京：中华书局，1999年，第516-517页。

b. 王国维：《说亳》，见王国维：《观堂集林》（卷十二），北京：中华书局，1999年，第518-521页。

［4］ 郭沫若：《中国史稿》（第一册），北京：人民出版社，1976年。

［5］ a. 张光直：《早商、夏和商的起源问题》，见田昌五主编：《华夏文明》（第一集），北京：北京大学出版社，1987年，第408-424页。

b. 张光直：《殷商文明起源研究上的一个关键问题》，见张光直：《中国青铜时代》，北京：生活·读书·新知三联书店，1999年，第98-122页。

c. 栾丰实：《试论岳石文化与郑州地区早期商文化的关系——兼论商族起源问题》，《华夏考古》1994年第4期，第82-88页。

［6］ a. 田昌五：《先商文化探索》，见田昌五主编：《华夏文明》（第三集），北京：北京大学出版社，1992年，第1-29页。

b. 方辉：《“南关外期”先商文化的来龙去脉及其对夏、商文化断限的启示》，见田昌五主编：《华夏文明》（第三集），北京：北京大学出版社，1992年，第47-59页。

［7］ a. 徐中舒：《殷商史中的几个问题》，《四川大学学报》1979年第2期，第108-112页。

b. 王玉哲：《商族的来源地望试探》，《历史研究》1984年第1期，第61-77页。

c. 佟柱臣：《新的发现、新的年代测定对中国新石器时代考古学提出的新问题》，《社会科学战线》1979年第1期，第211-219页。

［8］ 景以恩：《先商族源于济南大辛庄考》，《管子学刊》2008年第2期，第100-104页。

［9］ a. 胡厚宣：《甲骨文商族鸟图腾的遗迹》，见中国科学院历史研究所编：《历史论丛》（第一辑），北京：中华书局，1964年，第131-160页。

b. 翦伯赞：《商族的起源与古代国家的建立》，《先秦史》，北京：北京大学出版社，1988年，第137-147页。

［10］ a. 杨锡璋：《殷人尊东北方位》，见《庆祝苏秉琦考古五十五年论文集》编辑组编：《庆祝苏秉琦考古五十五年论文集》，北京：文物出版社，1981年，第305-314页。

b. 韩建业：《先商文化探源》，《中原文物》1998年第2期，第48-54页。

［11］ 丁山：《商周史料考证》，北京：中华书局，1988年。

［12］ 曹定云：《北京乃商族发祥之地》，《北京社会科学》1998年第1期，第112-116页。

［13］ a. 邹衡：《论汤都亳及其前后的迁徙》，见邹衡：《夏商周考古学论文集》，北京：文物出版社，1980年，第183-218页。

b. 李伯谦：《先商文化探索》，见《庆祝苏秉琦考古五十五年论文集》编辑组编：《庆祝苏秉琦考古五十五年论文集》，北京：文物出版社，1989年，第280-293页。

c. 严文明：《龙山文化和龙山时代》，《文物》1981第6期，第41-48页。

d. 刘绪：《从夏代各部族的分布和相互关系看商族的起源地》，《史学月刊》1989年第3期，第13-18页。

［14］ 朱彦民：《商族的起源、迁徙与发展》，北京：商务印书馆，2007年。

［15］ a. 傅斯年：《夷夏东西说》，见欧阳哲生主编：《傅斯年全集》（第三集），长沙：湖南教育出版社，2003年，第181-234页。

b. 顾颉刚：《商王国的始末》，《文史杂志》1941年第1卷第2期，第67-72页。

c. 劳幹：《由“九丘”推论古代东西二民族》，《禹贡》1934年第1卷第6期，第28-29页。

d. 金景芳：《中国奴隶社会史》，上海：上海人民出版社，1983年。

［16］ a. 干志耿、李殿福、陈连开：《商先起源于幽燕说》，《历史研究》1985年第5期，第21-34页。

b. 干志耿、李殿福、陈连开：《商先起源于幽燕说的再考察》，《民族研究》1987年第1期，第82-92页。

c. 郭大顺：《北方古文化与商文化的形成》，见中国社会科学院考古研究所编：《中国商文化国际学术讨论会论文集》，北京：大百科全书出版社，1998年，第113-116页。

［17］ a. 李民：《关于商族的起源》，《郑州大学学报》1984年第1期，第70-78页。

b. 张国硕：《商族的起源与商文化的形成》，《殷都学刊》1995年第2期，第1-5页。

c. 郑杰祥：《夏史初探》，郑州：中州古籍出版社，1988年。

d. 陈昌远：《商族起源地望发微》，《历史研究》1987年第3期，第136-144页。

［18］ a. 邹衡：《试论夏文化》，见邹衡：《夏商周考古学论文集》，北京：文物出版社，1980年，第95-182页。

b. 同［13］b。

c. 王克林：《略论夏文化的源流及其有关问题》，见中国先秦史学会编：《夏史论丛》，济南：齐鲁书社，1985年，第56-82页。

［19］ a. 徐旭生：《中国古史的传说时代》，北京：科学出版社，1960年。

b. 安志敏：《试论文明的起源》，《考古》1987年第5期，第453-457页。

c. 高广仁、邵望平：《中国史前时代的龟灵与犬牲》，见《中国考古学研究》编委会编：《中国考古学研究——夏鼐先生考古五十年纪念论文集》，北京：文物出版社，1989年，第57-70页。

d. 赵芝荃：《二里头文化与二里冈文化》，见《庆祝苏秉琦考古五十五年论文集》编辑组编：《庆祝苏秉琦考古五十五年论文集》，北京：文物出版社，1989年，第273-279页。

[20] 李民、张国硕：《夏商周三族源流探索》，郑州：河南人民出版社，1998年。

[21] a. 卫聚贤：《读殷商民族发源地质疑后》，《学术月刊》1933年第1卷第2、3期。

b. 卫聚贤：《殷人自江浙迁徙于河南》，《江苏研究》1937年第3卷第5、6期。

c. 张光直：《商名试释》，见中国社会科学院考古研究所编：《中国商文化国际学术讨论会论文集》，北京：中国大百科全书出版社，1998年，第109-112页。

[22] 河南省文物考古研究所：《郑州商城——1953～1985年考古发掘报告》，北京：文物出版社，2001年。

[23] a. 中国社会科学院考古研究所：《偃师商城》，北京：科学出版社，2013年。

b. 河南省文物考古研究所：《郑州小双桥——1990～2000年考古发掘报告》，北京：科学出版社，2012年。

[24] a. 张松林、吴倩：《新郑望京楼发现二里头文化和二里岗文化城址》，《中国文物报》2011年1月28日第4版。

b. 河南省文物考古研究所：《河南荥阳关帝庙遗址考古发现与认识》，《华夏考古》2009年第3期，第8-13页。

c. 方辉：《大辛庄遗址研究》，北京：科学出版社，2013年。

[25] 中国社会科学院历史研究所、中国社会科学院考古研究所：《安阳殷墟头骨研究》，北京：文物出版社，1985年。

[26] 原海兵、王明辉、朱泓：《安阳大司空出土人骨鉴定报告》，见中国社会科学院考古研究所：《安阳大司空——2004年发掘报告》，北京：文物出版社，2014年，第609-645页。

[27] 中国社会科学院考古研究所：《滕州前掌大墓地》，北京：文物出版社，2005年。

[28] 汪洋：《藁城台西商代居民的人种学研究》，《文物春秋》1996年第4期，第13-21页。

[29] 同[25]。

[30] 中国社会科学院考古研究所：《大甸子——夏家店下层文化遗址与墓地发掘报告》，北京：科学出版社，1998年。

[31] 朱泓：《蔚县夏家店下层文化颅骨的人种学研究》，《北方文物》1987年第1期，第2-11页。

[32] 韩康信：《山东诸城呈子新石器时代人骨》，《考古》1990年第7期，第644-654页。

[33] 韩康信：《仰韶新石器时代人类学材料种系特征研究中的几个问题》，《史前研究辑刊》，1988年，第240-256页。

[34] 潘其风、韩康信：《柳湾墓地的人骨研究》，见青海省文物管理处考古队、中国社会科学院考古研究所编：《青海柳湾——乐都柳湾原始社会墓地》，北京：文物出版社，1984年，第261-303页。

[35] 韩康信、潘其风：《陕县庙底沟二期文化墓葬人骨的研究》：《考古学报》1979年第2期，

第255-269页。
[36] 李法军：《陶寺居民人类学类型的研究》，《文物春秋》2001年第4期，第8-16页。
[37] 朱泓：《游邀遗址夏代居民的人类学特征》，见吉林大学边疆考古中心、山西省考古研究所、忻州地区文物管理处：《忻州游邀考古》，北京：科学出版社，2004年，第188-214页。
[38] 李法军：《河北阳原姜家梁新石器时代人骨研究》，北京：科学出版社，2008年。
[39] 朱泓：《内蒙古察右前旗庙子沟新石器时代颅骨的人类学特征》，《人类学学报》1994第13卷第2期，第126-133页。
[40] 魏海波、张振标：《辽宁本溪青铜时代人骨》，《人类学学报》1989年第8卷第4期，第320-328页。
[41] 朱泓：《夏家店上层文化居民的种族类型及相关问题》，《辽海文物学刊》1989年第1期，第111-122页。
[42] 欧氏距离系数：$Dij=\sqrt{\frac{1}{m}\sum_{k=1}^{m}(x_{ik}-x_{jk})^2}$其中，$i$和$j$代表颅骨组，$k$代表比较项目，$m$代表比较项目数。各对比组之间的亲疏关系由距离系数大小决定，一般来说，Dij值越小，表示这两组之间的关系越近。相反，关系则较为疏远。
[43] 聚类分析（cluster analysis）又称群分析，它是研究样本或变量分类问题的一种统计分析方法。通常是将所有的样本或变量看成是不同的n个类，然后按照某种方法量度样本或变量间的亲缘程度，并将其中亲缘程度最近的两类合并成一类，然后，在剩下的n～1类样本或变量中，再找出最接近的两类加以合并，以此类推，直到所有的样本或变量被合并成一类为止。
[44] 朱泓：《中原地区的古代种族》，见吉林大学边疆考古中心编：《庆祝张忠培先生七十岁论文集》，北京：科学出版社，2004年，第549-557页。
[45] 曾雯、李佳伟、岳洪彬、王明辉、周慧、朱泓：《2004年殷墟大司空遗址出土人骨mtDNA研究报告》，待刊。
[46] 魏树勋：《安阳出土的人头范》，《考古》1959年第5期，第272页。
[47] 高至喜：《商代人面方鼎》，《文物》1960年第10期，第57-58页。
[48] 李学勤：《试论虎食人卣》，见四川大学博物馆、中国古代铜鼓研究学会编：《南方民族考古》（第一辑），成都：四川大学出版社，1987年，第37-44页。
[49] 中国社会科学院考古研究所编著：《殷墟妇好墓》，北京：文物出版社，1980年。

An Osteoarchaeological Research on the Origin of Shang Clan

WANG Ming-hui

Abstract: The origin of Shang (also known as Yin) culture and Shang clan has been long debated among historians and archaeologists, despite many hypotheses; it still remains an open question. Major perspectives on this issue can be broadly summarized as follows: a classic theory argues that Shang clan originally lived in a more *western* (compared to the location of present-day Henan, where the most abundant and representative Shang material culture has been found) region. More specifically, it argues for the present-day Shaanxi Province. PI Xi-rui, MENG Wen-tong, GU Jie-gang, JING San-lin, RAO Zong-yi and many others are supporter of this theory. By contrast, WANG Guo-wei, GUO Mo-ruo, TIAN Chang-wu, XU Zhong-shu, WANG Yu-zhe and others believed that the Shang clan originated in a more *eastern* region; however, multiple regions and areas were proposed to define "*eastern*", which include (but are not limited to) the eastern Henan and southwestern Shandong region, the Pushui River valley, and the Shandong peninsula. A more *northern* region is also considered as a possible candidate region, which can refer to the Bohai Bay area, northeastern Hebei, the Yishui River valley, present-day Beijing, central-south Hebei, or northern Henan by different scholars' standards. HU Hou-xuan, JIAN Bo-zan, YANG Xi-zhang, ZOU Heng, LI Bo-qian, YANG Wen-ming, LIU Xu, and others would agree on the search for the origin of Shang clan in these regions and areas. Northeast China, or *Dongbei*, is also a possible region, according to FU Si-nian, GU Jie-gang, JIN Jing-fang, GAN Zhi-geng, GUO Da-shun and others. LI Min, ZHANG Guoshuo, ZHENG Jie-xiang and others support the idea that south Shanxi could be the region where the Shang clan originally lived. The supporters of the Central Plains theory, such as XU Xu-sheng, AN Zhi-min, GAO Guang-ren, and ZHAO Zhi-quan, suggest that the Xia and Shang clans should have lived geographically close to each other (both in Central Plains) and the latter have developed from the former.

The above-mentioned theories and hypotheses were mainly based either on Chinese historical literature or on archaeological findings. However, it must be realized that literature records about the origin of Shang clan are very few and archaeological data in nature are quite fragmentary. It is therefore not surprising that sometimes literature records and archaeological evidence contradict each other. Different interpretations by different scholars make the issue even more complicated. That is probably the reason why the origin of Shang clan is still being debated. This present paper tries to investigate the issue from an osteoarchaeological point of view by studying the closeness between Shang people and the populations lived contemporaneously or slightly earlier than them. Changes in physical characteristics of ancient populations would have developed much more slowly in comparison to changes in cultures. Therefore, the author believes that osteoarchaeological evidence would offer information, in a wider spatial and temporal frame, to promote a more likely correct, reasonable, and scientifically sound explanation.

Many human skeletal remains of the Shang clan have been collected from a bunch of Shang sites, including the Shang City in Yanshi and Zhengzhou, Xiaoshuangqiao, Wangjinglou, Guandimiao in Xingyang, and Yinxu in Henan Province; Taixi in Gaocheng of Hebei Province; Daxinzhuang in Jinan and Qianzhangda in Tengzhou, Shandong Province. However, the preservation of, and the study on, human skeletal remains from these sites was insufficiently carried out, and only the human bones from Yinxu, Qianzhangda, and Taixi in Gaocheng were studied relatively in details. It was the human skeletal remains from these three sites that were investigated in the present study. To more conveniently explore the relationship between physical characteristics of Shang people and those of other ancient populations, a control group was also included, which consisted of skeleton commoner tail samples older than Shang or those from regions/periods likely related to the origin of Shang clan. Hierarchical clustering analysis, with Euclidean as a distance measure, was used to explore the closeness between different populations. All data and figures presented in this paper were produced in Statistical Package for the Social Sciences (SPSS, version: 19.0).

Based on initial results from the osteoarchaeological analysis, the author proposes that the Shang population should have been a population group that is complicated and diverse in terms of their physical characteristics. Human bones from Xinyi have shown that the commoners shared physical characteristics widely noticed in the Neolithic to early Bronze Age Central Plains but were also influenced by the populations from North China. The nobles, who themselves might belong to the Shang royal family, shared physical characteristics mainly seen in the Mongoloids of North Asia but they also had features noticeable in the Mongoloids of East Asia, a phenomenon noticed for the ancient populations in the West Liao River valley and the western region of Northeast China. This might suggests a relationship between early Shang clan and ancient populations and cultures in these regions.

The author, based on these observations, proposed that Shang clan very likely originated in the western region of Northeast China or the West Liao River valley. While interacting with populations of the ancient Northeast type in the same or in a similar environment, the Shang clan developed their own physical characteristics. The East Asian elements seen in Shang individuals should have been due to the genetic exchange between Shang people and the Mongoloid population of East Asia that characterized the Central Plains, after the Shang clan migrated to the Central Plains. This explains why the investigated Shang individuals showed physical characteristics unique to the Mongoloids of North Asia but also had features characteristic of the Mongoloids of East Asia.

Key Words: Shang clan; origin; human osteoarchaeology

（原刊于《华夏考古》2015年第4期，略作修改）

圈足上的镂孔：试论商代青铜器的泥芯撑技术

刘　煜

摘要： 商周青铜器主要通过陶范铸造技术成形。泥芯与外范的定位，通常使用芯撑的方式，包括自带泥芯撑和金属芯撑两类。前者一般是指在泥芯上凸起的小块，铸后形成小孔；后者是独立的金属块状物，又称“垫片”。本文试图通过表面观察、X射线探伤及青铜器与陶范比对等方法，考察从二里头文化时期到晚商时期泥芯撑技术的发展变化，进而研究这一时期青铜器陶范铸造技术的演进。

研究表明，泥芯撑技术的使用是随着时代、地域的变化而不同的。早在二里头文化时期，就有此种技术的萌芽出现。二里冈文化时期，泥芯撑技术的应用非常广泛，芯撑孔的尺寸较大，同时会有一个芯撑对应于范线的位置。殷墟二期以后，泥芯撑的尺寸减小，位置也有变化。与此相对应，铸型的分范形式也发生了变化。相比而言，新干大洋洲、广汉三星堆铜器使用泥芯撑技术的器物比例高于中原地区。殷墟三期以后，圈足器上的镂孔变得细小，甚至消失，说明这时泥芯撑的某些技术功能让位于镂孔的装饰功能。从二里冈文化阶段到殷墟时期，是三足器完成封闭器底，从空足变换成实足的过程，若想避免封闭于耳、足内的泥芯成为“悬芯”，就必须使用泥芯撑或者垫片来定位。这种技术从殷墟晚期直至战国秦汉时期仍然广泛使用。

关键词： 青铜器　陶范铸造技术　殷墟　泥芯撑　十字镂孔

在商周的金属成形工艺中，铸造占着统治的地位，其中绝大部分采用陶范铸造，而中原地区的冶铸业在商周青铜器技术演变中起着主导作用[1]。使用复合陶范铸造，一个重要的问题是定位，外范大多采用榫卯连接的方式，并将整体合范后外抹草拌泥来固定。对于泥芯与外范的定位，通常使用芯撑的方式。

所谓芯撑，是指在铸型中用于范与芯之间定位、保持壁厚的小块，包括自带泥芯撑和金属芯撑两类。前者一般是指在泥芯上凸起的小块，铸后形成小孔；后者是独立的金属块状物，又称“垫片”，有时在器表可见，但也有时必须借助X射线透视技术才能观察到。由于芯撑技术是与范、芯的设置密切相关的，因此可以透过这一技术反映商周青铜器陶范铸造技术的演变，具有重要的学术意义，早在60年代盖顿斯（Gettens）[2]和巴纳（Barnard）[3]的著作中就有探讨，二十世纪八九十年代苏荣誉[4]和周建勋[5]更是对特定的青铜器群的芯撑设置做过系统的讨论。台北故宫博物院的张世贤曾利用X射线透视技术研究毛公鼎的真伪，其中一个重要的论据就是毛公鼎内垫片的发现[6]。笔者也曾在文章和报告中讨论过部分殷墟青铜器的芯撑技术[7]。以上的研究更多地关注金属芯撑（垫片）的使用，关于泥芯撑的使用却只是简单提及。其实，这一技术看似简单，却有其重要的工艺价值，其本身的技术演进路径与青铜器铸型技术的发展密切相关。本文试图梳理从二里头到晚商时期各类青铜器使用泥芯撑技术的概况，以期丰富对商代青铜器铸造工艺的整体认识。

一、圈足器的泥芯撑技术

（一）泥芯撑的早期使用

我们经常可以观察到二里冈青铜器的圈足上分布的较大的“十”字形或者方形孔洞，通常在考古报告中会称之为镂孔。这种孔洞就是泥芯撑的遗痕（彩版八，1），是在泥芯上设置的与器物壁厚相等的“十”字形或方形块状凸起，经浇注后形成的。这一技术的出现，当是为了解决铸型装配时保持范和芯的距离的技术性难题。很多时候，泥芯撑设置的位置对应于范线，这又有助于解决范块之间定位和配合的问题。

其实，早在二里头时期，青铜容器上已经有镂孔出现。二里头遗址出有一件假腹上有四个镂孔的铜爵（80YLⅢM2：2），其镂孔四周隆起如同兽眼，具有装饰的意义。天津博物馆亦藏有一件传出河南商丘，形制与其类似的爵（彩版八，2）。考究镂孔的形成，应是在底范上设置四个凸起的小块，浇注后形成的孔洞。由于二里头时期的青铜器器壁特别薄，这四个小块对于底范和外范之间的定位以及保持距离有泥芯撑的功用。从这个意义上说，爵鋬上的长三角形镂孔应该是范自带鋬部泥芯上的三角形凸块形成的，这凸起部分具有类似的功能性质。因此，似乎可以认为二里头时期类似泥芯撑的做法已经开始使用，但尚未规范化。与彩版八，2爵形制类似的还有一件爵，保存在天津博物馆，传出自陕西洛宁。上海博物馆藏有一件角，假腹上带有一周镂孔（10个），其装饰作用应是主要的。这些孔的边缘向外凸起，可能与前述两件爵的孔的制作方式不同（彩版八，3）。

（二）簋

二里冈时期，绝大部分圈足器的圈足部都有镂孔，也就是说使用了泥芯撑技术。通常而言，尊、罍、盘、瓿、簋等截面为圆形的器物的镂孔一般为三个，这一阶段的芯撑孔尺寸都比较大，位置分别对应于三条垂直范线的下端。也就是说，三分的外范与圈足芯配合成铸型的时候，泥芯撑还起到定位的作用。湖北黄陂盘龙城遗址PLZM2深腹簋在圈足上部有三个“凸”形的芯撑孔，在圈足底端有三个长条形缺口（彩版八，4）分别与其对应，推测这种条形缺口很可能也是定位用的。盘龙城出土的另一件簋，圈足上也有三个镂孔，为接近方形的“十”字形（彩版九，1）。这件已知最早的双耳簋，其簋耳是后铸的，却并未采用在兽面纹饰两侧对称设置的方式，而是采用了对应于一条范线的方式，即兽耳、镂孔的中线与范线在垂直方向成一条直线，这也许显示了当时工匠的制作习惯，与殷墟三期以后簋的铸型差别较大。后者不仅双耳的位置变得对称，而且已经使用对称的四分外范，很多时候圈足上没有芯撑孔，是采用芯头的方式完成圈足芯与外范的配合的（彩版九，2）。当然，殷墟二期时仍旧存在垂直方向三分外范的簋，这一类的簋的圈足上有三个均布的镂孔，对应于范线的位置，但镂孔的尺寸已经很小（彩版九，3）。殷墟还出土有一种带扉棱的簋，可能是垂直方向六分的。由于泥芯撑在浇注后会形成孔洞，因此一般不用于底部。保持器底壁厚通常采用铜芯撑，殷墟二期M663：38簋的底部有3个均布的方形孔洞，可能是铜芯撑脱落的结果。

（三）盘和豆

商代出土的盘并不多，但其泥芯撑的设置，也有与簋类似的演变过程。二里冈期盘的圈足上有三个较大的方形镂孔（彩版九，4），属于中商末期的平谷刘家河出土的盘，甚至有着更大的孔（彩版一〇，1）。这些盘都是三分外范的，镂孔对应范线的位置。殷墟二期之后的盘圈足上的镂孔变小（彩版一〇，2），甚至根本没有镂孔（彩版一〇，3）。盘和簋在圈足部位不再出现镂孔，说明没有使用泥芯撑技术。跟其他圈足器如觚、尊等相比，圈足的高度相对较小，因此可能无需再在使用芯头与外范配合的情况下使用泥芯撑，另一方面可能与底部使用了较多铜芯撑定位有关。

（四）尊、罍和瓿

与簋的情形略有不同，尊、罍、瓿等圈足器一直保留了使用泥芯撑的方式。尊、罍都是包含样式较多的器类，除大口折肩尊和无耳小口折肩罍外，前者还包括觚式尊和各种动物形尊，后者还包括不带圈足的鼓肩、深腹、肩上和下腹有耳的器型。下文主要论及带圈足的大口折肩尊和无耳小口折肩罍以及瓿，前两种器形其实非常接近，基本上只有大口和小口的区别[8]。觚式尊的情况与觚接近，故而放在觚一节里讨论。

如前所述，早商时期的尊、罍，圈足上一般都有三个较大的镂孔（彩版一〇，4），瓿的情形也是如此。其后，属于中商三期的殷墟小屯M232、M333等出土的尊、瓿的圈足上可见同样的孔，与早商时期的样貌和做法非常接近。到殷墟一期，花东M60所出尊、瓿及59武官北地M1瓿的圈足上的孔，明显较前者细小，说明这一工艺的熟练性增强，开始考虑外形的美观（彩版一一，1）。肩部附设兽头的尊、罍、瓿，圈足的芯撑孔多数不在兽头的垂直下方，而是会在与其成60°夹角的位置（彩版一一，1），当然也有芯撑孔正对着兽头下方位置的情形（彩版一一，2）。这种尊带有六条扉棱，垂直六分外范，镂孔做得非常规整，可能还在颈部、肩部和下腹部进行水平分范。泥芯撑设置的规律除了随时代的变迁会有变化而外，地域和文化的差别也会引起不同。张昌平指出，郑州和殷墟出土的尊和罍通常是三分的，设置三个泥芯撑[8]，而殷墟时期南方地区出土的同类器物往往是四分的，会留下四个芯撑孔（彩版一一，3）。

（五）觚

觚的芯撑技术的演变却与罍、尊等有些不同。二里冈时期，虽然觚的铸型是使用2个对分的外范，圈足部位却多有三个等距的镂孔，一般为近方形的“十”字形或者方形，设在圈足上部的弦纹中间，其中一个镂孔对应一条范线（彩版一一，4）。也有的觚的圈足上有两个镂孔，完全对称，对应于两侧的范线（彩版一二，1），这种形式的觚数量少于前一种。有的折棱觚在圈足底端与镂孔对应处有长条形的小缺口，如郑州二七路M2出土的觚（M2：11），这种做法在湖北盘龙城遗址出土的觚中更为常见（彩版一二，2），这种长条形缺口推测是用于定位的。辉县琉璃阁也出有一件这样的觚。

殷墟属于中商时期的墓葬，如M232、M333、M388等出土的觚中，除了M333和M331还各有一件3个镂孔的觚外，大部分已经变为2个，镂孔尺寸也略有减小。到了殷墟一期，花东M60出土的觚，1件圈足上有2个对称的细小的“十”字形镂孔，因为锈蚀，这两个镂孔仅可以从器壁内侧观察到[9]；1件没有镂孔；1件因为未发现圈足部分而情况不明。59武官北地M1出土的觚与此类似，1件圈足上有2个细小的十字形镂孔；1件经过复原，情况不明。到了殷墟二期以后，镂孔的设置分为三种情形，一种是圈足上部有2个对称的“十”字形镂孔（彩版一二，3），一种是根本没有孔（彩版一二，4），而另一种是有4个对称的镂孔，分别位于圈足部四条短扉棱的上方。这些镂孔都极为细小，有些没有完全铸出，而呈“一”字形。还有些铜觚的镂孔没有穿透，仅在圈足上部有“十”字形的凹陷。某些觚形尊上也可见这种情形（彩版一三，1），形成这种镂孔的“十”字形凸起就是制作在外范而非泥芯上的。由此可见，到殷墟二期以后，圈足上的镂孔更多的是一种装饰的作用，而非用来定位的泥芯撑的遗痕。这时的圈足芯的设置，主要是依靠芯头与外范的配合。

（六）卣、觯和壶

卣的器型前后其实有比较大的变化，二里冈到殷墟二期之前，多为瓶形卣，这种卣的圈足上通常有三个方形镂孔，位置与范线对应（彩版一三，2）。但殷墟一期小屯M331出土的羊首方卣，圈足上就没有镂孔（彩版一三，3）。从殷墟二期开始，卣多为一种扁体的卣，带提梁，圈足上没有镂孔，但也有少量卣，带有“十”字形的镂孔，并且位置比较特别，没有设置在卣的两个侧面，而是位于圈足正面的中部（彩版一三，4）。这种扁体卣的铸型不同于瓶形卣，瓶形卣的外范多为三分的，而截面为椭圆形的扁体卣则是四分的。

觯和壶的情形有些类似，都是圈足上少见镂孔。有镂孔的一般都设在器物两侧，对应于范线，显示铸型是沿着扉棱和双耳垂直四分的（彩版一四，1）。

（七）方形圈足器

方壶（彩版一四，2）、方尊（彩版一四，3）的圈足上方一般有四个方形或“十”字形的镂孔，对应于扉棱的中线，说明这些方形圈足器通常都是垂直方向八分的。

二、三足器上的泥芯撑设置

对鼎、斝等三足器而言，泥芯撑的使用是与封闭器底、使用盲芯的技术进步直接相关的。从二里头时期到二里冈时期，所有的三足器都是空足的，耳部较小、不含泥芯，当器形较大的时候，使用槽耳的方式减轻耳部的重量和壁厚，从而避免浇不足或者断裂之类的铸造缺陷发生。空足对于盛装、烹煮食物而言很不方便，但若浇注实足又可能在冷却时产生缺陷，因此空足的形制应当是技术障碍的结果而不是器形设计上的主动选择[10]。使用盲芯可以减轻耳、足等部位的壁厚，从而不违反同时凝固原则，同时亦能封闭器底，满足盛装食物的功能要求。具体做法是将泥芯保留并包裹在足内成为盲芯，而为避免盲芯成为悬芯，必须使用泥芯撑定位[11]。盲芯技术的应用影响深远，殷墟文化晚期直至战国秦汉时期青铜器仍然广泛采用这种技术处理足、耳。孝民屯铸铜遗址发现有鼎足的泥芯（彩版一四，4），芯的两侧及内侧均有作锥状凸起的泥芯撑，泥芯撑凸起的高度等于铸后足表面铜质的厚度。锥状的泥芯撑在铸后的器表上并不容易被观察到，往往需要借助X光识别，不过较大的泥芯撑则会导致在器表铸出较大的孔，从而露出泥芯。殷墟较大的铜鼎鼎足侧面有时会露出空洞，往往是在泥芯撑的位置（彩版一四，5）。

青铜器耳部的泥芯撑常常被青铜包裹而不能显露，但该部位的铜壁较周围其他部位为薄，X射线阻挡能力较弱，可以通过X射线影像分辨其位置、形状。彩版一五，1为后母戊鼎右耳（后母戊鼎出土后仅存右耳，左耳为后配）的情况，彩版一五，2上可以清楚看到其中3个方形泥芯撑的位置。

但是，值得注意的是，即使盲芯技术开始应用后，也并不意味着所有的足、耳都是用这种方法制作的，比如M54：224鼎，就是透底空足的，而M160：135鼎就是实足的。前者形体较大、后者较小。足的直径相差也比较大，前者足的直径可达5.1厘米[12]，后者直径可能不到2厘米[13]。

李济早年曾把殷墟出土铜斝的足分为五种形式[14]（彩版一五，3）。其中，Ⅰ式和商中期空心足相同，Ⅱ式和妇好墓M5：781的足相同，Ⅲ～Ⅴ式都属于“T”形足。

Ⅱ式足是由斝腹泥芯截下形成足部空腔的一节，装上芯头，安到斝足铸范上，使之成为盲芯制成的。由于这种方式的技术难度很高，所以定位非常重要，在斝足内部两侧各有1个浅槽，是为了把斝足泥芯安插在顶范芯座上形成的泥芯撑的痕迹，起定位的作用。59武官北地M1所出的斝就是采用了这种足形，说明这种铸型早在殷墟一期即已出现，图上可见三足内侧各有一个很大的芯撑孔，露出里面的泥芯（彩版一五，4）。李济把Ⅱ式足列于“T”形足之前似暗示它先于“T”形足出现，可能是从形制的近似性来推定的。但是，“T”形足在中商晚期即已出现，如河南灵宝东桥出土的斝以及安阳三家庄窖藏出土的斝（彩版一五，5），说明“T”形足的出现早于Ⅱ式。张长寿指出，小屯早期墓葬如M188、M232、M333、M388等，凡是出土两件斝的，必有一件是透底空足，另一件为“T”形实足[15]。可见，这两类斝足确有较为相近的联系，而且“T”形足的出现可能就是为了改变空足的不便。所有这些足当中，Ⅱ式足的技术难度是最高的，芯的安装须很精确，在约10厘米的长度内，壁厚误差不得超过2.5毫米，也就是说，泥芯安装时和中线的偏差应在3° 以内，它还须承受浇注时金属液的热力与冲刷，不发生大的位移和开裂。因此，使用Ⅱ式足的斝，三足内侧通常会每足各有2个较大的芯撑孔。这是因为如果不使用较大的泥芯撑，很难保证足的铸造质量。Ⅱ式足因而虽较“T”形足为美观，但始终属于少数，未能普遍推广，即使王室墓葬所出土的铜斝，仍以“T”形足为多。

三、讨　　论

由上面的分析我们可以看出，泥芯撑技术的使用是随着时代、地域的变化而不同的。早在二里头时期，就有此种技术的萌芽出现。二里冈时期，绝大部分圈足器的圈足部都有镂孔，也就是说使用了泥芯撑技术。通常而言，尊、罍、盘、瓿、簋等截面为圆形的器物的镂孔一般为三个，这一阶段的芯撑孔尺寸都比较大，形状为方形或者近方形的“十”字形，“凸”字形等，位置分别对应于垂直范线的下端。一方面这些泥芯撑可以保证泥芯和外范的配合，不至于因为浇注时偏芯而造成孔洞，另一方面，这些芯撑对应范线的位置，可以使得外范之间的配合不错位，起到定位的作用。相比而言，二里冈期郑州之外的那些遗址出土青铜器的芯撑孔尺寸更大，这可能是因为这些地区的工匠的技术水准不够高超，故而需要更大的泥芯撑来完成芯、范之间的配合以及外范之间的定位。殷墟时期，特别是二期以后，泥芯撑的尺寸减小，三期以后有些器物甚至不设芯撑，位置也有简单的变化，比如觚，就不再使用三个芯撑的方式，而是采用两个或者四个的方式，从圆心对称的格局变成轴对称，提梁卣也有类似的变化。与此相对应，铸型的分范形式也发生了相应的变化，比如簋，从三分、六分变成四分。相比而言，新干大洋洲、广汉三星堆铜器使用泥芯撑技术的器物比例高于中原地区。殷墟三期以后，圈足器上的镂孔变得细小，甚至消失，说明这时泥芯撑的技术功能让位于镂孔的装饰功能。

从二里冈时期到殷墟时期，是三足器完成封闭器底，从空足变换成实足的过程，若想避免封闭于耳、足内的泥芯成为“悬芯”，就必须使用泥芯撑或者垫片。盲芯技术的应用影响深远而广泛，殷墟晚期直至战国秦汉时期青铜器仍然广泛采用这种技术处理足、耳。泥芯撑虽小，起到的作用可并不平凡。

附记　本研究获得考古所创新工程“青铜器陶范铸造技术的发展与演变”课题以及中国科学院自然科学史研究所“科技知识的创造与传播”重大项目的资助。感谢安阳工作站的全体同事，为我的研究提供了很多便利。岳占伟、何毓灵、岳洪彬提供了部分殷墟青铜器的照片，盘龙城青铜器的照片则来自武汉大学的张昌平，后母戊鼎的照片及X射线由北京大学的胡东波提供，北京科技大学冶金与材料史研究所的刘建宇同学帮助扫描了部分照片，在此谨致谢忱。

注　释

[1]　华觉明：《中国古代金属技术——铜和铁的文明》，郑州：大象出版社，1999年。

[2]　Gettens R J. 1969. *The Freer Chinese Bronzes Vol.Ⅱ, Technical Studies*. Freer Gallery of Art,

Oriental Studies, No.7. Washington, D.C: Smithsonian Publication.

［3］ Barnard N. 1961. *Bronze Casting and Bronze Alloys in Ancient China*.Monumenta Serica. Monograph 14.Canberra: Australian National University.

［4］ 苏荣誉、卢连成、陈玉云、陈依慰：《強国墓地青铜器铸造工艺考察和金属器物检测》，见卢连成、胡智生：《宝鸡強国墓地》（上册），北京：文物出版社，1988年，第530-638页。

［5］ 周建勋：《商周青铜器铸造工艺的若干探讨》，见北京市文物研究所编：《琉璃河西周燕国墓地》（1973－1977），北京：文物出版社，1995年，第254-270页。

［6］ a.张世贤：《从毛公鼎的真伪展望古器物学的研究》（上），《文物保护与考古科学》1994年第6卷第2期，第39-42页。

b.张世贤：《从毛公鼎的真伪展望古器物学的研究》（下），《文物保护与考古科学》1995年第7卷第1期，第44-48页。

c.张世贤：《古器物的鉴别与中国早期技术史的研究》，见：《第二届科学史研讨会丛刊》，台北："中央"研究院历史语言研究所，1991年，第121-134页。

［7］ a.刘煜、原思训：《X射线无损检测在商周青铜器研究中的应用》，见西北大学文博学院、中国化学会应化委员会考古与文物保护化学委员会编：《文物保护与科技考古》，西安：三秦出版社，2006年，第29-33页。

b.刘煜、张昌平、胡东波、岳占伟：《技术选择和技术风格的形成：以鼎为例考察二里头时期到晚商青铜器的技术演进》，见"中研院"史语所编：《金玉交辉：商周考古、艺术与文化论文集》，台北："中央"研究院历史语言研究所，2013年，第191-225页。

c.刘煜、胡东波、杨宪伟：《M54及花东小墓出土青铜器的X射线透视分析》，见中国社会科学院考古研究所：《安阳殷墟花园庄东地商代墓葬》附录四，北京：科学出版社，2007年，第302-304页。

［8］ 张昌平：《殷墟时期南方的尊和罍》，见中国社会科学院考古研究所编：《考古学集刊》（15），北京：科学出版社，2003年，116-128页。

［9］ 中国社会科学院考古研究所：《安阳殷墟花园庄东地商代墓葬》，北京：科学出版社，2007年，第240-241页。

［10］ 马承源：《中国青铜器艺术总论》，见中国青铜器全集编辑委员会编：《中国青铜器全集》（夏商1），北京：文物出版社，1996年，第11页。

［11］ 张昌平、刘煜、岳占伟、何毓灵：《二里冈文化至殷墟文化时期范型技术的发展》，《考古》2010年第8期，第79-86页。

［12］ 同［9］。

［13］ 中国社会科学院考古研究所：《安阳殷墟郭家庄商代墓葬（1982年-1992年考古发掘报告）》，北京：中国大百科全书出版社，1998年。

［14］ 李济：《记小屯出土之青铜器》（上篇），见"中央"研究院历史语言研究所：《中国考古学报》（第三册），上海：商务印书馆，1948年，第2-100页。

［15］ 张长寿：《殷商时代的青铜容器》，《考古学报》1979年第3期，第271-300页。

Perforations on Ring Foot: An Initial Investigation of the Clay Spacers Applied in the Shang Bronze Casting

LIU Yu

Abstract: Casting dominated the metalworking in the Shang and Zhou Dynasties, which mostly relied on clay molds. The bronze industry in the Central Plains had a leading role in the development of Shang and Zhou bronze technology. In piece-mold casting process, how to position molds properly is an important issue to be addressed. The outer molds in most cases are connected by means of mortise and tenon joints, which can be further fastened by covering grass-tempered mud; while the spacers are usually needed for positioning the clay cores and the outer molds properly. The so-called "spacers" refers to small chaplets, clay or metal, which in the assembly of bronzes are used to hold clay cores and outer molds stand in right position so that a desired bronze wall thickness would be secured. To be more specific, the clay spacers are budging clay chunks on the cores which convert into small holes on bronze vessels after the bronze casting; while the metal spacers, also known in Chinese as *dianpian* (metal chaplets), are individual and removable metal pieces. The present paper attempts to investigate the changes in clay spacers applied on bronze vessels of the Erlitou period (18th-16th century BC) to the late Shang (13th-11th century BC). To achieve such purpose, observations on surfaces of bronze vessels are combined with X-ray radiography, as well as with the comparison between bronze vessels and unearthed clay molds. An understanding of the developing piece-mold casting process is therefore gained for the Erlitou Culture period to the late Shang.

Results from our research have shown that the use of clay spacers varied over the district and the period. The clay spacers had begun to be used as early as in the Erlitou period, and their application on bronze vessels was quite widely noticed during the Erligang period, early Shang (16th-14th century BC). In the Erligang period, the clay spacers were usually large in size and square or near square cross-shaped or character "凸" shaped; their positions lay at the spots where casting lines were projected perpendicularly onto the bottom of the bronze vessels. These clay spacers, on one hand, guaranteed a perfect fit between the clay cores and the outer molds while avoiding causing any casting holes due to the dislocations in casting. On the other hand, as they corresponded well to the direction along which the casting lines went, a good match among the outer molds were ensured, therefore avoiding any possible dislocation. After the phase II of Yinxu period, there was a decrease in the size of clay spacers and also a change in their positions. Taking bronze *gu* and *you* with chain-link handle as an example. The positions of clay spacers on them changed from circular symmetry, widely noticed in previous times, to axial symmetry. The division of the mold changed accordingly. In the case of *gui*, the mold was divided into four pieces, compared to the previously noticed three or six ones. Relatively speaking, the chances are higher for clay spacers to be found on bronze vessels unearthed from Xingan (Dayangzhou, Jiangxi Province) and Sanxingdui (Guanghan, Sichuan Province) than on bronze vessels unearthed from the Central Plains. After the phase III of Yinxu period, the perforation showed a thinner and smaller size and sometimes was missing on ring-footed bronze vessels. This suggests that clay spacers might have been used more for the decorative purpose rather than to serve technological functions.

From the early Shang to the late Shang, the three-footed bronze vessels shifted to having an enclosed bottom and underwent a change from hollow to solid in their feet. Using the clay or metal spacers was the only way to make sure that bronze vessels had ears and feet solid inside. The method using "blind core" and clay spacers had a fundamental influence on bronze casting in later periods, which was widely noticed on bronzes of the Yinxu period to the Qin and Han Dynasties.

Key Words: bronze vessels; piece-mold casting; Yinxu; clay spacers; cross-like perforation

（原刊于《南方文物》2014年第3期，略作修改）

山东章丘西河遗址的古地貌及相关问题

王　辉　兰玉富　刘延常　佟佩华

摘要：遗址地貌格局、地貌特征及其演化的研究对于地学考古和人地关系的探讨都有重要意义。地学考古关注的是后期堆积和侵蚀等地貌过程对考古学研究材料影响的问题。人地关系所面对的是人的行动及其与自然环境关联的问题，在主要受地貌条件影响的不同“小环境”中，与人类活动关系密切的自然资源条件有很大的区别。根据观察到的剖面和考古发掘资料，本文对山东章丘西河遗址及其周边区域的地貌和沉积过程进行了划分，并通过对不同地貌单元沉积序列及其空间组合的分析，重建了区域地貌格局及其演化的过程。从地貌格局上看，在区域尺度上，由南向北依次为山地丘陵、黄土台塬、冲洪积平原和黄河冲积平原；在流域尺度上，从河流分水岭到西河，地貌单元依次为薄覆黄土的台地、黄土台地、二级阶地和一级阶地。西河遗址所在的地貌单元为山前黄土台塬中河谷地带的二级阶地。晚更新世至全新世早期，现在的二级阶地一直处于加积状态，河流不断改道，地面及河床均处于不断淤高的过程中。在全新世早期阶段，西河遗址附近的河道从加积状态转为下切，现代河道的雏形开始形成，西河早期的先民在河漫滩进行渔猎和采集等食物资源的获取活动。不晚于距今8000年前，河流进一步下切，阶地形成，不再受到常年洪水的影响，半地穴式房屋开始集中出现。根据地貌重建的结果，遗址周围的资源配置的情况能够满足后李文化的先民捕捞、狩猎和采集等生业方式的需求。后李文化之后，西河遗址的位置不再被新石器晚期至三代的古人所看重，其原因并非是地貌、气候发生了很大的变化，而在于随着农业的发展及其在生业模式中地位的提高，古人对资源的偏好发生了重大转向，是人类选择与资源的空间配置共同作用的结果。

关键词：西河遗址　后李文化　古地貌　加积作用　河漫滩　河流阶地

一、引　言

西河遗址位于山东章丘龙山镇龙山三村的西北、城子崖遗址以西1千米左右的位置[1]。巨野河的支流西河呈深切曲流状态从遗址的西侧流过，东西向的济青公路横穿遗址。西河遗址自1987年山东省文物普查被发现以来[2]，经过1991[3]、1997[4]、2008[5]年三次发掘，发现了属于后李文化、大汶口文化、龙山文化及唐、宋、元和清代的文化遗存。其中后李文化时期近40座排列有序的房址表明，这是一处新石器文化早中期有着统一规划的聚落遗址。对其所反映的考古学文化面貌[6]、社会组织[7]、社会生活[8]等内容，已经有学者进行了深入总结和讨论。除了聚落考古的研究之外，西河遗址也开展了系统的动物考古[9]和植物考古[10]研究，获取了大量有关古代人类活动的信息。尤其是炭化的粟和稻米的同时发现，对于研究后李文化的生业经济模式乃至东亚地区的早期农业起源和发展过程有着重要意义[11]。

在这些工作的基础上，鉴于地貌是影响聚落和生业所需自然资源条件的重要环境因素，而且其演化影响着遗址本身及其周围景观的动态，本文尝试立足于考古学的问题，对西河遗址在区域地貌格局中的位置、后李文化时期及其前后西河遗址地貌的特征进行分析，进而在人地关系的框架下讨论地貌与后李文化时期聚落和生业的关系。

二、基本思路和方法

对遗址地貌格局、地貌特征及其演化的研究，最终目的是为了解决地学考古和人地关系中的问题。

地学考古要解决的是考古学研究的材料在“当时”是什么样子的问题。这些材料在之后各种人类活动和自然过程的叠加影响下，最终才呈现出今天的面貌。地学考古通过将地学对土壤、沉积物及地貌的研究应用于考古遗址，调查影响遗址位置、形成过程以及之后保存状况和整个生命史的环境条件，来揭示考古遗存被发现的地学背景[12]。考古学研究的材料，不仅包括遗存本身，也应包括与人类活动关系密切的自然资源条件。它们都处在变化之中，其中很重要一个方面就是地貌和沉积过程对遗址的掩埋、破坏以及对景观的改变。

人地关系所面对的是人的行动及其与自然环境关联的问题。自然环境的因素在聚落选址、生业方式等人的行动中的作用是难以判断的，我们倾向认为，它们在之前的历史过程中已经与技术、社会组织、对自然环境的认识等文化的因素融为一体。然而，人一旦行动，就会与自然环境产生明确的关联。这个关联点可能是建造聚落所需的土地资源，也可能是种植水稻或者小米所需要的土地、热量或水分条件，也可能是与渔猎、采集等活动相关联的那些资源。显然，不同的行动就会产生与自然环境不同的关联，也就是说，资源的范围是由具有不同文化背景的人的选择来界定的，但是其空间的分布状况、所具有的禀赋以及变化的情况，又受制于当时环境的特点并受到自然过程和人类活动共同的影响[13]。

对西河遗址古地貌的研究正是在这样的问题导向下开展的。本文所谓的地貌格局，指的是不同特点的地貌单元在空间上的分布状况。地貌单元的划分所依据的并不仅仅是地形的特点，更重要的是沉积序列及其所反映的沉积环境和地貌过程。一方面，这些不同的过程不仅会对遗址的面貌、遗物的分布乃至多学科分析的样品造成影响，也会导致诸如洪水、泥石流等灾害过程的边界条件发生改变。另一方面，在区域气候背景之下，不同地貌单元的水、热、土的条件可能存在很大差别。实际上，通常所讲的“微地貌”或者“小环境”的差异，就是区域水热条件因地貌位置、地形的不同而重新分配的结果。在不同的“小环境”中，与人类活动关系密切的自然资源条件有很大的区别，这种问题是“标准剖面”的研究所无法解决的。

当然，地貌单元、地貌格局都是与空间尺度有着密切联系的概念。如何选择尺度取决于所关注的问题。进而，尺度选择的结果也影响着对一系列问题的认识，例如地貌是否发生了变化，又如不同遗址是否在同样的地貌位置等。

对于西河遗址本身的演变，我们根据观察到的剖面和考古发掘资料，尽可能地对地貌和沉积过程进行细分。而对于与聚落和生业相关的地貌问题，则主要根据与人类活动存在密切关系的自然资源条件的差异，进行地貌单元的划分和讨论。在具体的研究方法上，通过对不同地貌单元沉积序列及其空间组合的分析，重建区域地貌格局及其演化的过程[14]。在地貌演化的动态过程中，结合沉积物的特点以及考古资料，了解西河遗址地貌的特征。

三、西河遗址周边区域的地貌格局及演化

（一）区域尺度的地貌格局及演化

1. 区域尺度的地貌格局

西河遗址地处泰沂山地北麓的山前地带，地势南高北低，巨野河和巴漏河向北注入现在的小清河（图1）。在由南侧的泰沂山地、东北方向的长白山和西北侧的黄河所

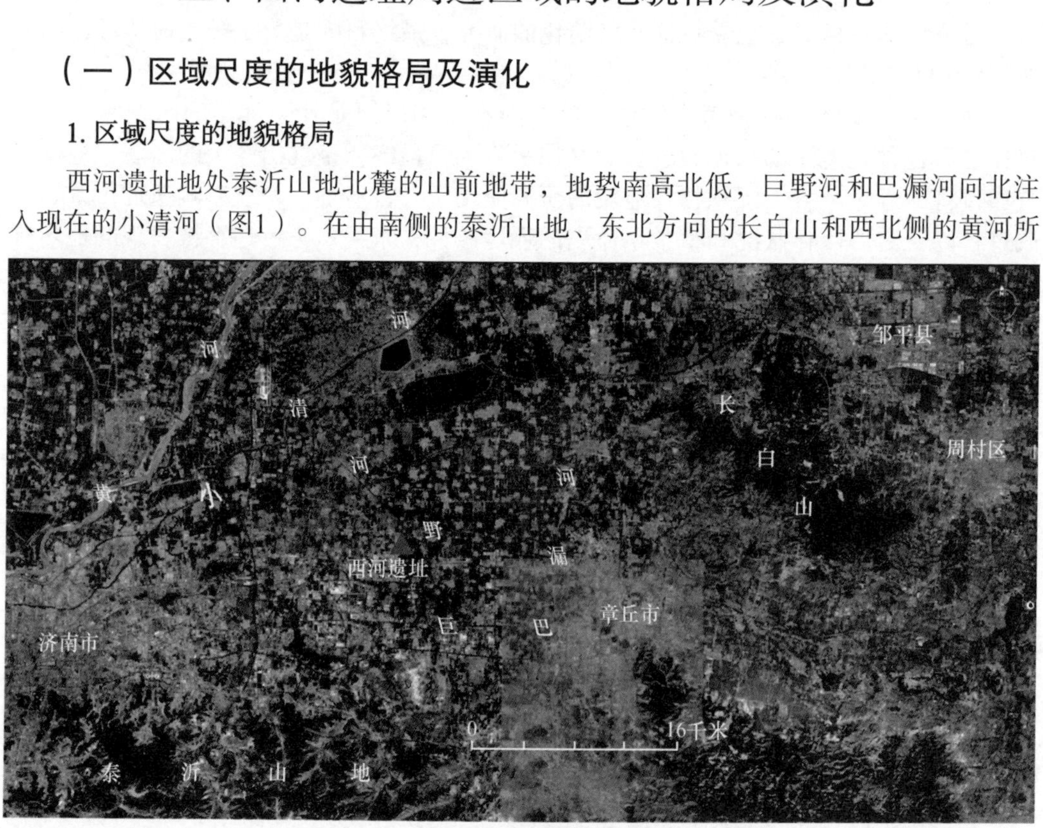

图1　西河遗址在区域中的位置

Figure1　Location of Xihe site in the region

围限的区域内，根据野外实地考察，并结合对遥感影像、1：5万地形图以及1：20万地质图和水文地质图的判读，可大致由南至北划分为4种地貌单元：山地丘陵、黄土台塬、冲洪积平原及黄河冲积平原。

山地丘陵区主要分布在南侧的泰沂山地和东北方向的长白山以及它们的山麓地带，是在构造不断抬升的背景下，长期遭受侵蚀和剥蚀作用而形成的。从章丘至历城一线以南为岩溶丘陵区，多有泉水出露。山前地势平缓起伏，海拔多在110米以上。其中的第四纪沉积物多分布在沟谷之中。在邢亭山遗址，可见厚度达10余米的中更新世以来的次生黄土，其中夹有砂砾石透镜体和碎石。

黄土台塬在地形上呈倾斜平原状，海拔在50～110米，平均坡降在千分之六左右。其基底为中更新世乃至更老的冲洪积扇。该区河谷下切较深，如巴漏河、巨野河都在6～8米，西河遗址附近最大高差可达12米。黄土冲沟发育，长度大，但切割不深，多在3米以下。台地上覆的黄土多为晚更新世以来风成的马兰黄土，而河流沉积物局限在台地中的河谷地带。西河遗址和城子崖遗址都位于该地貌单元。

冲洪积平原主要是由晚更新世的河流过程所塑造，大体呈西南—东北方向展布。海拔在20～50米，平均坡降在千分之二左右。基底堆积物主要为河流相的黏土、粉砂土及少量的含砾砂层，上覆全新世的风成黄土堆积。在冲洪积平原与黄河冲积平原的接触部位，发育了一连串的湖泊、洼地及沼泽，如白云湖、芽庄湖等。其水源除了地表径流之外，也有冲积扇前缘的潜水溢出汇入。

黄河冲积平原是在原济水谷地的基础上，1855年黄河决口夺济后泛滥淤积而成[15]。海拔在20米以下，坡降为万分之一，自西南微向东北倾斜。黄河呈地上河，河床高出地面3～5米。地表沉积物主要为黄河冲积的粉细砂和粉砂、黏土等。

2. 区域尺度的地貌演化

现代区域地貌格局是各种地貌过程共同作用、累积至今的结果。除了黄河冲积平原之外，其余三种地貌单元的空间格局在晚更新世即已形成。但是，不同的地貌单元受到不同沉积过程的影响，在之后的演化中呈现出不同的环境特点和演变趋势。在山地丘陵地区，整体地貌变化不大，只是在河谷地带晚更新世以来发生大规模的淤积，并可能持续到晚全新世才发生大规模下切。在黄土台塬区，主要的地貌演化也发生在河谷地带，而其余的地点则堆积了风成的黄土。在冲洪积平原地区，晚更新世时期发育了冲洪积扇和泛滥平原，进入全新世后，随着河流的下切和河道的固定，之上堆积了风成黄土，并发育了古土壤。

（二）流域尺度的地貌格局及演化

1. 流域尺度的地貌格局

西河遗址所在的黄土台塬区地跨巨野河和巴漏河流域。在横切河流的东西方向上，地貌结构存在次一级的分异。大体可划分出4种地貌单元：薄覆黄土的台地、黄土台地、二级阶地和一级阶地。以济青公路一线的情况为例说明如下。

薄覆黄土的台地构成巨野河和巴漏河水系的分水岭。台地宽近6千米，大体范围从枣园至城角头，海拔在65～60米。沿途沟谷不发育。露头剖面的情况显示，在地表5米厚的黄土之下，为新近纪的巴漏河组地层。从大站水库至摩天岭的巴漏河两岸，均可看到这套地层。其性质为山麓边缘地带的河湖相沉积。

黄土台地的宽度约5千米，大致从城角头至城子崖遗址西侧的巨野河畔，海拔为55～60米。巨野河公路桥东岸附近的剖面显示，黄土台地主要由灰黄色粉砂组成，出露厚度在5米左右，其性质应为风成的马兰黄土和全新世黄土。在距台地表面埋深2～3米处有一套颜色偏红的地层，可能为晚更新世中期间冰阶发育的古土壤（L1S）。城子崖遗址和平陵城遗址都位于该地貌单元。

河流二级阶地位于西河与巨野河之间，宽约1千米，海拔在55米左右。尽管二级阶地的高度与黄土台地相近，但两者的沉积序列完全不同，因此划分为两个地貌单元。差别体现在三个方面：其一，二级阶地的堆积主体具有明显水成的性质，具体表现为在不同深度夹有砂砾石透镜体、黄土中见大量锈斑且部分层位发育水平层理、接近顶部位置发育灰黑色湖沼相地层；其二，堆积速率快，根据西河公路桥附近剖面所见，晚更新世以来堆积的厚度在10米以上；其三，同时期的地层存在显著高差，二级阶地中相当于L1S的红色古土壤顶面的埋深大约为6米，意味着在该套地层发育期间，二级阶地位置的河谷与黄土台地有约4米的高差。西河遗址即位于二级阶地之上。

一级阶地分布在深切的现代河谷之中。残留的侵蚀阶地位置较高，但保存状况差，往往被后期的河流侵蚀过程所破坏；堆积阶地主要由冲积沙砾石层组成，高度不大，规模甚小。

2. 流域尺度的地貌演化

巨野河流域包括黄土台地和河流阶地在内的广义河谷地带，可以看做一个大的“遗迹单位”，打破了新近纪的河湖相地层。地质钻孔资料显示，黄土台地之下有中更新世夹砂砾石、并具微层理的红色黄土层，表明这个大的谷地可能在第四纪早期即已形成，受构造活动的影响，堆积了几十米厚的第四纪沉积物。

河流二级阶地又打破了黄土台地。其所在谷地的形成应该在中更新世末期，晚更新世的河流泛滥过程即局限在该谷地中。在末次冰期的气候条件下，由于流水搬运能力的减弱以及风化物质的增多，包括降尘、风化碎屑以及坡面流水搬运的次生堆积大都在河谷中堆积下来，使得晚更新世的河床不断抬高。在泛滥的背景下，不同时期的干流必然游移不定。这就使代表河床堆积的沙砾石层在剖面中呈“透镜体”的形式存在。而远离干流的黄土状堆积受地下水位频繁变动的影响发育锈斑，并因生物活动有不同程度的土壤化特征。在晚更新世间冰阶相对暖湿的气候背景下，河谷中同样发育了相当于L1S的古土壤。这种河床不断抬高的加积作用一直持续到全新世初期。而与此同时的黄土台地则只接受风成黄土的堆积，堆积速率的差异使两者之间的高差越来越小。全新世早期河流的下切终止了这一进程，当时的河漫滩及随后的一级阶地开始形成，并在之上堆积了风成的黄土。后李文化的先民开始在此活动，发展出西河聚落。

河流二级阶地，在成因和演化过程上，与区域地貌格局中的冲洪积平原相同，只是被局限在黄土台地之中。但在济青铁路以南巨野河与西河之间的区域，广泛发育晚更新世以来的河湖相地层，呈现出河谷平原的地貌景观。

四、西河遗址的地貌演化

（一）地层序列

西河遗址济青公路南北两侧的砖瓦厂剖面分别提供了二级阶地的地层序列，考古发掘的资料也包含了相关地层的信息。

在公路北侧，沟谷中的二级阶地的主要组成物质为马兰期的黄土，其中，含有大量的砂质，多孔隙、虫孔、根痕等，含有锈斑。在台地上部一处砖瓦厂取土的剖面（北纬36°44′18.5″、东经117°20′4″）中，自上而下的地层序列为：第1层，耕土层，厚0.2米；第2层，粉砂质黏土层，红褐色，含有后李文化时期的陶片，厚0.7米；第3层；黄色粉砂层，厚0.8米；第4层，沙砾石层，厚0.3米，砾石为蓝灰色灰岩，磨圆好，平均粒径1～2厘米，该层呈“透镜体”形态，向两侧过渡为砂层或者尖灭；第5层，黄色粉细砂层，厚1.5米，含有少量的锈斑，可见微薄层理的细砂层和厚约5厘米左右的粗砂层；第6层，灰黑色黏土，出露0.4米。

在公路南侧，看到更完整的剖面（北纬36°43′56″、东经117°20′13″），其地层序列自上而下为：第1层，表土层，厚0.3米；第2层，黄土层，厚0.5米，略有垂直节理；第3层，粉砂质黏土层，红褐色，厚0.7～0.8米，含有后李文化及大汶口文化遗存；第4层，过渡性质的黄色粉细砂层，颜色斑杂，并含有较多下部的青灰色团块，厚1.1米不等；第5层，由黑色的黏土与灰黄色、青灰色的粉砂层组成的互层，厚0.7～1.1米不等，水平层理发育，有锈斑，多细小虫孔和根痕，黏土层风化后为破碎的硬块，在剖面上可见沟谷状遗迹；第6层，黄色粉砂层，2.5米厚，有锈斑；第7层，钙结核层，厚0.3米，大小为数厘米至十余厘米不等；第8层，黏土质粉砂层，红色，出露厚度0.7米。

1991年对龙山三村窑厂遗址（即为西河遗址）调查时，在取土场西部的断崖上发现以下地层序列[16]：第1层，现代耕土层；第2层，含细砂的浅灰褐色土，土质松软；第3层，黄褐土，可见青灰色陶片，为汉代以后的堆积；第4层，浅棕褐色亚黏土，土质较硬，略带板结，陶片较少，均为后李文化遗物；第5层，深棕褐色亚黏土，土质硬，板结性强，可见少量夹砂陶片；第6层，棕褐色黏土，土质较硬，板结性强。其中第4～6层为后李文化时期的地层堆积。

此外，在该地点附近还发现一条灰沟[17]。灰沟开口于第6层下，宽0.8米，深1.2米。沟下部两壁及底部土均呈蓝绿色，应是长期积水浸泡而成。沟中遗物很少，仅见几片后李文化时期的夹砂陶片。

1997年发掘探沟T7056、T7047的西壁剖面有如下地层序列：第1层，现代耕土层；第2层，黄褐色土，结构细密，土质较软，出土遗物有瓦片、白瓷片等；第3层，灰褐色土，结构较松，土质较软，夹红烧土颗粒，出土遗物有红褐和灰褐陶片等；第4层，浅灰褐色土，结构较紧，土质较硬，含细砂，夹少量红烧土颗粒，干后略呈暗红色，出土少量红褐陶片；第5层：黄褐色土，结构紧密，土质较硬，含细砂、红褐土块、红烧土粒等，出土少量红褐和褐色陶片；第6层，黄色土，结构细密，含细砂较多，土质较硬，含少量黄褐土块，出土极少量红褐陶片。第6层下为生土，砂性较大[18]。

2008年发掘文化堆积情况与1997年发掘基本相同，分为6层。第1层，表土层；第2层，浅黄色粉砂土，疏松，夹杂少量灰色砖块和瓷片；第3层，浅黄褐色粉砂土，较为致密，出土较多红褐夹砂陶片及少量灰色陶片，开口下遗迹有房址、灰坑；第4层，红褐色粉砂黏土，质紧密，夹杂大量黄色淤土块，包含少量红褐陶片；第5层，浅灰褐色粉砂土，质地较致密，含少量红褐陶片；第6层，浅黄褐色粉砂土，质地较致密，出土极少火候较低的夹砂红褐陶片及灰皮陶片。第6层以下为生土，浅青灰色淤土，质地较致密[19]。

（二）地层框架及沉积物的性质分析

遗址所在二级阶地的地层框架整体上可以划分为两大部分：晚更新世以来持续淤积的河湖相地层与风成的黄土—古土壤序列。

前已叙及，二级阶地在晚更新世以来持续淤积，沉积物以夹砂砾石层的次生黄土为主。到了晚更新世末期，随着气候转为暖湿，而河流地貌仍处于加积的情况下，在河谷地区普遍发育了一套湖沼相地层（图2）。在公路南北的砖厂剖面均有出露，淡暗相间的层理极其清晰，其颜色以灰黑色调为主，明显区别于其上红褐色的古土壤层。1991年调查龙山三村窑厂剖面发现的灰沟所打破的地层，也是这套湖沼相层[20]。根据地层的叠压打破关系，湖沼相地层的时代显然早于后李文化层。

在湖沼相地层之上，为河漫滩相堆积，但某些时段有流水经过遗址。后李文化层之下的生土在公路北侧堆积较厚，达2.6米。其中夹有一套0.3米厚的沙砾石层，应该是西河的干流或者主要汊道中的堆积。根据沙砾石层所处的位置，可以判断当时的河道与现在完全不同。而在位置相对较高的公路南侧，野外调查没有见到沙砾石层，说明距离当时的河道较远。这一区域堆积的是一套夹杂青灰色土块的粉细砂，颜色斑杂，厚度在1米左右。发掘资料也表明，该层生土的砂性较大。

后李文化层的情况则比较复杂。其一，如果从野外调查的剖面来看，红褐色古土壤层，作为在区域普遍存在的自然地层，其年代的跨度要远远超出后李文化的范围，董东、焦家等遗址从新石器晚期至三代的遗存也在这套红褐色地层中。但对于考古地层来说，在西河遗址，这套红褐色的地层都属于后李文化层。其二，一些地层中文化遗物非常少，称之为文化层实在是勉为其难，这其中自然的沉积过程可能起着更为重要的作用。比如，1991年发掘探沟的第5、6层和发掘区以南的取土场断崖剖面时代相当的地层中，都未见陶片与遗迹，只有红烧土颗粒和偶见的兽骨[21]。这样的问题，已经引起了学者的关注和讨论[22]。

本文认为，1997年和2008年发掘的第6～4层仍然受到河流作用的影响，而从打破第4层的房屋、灰坑等遗迹开始，遗址基本上处于风成的沉积环境之下。后李遗址已经发现了近40座房址，但它们的层位关系却非常固定：均开口于第3层下，打破第4层[23]。房址的出现，是地貌演化的一个重要时间节点。

在早于房址的后李文化层中，几乎没有遗迹现象，而且地层关系表现为大体水平叠压，包含物中只有呈“悬浮”状态的个别陶片，很可能是自然原因形成的次生堆积[24]。

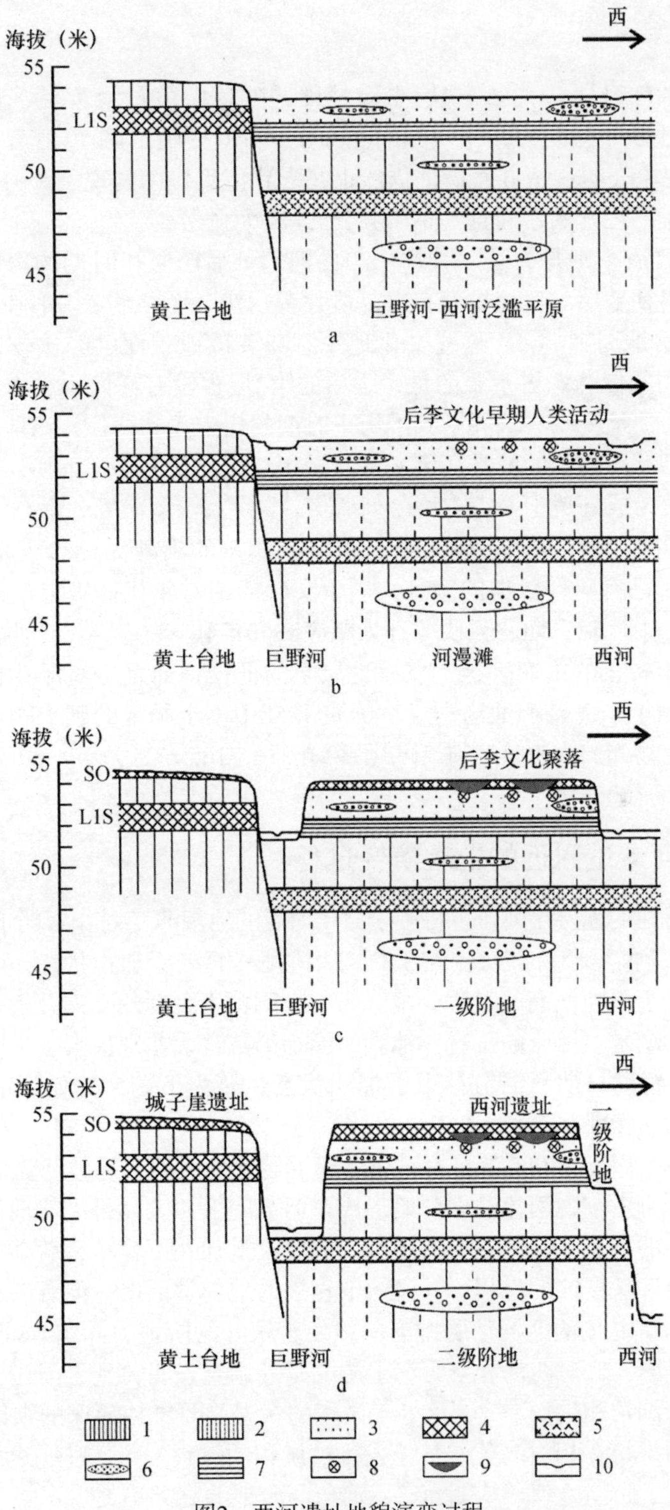

图2　西河遗址地貌演变过程

Figure 2　The process of geomorphological changes at the Xihe site

a. 晚更新世至全新世初泛滥平原的不断加积　b. 全新世早期现在河道雏形的形成

c. 河流进一步下切形成阶地　d. 历史时期河流的大幅下切

图例：1.风成黄土　2.次生锈斑黄土　3.粉细砂土　4.古土壤　5.冲积平原古土壤

6.砂砾石透镜体　7.湖沼相层　8.陶片　9.半地穴房屋　10.河床

1997年发掘的资料显示，第6～4层土质较硬，颜色由黄转为黄褐、灰褐，均包含有细砂或混杂的土块[25]；2008年发掘的剖面中，第6～4层的颜色由黄褐转为灰褐和红褐[26]。这些现象表明：一方面遗址仍然存在受到流水作用的现象；另一方面，河漫滩上的土壤化过程已经开始，而且到了第4层已经颇为强烈。

房址出现之后，则是另外一种情形。西河遗址后李文化时期的房址均为半地穴式结构，并打破早期地层。房址排列有序，最大者达70余平方米，一般在30平方米左右，灰坑多分布于房址周围[27]。这些文化现象意味着该地貌面已经比较稳定，不会再轻易受到流水作用的侵袭。更重要的是，之后的第3层也没有任何水成作用的痕迹。大汶口、龙山时期，遗址内均有墓葬。到了历史时期的唐宋元和清代，该地也是作为墓地使用。这些人类活动所暗示的就是河流从不断淤积泛滥的状态转为下切，阶地开始形成，并在其上发育了风成的黄土—古土壤序列。

这个转变的时间节点如果以房址、灰坑等遗迹的出现为标志，发生在距今8000年左右。根据对已有年代数据的整合，后李文化的绝对年代被确定在距今9000～7300年，其中，早、中、晚三期的界线分别为距今8300年和7900年[28]。西河房址、灰坑等遗迹出现在后李文化的中期。这不仅有地层学的证据，而且，对浮选自相关遗迹的炭化种子进行的测年，也显示了这一点。例如H358中出土稻米的碳十四年代分别为距今（7090±30）、（7115±30）、（7165±30）、（7165±25）年，校正之后2σ的年代范围为距今7850～8025年[29]。

（三）西河遗址附近的地貌演变过程

根据二级阶地的地层序列，可将后李文化前后的地貌演变划分为4个阶段（图2）。

（1）晚更新世至全新世初，现在的二级阶地一直处于加积状态，河流不断改道，地面及河床均处于不断淤高的过程。最终，与东侧黄土台地的高差几近持平。砂砾石层高于现代河床10余米，河床的位置、地貌的形态都与今天差别甚大。

（2）在全新世早期，河流结束了加积状态，转为下切，开始形成相对稳定的河道，遗址所在为河漫滩。

（3）在不晚于距今8000年前，河流出现了显著的下切，导致河流的泛滥不再对遗址所在的台地产生影响，河流阶地开始形成。河流的下切大体是沿着现代西河曲流的位置，因为在下切的状态下，河谷可以展宽，但要改道却并不容易。后李文化时期下切的幅度并不大。由于是侵蚀的过程，并没留下直接的地貌学证据。但有三个方面的线索。第一，济青公路桥北侧的西河河谷中有一级发育很好的阶地，深约4米，可能是当时河流下切的位置。第二，对西河和巨野河上游的野外调查表明，到了周代，现在的二级阶地之上仍在发育湖沼相地层[30]，仍处于淤积的状态。要维持河床的纵剖面，西河遗址附近的河流必须维持在相对高位，甚至发生过淤积的过程[31]。第三，后李文化时期的房屋地面大多做了防潮处理，从侧面暗示河床与台地的高差不大。

（4）周代以后的历史时期，河流可能发生大幅下切。

五、对相关问题的讨论

（一）后李文化时期的生业与地貌的关系

对西河遗址的动植物考古研究表明，后李文化的生业模式以捕捞、狩猎、采集为主[32]，植物栽培和家畜饲养可能已经出现，但重要性还非常低，正处于向农业经济转变的过程中[33]。

西河遗址历次发掘所获动物遗存共9279件，其中可鉴定标本为5197件。种属包括牛、麋鹿、斑鹿、小型鹿、猪、小型犬科（可能为貉）、蚌、螺、鲤鱼、草鱼、青鱼、鳖、鸟、竹鼠、小型食肉动物和啮齿动物等。其中猪可能是家畜，其余均为野生动物。遗址中发现的鱼骨数量最多，占了总可鉴定标本数的59%。动物考古的研究表明，后李文化时期的经济形态比较复杂，存在家畜饲养，但当时获取肉食资源的方式主要依靠遗址周围丰富的野生动物资源，特别是淡水鱼类[34]。

对2008年发掘的房址和灰坑样品的植物浮选结果显示，人类食用的植物非常丰富，包括稻、粟、豆科、藜属、苋属、葡萄属、山桃等。植物遗存组合的显著特点就是野生植物种类比较丰富，除了可食用的野生植物资源外，先民们采集的对象还包括具有药用或其他功能的野生植物，包括野西瓜苗、菊科、罂粟科等[35]。在西河遗址也发现块根茎类植物的淀粉粒，说明存在采集块根茎类植物的经济形式[36]。

地貌重建的结果显示，当时的环境条件与西河文化先民的这种生业模式是相应的。在西河遗址附近，加积状态的泛滥平原刚演变为河漫滩和河流阶地，为人类的定居提供了稳定的土地资源，同时有利于在聚落附近进行尝试性的粟作和稻作农业的栽培[37]。阶地后缘的黄土台地早已形成，可供古人进行旱作农业、采集和狩猎等生产活动。而在西河、巨野河的上游，可能还分布着大片的湖沼，能够提供丰富的喜湿或水生动植物资源。

对地貌及相关资源条件的重建，只是为了阐明人地关系的合理性，并不认为环境条件构成了生业模式及其演化的原因。实际上，生业作为古人行动的一个重要方面，其模式是与他们自身的技术储备和对自然条件的认识密不可分的。对于后李的先民来说，他们不具备成熟的农业生产技术，那么，与农业相关的那些自然资源条件以及区域对他们而言就没有任何意义。他们只能根据所具备的知识，包括对自然环境的认识，来进行食物资源的获取，从而与具有这些资源条件的特定空间产生联系。也就是说，不是因为有了相关资源条件，才有了生业模式；而是反过来，人类的选择与自然环境条件的结合，才有了生业模式，也使那些自然物成为特定人群的自然资源。

（二）聚落选址与地貌的关系

聚落选址与地貌的关系仍可在自然资源的框架下进行分析。首先，聚落本身需要土地资源，但更关键的是，人群对不同资源条件的选择才是更本质的因素。土地资源与地貌演化密切相关。如果地貌单元的形成时代晚于某文化，在该地貌单元上就不可能有该文化聚落的存在。但已经存在的地貌单元上则不一定有聚落，还要看人群的选择。他们可能会因为生业、交通、军事、矿产等目的或者他人看来不可理喻的原因，选择聚落的位置。这些不同的目的都会与包括地貌在内的自然环境产生特定的关联。而聚落位置以及空间模式的改变，也是人类行动的体现，它的背后是原有资源条件或者人对资源的偏好发生了变化。具体到后李文化时期，对食物资源的获取可能是最重要的事情。因此，与其生产技术相对应的自然资源的分布状况就是先民在聚落选址时首要考虑的因素。其次，聚落本身的安全性也不容忽视。很难想象，在区域人口数量还非常稀少的情况下，古人会在每逢雨季就会被洪水淹没的地点建造固定的居址。

后李文化时期的遗址堆积性质一般比较单纯，而大汶口文化之后的遗址经常是多种文化的遗存叠压在一起[38]。大汶口文化中期开始，聚落快速向远离山地的平原扩展[39]。这种情形也出现在嵩山东麓，裴李岗文化遗址的堆积和分布情况也与之后仰韶、龙山时代的遗址形成鲜明的对比[40]。这种空间上的明显转移，并非是因为地貌或气候发生了重大改变，而是随着农业的不断发展，人群对自然资源的定义以及由此而来的对区域自然环境的认知已迥异于早期的捕捞狩猎采集者。正如严文明先生所言，中国新石器时代聚落的迅速发达与农业的发展密不可分[41]。

以往所认为的从环境变化到聚落演化或者是从环境变化经农业发展再到聚落演化这种单线的逻辑是站不住脚的。生业和聚落都离不开环境条件，但绝不意味着环境及其变化就构成了直接的动因。更多的情形是，人地关系是人行动的结果，或者说，是受多种因素共同作用的人的行动在自然环境中的映射。地貌对聚落的影响就体现为它对由当事人定义的相关资源条件的属性以及空间分布状况的制约。农业所需要的土地以及“微地貌”下的热量、水分、土壤等条件都与地貌息息有关。

（三）西河遗址的形成及演化

遗址的形成及演化是人类活动和自然过程共同作用的结果。

当后李文化的先民初至西河时，看到的应该是河漫滩的景观，现代河谷的雏形已经出现。早期，先民们可能主要在此进行渔猎和采集活动，并且生火造饭。但这一阶段遗址的性质可能类似于“营地”，自然的堆积过程居于主导地位。由此，在遗址早期的地层中，几乎没有遗迹，只有少量的碎陶片和烧土颗粒。此外，由于现在的河道刚刚形成，人类活动的范围尚不受其限制，据报道，在现在西河的西岸和北岸也有稀薄的遗存[42]。这时，自然的过程以风成堆积为主，但也夹杂了流水的作用，并且随着全新世大暖期的来临，土壤化的作用逐渐加强。

到了距今8000年前后，河流的下切改变了台地的地貌，使流水作用不再影响台地，但下切的幅度并不大，并可能维持到周代甚至更晚的阶段。后李文化的先民开始建造半地穴式的房屋，并以捕捞、狩猎、采集的方式将周围的食物资源带到遗址。可能与房子的结构和建筑方式有关，房屋的使用时间都比较短，居址定期就会发生变更[43]，从而使遗址的面积很大，但大部分区域的遗迹却只有一层。考古调查在西河遗址以南1.1千米处也发现了后李文化时期的遗存，使这种特点更为明显[44]。同时，聚落结构所呈现的松散、开放式特点，又使遗址内的文化堆积互不相连[45]。在这些房屋废弃之后，仍有后李时期的人在此活动，留下了遗址的第3层堆积。

后李文化之后，直到龙山文化时期，西河遗址除了大汶口时期的墓葬外[46]，鲜少人类活动。自然过程仍然是风成黄土的堆积以及土壤化过程，在自然地层中，整个中全新世地层以一套红褐色古土壤层出现。龙山、岳石至东周时期，人类活动的中心在西河遗址以东的城子崖。在西河遗址，历次发掘未见龙山时期的地层，遗迹有4座随葬猪下颌骨和獐牙的长方形土坑竖穴墓[47]以及近50个灰坑。它们打破了后李文化时期的地层和遗迹。

进入历史时期之后，河流大幅下切，并对河流的凹岸进行冲蚀。自此，遗址的地貌已与今日相差无几，成为临河的高亢之地。遗址之上堆积了新近黄土[48]。唐宋元清时期，古人将西河遗址作为墓地使用。

六、结　　语

根据野外地貌、第四纪地质调查及田野考古和科技考古研究的成果，对山东章丘西河遗址的古地貌及相关问题进行了探讨，主要认识如下。

（1）在地貌位置上，西河遗址所在为山前黄土台塬中河谷地带的二级阶地。在区域地貌格局上，由南向北依次为山地丘陵、黄土台塬、冲洪积平原和黄河冲积平原。在流域地貌格局上，从河流分水岭到西河，地貌单元依次为薄覆黄土的台地、黄土台地、二级阶地和一级阶地。

（2）西河遗址的河流地貌在晚更新世向全新世转变的阶段发生了重大变化：之前处于加积状态，数万年的淤积使河谷地带淤高了10余米，河道也不固定；之后因河流的下切成为河漫滩，现代河道的雏形开始形成，沉积过程转为以风成堆积为主，间杂洪水淤积，并以此为母质，开始发育古土壤。

（3）不晚于距今8000年，河流进一步下切，遗址的地貌转变为河流阶地，不再受到常年洪水的影响，自然过程以风成黄土的堆积为主，并继续发育古土壤。但后李文化时期河流下切的幅度也不大，维持在相对高位。周之后，河流才发生大幅下切。

（4）西河早期的先民在河漫滩上进行渔猎和采集等食物资源的获取，以自然沉积过程为主的地层中夹杂了少量人类活动的遗物；中后期，随着阶地的形成，开始建造固定的居址，并在其废弃之后，在周围另择地点建造房屋。

（5）在遗址及其周围地貌起重要作用的“小环境”中，资源配置的状况能够满足后李先民捕捞、狩猎和采集这种广谱式经济模式的需求。

（6）后李文化之后，西河遗址的位置不再被新石器晚期至三代的古人所看重，其原因并非是地貌、气候发生了很大的变化，而在于随着农业的发展及其在生业模式中地位的提高，古人对资源的偏好发生了重大转向，是人类选择与资源的空间配置共同作用的结果。

对西河遗址的古地貌研究目前只是有了一个初步的框架，还有许多细致的工作需要开展。例如对湖沼相黏土层和沙砾石层的精确测年，对后李文化早期地层性质和形成过程的土壤微形态分析，对遗址地层空间分布情况的高分辨率填图等。对于遗址附近的西河与其上游的界沟河、北徐马、刘官庄等剖面所反映的河流演化的差别，也需要对其原因和影响进行更深入的研究。

此外，西河遗址地貌位置与同属后李文化的小荆山[49]、摩天岭、绿竹园、盛福庄[50]、月庄[51]、后李等遗址相比，尽管都处于山前的黄土地带，但具体的地貌特点和地貌演化过程仍有较大的差别。通过对比其异同，能够更好地理解后李文化时期包括地貌在内的环境条件与生业模式、聚落形态的关系。

附记　2006年3月7日，我有幸陪同中国科学院地质与地球物理研究所周昆叔先生考察西河遗址，周先生现场讲解了全新世古土壤的发育过程及其与文化层的关系，对了解区域地层序列的发展演变十分有益。一起考察的还有山东大学王青教授及中国科学院地球环境研究所研究生余华贵。谨以此文纪念周昆叔先生对中国环境考古学的发展做出的突出贡献！

2013年11月19日至20日，承蒙山东省文物考古研究所孙波先生的邀请，我陪同北京大学城市与环境学院莫多闻教授，与山东省文物考古研究所朱超、吕凯及山东大学历史文化学院研究生刘江涛等同志，一起考察了城子崖遗址和西河遗址及其上游的一些剖面，对于认识西河遗址的地貌亦有帮助，在此表示诚挚的感谢！王辉谨识。

注　释

[1] 山东省文物考古研究所：《山东章丘龙山三村窑厂遗址调查简报》，《华夏考古》1993年第1期。

[2] 刘伯勤、孙亮、宁荫棠：《山东济南市发现一批新石器时代早期遗址》，《考古》1994年第11期。

[3] 佟佩华、魏成敏：《章丘西河新石器时代遗址》，《中国文物报》1994年2月20日。

[4] 山东省文物考古研究所：《山东章丘市西河新石器时代遗址1997年的发掘》，《考古》2000年第10期。

[5] 山东省文物考古研究所、章丘市城子崖博物馆：《章丘市西河遗址2008年考古发掘报告》，见山东省文物考古研究所编：《海岱考古》（第五辑），北京：科学出版社，2012年，第67-138页。

[6] 山东省文物考古研究所编著：《山东20世纪的考古发现和研究》，北京：科学出版社，2005年，第44-84页。

[7] 栾丰实：《后李文化的社会组织及其相关问题》，见吉林大学边疆考古研究中心编：《庆祝张忠培先生七十岁论文集》，北京：科学出版社，2004年，第74-93页。

[8] 孙波：《后李文化聚落的初步分析》，见山东大学东方考古研究中心编：《东方考古》（第2集），北京：科学出版社，2006年，第104-118页。

[9] 宋艳波：《海岱地区新石器时代的动物考古学研究》，山东大学历史文化学院博士学位论文，2012年，第9-11页。

[10] 吴文婉、张克思、王泽冰、靳桂云：《章丘西河遗址（2008）植物遗存分析》，见山东大学文化遗产研究院编：《东方考古》（第10集），北京：科学出版社，2013年，第373-390页。

［11］ 靳桂云：《后李文化生业经济初步研究》，见山东大学东方考古研究中心编：《东方考古》（第9集），北京：科学出版社，2012年，第579-594页。

［12］ Goldbreg P, Macphail R I. *Practical and Theoretical Geoarchaeology.* Blackwell Publishing, 2006：1-6.

［13］ 王辉：《双洎河中上游地区新石器时代的聚落分布变化与自然环境关系初探》，见中国社会科学院考古研究所考古科技中心编：《科技考古》（第二辑），北京：科学出版社，2007年，第141-154页。

［14］ 中国社会科学院考古研究所：《科技考古的方法与应用》，北京：文物出版社，2012年，第54页。

［15］ 吴祥定、钮仲勋、王守春：《历史时期黄河流域环境变迁与水沙变化》，北京：气象出版社，1994年，第126页。

［16］ 同［1］。

［17］ 同［1］。

［18］ 同［4］。

［19］ 同［5］。

［20］ 同［1］。

［21］ 张学海：《西河文化初论》，见山东大学考古学系编：《刘敦愿先生纪念文集》，济南：山东大学出版社，1998年，第1-15页。

［22］ 许宏、彭小军、赵海涛：《二里头时代洛阳盆地环境考古的实践与思考——以孟津寺河南、大阳河剖面的研究为例》，见山东大学东方考古研究中心编：《东方考古》（第7集），北京：科学出版社，2010年，第117-127页。

［23］ 同［8］。

［24］ 同［8］。

［25］ 同［4］。

［26］ 同［5］。

［27］ 同［5］。

［28］ 同［10］。

［29］ 孙启锐：《后李文化研究》，山东大学历史文化学院硕士学位论文，2014年，第35-42页。

［30］ 我们对界沟河、北徐马、刘官庄等剖面的调查均发现有全新世中期的河湖相地层，界沟河剖面出露的下层湖沼相地层可与西河遗址对比。剖面的描述部分可参考刘江涛：《城子崖遗址龙山文化环境与资源初步研究》，山东大学历史文化学院硕士学位论文，2015年，第34-36页。

［31］ 河床纵剖面指的是河床最低点的连线，通常呈下凹型，当水沙条件或侵蚀基准面发生变化时，河流会发生侵蚀和堆积状态的调整。可参见杨景春、李有利：《地貌学原理》（第3版），北京：北京大学出版社，2012年，第34-36页。以北徐马剖面为例进行说明。该剖面位于西河遗址以南3千米处，海拔70米，其湖沼相沉积的底部发现有周代陶片。由于河流的下切过程通常为溯源侵蚀，在西河遗址附近已经下切时，可能上游仍处于平衡状态。但这其中也必然存在临界点，不能下切过深。在北徐马中全新世发生淤积的时候，反推下游的河道中也应该有淤积的过程，只不过后期的大幅下切使之很难在河道中留存至今。今后的调查应该

注意是否能找到相关遗迹。

[32] 同[10]。

[33] 同[11]。

[34] 同[9]。

[35] 同[10]。

[36] 吴文婉、杨晓燕、靳桂云：《淀粉粒分析在考古学中的应用——以月庄等遗址为例》，见山东大学东方考古研究中心编：《东方考古》（第8集），北京：科学出版社，2011年，第330-348页。

[37] 西河遗址和月庄遗址都发现有稻遗存，而且集中出土于个别灰坑，靳桂云根据其考古学背景，认为这些稻应该是栽培的。可参考文献[11]。从当时西河遗址的地貌条件来看，水稻生长所需的水分、热量和土地条件都能够满足。

[38] 同[8]。

[39] 张学海：《论东夷文明的诞生与发展》，见北京大学中国考古学研究中心编：《古代文明》（第1卷），北京：文物出版社，2002年，第136-152页。

[40] 同[13]。

[41] 严文明：《中国新石器时代聚落形态的考察》，见严文明：《史前考古论集》，北京：科学出版社，1998年，第48-62页。

[42] 同[20]。

[43] 同[8]。

[44] 山东省文物考古研究所：《章丘城子崖周边区域考古调查报告》（第一阶段），见山东省文物考古研究所编：《海岱考古》（第六辑），北京：科学出版社，2013年，第151-209页。

[45] 同[8]。

[46] 同[1]。

[47] 同[5]。

[48] 周昆叔：《周原黄土及其与文化层的关系》，《第四纪研究》1995年第2期。

[49] 山东省文物考古研究所、章丘市博物馆：《山东章丘市小荆山遗址调查、发掘报告》，《华夏考古》1996年第2期。

[50] 同[11]。

[51] Zhuang Y J, Bao W B, French C. 2013. River Floodplain aggradation history and cultural activities: Geoarchaeological investigation at the Yuezhuang site, lower Yellow River, China. *Quaternary International*, 315: 101-115.

The Ancient Landform and the Related Questions at the Xihe Site in Zhangqiu, Shandong Province

WANG Hui, LAN Yu-fu, LIU Yan-chang, TONG Pei-hua

Abstract: The features of geomorphological arrangement, in which settlements were located, and their changes over time, are crucial for geoarchaeological studies and for exploring human-land relations. Geoarchaeological studies have a focus on the influence of landscape formation, for example, by deposition and erosion on archaeological material remains; the human-land relations, on the other hand, deal with human behaviors and their relations to the natural environments. In different microenvironments that are influenced mainly by different landforms, the natural resources that are closely related to human behaviors can vary greatly. The present paper, based on observations of the geological profiles and archaeological data, characterized the geomorphology and the depositional process at and around the Xihe site in Zhangqiu of Shandong Province. By looking into the sequence of depositional units in different landforms as well as their spatially combinations, a reconstruction of regional geomorphological arrangement and its changes over time was made possible. In terms of regional geomorphologicalarrangement, on a regional scale, hilly mountains, the loess platform areas, alluvial flood plains, and the alluvial plain of the Yellow River run from the South to the North; at the watershed scale, between the river watershed and the Xihe site, the topographical units are noticed in the following order: platforms with thin loess deposits, the loess platform areas, the second terrace, and the first terrace. The Xihe site was located in a geomorphological unit consisting of the second terrace, which occurs in a river valley between the loess platform areas in the front of mountains. During the late Pleistocene to the early Holocene, the second terrace noticed today underwent depositionconstantly, leading the river to change its course frequently and forming a higher land surface and riverbed due to the depositional process.

During the early Holocene, the river course near the Xihe site underwent a shift from deposition to dissection, and an early form of its present-day course came into being. Early inhabitants at the Xiahe site procured food resources on the river flat by fishing, hunting, and gathering. Further dissection occurred no later than 8000 BP, leading to the formation of terraces. The site was no longer affected by the year-round flooding, and semi-subterranean houses therefore began to emerge in groups. According to the topographical reconstruction, natural resources around the site could have satisfied the needs for food, acquired by means of fishing, hunting, and gathering, by inhabitants of the Houli Culture. Following the Houli Culture, the loci of the Xihe site was no longer attractive to peoples of the late Neolithic to the Xia, Shang, and Zhou Dynasties, This was not caused by the great changes in landform or climate, but rather because the ancient peoples changed their preference to natural resources significantly, which resulted from both human selection and the spatial distribution of resources.

Key Words: Xihe site; Houli Culture; ancient landform; aggradation; floodplain; river terrace

（原刊于《南方文物》2016年第3期，内容有大幅增加）

二里头遗址的野生动物资源获取与利用

李志鹏　江田真毅

摘要：本文以二里头文化时期（公元前1750～前1500年左右）的都邑遗址二里头遗址的动物遗存研究为个案，探讨该时期都城这一城市聚落中人们所利用的野生动物资源种类与数量比例、获取与利用野生动物资源的方式及相关问题。二里头遗址居民在以家养动物作为主要动物资源的同时，也较多地利用野生动物资源，渔猎经济在当时生活中占有一定的重要地位。当时利用的野生动物种类丰富，其中螺贝类有中国圆田螺、圆顶珠蚌、鱼尾楔蚌、三角帆蚌、剑状矛蚌、无齿蚌、背瘤丽蚌、洞穴丽蚌、拟丽蚌、货贝、文蛤，鱼类有鲤鱼，爬行动物有龟、鳖、扬子鳄，鸟类有雉科、鸭科（含雁族和鸭亚科）、鹭科、鹰科等，哺乳动物有鼠、豪猪、兔、狗、貉、熊、黄鼬、豹、虎、豹猫、花面狸、犀、野猪、獐、麋鹿、梅花鹿、狍子等。通过比较分析，发现二里头遗址利用的野生动物种类比一般普通聚落遗址和中型聚落遗址利用的野生动物种类丰富得多，体现了中国早期文明形成时期在动物资源利用方面的一个重要特点，即高等级的中心聚落尤其是都城遗址汇聚了更多来源的资源。二里头遗址发现了一般遗址不见或罕见的鳄鱼、熊、豹、虎、犀等较为凶猛的动物，既可能与都邑遗址的性质有关联，也可能表明当时存在王室和贵族狩猎猛兽的田猎活动。二里头遗址还发现有货贝与文蛤，这类海生贝类资源无疑来自远距离交换或进贡，这与二里头作为都邑可以汇聚四方资源有很大的关系。本文还探讨了二里头遗址的先民对不同种类野生动物资源的开发方式，发现当时主要利用这些野生动物资源作为肉食，也同时利用野生动物的副产品如骨骼、角、牙齿、贝壳和羽毛等作为骨器、角器、牙器、蚌器和羽饰，有的野生动物骨骼如鹿的肩胛骨还作为卜骨在占卜活动中使用，通过远程交换而得的货贝可能已经作为当时的原始货币使用。野生动物资源的获取、利用与供应是二里头文化社会经济、文化生活中较为重要的内容，在中国早期国家的社会、经济中的作用值得关注和研究。

关键词：二里头遗址　野生动物资源　开发与利用

人类存在的99%以上的时期都是以捕猎野生动物作为肉食或其他资源。在人类开始驯化动物并通过饲养家畜、家禽来获取肉食等动物资源后，随着家养动物在人类生活中越来越重要，野生动物资源所占比例越来越低。自新石器时代中期以来，随着家养动物的驯化与家畜饲养业的发展，家养动物在中原地区先民利用的动物资源中的比重越来越大。新石器时代晚期以后，家养动物基本已经占据人类利用的动物资源的多数。到了青铜时代早期，家养动物更是占绝对多数，但是野生动物始终还是先民利用的动物资源的一部分。随着早期国家的出现及早期城市的形成和发展，野生动物在人们的日常生活、经济与礼仪中扮演的角色如何，是一个颇值得研究的问题。本文以二里头遗址这一中国青铜时代早期的都城遗址为个案，探讨在早期国家时期都城这一城市聚落中人们所利用的野生动物资源种类、不同野生动物所占数量比例、获取与利用野生动物资源的方式及相关问题。

一、二里头遗址出土的野生动物资源种类及数量比例

十余年来，动物考古学家对二里头遗址出土的动物遗存进行了较为全面的鉴定与分析，杨杰、李志鹏先后分别对二里头遗址2000～2003年、2003～2006年出土的动物遗存进行了鉴定和分析，之后本文作者之一日本学者江田真毅与中国社会科学院考古研究所动物考古实验室合作对其中的鸟类骨骼进行了专门鉴定。我们对二里头遗址发现的野生动物资源获取与利用情况的认识即基于这些动物考古鉴定和分析工作。

二里头遗址发现的文化遗存包括仰韶文化、二里头文化、二里冈文化及汉代文化遗存，其中二里头文化年代为公元前1750～前1500年左右。二里头遗址的主体文化遗存是二里头文化遗存，其次是二里冈文化遗存。本文主要讨论二里头文化时期的情况，但为了讨论需要说明二里头文化与二里冈文化的野生动物资源利用的延续与变化时，会部分涉及二里冈文化时期的情况。

二里头文化时期利用的野生动物种类，可以确认的腹足纲动物有中国圆田螺1种；瓣鳃纲动物有圆顶珠蚌、鱼尾楔蚌、三角帆蚌、剑状矛蚌、无齿蚌、背瘤丽蚌、洞穴丽蚌、拟丽蚌、货贝、文蛤等至少10种；硬骨鱼纲动物有鲤鱼1种；爬行纲动物有龟、鳖、鳄3种；鸟纲动物有雉科、鸭科（含雁族和鸭亚科）、鹭科和鹰科等6种；哺乳纲动物有鼠、豪猪、兔、狗、貉、熊、黄鼬、豹、虎、豹猫、花面狸、犀、野猪、獐、麋鹿、梅花鹿、狍子等至少17种。可以看出二里头遗址先民当时利用的野生动物资源种类丰富，虽然主要猎获的是常见野生动物鹿，但获取的野生动物种类具有多样化的倾向。

二里头文化时期猪、黄牛、绵羊与山羊、狗已经是家养动物。综合从二里头遗址出土的动物的数量比例和肉量比例来看，当时人获取的动物资源以家养动物为主，从动物种类来看，明显以哺乳动物为主。从最小个体数的量化统计来看，二里头遗址二里头文化一期时家养动物约占全部哺乳动物总数的67%，野生动物约占33%；二里头文化二期时家养动物约占75%，野生动物约占25%；二里头文化三期时家养动物约占67%，野生动物约占33%；二里头文化四期时家养动物约占87%，野生动物约占13%[1]。可见从二里头文化一到四期的哺乳动物都以家畜为主，以野生动物为辅。

二里头遗址在二里头文化时期利用的野生动物资源种类丰富多样，可能与其在当时作为都城有一定的关系。洛阳皂角树遗址是洛阳盆地一处二里头文化时期的普通聚落，遗址面积约9万平方米，二里头文化时期发现的动物遗存中腹足纲动物有中国圆田

螺1种；瓣鳃纲动物有蚌1种；硬骨鱼纲动物有鲤鱼1种；爬行纲动物有鳖1种；鸟纲动物有雉1种；野生哺乳纲动物有鼠、兔、猪獾、梅花鹿、小型鹿科动物等5种，遗址出土的动物遗存以哺乳动物为主，哺乳动物中野生动物最小个体数约占全部哺乳动物最小个体数总数的35%[2]。较之二里头遗址，皂角树遗址的二里头文化时期先民利用的野生动物资源在人们利用的动物资源中也明显居于次要地位，种类非常有限，主要是最容易猎获的野生动物鹿与兔。位于嵩山南麓的登封南洼遗址，是一处二里头文化时期的中型聚落，面积44万余平方米，二里头文化时期发现的动物遗存中腹足纲动物有中华圆田螺、方形环棱螺2种；瓣鳃纲动物有珍珠蚌未定种、射线裂脊蚌、圆顶珠蚌、多瘤丽蚌、细瘤丽蚌、拟丽蚌6种；硬骨鱼纲动物有不明种属的鱼；爬行纲动物有鳖1种；鸟纲动物有雉1种；野生哺乳纲动物有竹鼠、兔、狗獾、貉、小型猫科（报告中定为猫，从现在动物考古的认识来看这一时期猫尚未驯化，故很可能为野生的小型猫科动物）、马鹿、梅花鹿、狍、麂等9种，遗址出土的动物遗存以哺乳动物为主，哺乳动物中野生动物的最小个体数约占全部哺乳动物最小个体数总数的18%[3]，较之二里头遗址，南洼遗址先民利用的野生动物资源种类也非常有限。可以看出，二里头遗址出土的二里头文化时期的野生动物明显比一般普通聚落和中型聚落种类丰富得多，这应该与该遗址作为都邑可以汇聚更多的野生动物资源有很大的关系。

二、不同种类野生动物资源的获取与利用

（一）水生动物资源的获取与利用

水生的软体动物包括淡水的螺贝类以及海贝、文蛤等海生贝类。前者应该是在当地捕捞所获，后者则是通过远距离交换或进贡等方式获得。

水生软体动物中中国圆田螺生活在水草茂盛的湖泊、河流、池塘、河沟内，对干燥及寒冷气候有极大的适应性。圆顶珠蚌栖息于湖泊、河流及池塘沿岸，无论是泥底还是沙底都有大量发现。鱼尾楔蚌栖息于泥沙底和泥底。背瘤丽蚌栖息于水流较急或缓流，水质澄清透明的河流及其相通湖泊的水较深、冬季不干枯之处，底质较硬，一般上层为泥质，下层为沙底，冬季温度低时钻入泥中10余厘米处。三角帆蚌栖息于常年水位不干涸的大、中型湖泊及河流内，但喜生活在水质清、水流急、底质略硬的泥沙底或泥底的水域。剑状矛蚌栖息于湖泊、河流及池塘水深2~3米处。文蛤生活在潮间带以及浅海区的细沙表层[4]。以上贝类的存在说明二里头遗址附近有相当范围的淡水环境，这也符合对二里头遗址的环境考古研究结果[5]。二里头遗址利用的海生贝类资源货贝与文蛤无疑来自远距离交换或进贡，这与二里头作为都邑可以汇聚四方资源有很大的关系。其中货贝即子安贝多发现于墓葬中，有的墓葬中随葬大量海贝并成组出现，在生活遗迹中则很少见到。子安贝可能主要以原始货币的形式充当产品交换的等价媒介。

从二里头文化时期生活遗迹中螺贝类的数量来看，无论是可鉴定标本数还是最小个体数，中国圆田螺都占90%以上，可见当时二里头遗址先民利用淡水螺贝类主要是以中国圆田螺为食物，其他贝类只是少量捕捞。但中国圆田螺的肉量较其他淡水贝类肉量

少，往往在某些灰坑中大量出现，而在一般灰坑和地层中发现的数量并不突出，可能当时只是某些居民在特定时期大量捕捞螺类。其他贝类除了作为肉食外，河蚌和丽蚌还多用于制作各种蚌器，如蚌刀、镰、铲、锥、镞、锯形器及各种蚌饰，在二里头遗址曾发现一些蚌料，可能当时存在专门制作蚌器的场所或作坊[6]。

二里头遗址出土的鱼类骨骼非常少，仅发现极少量的鲤鱼咽齿和其他不明种属的鱼骨，这可能与鱼类在当时居民肉食结构中的实际地位并不相符。二里头遗址的田野考古发掘中出土了一定量的渔网坠、鱼钩、骨镖等捕鱼工具，而且还发现了鱼形陶塑和刻划鱼形象的器物[7]，这些材料可以从侧面反映当时的捕鱼活动，由此我们认为鱼类也是二里头古代居民获取肉食的渠道之一。遗址中出土的鱼类骨骼遗骸之所以这么少，既可能与鱼类骨骼细小较难保存下来有一定的关系，但最主要的原因很可能是动物遗存的收集方法所导致，因为二里头遗址以往在收集动物骨骼时基本上都是采用手拣的方法，收集的对象一般都是肉眼很容易发现的动物骨骼遗存，可能会遗漏掉鱼骨等小型动物的大部分骨骼，未来若采用浮选或合适网眼的细筛筛选等方法收集动物骨骼，可能会增添新的材料。李志鹏近年来在殷墟的田野考古中与田野考古工作者合作对遗址发掘的土样抽样进行了细网筛选，发现收集的鱼类骨骼较之手选所得要丰富得多，如果在二里头也采用同样的收集方法，对二里头遗址先民利用鱼类的认识很可能和现在不一样。当然鲤鱼的发现也说明鲤鱼是二里头遗址周围水域最常见的淡水鱼之一，这才最容易发现。

爬行类动物中龟鳖也较为常见，还发现有鳄鱼，应该为扬子鳄。鳄鱼如果不是交换所得，说明当时的气候较为温暖湿润，二里头遗址附近可能存在沼泽。

（二）鸟类的获取与利用

杨杰曾对二里头遗址出土的鸟类骨骼鉴定，当时鉴定的种属有雉、鸡、雕亚科、鸥形目、大雁、鹳科等6种[8]，后来随着认识的深入，原来鉴定为鸡骨的基本上排除了是鸡的可能性，又发现了鹭科[9]。之后日本学者江田真毅和中国社会科学院考古研究所的动物考古学者合作对二里头遗址发现的83件鸟骨重新进行了鉴定、分析。

我们此次鉴定的二里头遗址83件鸟骨中有2件属于二里头文化一期，25件属于二里头文化二期，4件属于二里头文化三期，48件属于二里头文化四期，4件属于二里冈文化晚期。这些标本中有70件标本至少可鉴定到科，包括雉科（Phasianidae）、鸭科（Anatidae）、鹭科（Ardeidae）和鹰科（Accipitridae），鸭科中含雁亚科（Anserinae）的雁族（Anserini）和鸭亚科（Anatinae）。我们对二里头遗址鸟骨标本的认识以江田真毅和我们的合作鉴定的结果为准，具体原因见后。

从可鉴定标本数来看，二里头遗址一期出土鸟类标本1件，占一期出土全部动物总数的0.85%；二里头遗址二期出土鸟类标本93件，占二期出土全部动物总数的0.79%；二里头遗址三期出土鸟类标本92件，占三期出土全部动物总数的1.56%；二里头遗址四期出土鸟类标本81件，占四期出土全部动物总数的0.53%；二里头遗址二里冈下层出土鸟类标本3件，占二里冈下层出土全部动物总数的0.32%；二里头遗址二里冈上层出土鸟类标本为16件，占二里冈上层出土全部动物总数的0.35%[10]。需要说明的是，这些可鉴定标本并没有鉴定到种，其中只有一部分鸟骨可以鉴定种、属，而且基本只鉴定到科，只有少量可以鉴定到亚科，说明鸟类骨骼的精细鉴定有一定的难度。将来若有条件改进骨骼形态鉴定水平，采用古DNA分析技术，能将鸟骨鉴定到属或种，无疑会深化我们对二里头遗址先民获取、利用鸟类资源的认识。因为二里头遗址发现的鸟类基本难以鉴定到种，我们不对其进行最小个体数的统计。但是从可鉴定标本数来看，鸟类在二里头遗址的先民利用动物中所占比例很小。但即便如此，我们还是可以对二里头遗址的鸟类的获取与利用方式有所了解。

我们此次对二里头遗址鉴定的骨骼标本中雉科最丰富，其可鉴定标本数大约占全部鸟类的76%。除了二里头文化一期以外，所有鸟骨出土的遗迹、地层都出土了雉科的骨骼标本，而且上肢骨和下肢骨的数量接近。我们根据江田真毅与井上贵央的鉴定方法[11]鉴定、分析了雉科的肱骨、股骨、胫跗骨和跗跖骨，其中二里头二期早段出土的雉科鸟类的肱骨中仅有一件没发现肘头窝腹侧小窝。在野鸡（*Phasianuscolchicus*）的肱骨上能看到肘头窝腹侧小窝的概率约有97%，红原鸡（*Gallus gallus*）的肱骨上能看到肘头窝腹侧小窝的概率只有约7%，家鸡（*G. gallusdomesticus*）的肱骨上能看到肘头窝腹侧小窝的概率约21%[12]。这件没发现肘头窝腹侧小窝的雉科骨骼标本不能完全排除属于家鸡的可能性，如果要做更精确的鉴定，需要进一步做DNA分析。总体来看，二里头遗址的雉科骨骼可以肯定基本为野生雉类的骨骼，从二里头文化时期到二里冈文化晚期都未发现鸡，只有个别标本疑似家鸡，但因为只有零星发现，属于家鸡的可能性较小。目前分布于河南地区的野生雉类主要有勺鸡（*Pucrasiamacrolopha Koklas*）和雉鸡（*Phasianuscolchicus Common*）。后者即通常所说的野鸡，栖息于从山脚、丘陵直至海拔3000米以上的林缘灌木、杂草丛生地带，几乎遍布全中国；前者则栖息于海拔1000～4000米的阔叶林和针阔混交林内的灌木、杂草丛生地带[13]。二里头遗址附近没有海拔1000米以上的高山，因此二里头遗址发现的野生雉类很可能是雉鸡。

雉类的跗跖骨标本中5件有距的残痕，3件没有距。雉类雄性的跗跖骨有距，雌性的跗跖骨无距，可见二里头遗址出土的雉类雌雄性比例差别不大。对黑龙江省滕家岗遗址（青铜时代）出土鸟骨标本的鉴定与分析[14]表明，雉科骨骼中有距的跗跖骨有27件，没有距的跗跖骨仅3件，可见当时被猎获的雉科鸟类大多数为雄性。在不同遗址中猎获的雉科鸟类性别比存在差异，可能与不同地域和文化先民的生态理念、狩猎偏好及狩猎技术有关。

雁族在鸟类中的数量比例占第二位，但是只有10件骨骼标本，在鸟类的可鉴定标本数中占14%。虽然与雉科发现的数量与比例比起来明显偏低，但是除二里头文化二期早段和二里头文化三期早段以外所有出土鸟的单位都能看到雁族的骨骼，可见雁在当时先民获取的鸟类中也较多见。大雁在春天从南方向北方迁徙，滞留、生活于池塘、湖泊和大河等环境中，秋冬季飞往南方，因此，雁族应该是冬季以外的季节在有淡水的地方捕猎到的。雁族包括黑雁属、雁属、天鹅属，其中雁属在现在河南地区可见的有鸿雁（*Anser cygnoides*，即家鹅的祖先）、豆雁（*Anser fabalis*，即通常所说的大雁），二者都体大肉多，雁绒都是很好的填充材料，豆雁的翼翎可制作扇子，翅膀上的羽毛可制作刷子。鸿雁和豆雁可能是二里头遗址主要利用的雁族鸟类，至于其他的雁族鸟类不排除在二里头文化时期也有生活在二里头遗址区域的，但尚待研究。

我们确认的雁族骨骼标本都只发现肱骨，未见下肢骨存在，而二里头遗址发现的雉科却发现有很多下肢骨，因此我们认为二里头遗址先民对雉科和雁族这两类鸟的利用方法或者狩猎方法存在较大差异，但前者的可能性更大。下肢骨所在部位即鸟腿部分，可能当时二里头遗址的先民并不吃或很少吃雁族鸟类腿部的肉。同样的情况在滕家岗遗址也能看到，江田真毅发现了60件雁族骨骼标本，其中胫跗骨只出土了4件（仅占全体的7%）。

二里头遗址有4件鸟骨标本属于鸭亚科，而鸭亚科的鸟类中大部分是留鸟，仅有少部分种类和大雁一样属于在春天往北方的候鸟。鸭亚科包括麻鸭属、河鸭属、狭嘴潜鸭属和潜鸭属，种类较多，包括通常所说的野鸭，多数肉肥味美，因此也是人们获取肉食的重要狩猎对象。

二里头发现的鸟骨中仅有2件属于鹭科，1件属于鹰科，这两个科的鸟大部分为留鸟，不过有些种类属于迁徙到华北的候鸟。鹭科的肉可吃，多数味道一般，羽毛可做装饰，或许获取羽毛才是捕猎该类鸟的主要目的。鹰科较为凶猛，一般不作为肉食，但其羽毛可供制扇、枕头和装饰之用，考虑到它的利用价值和凶猛特点，一般不是人们选择捕猎的对象。

至于杨杰鉴定的欧形目常见于沿海一带[15]。二里头遗址是否可以获取远距离的海鸟是一个问题，如果不是长期专业从事鸟类骨骼研究的学者对鸟骨骨骼形态的把握也可能存在一些问题，因此我们对二里头遗址是否存在鸥形目鸟类存疑，讨论时暂不予考虑。同样我们对杨杰鉴定的鹳科也存疑。但总的来说，多数鸟类的鉴定结果相同。

依据鸟类是否迁徙和迁徙习性的不同，鸟类可分为留鸟、候鸟和迷鸟三类。留鸟是指终年栖息于同一地区、不进行远距离迁徙的鸟类；候鸟是指在春秋两季沿着比较稳定的路线、在繁殖区和越冬区之间进行迁徙的鸟类（以北半球为例，夏季在北方繁殖，秋季离开到南方较温暖地区过冬，翌年春天又返回该地繁殖的候鸟，就该地区而言，称为“夏候鸟”；冬季在某一地区越冬，翌年春季飞往北方繁殖，秋季又飞临这一地区过冬的鸟，就该地区而言，称为“冬候鸟”）；迷鸟是指在迁徙过程中由于狂风或其他气候因素使其漂离通常的迁徙路径或栖息地偶然到异地的鸟[16]。二里头遗址所见的鸟类中，雁族、少部分鸭亚科、鹭科与鹰科为候鸟；雉科、鸭亚科、鹭科多为留鸟；雉科中的雉鸡与鹰科一般为留鸟。因此，二里头遗址的先民应是在冬季以外的季节猎获鸭亚科、鹭科、雁族等夏候鸟，全年内均可捕获雉鸡、鸭亚科、鹭科、鹰科鸟类。

二里头遗址所见野鸟的生态特征分别为：雉通常活动于暴露的岩坡、干燥的山谷、矮树丛、灌丛、草丛、苇塘等地点[17]，其中雉鸡栖息于从山脚、丘陵直至海拔3000米以上的林缘灌木、杂草丛生地带；鸭亚科属于水域鸟类[18]；鹭栖息于池塘、沼泽、湖泊等处[19]；鹰栖息于不同的环境中，森林、山地、草原、泽地、水泊、海滨等均可见[20]。二里头遗址附近的地貌类型正好具备这些鸟类生存的环境，二里头遗址发现的鸟类可能就生活在遗址周围或邻近区域。

二里头遗址发现的鸟类标本没发现具有骨髓骨（medullary bone）的骨头、幼鸟的骨骼，说明基本为成年个体。在鸟骨上没有看到加工痕迹，同时我们没有在二里头遗址出土骨器或骨料中发现鸟骨，也没能确认肢解痕迹，但鸟类骨骼在煮熟或烤熟后不必肢解也可以很容易用手或工具切割肉后分解来吃，因此我们认为获得这些鸟类的主要目的可能是肉食或者羽毛的利用。鸟类的肉和蛋可以食用，羽绒、饰羽可以被人类用作装饰。雉鸡、雁族和鸭亚科的鸟类多数肉味鲜美，雉鸡的雄鸟和鹭鸟类的羽毛艳丽，二里头遗址先民偏好捕猎的鸟可能兼有上述二者的考虑，当然最常见的鸟也相对会捕猎更多。

人类社会、文化生活的诸多方面都曾涉及鸟类的利用及与此相关的文化、礼俗。鸟的图像和雕塑多出现在图腾崇拜、宗教、巫术及占卜术中，有的鸟类还与礼仪、礼物有很大的关系。中国上古时期有以大雁为礼物的惯例，如上古婚礼中从议婚至完婚过程中有纳彩、问名、纳吉、纳征、请期、亲迎六个阶段和六种礼仪，除了纳征，其他每个阶段都要用到雁。这一娶亲程式，最迟到周代即已确立，最早见于《礼记·昏义》。二里头遗址是否也有这种以大雁为礼物的习俗尚不得而知，但从二里头文化到周文化虽有发展，基本具有华夏文明延续一体的特点，二里头遗址出土的鸟类有一定量的雁，不排除当时可能已有类似礼俗。总之，二里头文化时期鸟类的利用方式还值得进一步深入探讨。

（三）野生哺乳类动物的获取与利用

哺乳动物在二里头遗址出土的全部动物中所占比例从早到晚都占据主导地位，而野生哺乳动物始终是二里头遗址先民利用的主要野生动物。

从可鉴定标本数来看，二里头文化一期出土的野生哺乳动物骨骼占此期全部可鉴定哺乳动物骨骼的9%，二期占19%，三期占23%，四期占15%，二里冈文化早期占18%，二里冈文化晚期占18%。从最小个体数来看，二里头文化一期出土的野生哺乳动物的最小个体数占此期全部可鉴定哺乳动物的最小个体数的33%；二期占25%；三期占33%；四期占13%；二里冈文化早期占18%；二里冈文化晚期占18%[21]。二里头文化一期时动物遗存发现数量很少，对这一时期的统计数据需要慎重，仅作参考，到了二里头文化的二、三期，野生动物的可鉴定标本数和最小个体数在全部哺乳动物中所占比例逐步上升，野生动物的最小个体数占全部哺乳动物的1/4～1/3，到了二里头文化四期则明显减少，野生动物的最小个体数占全部哺乳动物的13%，到了二里冈文化时期野生动物在全部哺乳动物中所占比例有所增加，但没有超过二里头文化三期以前的水平。二里头遗址利用的野生哺乳动物中始终以鹿类为主，其次为兔子，其他动物较少。二里头文化时期南洼遗址和皂角树遗址的先民获取的野生动物中最多的也是鹿类，其他的野生动物资源种类仍然有限。新石器时代以来先民获取的野生哺乳动物一般都是以鹿类动物为主，二里头遗址先民获取野生动物资源的方式沿袭了这种传统的狩猎偏好。

登封南洼遗址中哺乳动物中野生动物的最小个体数约占全部哺乳动物总数的18%[22]，洛阳皂角树遗址哺乳动物中野生动物的最小个体数约占全部哺乳动物总数的35%[23]，可见二里头遗址作为都邑遗址与其他遗址在利用野生动物哺乳动物的差别，主要体现在利用的野生动物种类的丰富程度和利用方式上。哺乳动物中的熊、豹、虎、豹猫、花面狸、犀、野猪等一般不见于普通遗址，即使有发现也只是个别种类，没有二里头遗址发现的种类多。

哺乳动物种类的多样化程度可以反映人们获取和开发动物资源的方式和策略，动物资源供应的来源等问题。不同的动物栖息环境可以一定程度上反映其来源。二里头遗址发现的野生哺乳动物中，豪猪一般居于山坡、草地或密林中；兔常栖息于山坡灌丛或杂草丛中；虎栖息于山林、灌木或野草丛生的地方；豹栖息于森林或树丛中；貉常栖息于河谷、草原和靠近溪流、河、湖附近的树林中；野猪多在灌木丛或较低湿的草地和阔叶林中栖息；獐栖息于有芦苇的河岸或岸边的沼泽地，亦有栖息在山边或有长草的旷野；狍子栖息于混交林、树木比较稀疏而草多的林子里，在山区的灌丛、河谷或平原上也可见到；梅花鹿栖息于混交林、山地草原和森林边缘附近，在茂密的大森林中或多岩石的地方较少；麋鹿性好水，栖息于沼泽地带；犀牛喜欢栖息于潮湿密林中的沼泽或泥塘附近。麋鹿和犀牛一样，都属于南方动物群，是典型的喜湿喜热性动物[24]。各种野生哺乳动物的栖息生态说明，如果这些动物都从二里头遗址附近获得，二里头遗址附近必须具备石山、河流、沼泽、森林、灌木丛和草地，从二里头遗址附近的地貌和古环境研究结果来看，除了沼泽难以确定外，其他生态环境均存在。有一点需要指出，二里头遗址虽然出土了丰富的野生动物资源，但有些物种并不一定就是生息于二里头遗址附近。例如犀牛，这种动物在动物地理上属于南方动物群，现生种主要分布于东南亚的热带地区，是一种典型的喜湿喜热动物。犀牛的骨骼遗存在二里头遗址出土很少，仅在二里头文化二期发现四件标本（第一、第二节趾骨以及2件腕骨），而且这四件标本属于同一个体，由此可见，犀牛的骨骼遗存在二里头遗址的出土不具有普遍性，我们没有证据证明这头犀牛在当时就生息于二里头遗址附近。二里头文化前期是一个降温时期，田野考古发掘也证明二里头文化前期气候较干旱[25]，这样的气候环境并不适合犀牛的生息。同时，考虑到二里头遗址在二里头文化二期的时候作为王朝都城遗址的性质已经确立，犀牛于二里头文化二期出现于二里头遗址不排除是进贡或文化交流的结果，具体来源可能需要将来采取其他技术分析手段如同位素的分析等才能确定。

另外，一般遗址少见熊、豹、虎、犀、野猪等猛兽，这些猛兽在二里头遗址出现，尤其是各种猛兽种类多样，与二里头遗址作为都邑遗址的性质可能有很大的关联。一是在二里头时期，可能集二里头国家的举国之力向二里头都邑的王室和贵族进贡这些猛兽；二是可能存在王室和贵族的田猎活动，其中可能有对猛兽的狩猎。

晚商时期的甲骨卜辞中有一类卜辞为田猎卜辞，根据这类卜辞的记载，晚商时期各王都“好”田猎。以往有研究者如郭沫若认为，“殷时之田猎已失去其生产价值，而纯为享乐之事”[26]；张光直则认为晚商时期的田猎卜辞所反映的狩猎更多的是一种娱乐活动，而非生计活动，但其所猎获之物很可能是用于食用的[27]。晚商各王田猎卜辞中，武丁时期的田猎卜辞在数量上居于第二位[28]，武丁时期是商王朝的鼎盛时期，田猎活动也很频繁，因此田猎不能仅视为祖甲以后各王的奢侈淫逸之举，而是商王普遍爱好的活动。Magnus Fiskesjö（马思中）认为，商代的王室狩猎，作为一项具有一定危险性的娱乐活动，是商王有意采取惹人注意的宏大冒险行动以确立和维持一种一切在控制之中的形象，同时也在实际上把周边的野蛮之地纳入统治之下，从而扩大商王及其国家的统治范围并加强控制力[29]。总的来说，商代王室或贵族的田猎当不是“纯为享乐之事”，而是有着经济、政治、军事上的意义的[30]。在晚商以前，王室或贵族的田猎活动可能由来已久，二里头遗址发现的野生动物中部分可能来自王室或贵族的狩猎活动所获，尤其是熊、豹、虎、犀等猛兽出自宫殿区及其附近，其中大部分可能与王室或贵族的狩猎活动有更密切的关系。《史记·夏本纪》记载：“帝太康失国。”《史记》“集解”引孔安国的话，“盘于游田，不恤民事，为羿所逐，不得反国”。可见在传世文献中夏代王室是有田猎活动的。这种王室的田猎活动可能一直都存在，太康或许只是过度沉溺于这种田猎游乐活动之中而已。当然对于夏代或二里头文化时期王室的狩猎活动目前我们还无法做过多的推论和讨论。

二里头遗址出土的野生哺乳动物主要发现于灰坑等生活遗迹中，应该是作为人们的肉食的食余垃圾。另外有部分骨骼是以骨料或骨器的形式出现。从二里头遗址出土的动物数量和肉量比例来看，当时人获取肉食资源明显以哺乳动物为主，虽然从二里头文化一到四期的哺乳动物都以家畜为主，野生动物也是比较重要的肉食补充。制作骨器时骨料选取的主要对象为家养动物，并且绝大多数为黄牛，野生动物鹿的骨骼也有少量使用，而且较畜养的猪、羊、狗骨用作骨料的比例略高，偶见大型食肉动物如虎的骨骼作为骨料，为非常态下的骨料选择对象。制作卜骨的原料以家养动物的肩胛骨为主，但是鹿的肩胛骨也有少量使用。角器制作时，原料多选取鹿科动物的角。发现的遗物中除1件为角基周围有切割痕的黄牛角外，其余均为鹿角，且基本为大型或大中型鹿科动物（梅花鹿与麋鹿），尤其是梅花鹿的比例高达八成左右。角器常见的器形有镖、锥和镞。制作角器时取料多从角环上方的主干下端截断，留下带角环的角柄（有时候附带颅骨）和眉枝不用，然后从主干上分段截取要制作角器大小的枝体，主枝与分枝交叉处截掉不用。较大的分枝也用来截取坯料，一般截掉的分枝的尖端也多用来制作角锥。截下需要的角枝残段后，再进行纵向切割，直到得到可以用来进一步加工成器物的条状坯料[31]。需要指出的是，在二里头遗址以往被定为骨镞的器物中，很多是鹿角制成的角镞，这种鉴定错误很常见，在李志鹏考察不同时期考古遗址时经常发现角镞被定为骨镞。这也说明鹿角用于制作箭头是一个常见的工艺传统。

三、结　　语

二里头遗址先民在以家养动物作为利用的主要动物资源的同时，也较多地利用野生动物资源，渔猎经济在二里头文化时期的社会生活也占有一定的要地位。二里头遗址先民利用的野生动物资源，有螺贝与鱼类等淡水水生动物，有龟鳖等常见的爬行动物，也有鳄鱼这类凶猛而较难猎获的爬行动物，有雉、雁等常见的候鸟与留鸟，有鹿类、兔子等常见的野生哺乳动物，还有熊、豹、虎、犀、野猪等猛兽。二里头遗址的先民主要利用这些野生动物资源作为肉食，也同时利用野生动物的副产品如骨骼、角、牙齿、贝壳和羽毛等作为骨器、角器、牙器、蚌器和羽饰，有的野生动物骨骼如鹿的肩胛骨还作为卜骨在占卜活动中使用，而通过远程交换得到的货贝可能已经作为当时的原始货币使用，这些都说明野生动物的利用方式较为多样。

二里头遗址作为二里头文化时期的超大型中心聚落或都城遗址，获取的野生动物种类具有多样化的倾向，与二里头文化时期的一些普通和中型聚落相比种类丰富得多，凸显了其作为都城遗址的资源汇聚性和辐辏性，其野生动物资源中部分可能来自城市与乡村之间或地区与地区间的动物资源交流。这是中国早期文明形成时期在动物资源利用方面的一个重要特点，即汇聚来自不同聚落或地区的资源，服务于都城或城市遗址，这也一定程度上体现了当时遗址的等级性，即高等级的中心聚落尤其是都城遗址汇聚了更多来源的资源。一般遗址少见的熊、豹、虎、犀等猛兽在二里头遗址出现，与二里头遗址作为都邑遗址的性质可能有很大的关联，部分如犀牛可能来自远距离的交换或进贡，部分则可能是王室和贵族田猎活动中的猎物，后者为探讨中国早期青铜时代的王室或贵族田猎活动提供了重要的研究资料。二里头遗址还发现有货贝与文蛤，这类海生贝类资源无疑来自远距离交换或进贡，这与二里头作为都邑可以汇聚四方资源有很大的关系。

总之，野生动物资源的获取、利用与供应是二里头文化社会经济、文化生活中较为重要的内容，对二里头社会的影响以及在中国早期国家的社会、经济中的作用值得关注和深入研究。

注 释

［1］ a. 杨杰：《二里头遗址出土动物遗存研究》，见中国社会科学院考古研究所编：《中国早期青铜文化》，北京：科学出版社，2008年，第470-539页。
b. 中国社会科学院考古研究所：《二里头》（1999～2006），北京：文物出版社，2014年。

［2］ 洛阳市文物工作队编：《洛阳皂角树》，北京：科学出版社，2002年，第113-119页。

［3］ 郑州大学历史文化遗产保护研究中心编著：《登封南洼：2004～2006年田野考古报告》，科学出版社，2014年。

［4］ 刘月英、张文珍、王跃先、王恩义：《中国经济动物志》（淡水软体动物），北京：科学出版社，1979年。

［5］ 同［1］b。

［6］ 同［1］b，第143-145页。

［7］ a. 中国社会科学院考古研究所：《偃师二里头》，北京：中国大百科全书出版社，1999年。
b. 同［1］b。

［8］ 同［1］a。

［9］ 同［1］b。

［10］ 同［1］b。

［11］ 江田真毅、井上貴央：《非計測形質によるキジ科遺存体の同定基準作成と弥生時代のニワトリの再評価の試み》，《動物考古学》2011年第28期，第23-33页。

［12］ 同［11］。

［13］ 中国野生动物保护协会：《中国鸟类图鉴》，郑州：河南科学技术出版社，1995年，第96页。

［14］ 李凡、吕鹏、江田真毅、袁靖、朱延平：《滕家岗遗址鸟类遗存研究——兼述中国鸟类遗存动物考古学研究的回顾与展望》，《华夏考古》2015年第1期，第34-40页。

［15］ 郑作新主编：《中国经济动物志》（鸟类），北京：科学出版社，1966年。

［16］ 同［15］，第406-407页。

［17］ 同［15］，第171-219页。

［18］ 同［15］，第6页。
［19］ 同［15］，第44页。
［20］ 同［15］，第106-146页。
［21］ 同［1］。
［22］ 同［3］。
［23］ 同［2］。
［24］ 寿振黄：《中国经济动物志》（兽类），北京：科学出版社，1962年。
［25］ 许宏、陈国梁、赵海涛：《二里头遗址聚落形态的初步考察》，《考古》2004年第11期，第23-31页。
［26］ 郭沫若：《卜辞通纂·考释》，北京：科学出版社，1983年，第162页。
［27］ 张光直著，张良仁、岳洪彬、丁晓雷等译：《商文明》，沈阳：辽宁教育出版社，2002年，第128页。
［28］ 王宇信、杨升南主编：《甲骨学一百年》，北京：社会科学文献出版社，1999年，第556页。
［29］ Magnus Fiskesjö. 2001. Rising from blood-Stained fields: royal hunting and state formation in Shang China. *Bulletin of the Museum of Far Eastern Antiques*, 73:48-1991.
［30］ 同［28］。
［31］ 陈国梁、李志鹏：《二里头遗址制骨遗存的考察》，《考古》2016年第5期，第59-70页。

Procurement and Utilization of Wild Animal Resources at the Erlitou Site

LI Zhi-peng, EDA Masaki

Abstract: The present paper introduces a case study on faunal remains unearthed at the Erlitou site, the capital city of the Erlitou Culture period (1750-1500 BC), in order to reveal the species representation, relative abundance, and means of procurement and utilization of wild animal species by the Erlitou's urban population. While the urban inhabitants at the Erlitou site relied mainly on domesticated animals, they certainly explored wild animal resources as well at a relatively high percentage. Hunting and fishing must have played quite an important role in subsistence economy at the site back in the Erlitou Culture period, as indicated by the richness of species noticed for wild animals. Among animals of wild species, there are *mollusca* such as *Cipangopaludina chinensis*, *Unio douglasiae*, *Cuneopsis pisciculus*, *Hyriopsis cumingii*, *Lanceolaria gladiola*, *Anodonta*, *Lamprotula leai*, *Lamprotula caveata*, *Lamprotula spuria, Monetaria moneta*, *Meretrix meretrix*; fishes such as *Cyprinus carpio*; reptiles such as *Testudinidae*, *Trionychidae*, and *Alligator sinensis*; birds such as *Phasianidae*, *Anatidae* (including *Anserini* and *Anatinae*), *Ardeidae*, and *Accipitridae*; mammals such as *Muridae*, *Hystrix hodgsoni*, *Leporidae*, *Canislupus familiaris*, *Nyctereutes procyonoides*, *Ursidae*,

Mustela sibirica, *Panthera pardus*, *Panthera tigris*, *Prionailurus bengalensis*, *Paguma larvata taivana*, *Rhinocerotidae, Sus scrofa*, *Hydropotes inermis*, *Elaphurus davidianus*, *Cervus Nippon*, and *Capreolus pygargus*.

From a comparative perspective, it is learned that wild animals procured and utilized at the Erlitou site show a much greater richness of species than that noticed at middle-sized or ordinary settlements. A most important feature in animal procurement and utilization is, therefore, noticed at sites occupied during the formation of early Chinese civilization: central settlements of higher tiers, those capital cities in particular, were meant to acquire more abundant resources in more different ways. The Erlitou site has remains of fierce wild animals usually absent or barely noticeable at ordinary settlements, such as crocodiles, bears, leopards, tigers, and rhinoceros. This might be due to the function of Erlitou as a capital city site but could also suggest the hunting of fierce wild animals by members of the royal families and the nobility at or around the site. *Monetaria moneta* and *Meretrix meretrix* are marine resources and they must have come to the Erlitou site via long-distance exchange or as tributes, which might also be due to the fact that Erlitou, as a capital city site, was able to acquire resources from different regions near or far in a great many ways.

The means of wild animal species being exploited by inhabitants of the Erlitou site was also discussed, leading to the conclusion that wild animals were acquired mainly for meat consumption and their byproducts, such as bones, horns, teeth, shells, and feathers, were used to make bone, antler, tooth, and shell artifacts and feather decorations. In addition, bones of certain wild animals, such as deer scapula, were used as oracle bones in divinatory activities. *Monetaria moneta*, obtained via long-distance exchange, could have been used as a primitive form of money. To summarize, the procurement, utilization, and supply of wild animal resources was an important part of the socioeconomic and cultural life at the Erlitou site, and their role in socioeconomic activities of the early Chinese states is worthy of attention and further investigation.

Key Words: the Erlitou site; wild animal resources; procurement and utilization

（原刊于《南方文物》2016年第3期，略作修改）

祭牲礼制化的个案研究

——何郢遗址动物考古学研究的新思考

吕　鹏　袁　靖　宫希成

摘要： 何郢遗址出土动物遗存及祭祀遗存为我们深入了解中国古代祭牲的礼制化进程提供了实证资料。该遗址位于安徽滁州何郢村，动物考古学研究的结果表明：古代先民获取动物资源的方式可以归纳为家畜饲养、狩猎和渔捞3种，以家畜饲养方式为主，渔猎方式为辅。何郢遗址出土祭牲包括猪和狗两种，多用完整个体，大体为一牲一坑，以猪为主、均为幼年个体，而狗的年龄结构比较分散。为深入探讨该遗址祭祀用牲的特点，笔者系统梳理和归纳了中国古代祭牲礼制化进程，认为大体可分为三个阶段：第一阶段，新石器时代至商代早期为祭牲兴起期，其特点为猪优位；第二阶段，商代中期至晚期为祭牲礼制化的萌芽期或初创期，其特点为牛优位的多元祭牲体系；第三阶段，周代为祭牲礼制化的确立期，其特点为“序五牲之先后贵贱”，用以构建人或人群的高低贵贱等级区分。祭牲礼制化在周代的确立，使何郢遗址作为一般聚落仅能使用猪和狗一类的动物进行祭祀；用幼猪做祭牲可能出于对其纯洁性的看重；狗是以人类伙伴的身份介入到人类社会的，所以，犬牲的年龄选择较为宽泛。

关键词： 何郢遗址　祭牲　礼制　动物考古学

一、引　言

人类对动物驯而控之（control of animals through domestication）[1]，动物作为一种资源日渐融入人类社会体系。随着人类掌控动物资源的加强和人类社会的发展，人类一方面基于动物本身的自然属性、一方面基于人类或社会自身诉求，进而赋予了家养动物较之于野生动物而言更为广泛的象征性含义，其中，祭牲当为主要的表象形式。所谓祭牲，是指在古代社会中奉献于祖宗或神灵的动物祭品，以家养哺乳动物（黄牛、绵羊/山羊、猪和狗）为主，也包括诸如鹿、虎等野生哺乳动物，此外，还有鸟类、鱼类和贝类等动物[2]。具体到考古学而言，动物在祭祀中的应用具象为在考古遗址中随葬或埋藏动物的考古现象[3]，因此，由此现象出发，我们可以管窥人类对祭牲的使用及其历时性和共时性变化，探讨祭牲在中国古代社会中逐步礼制化的动态形成过程，进而深入了解古代社会和古人的精神世界。在此，笔者将以何郢遗址动物考古学研究为切入点，从考古现象出发系统梳理和归纳祭牲的礼制化进程，由此对该遗址祭祀遗迹及祭牲的使用进行新的思考。

二、何郢遗址动物考古学研究

何郢遗址位于安徽滁州何郢村，为一处三面环水的近圆形台地遗址。2002年，安徽省文物考古研究所和安徽大学考古专业联合对该遗址进行了发掘，除发现房址、灰坑、墓葬和祭祀遗迹之外，还出土有陶器、石器、青铜器和骨角器等遗物。该遗址年代大体相当于商末至西周时期，具体可细分为商末周初、西周中期和西周晚期等3个时期[4]。

除考古学研究之外，遗址出土的动植物遗存为探讨古代居民生业方式、古环境状况等提供了研究材料。例如，有学者通过对该遗址出土的植硅体样品进行鉴定和统计分析，发现有大量具有典型特征的水稻植硅体，表明存在栽培水稻的原始农业，此外，还发现有特殊硅化颖片表皮植硅体，表明可能存在小麦种植；切割形态植硅体（直切、微弯切、阶梯状切以及兼有两种特征的切割等）普遍存在于各文化层中，推测稻作生产中采用了脱粒板或类似的脱粒农具；由植硅体推测当时的气候较为温暖湿润[5]。

袁靖先生等学者曾在2008年对何郢遗址出土动物遗存进行过鉴定和研究，认为该遗址作为一般聚落，展现了普通民众的肉食结构，保持着自新石器时代延续下来的用猪和狗进行祭祀的传统，从一定程度上反映了商周时期普通民众的祭祀及生活状况[6]。2014～2015年，笔者对这批动物遗存重新整理，下文的论述重点简述动物考古学研究的基本情况。

（一）动物种群基本情况

何郢遗址出土的动物遗存分属于瓣鳃纲、鱼纲、爬行纲、鸟纲和哺乳纲，包括楔蚌、鱼、扬子鳄、龟、鸟、兔、狗、虎、马、猪、麋鹿、梅花鹿、小型鹿科动物和黄牛等14种。就整体数量统计的结果看，哺乳类动物以猪的数量最多，次之为狗、梅花鹿和黄牛，而麋鹿、马、小型鹿科动物、虎和兔的数量较少，鸟类、鱼类、爬行类（龟和扬子鳄）、贝类（楔蚌）为零星发现。依据判断家养动物的系列依据[7]，通过对动物遗存进行骨骼形态的观察和测量、数量统计和年龄结构等方面的研究，我们认为该遗址出土的动物可分为家养和野生动物两类，其中家养动物包括猪、狗、黄牛和马，野生动物包括梅花鹿、麋鹿、小型鹿科动物、虎、兔、扬子鳄、贝类、鱼类和鸟类动物等。

（二）古代居民对动物资源的获取方式

获取动物资源的方式可以归纳为家畜饲养、狩猎和渔捞3种。其中，以家畜饲养方式为主，狩猎方式为重要补充，而渔捞方式所占比重甚微。家畜饲养以养猪为主、而狩猎对象主要为梅花鹿。

（三）古代居民对动物资源的利用方式

古代居民对动物资源的利用方式至少包括3种：肉食、骨器和祭祀用牲。肉食来源和祭祀用牲构成了对动物资源最为主要的利用。食余之骨骼或不能食用之角加工成为骨器和角器；家养动物已成为骨器制造的主要来源，如黄牛等；角器几乎都是用鹿角制成，将鹿角简单加工（切割、打磨）后用作工具。

（四）安徽地区家养动物的起源

早在距今7300～7100年的双墩文化时期（如蚌埠双墩遗址）安徽地区即已出现家猪遗存[8]，随着时代的推进，家猪已成为何郢遗址最为重要和主要的动物资源，它的主要用途是食用，即便用作祭牲，其象征性含义仍为食用。

我们特别关注何郢遗址出土黄牛和马的遗存。家养黄牛在中国最早出现的地区为甘青地区，时代为距今5600～5000年左右的马家窑文化时期，而黄河中下游地区家养黄牛出现的时间相对较晚，年代大体为距今4500～4000年左右，这可能表明家养黄牛在中国境内由黄河上游向中游和下游地区的传播[9]。何郢遗址出土黄牛遗存在商末周初比例已高达19.57%（NISP）和11.76%（MNI），说明当时黄牛饲养业已经具有一定规模，同时也提示我们家养黄牛传入安徽所在的淮河流域的时间远较此为早，时间较早、同区域的安徽蒙城尉迟寺遗址龙山文化时期已出土有家养黄牛遗存[10]，这可能表示家养黄牛传入该区域的最早时间。家马在中国最早出现于甘青地区，时代为距今3700年左右的齐家文化时期，传入中原地区的时间大体为距今3300年左右的商代晚期[11]。何郢遗址西周中期文化层中出土家马遗存，这就为探讨家马传入淮河流域的时间提供了一个时间节点，事实上，早在商末周初时家马可能已出现于秦岭淮河以南地区[12]。

何郢遗址未发现任何绵羊、山羊遗存，迄今为止，该区域时代较早的考古遗址中也未发现家养绵羊、山羊遗存，包括蚌埠双墩遗址（距今7300～7100年左右）[13]、濉溪石山子遗址（年代上限为距今6900年左右）[14]和蒙城尉迟寺遗址（包括大汶口文化及龙山文化）[15]。家养绵羊在中国的出现与家养黄牛颇为相似：最早的家养绵羊突然出现在新石器时代晚期（距今5600～5000年左右）的甘青地区，延及新石器时代末期（距今5000～4000年左右）已传播至黄河中游和下游的河南、山西和山东等地；而家养山羊最早的证据见于距今3700年左右的河南偃师二里头遗址[16]。迄今，安徽考古遗址未发现任何羊的遗存，这可能表明直至西周时期，安徽所在的淮河流域尚未对绵羊和山羊进行家养，换言之，家养绵羊和山羊尚未传入该区域。

（五）祭祀遗迹和祭牲

何郢遗址祭祀遗迹主要为成组的动物坑。在发掘范围的东北部、东南部及西南部发现3组动物坑，共计22处（其中东北部12处、东南部和西南部各5处），造型规整，内各置1具完整的猪或狗的遗存，其年代大体为西周中期和晚期，考古现象表明其为祭祀遗迹。其中遗址东北部12处动物坑与墓葬错落分布，墓内的人骨经鉴定均为未成年人，其中2具人头骨的顶骨边缘有明显砍削痕迹，周围散布有鹿角和陶器等。此外，发掘区的中部出土有1片较为完整的龟腹甲，上有排列整齐的数十个浅圆形钻孔，并有灼烧痕迹，也为祭祀之用[17]。

祭祀遗迹中出土3种动物，分别为猪、狗和龟，它们应被视作两种祭祀现象进行区分：其一，祭牲，包括猪和狗；其二，卜骨或祭祀用具，为龟甲。

在此，重点讨论何郢遗址出土的祭牲，通过动物考古学研究，我们可以将其特点归纳为以下4点。

（1）种类：包括猪和狗共2种，主要使用猪。

（2）年龄：猪的年龄均很小，普遍没有超过1岁。狗的年龄结构则比较分散。

（3）形态：多用完整个体，存在用石头替代猪头的现象。

（4）方式：一牲一坑。将祭牲杀死后摆放成蜷曲状，无陈放器。动物坑与墓葬错落分布，可能共同作为牺牲用以祭祀。与祭祀用具（如龟甲卜骨）共出。

综上所述，我们通过对何郢遗址出土动物遗存进行动物考古学研究，对该遗址古代居民获取和利用动物资源的状况有所了解。如果我们对上述论述细致推敲，就会发现有些内容还需要做深入的分析：其一，何郢遗址出土有黄牛和马的遗存，但为何不用其做祭牲而单用猪和狗？其二，猪牲为什么选用幼年个体，与史前时期用幼猪做祭祀的原因是否一致？其三，狗牲的年龄为何与猪牲情况不同、为何不局限于幼年个体？笔者认为，所有上述疑问中，最为核心的问题是：古代居民对祭牲的选用可能存在历时性和共时性的演变。下文笔者将以祭牲的最主要选用种类家养哺乳动物作为考察对象，重点关注选用动物的种类、部位、年龄和性别及埋葬方式等，以系统梳理祭牲礼制化的形成过程，以期解答上述疑问。

三、祭牲礼制化的形成过程

袁靖先生曾由动物考古学角度对中国新石器时代至商代考古遗址随葬或埋葬动物进行过研究，围绕动物祭祀的兴起及发展、动物祭祀的组合形式和动物祭祀的目的等3个方面进行讨论[18]。其他学者或以特定种类祭牲作为研究对象[19]，或以特定时代祭牲的应用[20]，或从文献所载祭牲的情况[21]等方面进行过专题性论述。在此，笔者通过对祭牲进行历时性和共时性观察，认为祭牲礼制化的形成过程大体经历了以下3个阶段。

（一）新石器时代至商代早期

这一时期，祭牲中最常见和最主要的动物是猪，概其原因，在于“常畜而易得”，“故因其便以尊之”；其次为狗。就选用部位而言，猪的头骨（特别是颌骨）有明显的优势地位。猪多选用幼年个体，这是较为普遍的现象，延及商代早期，偃师商城大量出现用成年甚至老年个体猪作为祭牲的现象。自距今6000年左右的新石器中期以来，猪牲的使用及数量开始反映主祭者或死者的等级（财富和社会地位）差别[22]。另外需要关注的现象是：随着家养黄牛和绵羊在中国境内的出现，它们也开始以卜骨和祭牲的方式参与祭祀活动[23]。祭牲的埋葬方式并无定规，或一坑一牲，或多牲合埋，或与人骨伴出[24]。

（二）商代中期至晚期

根据考古发现，特别是动物考古学研究，这一时期，狗、牛、羊和马成为王室和高级贵族主要使用的祭牲，而猪牲在一般贵族的祭祀活动中仍较经常使用[25]。狗牲在商人文化中占有重要地位，这种习俗为探讨商文化的来源提供了材料[26]。这个阶段的祭牲在商代中期完成由猪优位向牛优位的转化[27]。就祭牲年龄而言，猪牲多用幼年个体，其他祭牲多已成年，可能存在多用牡牲的现象，但并非严格限制[28]。祭牲多用完整个体，也存在用部分牲体的现象，商代中期（如小双桥遗址和洹北商城遗址）似乎对黄牛头骨有特殊偏好[29]。无论是宗庙祭祀还是墓葬祭祀，王室和贵族在祭品的种类、数量和祭所种类等方面都有等级差别，甲骨卜辞中对于祭祀的品种、毛色、性别、圈养和杀牲等均有明确规定，这说明商代晚期的祭祀已经呈现用牲礼制萌芽的状态[30]。这一时期祭牲呈现的特点是与商代国家畜产的发展、晚商对方国控制力加强、礼制的发展、商人对特定祭牲的文化认同和国家祭礼的成立等社会因素密切相关的[31]。

（三）周代高规格祭祀活动用牲的特点

我们首先重点关注周代高规格祭祀活动用牲的情况。分两类进行讨论，一是高规格墓葬用牲，二是王室宗庙祭祖用牲。

1. 高规格墓葬用牲

西周时期大中型墓葬和重要的贵族墓葬中，几乎不用猪随葬，以猪殉葬的方式成为中低级墓葬中的一种文化因素[32]。周代墓葬祭祀用牲方面以马、牛和羊占据主要地位，在用犬方面有所消减；祭祀用牲存在两种方式：全牲和分解用牲；多为一牲一坑[33]。

2. 王室宗庙祭祀用牲

我们首先列举2处周代诸侯王室祭祀用牲的考古发现。

马家庄秦国宗庙祭祀遗存，位于陕西凤翔，为春秋中晚期的宗庙建筑，祭祀者为秦国王室。一号建筑遗址内发现牛、羊、空、人、车、牛羊、人羊等7类祭祀坑共181处，其中牛坑86个（全牛祭祀坑42个、无头祭祀坑11个、切碎祭祀坑33个）、羊坑55个（全羊祭祀坑20个、无头祭祀坑3个、切碎祭祀坑32个）、空坑28个、人坑8个、车坑2个、牛羊坑1个、人羊坑1个。未见猪坑。推测这些坑大多数是建筑使用时的遗迹[34]。

牛村古城南晋国宗庙祭祀遗存，位于山西侯马，为战国早期晋侯宗庙建筑。中心建筑基址以南、东西垣墙基址之间的空地上，发现58座祭祀坑，其中人坑1座、牛坑1座、马羊坑1座、羊坑3座、空坑52座。该祭祀基址内未发现猪坑。属于建筑基址使用时期的遗迹[35]。

综合上述两处以及其他相关考古发现，我们就会发现：周代宗庙祭祀用牲多用羊、牛和马，而猪牲和狗牲基本不见；祭牲组合存在分组的情况，每组可能为一次祭祀的结果；一次祭祀存在使用同一种牲类或不同牲类两种情况；有些地方祭牲存在尚幼尚牡的现象；存在全牲祭祀和部分祭祀两种处理牲类的方式，各祭祀遗存的用器用牲体现了周代祭祀的等级性[36]。

依据考古现象，无论是高规格的墓葬用牲、还是王室宗庙祭祖用牲，周代高规格祭祀活动用牲有其共同特点，具体表现在以下四个方面。

（1）种类：以羊、牛和马为主，以羊牲为多，猪牲和狗牲基本不见。

（2）性别和年龄：贵牡尚幼，但存在地方差异和动物种属的区分。

（3）形态：以全牲为贵，另有部分牲体祭祀的现象；牲头祭祀的优势地位消减。

（4）方式：多为一牲一坑。

综上所述，祭牲的历时性变化由表1所示。从考古现象看，祭牲经历了由无定规向有定规的转化，体现了祭牲礼制化的形成过程：第一阶段，新石器时代—商代早期，祭牲兴起期，祭祀用牲的特点可归纳为猪优位；第二阶段，商代中期—商代晚期，祭牲礼制化的萌芽期或初创期，祭祀用牲的特点可归纳为牛优位的多元祭牲体系；第三阶段，周代，祭牲礼制化的确立期，祭祀用牲的特点可归纳为“序五牲之先后贵贱”，用以构建人或人群的高低贵贱等级区分，确定统治序列。

表1　中国古代祭牲的历时性变化

Table 1　Diachronic change of Animals as Sacrifice in ancient China

时代	种类	年龄和性别	方式	部位
新石器时代—商代早期	猪和狗，以猪为主。黄牛和绵羊在新石器时代末期开始用作祭牲	猪多用幼年个体。商代早期偃师商城存在用成年猪的现象	一牲一坑和多牲合埋	完整个体和部分牲体。猪的头骨（特别是颌骨）有明显优势地位
商代中期—商代晚期	狗、牛、羊、猪和马，由猪优位向牛优位的多元用牲转化。猪牲仍存在于一般贵族的祭祀活动中	猪多用幼年个体，其他牺牲多已成年。可能存在多用牡牲的现象，但并非严格限制	一牲一坑和多牲合埋	完整个体和部分牲体。商代中期黄牛头骨有明显优势地位
周代	羊、牛和马为主，以羊牲为多。猪牲和狗牲基本退出高规格祭祀活动	贵牡尚幼，但存在地方差异和动物种属的区分	多为一牲一坑	以全牲为贵，另有部分牲体祭祀的现象；牲头祭祀的优势地位消减

周代祭祀用牲呈现出严格礼制化特点。《左传》云：“礼，王之大经也。”“礼，经国家、定社稷、序人民、利后嗣者也。”动物本身并无区分等级和财富的功能，周人通过严格规定祭牲的品种、数量、颜色、形态、部位和性别等，从而实现或赋予祭牲以礼制化的形式或需要[37]，延及西周中晚期，这种动物牺牲的礼制化已并不局限于庙堂之高，而是已扩展到乡野，由此出发，我们可能会更深入地解答何郢遗址祭祀用牲所呈现的特点。

四、何郢遗址祭祀用牲的新解读

周代高规格祭祀用牲和何郢遗址祭祀用牲的最大区别表现在猪牲和狗牲的使用上：王都宗庙和王陵一级的重要祭祀活动中，猪牲和狗牲已基本消失；而在一般聚落的祭祀活动中，猪仍是最主要的祭牲，且多用幼年个体，同时还使用狗牲。笔者认为，造成这种差别的根本原因在于祭祀用牲的礼制化。以下分别对相关问题进行论述。

（一）周代一般聚落不用高规格祭牲的原因

黄牛和马在周代被视为高规格祭牲，何郢遗址出土有这两种动物的遗存。该遗址各期出土的动物遗存中都发现有黄牛，牛骨的可鉴定标本数和最小个体数在商末周初和西周中期这两个阶段都占据哺乳动物总数的10%以上，到西周晚期虽然数量明显下降，但是仍然有所发现；同样，该遗址自西周中期也发现有马骨，尽管数量很少，但当时该地有马是不容置疑的。

《礼记·玉藻》云：“君无故不杀牛，大夫无故不杀羊，士无故不杀犬、猪。”也就是说诸侯祭祀用牛、大夫用羊、士用犬和猪。祭牲的礼制化在周代得以确立，由此，何郢遗址作为一般聚落，是没有资格利用牛、羊和马等动物进行祭祀的，而仅能使用猪和狗一类的动物进行祭祀。

（二）周代猪牲多用幼年个体的原因

史前猪牲多用幼年个体，这可能是出于经济角度的考虑——尽量降低祭祀成本；延及商代早期，偃师商城猪牲在第二期和第三期多用成年甚至老年个体，这与家猪饲养业的动态发展过程无关，而是出于树立王室权威的需要[38]。何郢遗址用幼年个体的猪做祭牲，可视为新石器时代祭祀用牲的延续，但其背后的原因却不能完全从经济角度或家猪饲养业的发展进行解释。

周人祭祀用牲崇尚幼犊，考古发现如山西曲村发掘的战国祭祀遗址中马牲、牛牲和羊牲皆用幼牲[39]，因幼犊无牡牝之情，“用犊，贵诚也”（《礼记·郊特牲》）[40]，由此，何郢遗址用幼猪做祭牲可能正是对于其纯洁性的看重。由此推测，何郢遗址祭祀遗迹中墓葬内未成年个体的人很可能也是用作祭祀之用的。

（三）周代狗牲年龄多样的原因

通过对山东滕州前掌大墓地狗牲年龄进行分析，并结合河南安阳殷墟孝民屯墓地、山东长清仙人台墓地、江苏新泰周家庄墓地的动物考古学研究结果，有学者提出商周时期墓葬殉犬的年龄多经过人为选择，与墓主的社会等级和殉犬在墓葬中的位置之间存在联系，但因地区和时期的不同而存在差异[41]。狗作为一种社会性动物，是以人类伙伴的身份介入人类社会的[42]，正因其与人类的这种特殊关系，所以，周代一般聚落中使用犬牲，同时，对殉犬的年龄选择可能更为宽泛，而并不仅限于幼年个体。

五、结　语

何郢遗址出土动物遗存及祭祀遗存为我们更加深入了解古代祭牲的礼制化提供了实证资料，通过对考古资料的系统梳理并结合文献资料，我们对其中所蕴涵的社会信息有所探讨。由考古遗存到深入理解古代社会，由物质遗存到探究古人的精神世界，一方面我们需要多角度深入发掘古代遗存的信息，多学科有机结合探究古代历史；另一方面我们对古代文献资料要更为重视，二重证据法在古史重建中始终发挥着独特的作用。由此，对何郢遗址动物遗存的研究工作也仅是告一段落，更多的问题仍需发现和解答。

注 释

[1] Reitz J, Wing S. 2008. *Zooarchaeology*. New York: Cambridge University, 287-315.

[2] 王巍主编：《中国考古学大辞典》，上海：上海辞书出版社，2014年，第20页。

[3] 袁靖：《中国动物考古学》，北京：文物出版社，2015年，第188-240页。

[4] 宫希成：《安徽滁州市何郢遗址发掘的主要收获》，《古代文明研究通讯》2002年第12期，第38-39页。

[5] a. 吴妍、黄文川、姚政权、宫希成、王昌燧：《安徽滁州何郢遗址的植硅体分析》，《农业考古》2005年第3期，第59-64页。

b. 吴妍、王昌燧、Cummings L S 、Anderson P C：《安徽何郢遗址植物残体切割形态与脱粒农具的关系》，《文物保护与考古科学》2012年第1期，第62-66页。

c. Wu Y, Wang C. 2011. EDF phytolith analysis from Heying site, southeast China, Shang-Zhou dynasties. *Microscopy Research & Technique*, 74(11): 1062-1068.

[6] a. 袁靖、宫希成：《安徽滁州何郢遗址出土动物遗骸研究》，《文物》2008年第5期，第81-86页。

b. 同［3］，第237-240页。

[7] 袁靖：《中国古代家养动物的动物考古学研究》，《第四纪研究》2010年第30卷第2期，第298-306页。

[8] 韩立刚、郑龙亭：《蚌埠双墩新石器时代遗址动物遗存鉴定简报》，见安徽省文物考古研究所、蚌埠市博物馆编：《蚌埠双墩》，北京：科学出版社，2008年，第586-607页。

[9] 吕鹏、袁靖、李志鹏：《再论中国家养黄牛的起源——商榷〈中国东北地区全新世早期管理黄牛的形态学和基因学证据〉一文》，《南方文物》2014年第3期，第48-59页。

[10] a. 罗运兵、吕鹏、杨梦菲、袁靖：《（尉迟寺遗址）动物骨骼鉴定报告》，见中国社会科学院考古研究所、安徽省蒙城县文化局编：《蒙城尉迟寺》（第二部），北京：科学出版社，2007年，第306-328页。

b. 袁靖、陈亮：《尉迟寺遗址动物骨骼研究报告》，见中国社会科学院考古研究所编：《蒙城尉迟寺——皖北新石器时代聚落遗存的发掘与研究》，北京：科学出版社，2001年，第424-441页。

[11] 同［7］。

[12] 何锟宇：《浅论中国家马的起源》，见北京大学考古文博学院编：《考古学研究》（七），北京：科学出版社，2008年，第541-549页。

[13] 同［8］。

[14] 韩立刚：《安徽省濉溪县石山子遗址动物骨骼鉴定与研究》，《考古》1992年第3期，第253-262、293-294页。

[15] a. 同［10］b。

b. 同［10］a。
［16］ 同［7］。
［17］ 同［4］。
［18］ 同［3］。
［19］ a. 罗运兵：《中国古代猪类驯化、饲养与仪式性使用》，北京：科学出版社，2012年。
b. 武庄：《先秦时期家犬研究》，中国社会科学院研究生院博士学位论文，2014年。
c. 吕鹏：《商人利用黄牛资源的动物考古学观察》，《考古》2015年第11期，第105-111页。
［20］ a. 袁靖、傅罗文：《动物考古学所见商代祭祀用牲的变化》，见袁靖：《科技考古文集》，北京：文物出版社，2009年，第164-174页。
b. 王吉怀：《试析史前遗址中的家畜埋藏》，《华夏考古》1996年第1期，第24-31页。
c. 朱明月：《商与西周时期的动物随葬研究》，陕西师范大学硕士学位论文，2014年。
［21］ 曹建敦：《周代祭祀用牲礼制考略》，《文博》2008年第3期，第18-21页。
［22］ a. 同［19］a。
b. 同［19］b。
c. 同［20］b。
［23］ a. 同［7］。
b. 吕鹏：《中国家养黄牛的起源及其在宗教仪式中的应用》，《中国社会科学院古代文明研究中心通讯》2010年第20期，第57-62页。
［24］ 同［19］a。
［25］ a. 冈村秀典：《商代的动物牺牲》，见中国社会科学院考古研究所编：《考古学集刊》（第15集），北京：文物出版社，2004年，第216-239页。
b. 李志鹏：《殷墟动物遗存研究》，中国社会科学院研究生院博士学位论文，2009年。
c. 同［19］c。
d. 同［20］a。
［26］ a. 郭志委：《试论史前时期墓葬殉犬习俗》，《文物》2012年第8期，第54-62页。
b. 李志鹏：《商文化墓葬中随葬的狗牲研究二题》，《南方文物》2011年第2期，第100-104页。
c. 高广仁：《中国史前时代的龟灵与犬牲》，见高广仁编：《海岱区先秦考古论集》，北京：科学出版社，2000年，第291-303页。
［27］ 同［19］c。
［28］ 同［25］b。
［29］ 同［19］c。
［30］ 谢肃：《商代祭祀遗存研究》，中国社会科学院研究生院博士学位论文，2006年。
［31］ a. 同［25］a。
b. 同［25］b。
c. 同［19］c。
d. 同［20］a。
e. 江雨德：《国之大事：商代晚期中的礼制改良》，见中国社会科学院考古研究所编：《殷墟与商文化：殷墟科学发掘80周年纪念文集》，北京：科学出版社，2011年，第267-276页。

［32］ 同［20］c。

［33］ 马建梅：《周代中原地区祭祀遗址初步研究》，山东大学历史文化学院硕士学位论文，2009年。

［34］ 韩伟、尚志儒、马振智、赵丛苍、焦南峰：《凤翔马家庄一号建筑群遗址发掘简报》，《文物》1985年第2期，第1-29、98页。

［35］ 山西省考古所侯马工作站：《山西侯马牛村古城晋国祭祀建筑遗址》，《考古》1988年第10期，第894-909、965页。

［36］ 同［33］。

［37］ 同［21］。

［38］ 同［19］a，第364-373页。

［39］ 邹衡主编：《天马—曲村》（1980～1989），北京：科学出版社，2000年，第983-993页。

［40］ 同［21］。

［41］ 同［19］b.

［42］ Elizabeth J Reitz , Elizabeth S Wing著，中国社会科学院考古研究所译：《动物考古学》，北京：科学出版社，2013年，第241-242页。

Institutionalized Animal Sacrifices: New Thoughts From A Zooarchaeolocal Case Study at the Heying Site

LYU Peng, YUAN Jing, GONG Xi-cheng

Abstract: Animal bones and sacrificial remains from the Heying site can serve as empirical evidence for promoting a deeper understanding of the institutionalization of animal sacrifices in ancient China. The site is located at the Heying Village in Chuzhou City, Anhui Province. In 2002, a collaborative archaeological excavation, led by Anhui Provincial Institute of Cultural Relics and Archaeology and Division of Archaeology at Anhui University, was carried out at the site. In addition to house structures, ash pits, burials and sacrificial areas, pottery, stone, bronze, bone and antler, and other artifacts were also recovered. The Heying site was occupied as early as in the late Shang and abandoned by the late Western Zhou, and the site history is dividable into three periods: late Shang/early Western Zhou, middle Western Zhou and late Western Zhou. Animal and plant remains recovered from the Heying site are crucial for exploring interesting topics such as subsistence economy and paleoenvironmental settings at and around the site back in these three periods. In 2014 and 2015, the authors carried out a zooarchaeological study on animal skeletal remains collected at the Heying site. The results show that both wild and domesticated animals were consumed at the site, including (domesticated) pigs, dogs, cattle, and horses as well as (wild) deer, elk, small-sized deer species, tiger, rabbit, alligator, shells, fishes, birds and so on. Utilization of animal resources by the inhabitants at the Heying site therefore occurred in three different ways: animal husbandry, hunting, and fishing. Meat was acquired mainly by means of animal husbandry while fishing contributed to the diet only in a small proportion.

Three groups of (or a total of 22) pits, with animals buried in each, were found in northeastern, southeastern, and southwestern parts of the Heying site. 12 pits were found in the northeastern part while 5 in the southeastern or southwestern part. All pits were well dug, with one complete pig or dog skeleton buried in each. These pits are roughly dated to the middle and late Western Zhou periods, and they were clearly used for sacrificial purposes. Three types of animals (i.e., pig, dog, and turtle) were excavated from these sacrificial remains, and there are good reasons that they should be seen as from two different sacrificial phenomena: (1) One sacrificed pig or dog, in a complete form, was buried in each pit. Pigs were more commonly used and very often sacrificed at one-year-old or younger; while sacrificed dogs, on the other hand, did not show any age distribution pattern; and (2) Oracle bones, used for divination or as divinatory tools, show dozens of drilled shallow and round holes on surfaces. Signs of burning were also noticed.

Animals consumed at the Heying site and those chosen for sacrificial purposes are not always in the same specifies, and this brings up to a bunch of interesting questions, for example: Firstly, cattle and horse remains were recovered from the site, but neither of them was sacrificed and buried in any pit. Why pigs and dogs were given preference over cattle and horses? Secondly, why sacrificed pigs were always young individuals? Was it practiced so for the same reason as that noticed for sacrificing young pigs in prehistoric times? Thirdly, why dogs were not sacrificed at certain (young) ages as pigs were? To address these questions, we must first take a careful look at the synchronic and temporal changes in the selection of sacrificed animals.

The selection of animals to be sacrificed underwent a gradual shift from no fixed standard practice to standardized practice, which suggests a developing institutionalized animal sacrifices. This is a process that can be roughly divided into three stages: Stage I, which refers to the emergence of animal sacrifice in the Neolithic to early Shang periods, during which pigs were always given preference over all other animals; Stage II, which refers to the developing institutionalization of animal sacrifices in the middle to late Shang periods, during which cattle was given preference over other sacrificed animals; and Stage III, which corresponds to the Western Zhou period, during which animal sacrifices were well institutionalized and five types of animals were sacrificed following strictly the order how they were valued, believed to be a way to construct the hierarchy between the high- and low-ranked people and therefore establish the social order.

The establishment of institutionalized animal sacrifices excludes the possibility that the Heying site, as an ordinary settlement, could have used cattle, sheep, or horses as sacrificed animals. Instead, only pigs and dogs were allowed to be sacrificed in ritual activities at the site.

Young pigs were used as sacrificed animals possibly due to the emphasis on their purity. Dogs, as social animals, came to the human society as social partners and their special relationship with humans may explain the selection of dogs of greater age differences to be sacrificed at settlements of the Zhou periods.

Key Words: Heying site, animals sacrifice, ritual system, zooarchaeology

（原刊于《南方文物》2016年第3期，略有改动）

陕北神圪垯梁遗址4000a BP前后生业经济的稳定同位素记录

陈相龙　郭小宁　王炜林　胡松梅
杨苗苗　吴　妍　胡耀武

摘要：陕北地区距今4000年前后呈现出异常繁荣的文化发展态势，考古学文化的演变和文明化进程的演进离不开经济的支撑。为深入探讨该地区此时生业经济的具体面貌，本文以神木神圪垯梁遗址出土的28例人骨与24例动物骨骼为研究对象，运用碳氮稳定同位素分析方法重建了该遗址居民的食物结构与家畜饲养策略。人骨胶原的碳氮同位素表明，遗址存在个别食用了大量C_3类食物的个体，但大多数居民基本以C_4类食物（粟作农业产品）为食，肉食消费程度个体间有差异。家畜中，家猪主要以粟类食物为食，部分黄牛食用了较多的粟类食物，而其余个体则与羊一样主要以采食野生C_3植物为生。结合陕北及相邻地区相关研究成果，本文认为距今4000年前后粟作农业生产是陕北生业经济的主要内容，草原畜牧经济（黄牛和羊的牧养）在本地多元化生业经济结构中的重要程度较低。在与周边地区人群进行对比后我们认为，繁荣的粟作农业经济为陕北地区社会发展提供了稳定的食物供给，保证了财富的积累和人群的增长，加速了社会分工和人群分化的速率，这可能是本地区文明化进程在4000a BP前后骤然提速的重要原因。

关键词：陕北　4000a BP前后　神圪垯梁　碳氮稳定同位素　生业经济

一、引　言

史前时代技术和经济的繁荣是考古学文化发展、演变乃至远古文明与早期国家起源的前提和基础，而不同地区技术与经济的特点在某种程度上又决定了其社会发展的模式、方向和演进速度[1]。对新石器时代而言，以食物生产技术为主要内容的生业经济是一切技术、经济和文化产生及发展的基础。因此，系统研究各考古学文化区生业经济的发展状况是深入了解史前文化面貌、特征及其内在发展动力，进而科学认识中华文明起源及其过程、动因和机制的前提。

陕北地区地处我国北方农牧交错带中段南缘，位于半湿润–半干旱区过渡地带。与关中盆地等相比，陕北的水热条件，土壤肥沃程度等自然条件自是较为逊色，然而本地4000a BP前后却展现出异常繁荣的文化发展态势。据调查，陕北此时不仅遗址数量骤增，分布范围也向北大大扩展。据不完全统计，榆林地区龙山遗址竟是仰韶遗址的约3.5倍，诸如新华、石峁、寨峁之类的大型聚落也纷纷涌现[2]。这其中，尤以石峁城址最具代表性，其宏大的建筑规模、高超的筑建技艺、完备的城防体系代表了该时期东亚城址与聚落形式的最高成就，这意味着本地文明化进程已演进至前所未有的高度[3]。

文化繁荣的原因多种多样，最根本的原因无疑是生业经济的兴盛，而考古学文化的演变和文明化进程的演进同样离不开经济的支撑。事实上，重建特定区域人群的生计方式和适应策略，是深入认识考古学文化系统，探讨社会运转机制的重要内容，并已逐渐发展成重要的考古学研究范式。为更好地理解本地文化变迁和社会发展的过程，我们有必要全面考察该地区新石器时代生业经济的面貌。这些问题的解决不仅有助于我们深入认识农牧交错带经济与文化的发展和变迁，更有利于我们在大的时空框架内讨论“古国、方国、帝国”早期文明格局产生及发展变化的动因和机制等相关问题。

研究表明，至少在仰韶时代晚期，本地区粟作农业已经相当发达，五庄果墚遗址先民甚至用粟类食物饲养家猪[4]。进入龙山时代之后，受诸如齐家文化等周边地区考古学文化的影响[5]，黄牛和羊开始出现在火石梁[6]、新华等遗址[7]，这也意味着草原畜牧经济在陕北地区已经逐渐成为人们重要的生计方式[8]。但从对木柱柱梁等遗址人骨的稳定同位素分析来看，当时人们仍主要以粟类食物为食[9]。总的来说，目前的研究仍集中在对于考古学文化谱系的探讨[10]，对于本地区龙山晚期至夏初生业经济的分析仍相对薄弱。这限制了我们对本区考古学文化发展脉络及其内在动因的解读。鉴于此，本研究以陕西神木县神圪垯梁遗址人骨为研究对象开展δ^{13}C和δ^{15}N分析，在复原其食物结构的基础上，结合已经发表的相关研究成果，综合探讨本地区4000a BP前后先民的生业方式和经济类型。

二、材料与方法

（一）出土背景概况及样品选择

神圪垯梁遗址（38° 38′ N，109° 56′ E）东北距大保当镇5千米左右。2013年5月，陕西省考古研究院联合榆林市文物考古勘探工作队开始对该遗址进行勘探并发掘。截止到2014年底已经清理面积约1800平方米，发掘墓葬28座、房址13座、灰坑57座及陶窑等其他遗迹。从已发掘的情况来看，该遗址墓葬均为土坑竖穴墓，墓葬与房址、灰坑混杂，排列规律尚不清楚，但据墓葬规格和随葬品差异程度来看，当时社会分化较为明显。比如M7规格最高，棺椁俱全，开口面积与墓穴深度最大，墓主人仰身直肢，并于其右侧椁外陪葬侧身相对的成年女性，右侧壁龛内随葬折肩罐、斝、盆各1件及3件陶壶；其余墓葬中除M8随葬整猪1头及零星石制品外并无随葬品，墓坑也相对狭浅。根据对遗址出土陶器的初步观察，该遗址应属于永兴店—大口二期文化系统范畴，年代大致相当于龙山晚期至夏初阶段[11]。对M7人骨的AMS^{14}C测年结果表明，碳十四绝对年代为（3180±30）a BP，校正后为3825～3615 cal a BP（置信区间为2σ）。工具组合中，除细石器外，还有石刀、石铲等与农业相关的生产工具。经初步观察，动物遗存中既有与定居农业关系密切的家猪，又有代表草原畜牧经济的黄牛和羊。

（二）样品选取与实验方法

本研究所选动物样品包括狗1例，猪7例，黄牛6例，羊11例，人骨样品共计28个，个体分属25个墓葬及1个灰坑。样品详细信息参见表1。对人骨进行取样时，为尽量减小对骨架完整性的破坏以免影响人骨考古等相关工作的开展，我们选取的样品主要是碎骨或趾骨、肋骨等尺寸较小的骨骼。不同骨骼因代谢周期长短有异，其同位素值所能反映的食谱的时间段会有些许差异，但由于绝大多数样品来自代谢周期相近（10年左右或更长）的四肢骨，仅有2例来代谢周期较短（2～5年）的肋骨，因此数据结果对于我们认识遗址居民食物结构的整体情况影响不大[12]。

每个个体取约1克样品，机械去除样品表面的污染物后，加入0.5mol / L盐酸于5℃下浸泡，每隔2天换新鲜酸液，直至样品酥软无气泡为止。用去离子水清洗至中性，加入0.0125mol / L氢氧化钠，室温下浸泡20小时，再洗至中性。置入pH=3的溶液中，70℃下明胶化48小时，浓缩并热滤，冷冻干燥后即得胶原蛋白。最后称重，计算胶原蛋白得率（骨胶原重量/骨样重量），列于表1。

表1　　神圪垯梁遗址人与动物骨出土单位与测试结果信息表

Table 1　Sample details and stable carbon and nitrogen values of human and animal bone collagen from Shengedaliang site，Shaanxi，China

编号	单位	种属	部位	胶原产量	δ^{13}C（‰）	δ^{15}N（‰）	C（%）	N（%）	C/N
SGDL1	M1	人	右桡骨	10.2%	−7.3	9.1	46.5	16.9	3.2
SGDL2	M2南	人	右尺骨	5.1%	−8.5	6.3	44.6	16.3	3.2
SGDL3	M2北	人	右桡骨	5.3%	−8.7	6.5	45.7	16.7	3.2
SGDL4	M4	人	左锁骨	6.1%	−8.9	10.8	46.7	17.2	3.2
SGDL5	M5	人	右胫骨	3.9%	−8.6	6.2	44.7	16.2	3.2
SGDL6	M6	人	右胫骨	2.6%	−8.5	10.0	43.8	15.9	3.2
SGDL7	M7殉人	人	左趾骨	6.0%	−7.2	9.0	46.6	17.1	3.2
SGDL8	M7墓主人	人	右趾骨	11.1%	−8.7	9.7	47.7	17.5	3.2
SGDL9	M8	人	左趾骨	6.3%	−8.1	9.7	46.5	16.9	3.2
SGDL10	M9	人	右尺骨	2.3%	−9.7	9.1	42.0	15.2	3.2
SGDL11	M10	人	右桡骨	2.9%	−10.1	10.7	45.2	16.3	3.2
SGDL12	M12	人	左胫骨	2.8%	−7.7	9.8	45.5	16.2	3.3
SGDL13	M13	人	左锁骨	3.0%	−7.2	7.8	46.7	16.9	3.2
SGDL14	H2	人	右桡骨	2.7%	−7.7	9.3	46.6	17.0	3.2
SGDL15	H24	狗	左下颌	1.5%	−15.5	9.4	45.4	16.4	3.2
SGDL16	F1	猪	右下颌	2.8%	−7.6	8.2	44.7	16.3	3.2
SGDL17	F1	猪	右下颌	4.8%	−9.5	8.5	47.5	16.3	3.4

续表

编号	单位	种属	部位	胶原产量	$\delta^{13}C$（‰）	$\delta^{15}N$（‰）	C（%）	N（%）	C/N
SGDL18	H22	猪	左下颌	2.6%	−7.2	7.5	45.2	16.3	3.2
SGDL19	H3①	猪	左下颌	7.6%	−8.6	7.5	46.6	16.9	3.2
SGDL20	H40①	猪	左上颌	9.7%	−9.0	6.2	46.9	17.1	3.2
SGDL21	H2③	猪	左尺骨	3.0%	−8.8	8.3	42.8	15.4	3.2
SGDL22	H48③	黄牛	Ⅱ指/趾	2.0%	−15.1	6.7	45.8	16.5	3.2
SGDL23	H48③	黄牛	肩胛骨	4.7%	−12.6	6.7	42.7	15.4	3.2
SGDL24	F10	黄牛	Ⅰ指/趾	11.4%	−14.9	6.2	47.0	17.2	3.2
SGDL25	F1	黄牛	左下颌	7.3%	−15.6	7.1	46.6	17.0	3.2
SGDL26	H22	黄牛	右下颌	1.6%	−13.6	6.7	44.2	14.8	3.5
SGDL27	H40①	黄牛	右尺骨	4.7%	−16.6	5.7	42.6	15.2	3.3
SGDL28	H48③	羊	左掌骨	6.6%	−15.7	6.3	46.5	17.0	3.2
SGDL29	F10	羊	肩胛骨	12.2%	−17.2	4.2	46.4	16.9	3.2
SGDL30	F10	羊	右桡骨	16.1%	−14.8	7.0	39.6	14.4	3.2
SGDL31	F10	羊	掌骨	5.5%	−16.0	6.8	43.9	16.0	3.2
SGDL32	F1	羊	左下颌	7.8%	−15.5	7.0	47.6	17.1	3.2
SGDL33	F1	羊	左下颌	7.7%	−15.3	6.8	47.1	17.0	3.2
SGDL34	H22	羊	左下颌	6.6%	−16.1	6.7	45.4	16.2	3.3
SGDL35	H22	羊	左下颌	8.5%	−16.0	7.3	47.3	17.2	3.2
SGDL36	H2③	羊	右胫骨	10.3%	−15.1	6.9	47.3	17.2	3.2
SGDL37	H2③	羊	右肱骨	6.8%	−17.6	3.6	47.7	17.2	3.2
SGDL38	H40①	羊	左下颌	3.1%	−16.4	6.7	45.2	16.3	3.2
SGDL39	M8	猪	肋骨	4.7%	−7.7	7.4	43.3	15.6	3.2
SGDL40	M14	人	肋骨	6.7%	−7.7	8.9	43.3	16.1	3.1
SGDL41	M15	人	指骨	5.6%	−7.7	8.8	42.7	16.0	3.1
SGDL42	M16	人	头骨	4.2%	−7.5	11.8	43.5	16.1	3.2
SGDL43	M17	人	腓骨	10.3%	−13.3	8.4	39.3	14.4	3.2
SGDL44	M18	人	肋骨	3.2%	−6.9	7.5	43.2	16.0	3.1
SGDL45	M19	人	指骨	5.2%	−6.7	8.2	42.7	15.8	3.2
SGDL46	M20	人	指骨	4.5%	−7.4	9.0	42.6	15.9	3.1
SGDL47	M21	人	指骨	2.6%	−10.5	10.4	43.8	16.3	3.1
SGDL48	M22	人	指骨	3.1%	−7.4	9.6	44.2	16.5	3.1
SGDL49	M23	人	指骨	6.4%	−8.0	8.4	44.8	16.6	3.1
SGDL50	M24	人	指骨	10.2%	−14.6	7.0	41.4	15.4	3.1
SGDL51	M25	人	肋骨	3.0%	−8.7	8.4	41.7	15.6	3.1
SGDL52	M27	人	指骨	5.9%	−7.8	6.8	44.0	16.4	3.1
SGDL53	M28	人	指骨	6.0%	−7.2	9.2	44.1	16.4	3.1

样品胶原蛋白中C、N元素含量和稳定同位素的测定在中国科学院大学考古同位素实验室完成。测试仪器为ElemerntarVario PYRO元素分析仪串联Isprime100稳定同位素质谱仪。$\delta^{13}C$和$\delta^{15}N$分别以USGS24标定碳钢瓶气（以PDB为基准）和IAEA-N-1标定氮钢

瓶气（以AIR为基准）为标准，分析精度分别为±0.1‰和±0.2‰。C同位素的分析结果以相对美国南卡罗莱纳州（Caroline）白垩系皮迪组箭石C同位素丰度比（PDB）的$\delta^{13}C$表示，N同位素的分析结果以相对氮气（N_2，气态）的$\delta^{15}N$表示。样品的C、N含量及C、N稳定同位素比值皆列于表1。

三、结果与讨论

稳定同位素分析原理前人多有论及，此处不再赘述[13]。本次实验所得骨胶原的C、N含量范围分别为36.8%～47.7%，14.4%～17.5%，和C/N摩尔比值介于3.1～3.5之间。根据未污染骨胶原的C、N含量与C/N摩尔比值范围[14]，这些样品均可以用于食谱重建。全新世时期长城沿线地区野生植物基本为C_3植物，C_4植物的丰度可以忽略[15]，而粟和黍（C_4植物）是中国北方地区新石器时代至先秦时期的主要粮食作物。因此，通过对人骨和动物骨骼$\delta^{13}C$值进行分析，即可大致了解粟作农业对先民和家畜食谱的贡献。根据现有的资料可知，木本植物及大多数草本植物（如麦，水稻）等C_3植物的$\delta^{13}C$值大约为−26.5‰左右[16]；粟，黍的$\delta^{13}C$值大约为−12.5‰左右[17]。受工业革命后化石燃料燃烧的影响，现代大气$\delta^{13}C$值较史前低约1.5‰，由此导致植物$\delta^{13}C$也较史前低1.5‰左右[18]。因此，史前时期两种植物$\delta^{13}C$平均值应分别为−25.0‰和−11.0‰。考虑到从食物到骨胶原碳同位素大约富集+5‰[19]，分别以C_3和C_4类食物为食的个体其骨胶原$\delta^{13}C$应分别在−20.0‰和−6.0‰左右。

（一）家畜饲养策略

猪的$\delta^{13}C$（n=7）集中分布于−9.5‰～−7.2‰，均值为（−8.4±0.9）‰，明显表现出以C_4食物为主的食谱特征，其食物应基本来自秸秆、谷糠等与粟作农业有关的产品。仅有的1个家狗个体的$\delta^{13}C$值（−15.5‰）呈现出C_3/C_4混合型的食物结构，这意味着该个体消费粟类食物的机会远小于家猪。两种食草动物黄牛（n=6）和羊（n=11）$\delta^{13}C$值的均值分别为（−14.7±1.4）‰和（−16.0±0.8）‰，单因素方差分析（ANOVA）的结果来看，两种动物食物结构的呈现出显著性差异（$P=0.04<0.05$）。这意味着总体上黄牛相比羊摄入了较多的C_4类植物（主要源自粟类食物）。从具体数据的分布来看，多数黄牛与羊的同位素分布基本一致。因此，这种差异应主要是部分黄牛（SGDL23，SGDL26）主要以C_4类食物（即诸如秸秆、谷糠等粟作农业副产品）为食所造成的。其余黄牛与羊一样，以C_3类食物为主食，同时消费了少量C_4植物。SGDL23与SGDL26和其他黄牛及羊食物结构的差别可能分别代表舍饲为主与放养为主的两种饲养方式[20]。

所有动物中狗的$\delta^{15}N$值最高（9.4‰），位于食物链顶端；猪是杂食动物，$\delta^{15}N$也稍高［均值为（7.7±0.8）‰，n=7］。由此推测，家猪和狗生前当摄取了一定量的动物性蛋白。这或许与其生前吃了较多残羹剩饭有关[21]。黄牛和羊的$\delta^{15}N$接近，分别为（6.5±0.5）‰和（6.3±1.2）‰，体现了较为明显的食草动物特征[22]。

自驯化以来，家猪饲养一直是古代东亚地区农业居民获取动物资源的主要方式[23]。目前，陕北地区仅靖边五庄果墚遗址做了家畜饲养策略研究。管理等根据稳定同位素结果指出，五庄果墚的猪以C_4类为主要食物来源[24]。这与本研究的发现相似，即两个遗址家猪的饲养均受到谷物栽培（黍和粟）的强烈影响。类似的情况在中原地区仰韶和龙山遗址中非常普遍，如临潼康家、灵宝西坡[25]、高陵东营[26]、襄汾陶寺[27]、新密新砦[28]、禹州瓦店[29]。由此我们认为，神圪垯梁遗址的粟作农业生产为家猪饲养提供了充足的饲料。

作为食草动物的黄牛和羊，龙山时代开始在华北地区逐渐普及。它们的出现意味着人们开始利用草食性动物开发新的生计资源（草本植物）。这无疑会提高诸如陕北这类农业边缘地区土地资源的利用效率，增加土地承载力。因此，它们的出现是家畜饲养业发展到一个新阶段的标志，也是草原畜牧经济得以建立的前提。从高陵东营[30]、襄汾陶寺[31]、禹州瓦店[32]的黄牛和羊的饲养策略研究来看，龙山时代粟作农业核心区的黄牛应以舍饲为主，食物主要来自粟作农业副产品；而羊则主要利用不宜耕种的区域放养，食物以野生植物为主，摄入粟类食物的比例明显较低。就目前来说，这一特点可能一直持续到青铜时代早期的偃师二里头与安阳郼邓遗址[33]。

如上所述，神圪垯梁遗址羊的食物应主要来自C_3类植物，它们的饲养方式应以野外放养为主。两例$\delta^{13}C$较高的黄牛（SGDL23，SGDL26）显然被经常性地喂食粟类食物，应以舍饲为主。其余黄牛的$\delta^{13}C$明显低于东营、陶寺、瓦店等粟作农业核心区同时期遗址，它们应以野生植物为主要食物来源，摄入的粟作农业产品非常有限。因此，我们认为神圪垯梁遗址黄牛的饲养管理更具多样性，虽然仍存在舍饲的行为，但野外放养已经成为该遗址饲养黄牛的主要方式。究其原因，我们认为可能与当地丰富的宜牧土地及牧草资源有关。史料所载，遗址所在的大保当镇即属于史书之上郡。《史记·货殖列传》：“（上郡）有戎翟之畜，畜牧为天下饶。”西汉以来，该地区还是重要的军马饲养基地。《汉书·景帝纪第五》：“六月，匈奴入雁门，至武泉，入上郡，取苑马。”

（二）先民食物结构

神圪垯梁先民（n=28）$\delta^{13}C$均值为（−8.5 ± 1.8）‰，分布在−14.6‰与−6.7‰之间。这说明该遗址大多数居民主要以C_4类食物（即粟和黍及用其副产品饲养的家猪）为主，仅偶尔消费C_3类食物（即狩猎采集所得食物及牧养的黄牛和羊等）。这一特征与关中地区仰韶及龙山时期遗址相似，代表了粟作农业人群食物结构的典型特征，即以黍和粟两种小米为主食。如姜寨先民（n=21）$\delta^{13}C$与$\delta^{15}N$均值为（−9.9 ± 1.1）‰、（8.6 ± 0.5）‰，鱼化寨先民（n=25）$\delta^{13}C$与$\delta^{15}N$均值为（−8.6 ± 1.4）‰、（9.3 ± 0.7）‰[34]，东营先民（n=5）$\delta^{13}C$与$\delta^{15}N$均值为（−8.0 ± 1.3）‰、（9.0 ± 0.3）‰[35]。与此同时，SGDL43与SGDL50两个个体明显消费了较高比例的C_3类食物，可见遗址人群在消费行为方面可能有一定程度的差异。考虑到水稻与麦类作物这些C_3类谷物在陕北地区4000a BP前后考古遗址中的出土概率和绝对数量甚为有限，我们认为这两个个体可能并非本地居民。通过与新石器时代末期与青铜时代早期其他地区人群食物结构的比较我们发现，SGDL43与SGDL50两个个体的同位素数据与甘青临潭磨沟遗址［$\delta^{13}C$与$\delta^{15}N$均值为（−13.9 ± 1.6）‰、（10.2 ± 1.2）‰，n=37］[36]，湖北郧县青龙泉遗址［$\delta^{13}C$与$\delta^{15}N$均值为（−14.5 ± 1.4）‰、（8.9 ± 1.2）‰，n=25］[37]人群的食物结构较为相近，这暗示这两个个体或许与黄河上游农牧兼营的人群或汉水流域或其他地区稻粟混作区的人群有关。要确认他们的来源，今后还需要结合Sr同位素和S同位素等相关分析方法做进一步研究。

人骨δ^{15}N值为6.2‰～11.8‰，平均值为（8.8±1.4）‰，整体上仅稍高于家猪δ^{15}N值［（7.7±0.8）‰，n=7］。据此可推测肉食在神圪垯梁遗址居民食谱中总体比例较低。同时，从图1中可知，神圪垯梁先民δ^{15}N值差异较大。这种情况的原因之一可能是不同个体肉食消费的程度有所差异。比如，M2合葬墓两个个体的δ^{15}N值分别为6.3‰，6.5‰，与食草动物接近，甚至低于家猪和狗，也意味着他们生前消费肉食的机会极为有限；但M16的δ^{15}N值却高达11.8‰，意味着其食物中可能有较多的动物性蛋白。

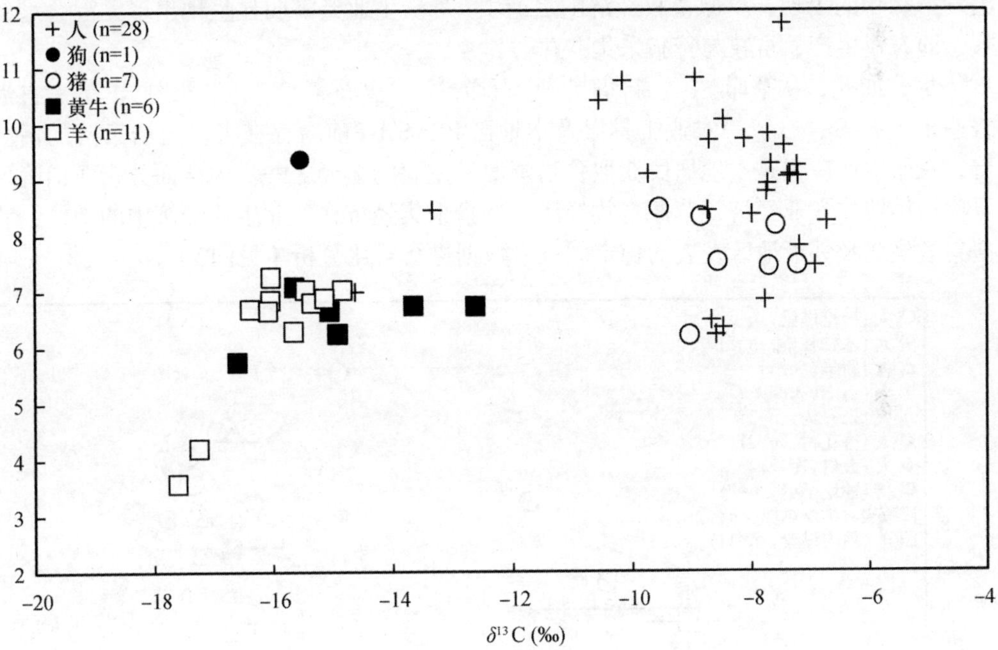

图1　神圪垯梁遗址人和动物骨胶原δ^{13}C和δ^{15}N散点图

Figure 1　Scatter plot showing δ^{13}C and δ^{15}N values of human and animal bone collagen from Shengedaliang site in Shaanxi, China

为深入了解不同人群在饮食结构方面是否存在差异，我们结合人骨出土背景做进一步的分析。随葬品方面，M7有殉人及一组陶器随葬，M8有猪和3件粗糙的石质刮削器随葬，其余皆无随葬品。M7墓主人和M8墓主人的δ^{13}C值分别为与−8.7‰，−8.1‰，与人群平均值（−8.5±1.8）‰接近；δ^{15}N值均为9.7‰，虽然稍高于平均值（8.8±1.4）‰，但并未呈现出明显高于其他个体的情况。尤其值得注意的是，M7墓主人与殉人的δ^{15}N值同位素也相差不大（0.7‰）。根据墓口宽度，发掘者将墓葬分为三类：2米以上属大型墓，仅发现1座M7；1～2米为中型墓，发现2座（M1和M2）；其余为1米以下的小型墓。然而，无论是大墓M7，还是中型墓M1和M2，在δ^{13}C值上也均为表现出特殊性，δ^{15}N值也没有明显高出其他个体。由此可见，就稳定同位素结果来看，不同墓葬形制的个体在食物结构上并未呈现出显著差异。要解决不同等级人群是否在食物结构上出现分化，今后还需要做进一步的研究。

（三）陕北地区龙山晚期至夏初的生业经济

陕北地区地处半湿-润半干旱向干旱地区过渡带上，过渡性的生态与气候条件使得区域内生物资源也呈现出过渡性的特点。作为人类获取食物资源的方式，生业方式既受制于自然条件，又因生产技术的进步而不断演变。从目前的资料来看，至少在仰韶文化早期，粟作农业的食物生产技术开始传入陕北地区，改变了本地更新世以来单纯通过狩猎采集获取食物资源的生业方式和环境适应策略[38]。龙山时代之后，随着黄牛和羊这类食草动物的出现，草原畜牧经济随之产生[39]。生业经济明显呈现出多元混合型的模式，即农业生产、畜牧与狩猎采集并存。

尽管如此，从寨峁[40]、新华[41]、石峁[42]、火石梁[43]、朱开沟[44]等考古遗址普遍出土石刀、石铲等农业工具以及本地区4000a BP前后存在大量定居聚落的情况来看，农业生产应仍是本地居民获取食物资源最重要的途径之一。为全面分析龙山晚期至夏代初年粟作农业经济，草原畜牧经济，狩猎采集经济在陕北生业经济中的地位，我们搜集了陕北及邻近地区发表的稳定同位素数据进行对比分析（见图2）。

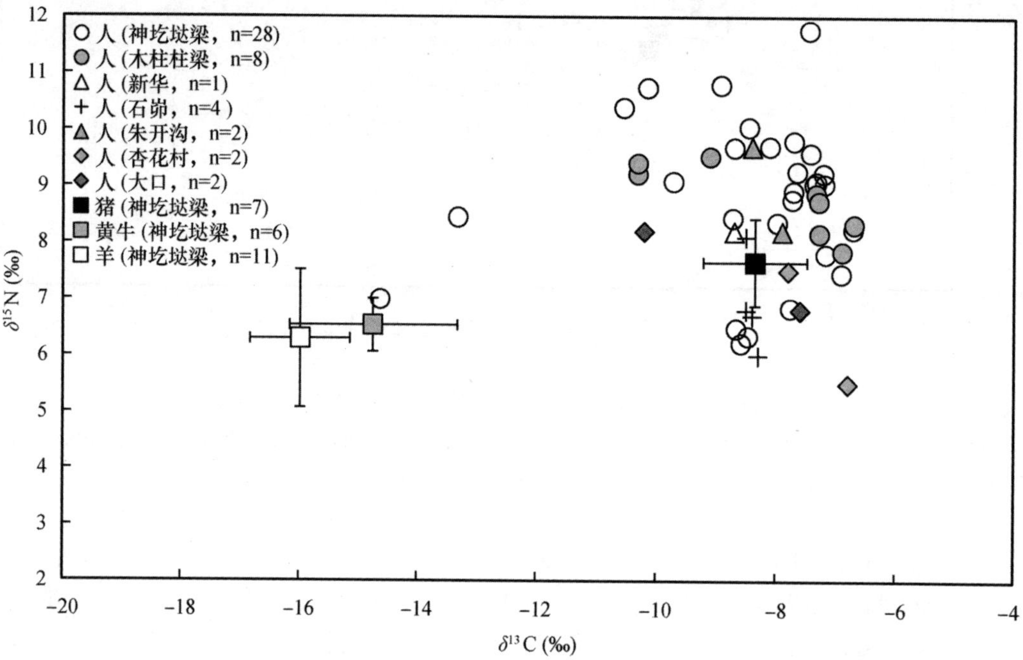

图2 陕北及周邻地区龙山晚期至夏初若干遗址人与动物骨胶原δ^{13}C和δ^{15}N散点图

Figure 2 Scatter plot of δ^{13}C and δ^{15}N values of human and animal bone collagen from Late Neolithic archaeological sites in northern Shaanxi and around

从陕西神木木柱柱梁[45]、新华、石峁、内蒙古伊金霍洛旗朱开沟、准格尔旗大口等遗址[46]已发表的人骨同位素数据来看，这些聚落居民的δ^{13}C值与神圪垯梁大多数人骨相近，甚至与粟作农业较为发达的黄河中游地区同时期遗址不相上下，如关中地区高陵东营［（−8.0 ± 1.3）‰，n=5］[47]，晋南地区襄汾陶寺［（−6.6 ± 1.0）‰，n=7］[48]，中原地区新密新砦［（−9.6 ± 1.4）‰，n=8］[49]。这种情况表明，4000a BP前后陕北及邻近地区与黄河中游粟作农业区先民的食物结构基本相似，均以粟、黍以及用粟和黍饲养的家畜为主要食物来源。由此可知，粟作农业经济是陕北地区龙山晚期到夏代初年的主要生计方式，新出现的草原畜牧经济对先民生业的贡献应处较低的水平。

事实上，在环境条件允许的情况下，农耕生产能够养活的人口远比草原畜牧经济要多，因此对于人口—资源压力较大的地区也更具有吸引力[50]。环境考古研究表明，陕北地区4000a BP前后的气候环境适应发展农业生产。从土壤颗粒度、磁化率、化学成分分析等指标来看，全新世以来本地出现了若干个适宜农耕的土壤发育期。其中，4400 ~ 3500a BP是最为重要的成壤期[51]。王辉等也认为，龙山晚期至夏初神木新华遗址周围草原植被繁茂，水热条件较好，适宜农耕，同时期孢粉组合中较高的藜科/蒿属比值和禾本科花粉，也暗示当时农业活动保持有较高的强度[52]。

从以上的分析可以看出，以神圪垯梁为代表的龙山至夏初考古遗址中，既从事粟作农业生产，又经营一定规模的从事草原畜牧活动。但从同位素结果来看，粟和黍两种小米仍是人们的主食，同时还为家猪饲养提供了饲料。以放牧黄牛和羊为主要内容的草原畜牧经济只是粟作农业生产的补充。农业繁荣和农业生产发展首先为社会提供了稳定的食物供给，从而满足人口增长和群体发展的需要，也使得人们可以有更多的时间和精力投身诸如势力扩张、商品贸易、文化交流、公共设施修建等其他方面的活动。在陕北地区，这一影响以众多4000a BP前后的考古遗址密集分布为物化形式。比如大保当镇周围5千米范围内便同时分布有新华、神圪垯梁、木柱柱梁同时期聚落数处。农业的发展促进了财富积累的速率并使得人口持续性增加，社会分工和分化也随之逐渐加速，这些因素是陕北地区文明化进程在4000a BP前后骤然提速的必要条件。

龙山时期以来，陕北及周邻地区有着类似的聚落形态，生活用器和丧葬习俗，物质文化呈现出高度一致性，并愈演愈烈。学术界认为这种现象是本地区考古学文化背后人群一致性的表现。相似的生计方式是人群间文化认同形成、维持和稳固的基础。农耕生产方式和农业生产关系的持续性发展在一定程度上是本地区文化向心力的一种体现，也是当地社会与其他地区维持社会联系，保持群体认同的重要基础。因此，即便已经具备了从事草原畜牧经济的条件，或许是文化的惯习使得人们在环境未显著恶化之前继续保持传统，将农耕经济作为主要生计。3800a BP之后或许稍晚，气候和环境条件进一步恶化，黄色细砂层的大范围分布和毛乌素沙漠的扩张表明本地区夏纪年中晚期之后的近一千年内已经不再适宜农业生产[53]，定居的村落与区域中心不复存在，繁荣的农业社会随之消失，直至东周时期游牧经济兴起之后陕北地区才再一次出现频繁的人类活动[54]。

四、结　论

为了深入探讨陕北地区4000a BP前后文明化进程快速演进的动因，我们以神圪垯梁遗址出土的骨骼遗存为研究对象，利用碳氮稳定同位素分析方法重建了先民食谱和家畜的饲养方式，在此基础上结合已发表的相关研究成果，具体分析了本地区的生业经济面貌。我们发现，粟与黍这两类小米是神圪垯梁遗址先民的主要食物。家畜饲养方面，猪的饲料主要来自与粟作农业生产有关的食物，如谷糠、剩余谷物等。与此同时，大多数黄牛与羊以野生植物为食，这意味着以放牧黄牛和羊为主要内容的草原畜牧经济也初露端倪。结合相关遗址的研究结果，我们认为陕北地区距今4000年前后虽然呈现出多元化的生计策略，即粟作农业生产、草原畜牧与狩猎采集并存，但是人们膳食的主要来源仍是粟和黍这两种小米，也就是说生业经济的主体仍是粟作农业生产。农耕经济的繁荣为本地人口增殖、财富积累、社会发展提供了充足的物质保障，这也是陕北及周邻地区龙山时代以来考古学文化繁荣发展，文明化进程骤然提速的经济基础。

注 释

[1] a. 袁靖：《试论经济技术与经济发展状况与中华文明形成的关系》，见科技部社会发展科技司、国家文物局博物与社会文物司编：《中华文明探源工程文集：技术与经济卷》（1），北京：科学出版社，第1-9页。

b. 袁靖：《再论经济技术与经济发展状况与中华文明形成的关系》，见科技部社会发展科技司、国家文物局博物与社会文物司编：《中华文明探源工程文集：技术与经济卷》（1），北京：科学出版社，第10-21页。

[2] 国家文物局编：《中国文物地图集》（陕西分册），西安：西安地图出版社，1998年。

[3] 孙周勇、邵晶：《瓮城溯源——以石峁遗址外城东门址为中心》，《文物》2016年第2期，第50-56页。

[4] 管理、胡耀武、胡松梅、孙周勇、秦亚、王昌燧：《陕北靖边五庄果墚动物骨的C和N稳定同位素分析》，《第四纪研究》2008年第28卷第6期，第1160-1165页。

[5] 马明志：《河套地区齐家文化遗存的界定及其意义》，《文博》2009年第5期，第16-24页。

[6] 胡松梅、张鹏程、袁明：《榆林火石梁遗址动物遗存研究》，《人类学学报》2008年第27卷第3期，第232-248页。

[7] 薛祥煦、李永项、于学峰：《陕西神木新华遗址中的动物遗骸》，见陕西省考古研究所、榆林市文物保护研究所编：《神木新华》，北京：科学出版社，2005年，第355-367页。

[8] 王辉、莫多闻、袁靖：《陕北长城沿线先秦时期生业与环境的关系》，《第四纪研究》2014年第34卷第1期，第234-243页。

[9] a. Atahan P, Dodson J, Li X, Zhou X, Chen L, Barry L, Bertuch F. 2014. Temporal trends in millet consumption in northern China. *Journal of Archaeological Science*, 50: 171-177.

b. 陈相龙、郭小宁、胡耀武、王炜林、王昌燧：《陕西神木木柱柱梁遗址先民食谱研究》，《考古与文物》2015年第5期，第129-135页。

[10] a. 魏坚：《试论永兴店文化》，《文物》2000年第9期，第64-68页。

b. 韩建业：《老虎山文化的扩张与对外影响》，《中原文物》2007年第1期，第20-26页。

c. 同[5]。

[11] 陕西省文物考古研究院、榆林市文物考古勘探工作队、神木县文管办：《陕西神木县神圪垯梁遗址发掘简报》，《考古与文物》2016年第4期，第34-44页。

[12] Cox G, Sealy J. 1997. Investigating identity and life histories: Isotopic analysis and historical documentation of slave skeletons found on the Cape Town foreshore, South Africa. *International Journal of Historical Archaeology*, 1: 207-224.

[13] a. 蔡莲珍、仇士华：《碳十三测定和古代食谱研究》，《考古》1984年第10期，第949-955页。

b. 张雪莲、王金霞、洗自强、仇士华：《古人类食物结构研究》，《考古》2003年第2期，第159-171页。

c. 胡耀武、王昌燧：《中国若干考古遗址的古食谱分析》，《农业考古》2005年第3期，第49-54页。

[14] a. De Niro M J. 1985. Postmortem preservation and alteration of *in vivo* bone collagen isotope ratios in relation to palaeodietary reconstruction. *Nature*, 317: 806-809.

b. Ambrose S H. 1990. Preparation and characterization of bone and tooth collagen for isotopic analysis. *Journal of Archaeological Science*, 17: 431-451.

c. van Klinken G J. 1999. Bone Collagen quality indicators for palaeodietary and radiocarbon measurements. *Journal of Archaeological Science*, 26: 687-695.

[15] a. Tieszen L L, Ojima D, Chuluun T, Chen Z, Baatar R, Chognii O, Erdenejav G. 1999. Grasslands of Asia and North America: distribution of soil organic carbon and stable isotopes in grasslands of the Mongolian Steppe. David E, David F, eds. *Proceedings of VI International Rangeland Congress, People and Rangelands-Building the Future*. Townsville: VI International Rangeland Congress. 138-139.

b. 顾兆炎、刘强、许冰、韩家懋、杨石岭、丁仲礼、刘东生：《气候变化对黄土高原末次盛冰期以来的C_3/C_4植物相对丰度的控制》，《科学通报》2003年第48卷第13期，第1458-1464页。

c. 刘恋、周鑫、于严严、郭正堂：《黄土高原自然植被的土壤有机碳同位素证据》，《第四纪研究》2011年第31卷第3期，第506-513页。

[16] a. O'Leary MH. 1981. Carbon isotope fractionation in plants. *Phytochemistry*, 20: 553-567.

b. 王国安、韩家懋、刘东生：《中国北方黄土区C3草本植物碳同位素组成研究》，《中国科学D辑：地球科学》2003年第33卷第6期，第550-556页。

c. 王国安、韩家懋、周力平、熊小刚、谭明、吴振海、彭隽：《中国北方黄土区C_4植物稳定碳同位素组成的研究》，《中国科学D辑：地球科学》2005年第35卷第12期，第1174-1179页。

[17] Yang Q, Li X Q, Liu W G, Zhou X Y, Zhao K L, Sun N. 2011. Carbon isotope fractionation during low temperature carbonization of foxtail and common millets. *Organic Geochemestry*, 42: 713-719.

[18] Marino B D, McElroy M B. 1991. Isotopic composition of atmospheric CO_2 inferred from carbon in C_4 plant cellulose. *Nature*, 349: 127-131.

[19] a. van der Merwe N J, Vogel J C. 1978. ^{13}C content of human collagen as a measure of prehistoric diet in woodland North America. *Nature*, 276: 815-816.

b. Lee-Thorp J A, Sealy J C, van der Merwe N J. 1989. Stable carbon isotope ratio differences between bone collagen and bone apatite, and their relationship to diet. *Journal of Archaeological Science*, 16: 585-599.

［20］ 陈相龙、袁靖、胡耀武、何驽、王昌燧：《陶寺遗址家畜饲养策略初探》，《考古》2012年第9期，第75-82页。

［21］ a. Pechenkina E A, Ambrose S H, Ma X, Benfer J R A. 2005.Reconstructing northern Chinese Neolithic subsistence practices by isotopic analysis. *Journal Archaeological Science*, 32: 1176-1189.

b. 管理、胡耀武、王昌燧、汤卓炜、胡松梅、阚绪杭：《食谱分析方法在家猪起源研究中的应用》，《南方文物》2011年第4期，第116-124页。

［22］ Bösl C, Grupe G, Peters J. 2006. A Late Neolithic vertebrate food web based on stable isotope analyses. *International Journal of Osteoarchaeology*, 16: 296-315.

［23］ Yuan J, Flad R K. 2002. Pig domestication in ancient China. *Antiquity*, 76: 724-732.

［24］ 同［4］。

［25］ 同［21］a。

［26］ Chen X L, Hu S M, Hu Y W, Ma R Y, Wang W L, Lu P, Wang C S. 2016. Raising practices of Neolithic livestock evidenced by stable isotope analysis in the Wei River valley, North China. *International Journal of Osteoarchaeology*, 26: 42-52.

［27］ 同［20］。

［28］ 吴小红、肖怀德、魏彩云、潘岩、黄蕴平、赵春青、徐晓梅、Ogrinc N：《河南新砦人、猪食物结构与农业形态和家猪驯养的稳定同位素证据》，见中国社会科学院考古研究所考古科技中心编：《科技考古》（第二辑），北京：科学出版社，第49-58页。

［29］ Chen X L, Fang Y M, Hu Y W, Hou Y F, Lü P, Yuan J, Song G D, Fuller B T, Richards M P. 2015. Isotopic reconstruction of the late Longshan period（ca. 4200-3900 BP）dietary complexity before the onset of state-level societies at the Wadian site in the Ying River Valley, Central Plains, China. *International Journal of Osteoarchaeology*, 26: 808-817.

［30］ 同［26］。

［31］ a. 张雪莲、仇士华、薄官成、王金霞、钟建：《二里头遗址、陶寺遗址部分人骨碳十三、氮十五分析》，见中国社会科学院考古研究所考古科技中心编：《科技考古》（第二辑），北京：科学出版社，2007年，第41-48页。

b. 同［20］。

［32］ 同［29］。

［33］ a. 侯亮亮、李素婷、胡耀武、侯彦峰、吕鹏、曹凌子、胡保华、宋国定、王昌燧：《先商文化时期家畜饲养方式初探》，《华夏考古》2013年第2期，第130-139页。

b. 司艺、李志鹏、胡耀武、袁靖、王昌燧：《河南偃师二里头动物骨胶原的H、O稳定同位素分析》，《第四纪研究》2014年第34卷第1期，第196-203页。

［34］ a. 张雪莲、仇士华、钟建、赵新平、孙福喜、程林泉、郭永淇、李新伟、马萧林：《中原地区几处仰韶文化时期考古遗址的人类食物状况分析》，《人类学学报》2010年第29卷第2期，第197-207页。

b. 郭怡、胡耀武、高强、王昌燧、Richards M P：《姜寨遗址先民食谱分析》，《人类学学报》2011年第30卷第2期，第149-157页。

［35］ 同［26］。

[36] Ma M, Dong G, Jia X, Wang H, Cui Y, Chen F. 2016. Dietary shift after 3600 cal yr BP and its influencing factors in northwestern China: Evidence from stable isotopes. *Quaternary Science Review*, 145: 57-70.

[37] 郭怡、胡耀武、朱俊英、周蜜、王昌燧、Richards M P：《青龙泉遗址人和猪骨的C，N稳定同位素分析》，《中国科学：地球科学》2011年第41卷第1期，第52-60页。

[38] a. 严文明：《内蒙古中南部原始文化的有关问题》，见内蒙古文物考古研究所编：《内蒙古中南部原始文化研究文集》，北京：海洋出版社，1991年，第3-12页。

b. 韩建业：《中国西北地区先秦时期的自然环境与文化发展》，北京：文物出版社，2008年。

[39] a. 同[5]。

b. 同[8]。

[40] 吕智荣：《陕西神木县寨峁遗址发掘简报》，《考古与文物》2002年第3期，第3-18页。

[41] 王辉、莫多闻、潘永刚、曹玮、李水城：《陕西神木新华遗址环境考古研究》，见陕西省考古研究院、榆林市文物保护研究所编：《神木新华》，北京：科学出版社，2005年，第383-396页。

[42] 戴应新：《陕西神木县石峁龙山文化遗址调查》，《考古》1977年第3期，第154-157页。

[43] 同[6]。

[44] 内蒙古自治区文物考古研究所、鄂尔多斯博物馆编：《朱开沟》，北京：文物出版社，2000年。

[45] 同[9]b。

[46] 同[9]a。

[47] 同[26]。

[48] 同[31]a。

[49] 同[28]。

[50] 张良仁：《农业与文明起源》，《考古》2011年第5期，第61-65页。

[51] 高尚玉、陈渭南、靳鹤龄、董光荣、李保生、杨根生、刘连友、关有志、孙忠、金炯：《全新世中国季风区西北缘沙漠演化初步研究》，《中国科学B辑》1993年第23卷第2期，第202-208页。

[52] 同[41]。

[53] 同[41]。

[54] 戴应新、孙嘉祥：《陕西神木县出土匈奴文物》，《考古》1983年第12期，第23-30页。

Stable Carbon and Nitrogen Isotope Records Revealing Subsistence Economies at the Shengedaliang Site around 4000 a BP in Northern Shaanxi, China

CHEN Xiang-long, GUO Xiao-ning, WANG Wei-lin, HU Song-mei, YANG Miao-miao, WU Yan, HU Yao-wu

Abstract: The northern portion of Shaanxi Province, also known as northern Shaanxi, is located in the southern part of the farming-pastoral transitional zone and between the semi-arid and semi-humid climatic regions in north-central China. The Holocene environmental data obtained within northern Shaanxi suggest a lower soil productivity and less precipitation than those documented in the Guanzhong Basin to the south. However, the presence of many archaeological sites and their long history of occupation in northern Shaanxi strongly argue for highly developed archaeological cultures of the late Neolithic (ca. 4500-4000 a BP) to early Bronze Age (ca. 4000-3500 a BP) along tributaries of the middle Yellow River. Some very large sites, such as Shimao, Zhaomao, and Xinhua, emerged during this period of time, with Shimao being so far the biggest late Neolithic site in China. The large site size (covering an area of some 4 000 000 m^2), outstanding construction techniques, and an integrated defense system make Shimao one most famous Neolithic walled settlement in East Asia. The very impressive settlement size and layout, along with rich material remains and signs of complex social organization, reflects a highly development of social and cultural changes in northern Shaanxi.

Although significant social and cultural changes undoubtedly occurred in northern Shaanxi during the Neolithic to the early Bronze Age, their relation to and influence on economic and sociopolitical activities remain quite unclear. An investigation into the interplay between subsistence economy and cultural adaptation and its changes over time therefore opens a window for addressing the aforementioned issues. Previous archaeological studies conducted elsewhere have well established the human adaptation through the Yangshao (ca. 7000-4500 a BP) to Longshan (ca. 4500-4000 a BP) periods; more importantly, stable carbon and nitrogen isotope analyses have shown a wide adoption and well-established millet farming in the Yellow River valley since the late Yangshao period and suggested the practice of feeding animals (pigs in particular) with millet grains which, for example, has been reported at the Wuzhuangguoliang site. Taking care of cattle and sheep/goat, as zooarchaeological data have indicated, did not begin in northern Shaanxi until the final phase of the late Neolithic. In general terms, it can be said without doubt that people living in northern Shaanxi back in the late Neolithic period relied heavily on millet agriculture, especially given the isotope analyses targeting material remains from Muzhuzhuliang and Xinhua, both in northern Shaanxi and not far from Shimao. So far, a lot of attention has been paid to the relationships between different archaeological cultures/sites in northern Shaanxi, and many studies have been carried out towards such a goal, following analyses of pottery and burial styles or house structures. Unfortunately, they contribute limitedly to the understanding of subsistence strategies and their changes over space and time in northern Shaanxi. This is the research background against which the present isotope study was carried out.

The present paper introduces a stable carbon and nitrogen isotope analysis, which was conducted on human and animal bones collected from the Shengedaliang site in Shenmu County, in the hope of understanding the human and animal diet and exploring humans' subsistence economy at the site. A total of 52 samples, including 28 human and 24 animal bones, were collected for a stable carbon and nitrogen isotope ratio analysis. Published stable isotopic data available for the same or surrounding areas were also collected for later discussion . As indicated by δ^{13}C (from −14.6‰ to −6.7‰ with a mean value of −8.5 ± 1.8‰) and δ^{15}N (from 6.2‰ to 11.8‰ with a mean value of 8.8 ± 1.4‰) values, inhabitants of the Shengedaliang site are believed to have relied on foxtail and broomcorn millets as their staple food. C_4 nutrients, mostly derived from millets, were also widely noticed in pigs' bones, suggesting that pigs should have been fed with millet, possibly in terms of straws, a practice well noticed among Neolithic agricultural communities in the Guanzhong Basin as well as in the Central Plains. By contrast, sheep/goats (δ^{13}C=−16.0 ± 0.8‰, δ^{15}N=6.3 ± 1.2‰, n=11) and most cattle (δ^{13}C=−14.7 ± 1.4‰, δ^{15}N=6.5 ± 0.5‰, n=6) consumed mainly wild plants. This may suggest a possible practice of grassland animal husbandry. Taking published data (archaeobotanical and zooarchaeological evidence in particular) into consideration, it is concluded that people living in northern Shaanxi mainly relied on millet agriculture around 4000 a BP, even although a mixed subsistence economy consisting of millet farming, grassland animal husbandry, hunting and gathering was very likely. Millet farming must be intensively carried out to produce enough food to sustain a growing population and even allow for status/wealth differentiation. This way of food production could have brought great changes to the landscape in which settlements were located and in return stimulated social complexity in northern Shaanxi and its surrounding regions. More research is needed to investigate the exact nature of the interplay between social changes and those in subsistence economy.

Key Words: Northern Shaanxi; 4000 BP; Shengedaliang site; stable carbon and nitrogen isotopes; subsistence economy

（原刊于《中国科学：地球科学》2017年第1期，略有改动）

殷墟晚商玉器阴刻技术试析

叶晓红　唐际根　何毓灵

摘要：玉器阴刻工艺始见于新石器晚期。至商周时期，随着青铜器的崛起，玉器的礼制功用式微，而装饰性和实用性增强。在这种新的时代需求的促进下，阴刻工艺发展成为该阶段玉器技术体系中极为突出的一类技术。自商晚期开始，玉器在继承史前玉器传统的基础上，深受青铜文化浸染，具有重复性和对称性特点的阴刻纹饰逐渐发展成为其主流装饰风格。这不仅对之后的玉器艺术风格产生了深远的影响，同时也对一定时期内玉器技术的选择性发展起到了明显的导向性作用。本文对妇好墓出土的7件玉器进行微痕观察，发现传统的手持石制工具除了被用于少量阴刻纹饰的细节制作，很大程度上已被携带解玉砂的旋转砣具所取代。通过考察加工工序，发现玉工往往将器物打磨修整之后才进行纹饰的精雕细琢，意味着这一锦上添花的工序极受重视。此外，我们观察到砣具在该时期尚未用于切割、打磨等技术，说明早期砣具在玉器技术体系里的应用存在选择性和局限性。就中国玉器技术史而言，砣具的应用是加工技术从纯粹手工到半机械化的分水岭，而晚商时期正处于这个极为重要的变革阶段。晚商时期玉器阴刻纹饰的盛行不止受当时社会、政治、宗教等内因的推动，也与内因推动下新工具的发明利用等客观条件的支持有着直接关系。

关键词：殷墟　妇好墓　玉器　阴刻技术

一、引　言

根据国内已公布的考古材料，玉器阴刻工艺始见于新石器晚期，商周时期极为盛行。其中的技术问题受到了颇多关注，学界也存在一些不同意见。如红山文化玉人、玉凤的阴刻纹被认为使用了石质工具的锯片切割技术[1]。良渚文化玉器上频繁出现的神人兽面纹、鸟纹等，学界多认为是手持石质工具刻划而成[2]。也有学者主张红山、凌家滩、良渚文化的玉器纹饰是以砣具琢磨或兼以手刻而成[3]。笔者曾就两城镇出土龙山文化玉圭的兽面纹开展微痕分析，认为属于手持石质工具刻划而成[4]。甚至二里头文化四期的大型玉兵器如七孔刀上的阴刻网格纹仍然沿用该技术[5]。商晚期玉器出土数量增多，如殷墟、新淦、三星堆等遗址所出玉器都极为壮观，学界多认为该时期的玉器阴刻纹饰是用旋转砣具制成[6]。西周玉器更是数量多、器形丰富，其中，強国玉器的阴刻纹饰经研究被认为是砣具制成[7]。春秋时期，玉工继承和发展了自商晚期流行起来玉器艺术风格，旋转砣具技术已成熟且广泛地用于阴刻工艺[8]。另外，Margaret Sax根据微痕观察认为，旋转砣具自商晚期被应用于玉器阴刻，之后与手持工具的使用长期并存，直到唐朝阴刻工艺才完全使用旋转砣具[9]。

纵观考古发现的新石器晚期至商周时期玉器，阴刻工艺呈持续发展状态。最为突出的是商晚期，玉器的礼制功用式微，但阴刻工艺反而呈盛行之势，受青铜文化的浸染，精美而流畅的蟠龙纹、夔纹、饕餮纹、云纹等纹饰大量出现在玉器表面，这些纹饰往往具有对称性或重复性特点，成为极具时代特色的玉器装饰风格。妇好墓属于殷墟第二期墓葬，相当于公元前13世纪末期~前12世纪前期。作为殷王武丁的配偶，其随葬玉器不仅数量多，而且玉料和工艺俱佳、保存状况良好，对于研究该时期用玉、治玉都是极为重要的材料[10]。然而，妇好墓出土玉器来源复杂，存在不少前期遗玉和旧玉改制而成的器物[11]，黄翠梅曾对中原商墓出土玉器做过前期、当代制品及当代改制器的区分[12]。结合上述观点，本文将选择7件典型器物进行微痕复制与扫描电子显微镜（scanning electron microscope，SEM）观察，尝试对殷墟晚商的玉器阴刻技术做个初步探讨。

二、样品选择

妇好墓出土的玉器，依形制可简单归为两类：一类为扁平片状，居多；另一类为立体圆雕。两类玉器表面多饰以阴刻纹[13]。本文选择5件片状玉器和2件圆雕玉器[14]（表1）开展微痕复制和SEM观察。这7件玉器除了玉勾形器M5：1120外，均是妇好墓常见或典型的器物，属当代制品无疑。

表1　开展微痕分析的妇好墓玉器

Table 1　The jades from tomb of Fuhao chosen for SEM examination

器物编号	器名	尺寸（厘米）	简单描述
M5：476	玉刀	13.2/0.4	墨绿色，片状，背稍厚，脊部雕出齿状扉棱，双面刃。刀身两面阴刻“∽”形纹饰，上下有与刀身平行的阴刻线
M5：600	龙形玦	5.5/0.5	淡绿色，片状，两面阴刻蟠龙纹，龙的身、尾饰云纹，方形目，颈处有小孔
M5：430	玉熊	8.0/0.4	黄褐色，片状，抱膝蹲坐状，身饰云纹等
M5：572	玉匕	14.7/0.4	棕褐色，片状，两侧稍内凹，下端呈舌状，较薄。一面阴刻5个蝉形纹饰，另一面阴刻兽面纹、目雷纹和三角纹等
M5：1120	玉勾形器	7.3/0.4	绿色，片状，有褐色沁斑，端部有三角形榫和一残孔，稍往内在“勾”的一侧还有一孔完好。两面刻有与外缘近似平行的阴刻线，靠前刻有3条竖直阴刻线
M5：366	玉虎	14.0/1.7	灰绿色，圆雕，体瘦长，尾尖上卷成圆孔，四肢前屈做伏卧状。口部为一较深的圆孔，两侧及下颌各有一小圆孔。背饰鳞纹，腹饰云纹
M5：511	玉象	6.5/3.3	深褐色，圆雕，作站立状，长鼻上伸，鼻尖卷成圆孔，口微张呈三角形。身、足饰云纹，背、尾饰节状纹

微痕复制使用的印膜材料为3M EXPE Garant Expression Material，化学成分为乙烯基聚二甲基氧烷，可以高精度地复制玉器表面的加工痕迹。微痕复制通常需遵循两个原则。其一，确保文物安全，某些部位需要避免或谨慎处理。比如发生高程度次生变化的玉器表面，这些部位已失去闪石玉原有的致密特性；又或覆盖着朱砂等残留物的玉器表面；又或受损破裂处。其二，排除上述不可复制部位，选择加工痕迹清晰且表面清洁处进行微痕复制。

本次SEM观察使用的仪器是中国社会科学院考古研究所的仪器FEI Quanta 650。实验参数：高真空，束斑直径3.5，加速电压20kV，压力100Pa，采用二次电子成像模式。

三、阴刻工艺观察和SEM分析

（一）玉刀（M5：476）

妇好墓出土的玉刀类器较多，带边刃的有6件，其中玉刀M5：476、M5：477为一对[15]。这对玉刀形制与同时期的青铜刀相近，原本应装有柄部[16]。玉刀M5：476的图案整体分布均匀，纹饰流畅而精致，均为双阴刻线。两面纹饰基本相同，主题纹饰为5组"∽"形纹和4组椭圆形圈纹，重复性和对称性使程式化特点更为突出，极具装饰性（彩版一六，1）。选择一面4个区域进行SEM观察，可发现平直的阴刻线粗细均匀，走势流畅，而梢部略显尖锐凌厉（彩版一六，2～5的黄色箭头所示），而"∽"形纹和圈纹由多段逐渐改变方向的小段组成，曲度大处的微痕呈放射状排列分布（彩版一六，2～5红色箭头所示）。放射状微痕的形成，应是砣具在改变方向时，随惯性而出的解玉砂在玉器表面所造成的破坏。上述两类痕迹特征都与携带解玉砂的旋转砣具所造成的加工痕相符[17]。SEM下偶尔可观察到玉工在加工过程中碰到的不尽人意之处，比如工具走错位置后所做的修改（彩版一六，4上部第二条阴刻线为改正之后的，其下有条错误的刻痕）。另外，玉刀M5：476上所有阴刻线均叠压在表面磨痕之上，说明玉工完成打磨之后才进行纹饰制作，阴刻工艺是制作该件玉器的最后一道工序。

（二）龙形玦（M5：600）

妇好墓总共出土玉玦18件，按形制可分为三式，其中Ⅰ式龙形玦有9件，均是圆形片状，两面阴刻蟠龙纹，龙的头、尾衔接，背脊做扉棱形，形制规整[18]，M5：600为其一。M5：600玉质细腻，保存良好，纹饰典型，一面项背处残留锯片切割开料痕迹（彩版一七，1）。肉眼看，纹饰整体流畅，但存在阴刻线歧出情况。SEM下观察，阴刻的曲线由多段不断改变方向的小段刻痕组成。比如双阴刻的方形目，由刻痕的叠压关系可判断，玉工先刻划内眼眶，再刻划外眼眶。内眼眶由四段直阴刻线构成，上下长边两端略改变方向以表达眼眶的自然弧度，左右两短边叠压在上下长边之上，玉工应是先刻长边且略微调整方向，之后再刻短边（彩版一七，2）。外眼眶的制作工序与内眼眶几乎相同，其中表达眼眶弧度的部位可见放射状微痕。方形目之上的龙角（彩版一七，3红色箭头所示）以及云纹（彩版一七，4红色箭头所示）等曲度大处，微痕均呈放射状排列分布。而沿着一个方向延伸的较直的阴刻线看起来较光滑，中间略宽，梢部略尖

（彩版一七，5黄色箭头所示）。上述特征与旋转砣具所制阴刻痕相符。另外，龙形玦M5：600的阴刻工艺在器表打磨之后进行，与齿部的透雕工序尚辨不出先后关系。

（三）玉熊（M5：430）

妇好墓共出土4件玉熊，3件为圆雕，仅M5：430为阴刻纹饰的片状玉器。玉熊M5：430双面阴刻纹饰基本相同，“臣”字目、云纹及表达前后肢的纹饰均为双阴刻线（彩版一八，1）。肉眼观察M5：430的阴刻纹饰较流畅，与玉刀M5：476、龙形玦M5：600没有明显区别。SEM下观察，“臣”字目比方形目的制作更复杂，由于曲线更多，刻痕更频繁地改变方向，外眼眶出现放射状微痕，为携带解玉砂的旋转砣痕特征。然而，表达眼珠的圈纹却出现手持石制工具来回磋磨所造成的排列分布明显杂乱的微痕特征，推测此处应该使用了手持的石制刻划工具（彩版一八，2、4）。呈蹲坐姿的后肢以简单的双阴刻线表达，整体粗细均匀、光滑流畅，屈膝处呈现放射状微痕（彩版一八，3红色箭头所示）。此件玉器的阴刻纹饰制作主要使用携带解玉砂的旋转砣具，仅眼珠一细节处使用了手持石质工具。阴刻工艺同样是玉熊M5：430的最后一道制作工序。

（四）玉匕（M5：572）

妇好墓总共出土2件玉匕，其中M5：572制作尤为精美，双面纹饰均以双阴刻线组成，布局均匀且左右对称。正面的柄端阴刻1组蝉纹，下有4组蝉纹布满匕面，背面的柄端阴刻1组兽面纹，下面依次刻有1组兽面纹、1组目雷纹以及三角形纹饰，舌状的下端为素面（彩版一九，1）。以背面为例，在SEM下观察，除了柄端与匕面之间的4条直阴刻线和下部的三角形纹饰之外，其他阴刻纹饰相对复杂，均以若干小段刻痕组成，如匕面的兽面纹（彩版一九，2、3）。M5：572的正面蝉纹和背面兽面纹的眼睛与龙形玦M5：600类似，为方形目，制作方式亦大同小异，调整方向的眼角处可见大量放射状微痕。只是此件玉器上方形目的内、外眼眶均是先刻两侧短边，再刻上下长边（彩版一九，2）。除工具改变方向时造成的放射状微痕外，组成纹饰的小段刻痕多表现出中间略宽、梢部略尖、略显一定弧度等特征。至于那些平直的阴刻线多平行排列，梢部也是略尖且具一定弧度，如柄端与兽面纹间的4条阴刻线（彩版一九，4黄色箭头所示），整体看起来则粗细均匀，如三角形纹（彩版一九，5黄色箭头所示）。SEM下观察到的上述现象均符合携带解玉砂的旋转砣具所制阴刻纹饰的微痕特征。玉匕M5：572的阴刻工艺在器表打磨之后进行，但柄端的孔叠压在阴刻线上，钻孔为最后一道工序。

（五）玉勾形器（M5：1120）

妇好墓出土玉勾形器2件，二者形制上存在差异。勾形器M5：946与红山文化巴林右旗和林西南沙窝子遗址所出器物相似[19]，夏家店下层文化的内蒙大甸子遗址出土的此类玉器也被认为属于红山时期所流传下来的[20]。笔者赞同上述观点，无论从器形或工艺考察，M5：946无疑是红山文化遗玉。本文所探讨的另一件玉勾形器M5：1120，肉眼观察其玉料颇具红山特色，但该器物为平面片状，“勾”的近处有一尖齿状突出，器表未见红山文化玉勾形器常见的减地起凸工艺，反而沿着器物边缘在两面都制作了阴刻线（彩版二〇，1）。SEM下观察，阴刻线整体看起来光滑流畅（彩版二〇，2～5），“勾”的外侧显示由小段阴刻线组成，每一小段刻痕的中部略宽、深，“勾”的内侧也是由小段刻痕组成，并有明显的放射状微痕（彩版二〇，4）。孔打破玉器两面的阴刻线，说明阴刻工艺完成之后才进行钻孔，阴刻线的梢部较尖锐（彩版二〇，2、3）。根据上述SEM观察，判断玉勾形器M5：1120的阴刻纹饰和孔均非红山时期所制，阴刻工艺使用了携带解玉砂的旋转砣具。不排除该器物是商人用旧玉为料改制而成。

（六）玉虎（M5：366）

妇好墓出土玉虎共8件，圆雕4件，玉虎M5：366为其一。玉虎M5：366体型瘦长，呈伏卧状，比例夸张而生动，通体阴刻有纹饰，减地起凸的一对大耳上以阴刻线和浅钻的小圆坑组成浅浮雕状云纹，一对竖目由双阴刻眼眶和单阴刻眼珠构成，头顶有1组单阴刻菱形纹，背部为9组双阴刻鳞纹，腹部为7组单阴刻节状纹，身体两侧各有8组双阴刻云纹，四足分别饰以1组云纹和表示虎爪的阴刻线，尾部两侧各有4组双阴刻节状纹（彩版二一，1）。重复排列的鳞纹、云纹和节状纹是妇好墓出土玉虎上较常见的纹饰组合，程式化特点明显。组成上述纹饰的阴刻线大多为小段刻痕，普遍具有中部略宽、深，底部略呈一定弧度，梢部较尖等特征，如竖目和头顶的菱形纹（彩版二一，2黄色箭头所示）、大耳上的云纹（彩版二一，3黄色箭头所示）和背部的鳞纹（彩版二一，4黄色箭头所示）等。这些阴刻线虽然较短，但偶尔在其改变方向处，仍可见微痕呈放射状排列分布（彩版二一，2、3红色箭头所示）。另外，不同部位的阴刻线尺寸略有差异，如身体侧面的双阴刻云纹，外阴刻线的宽度约0.395毫米，深度约0.233毫米，内阴刻线的宽度约0.266毫米，深度约0.254毫米（彩版二一，5）。推测用于阴刻的砣具具有不同厚度和直径，然而从阴刻线侧面所观察到的深度看，尺寸大的砣具不一定刻入得更深，个中缘由还有必要进一步观察分析。

（七）玉象（M5：511）

妇好墓出土一对圆雕玉象，其中M5：511稍大，体型肥硕，大耳下垂，四肢粗短，长鼻上卷，短尾下垂，形象生动写实。除了腹部外，通体饰有阴刻纹饰，眼眶和眼珠为双阴刻线，头顶有1组双阴刻菱形纹，鼻、背、尾处分别有2组双阴刻节状纹，双耳上各有1组单阴刻云纹，身体两侧各有3组双阴刻云纹。整体观察，所有纹饰在体表对称分布，形制规整（彩版二二，1）。与玉熊M5：430相比，玉象M5：511的双阴刻眼眶同样流畅，刻痕梢部尖锐，但眼珠的处理方式不同，可见改变方向处的放射状微痕（彩版二二，2）。与上述片状玉器类似，较长的阴刻线往往由改变方向的短阴刻线组成，但所有阴刻线的梢部均呈现出尖锐的特点，如头顶的双阴刻菱形纹（彩版二二，3黄色箭头所示）、体表的双阴刻云纹（彩版二二，4、5黄色箭头所示），亦可见工具改变方向时所造成的放射状微痕（彩版二二，5红色箭头所示）。根据上述观察，玉象M5：511的阴刻纹饰是以携带解玉砂的旋转砣具制成。

四、初步认识

通过观察妇好墓出土玉器，可发现在殷墟晚商时期，无论片状或圆雕玉器，丰富而规整的阴刻纹饰成为必不可少的装饰需求，图案的重复性和对称性特点为该时期玉器添加了均衡和谐的美感。究其缘由，可能主要在两方面：其一，玉器传统的延续，上述特点在龙山、良渚等史前文化玉器上已初见端倪；其二，深受青铜文化浸染，商晚期青铜纹饰繁缛细腻、变化多端而和谐统一，此阶段玉器不仅社会功能产生变化，礼制功用式微，装饰性和实用性渐强，其形制和纹饰也开始极大程度上效仿青铜器。这对之后的玉器艺术风格产生了深远的影响。

可以说，阴刻工艺是殷墟商晚期的玉器技术体系中极为突出的一类技术。例如，玉工们通常将器物打磨修整之后才进行纹饰的精雕细琢，说明这一锦上添花的工序极受重视。社会需求的变化对该时期玉器技术的选择性发展起到了某种导向性作用。根据本次观察分析获知，尽管传统的手持工具偶尔还会被用于某些细节的刻划，但携带解玉砂的旋转砣具已经普遍应用于阴刻工艺。

据考古出土玉器情况，中原地区早期玉器并不发达，在汲取各地影响之后，二里头文化玉器大型锯片切割技术的出现可谓是中国古代玉器技术发展史上的重要变革之一，大型玉兵器正符合早期国家彰显王权、军事和礼制的需要，但该阶段玉器阴刻技术并未出现相应的质变。此次考察尚未发现殷墟晚商时期玉器开料工艺使用旋转砣具的证据，然而阴刻工艺已然发生了玉器技术史上极为重要的阶段性变革。“科学技术是第一生产力”，这句话同样适用于古代玉器的生产，商晚期阴刻纹饰的盛行不止受当时社会、政治、宗教等内因的推动，也与内因推动下，新工具的发明利用等客观条件的支持有着直接关系。

到目前为止，考古出土材料中并未出现早期砣具等关键材料，本文的结论仅从实验考古和微痕的对比分析判断获得。由于殷墟晚商时期制铜、制玉、制车等关系到国家实施有效统治的根基，殷商人采取家族管理模式，牢牢控制手工业技术的传播，严防技术流失。比如，墓葬2006M89虽规模不大，但随葬有30余件玉器和细砂岩磨石，故该墓主被认为与制玉有关[21]。长期以来，磨石类工具在殷墟发现较多，但其他制玉工具鲜有出土，推测可能正是与严格的管理有关。

附记　本文为国家自然科学基金（批准号：41302001）、中国社会科学院创新工程及“嵩山地区文明化进程与华夏文明的形成”项目的阶段性成果。

注　释

［1］辽宁省文物考古研究所：《红山文化遗址发掘报告》（1983～2003年度），北京：文物出版社，2012年，第537-538页。

［2］a. 牟永抗：《良渚玉器三题》，《考古》1989年第5期，第64-74页。

b. 黄宣佩：《良渚文化制造玉器用砣之探讨》，见钱宪和主编：《海峡两岸古玉学会议论文专辑》（第2册），台北：台湾大学出版委员会，2001年，第589-598页。

c. 张祖方：《良渚玉器的刻纹工具——兼谈玉石软玉化工艺》，见钱宪和主编：《海峡两岸古玉学会议论文专辑》（第2册），台北：台湾大学出版委员会，2001年，第599-605页。

d. 王明达：《介绍一件良渚文化玉琮半成品——兼谈琮的制作工艺》，见钱宪和主编：《海峡两岸古玉学会议论文专辑》（第2册），台北：台湾大学出版委员会，2001年，第607-611页。

e. 林巳奈夫：《良渚文化玉器的雕刻技术》，《浙江学刊》1996年第5期，第10-13页。

［3］ 杨伯达：《关于琢玉工具的再探讨》，《南阳师范学院学报》（社会科学版）2007年第2期，第72-76页。

［4］ 叶晓红，刘新，蒋宏杰，乔保同：《河南省南阳市桐柏月河一号春秋墓出土玉器阴刻技术的微痕分析》，《南方文物》2015年第4期，第112-119页。

［5］ 中国社会科学院考古研究所：《二里头（1999～2006）》，北京：文物出版社，2014年，第191-202页。

［6］ a. 中国社会科学院考古研究所：《殷墟妇好墓》，北京：文物出版社，1982年，第231页。

b. 彭适凡：《新淦商代玉器琢制工艺初探》，见邓聪编：《东亚玉器》（Ⅱ），香港：香港中文大学中国考古艺术研究中心，1998年，第207-212页。

［7］ 蔡庆良：《古器物学研究——強国墓地出土玉器概论》，见北京大学震旦古代文明研究中心编：《強国玉器》，北京：文物出版社，2010年，第348-377页。

［8］ 同［4］。

［9］ Sax M, Meeks N D, Ambers J, Michaelson C. 2007. The introduction of rotary incising wheels for working jade in China. Janet G. Douglas, Paul Jett. and John Winter, eds. *Scientific research on the sculptural arts of Asia: Proceedings of the third Forbes symposium at the Freer Gallery of art*, Washington DC: Archetype Publications. 20-25.

［10］ 中国社会科学院考古研究所：《殷墟妇好墓》，北京：文物出版社，1982年，第114-195页。

［11］ 林巳奈夫：《中国古玉器総説》，东京：吉川弘文馆，1999年，第303-341页。

［12］ 黄翠梅：《中原商代墓葬出土玉器之分类及相关问题》，见费孝通主编：《玉魂国魄——中国古代玉器与传统文化学术讨论会文集》，北京：北京燕山出版社，2002年，第223-249页。

［13］ 赵铨：《绚丽多彩的殷代玉雕艺术》，见中国社会科学院考古研究所编：《殷墟玉器》，北京：文物出版社，1982年，第19-24页。

［14］ 中国社会科学院考古研究所编：《殷墟妇好墓》，北京：文物出版社，1982年，第114-195页。

［15］ 同［10］。

［16］ 同［11］。

［17］ 同［4］。

［18］ 同［10］。

［19］ 同［12］。

［20］ 邓淑苹：《红山文化勾云与带齿类玉饰的研究》，见费孝通主编：《玉魂国魄——中国古代玉器与传统文化学术讨论会文集》，北京：北京燕山出版社，2002年，第109-127页。

［21］ 何毓灵：《殷墟手工业生产管理模式探析》，见中国社会科学院考古研究所夏商周研究室编：《三代考古》（四），北京：科学出版社，2011年，第279-289页。

The Incising Technology of Jade Artifacts from Yinxu

YE Xiao-hong, TANG Ji-gen, HE Yu-ling

Abstract: Based on observations on jade artifacts unearthed from the tomb of Fuhao, it is learned that, during the Yinxu phase of the late Shang, diverse and well-made incised decorations were desired for both plate-shaped and round-shaped jade artifacts. Repeating and symmetrical patterns add the beauty of symmetry and balance to jade artifacts of the late Shang. There are probably two reasons responsible for such achievements in the late Shang jade carving: on one hand, the practice of incising decorations on jade artifacts began in the late Neolithic and has remained as part of the jade-carving tradition ever since. The aforementioned technological characteristics were initially noticed on jade artifacts of the Hongshan, Longshan, Liangzhu, and other Neolithic cultures. On the other hand, the late Shang bronze artifacts, deeply influenced by the culture of casting and decorating bronzes, were decorated with very complicated and fine patterns, which are diverse in form but also compatible with each other. Jade artifacts by this period underwent great changes in their social functions: their roles as ritual objects decreased; by contrast, there was an increasing emphasis on decorative purpose and practical uses. The forms of, as well as the decorations on, jade artifacts began to imitate those noticed for bronze artifacts of the same period, among which incised patterns, often repeatedly and symmetrically decorated on bronzes, began to dominate the decorative arts in jade working. Boosted by such needs emerging in the new era, the incising technique developed into one of the most outstanding techniques in jade working system, which had a significant influence on jade art in later periods.

On the basis of a full examination of jade artifacts unearthed from the tomb of Fuhao, seven typical jade artifacts were selected to be studied in the present paper. Incised decorations on these jade artifacts were copied onto the silica gel, which were then examined and analyzed under a scanning electron microscope for their markings. The patterns and regularities noticed on these (copied) markings led to the followings findings: firstly, it is noticed that by the Yinxu phase of the late Shang traditional handheld stone tools were used only to make a few fine incised decorations and their roles in jade carving were largely replaced by rotary incising wheels, which relied on sand for carving jade while rotary incising wheels ran at a high speed; secondly, the processing steps employed in jade carving were investigated, which suggests that jade craftsman should have very often modified and polished jade before incising decorations on them; thirdly, it is also noticed that rotary incising wheels were not yet used for cutting, polishing, or drilling roles on jade by this period of time. The above-mentioned findings altogether have two important implications: on the one hand, although rotary incising wheels had been used in jade working by the Yinxu phase of the late Shang, their application in jade working as a new technology might have existed only in very limited cases; on the other hand, as complicated surface decorations were highly valued by the late Shang people, more advanced techniques and tools were invented to serve such a purpose and were selectively applied to incise decorations on jade. While the invention and use of new techniques and tools undoubtedly promoted the jade incising to a much higher level, it is also true that their application in jade working did not spread rapidly and consistently but rather periodically and selectively.

Taking the entire history of jade working into consideration, the use of rotary incising wheels could serve as a watershed in the transition from purely handcrafting to semi-mechanical. The late Shang was part of this highly important transitional period. The prevalence of incised decorations on the late Shang jade artifacts was boosted not only by internal factors (socially, politically, and religiously) but also by external factors such as direct influence from the invention and use of new tools.

Key Words: Yinxu; tomb of Fuhao; jade artifacts; incising

（原刊于《考古学集刊》第20辑，略有改动）

卜骨来源研究的新进展：中国新石器时代晚期牛骨的DNA研究

Katherine Brunson　赵　欣　何　努　戴向明
Antonia Rodrigues　杨东亚　著
赵　欣　韩　雨　Katherine Brunson　译

摘要：家养普通牛（*Bos taurus*）于公元前3600～前2000年从西亚传入中国，大部分早期家牛遗存都来源于与宗教祭祀有关的遗迹，特别是以卜骨形式存在。卜骨与王权密切相关，上面的刻辞是中国古代已知最早的书写文字。本文运用古DNA技术对山西省南部黄河中游地区的龙山时期陶寺遗址（ca. 2300～1900 cal BC）和周家庄遗址（ca. 2300～1750 cal BC）出土的非刻辞牛卜骨进行研究。这两处遗址发现有广泛使用家养黄牛的最早证据，包括最早的经过预制的牛卜骨。我们从8个卜骨样本和6个非卜骨样本中提取DNA，并进行线粒体DNA研究，成功率100%，DNA提取和扩增均在专门从事古DNA研究的实验室中完成。结果发现有10个样本（5个卜骨、2个未经加工的肩胛骨、2个跟骨、1个距骨）属于家养普通牛，可归属于普通牛T3和T4两个不同的单倍型类群，这两个单倍型类群在陶寺和周家庄均有发现。有三个样本（BOC9、BOC10和BOC13，经过预制的卜骨）属于东亚本土野生原牛的单倍型类群C，其年代明显晚至全新世，这是首次发现具有明确考古出土背景的单倍型类群C的样本。另有一样本（BOC6，未经加工的跟骨）可以归属于已经灭绝的中国圣水牛的单倍型类群KJ1，说明水牛也存在于周家庄遗址中。由此可见，普通牛、原牛和水牛同时存在于龙山时期的这一地区，并且家养普通牛和野生原牛的肩胛骨都用作卜骨原料。尽管在周家庄遗址中也发现了野生水牛的骨骼，但是在本文研究未发现有用水牛骨骼作卜骨的现象。本文研究认为，不但本地的和外来的牛共同生活在同一地理区域内，黄河流域的先民还同时开发利用了野生与家养牛类。推测野生原牛与家养黄牛之间可能存在杂交，抑或是先民可能尝试对野牛种群进行了管理。

关键词：卜骨　龙山时期　古DNA　动物考古学　中国考古学

一、引　　言

动物考古学证据表明，家养普通牛（*Bos taurus*）于公元前3600～前2000年从西亚传入中国[1]。在古代中原地区饲养黄牛为动物管理提供了新的机会，而在此之前该地区以饲养家猪和家犬为主[2]。此外，饲养黄牛为宗教活动提供了新的物种来源，并且大部分早期家牛遗存都来源于与宗教祭祀有关的遗迹[3]。到了商代晚期（ca. 1600～1046 BC），黄牛已经代替家猪成为中国考古遗址中最主要的祭牲[4]。

在中国古代的宗教活动中，黄牛的一个主要用途是制作卜骨进行占卜。中国新石器时代至青铜时代的考古遗址中，无论平民或王室的有关宗教性质的遗迹中，卜骨都是比较常见的。根据商代刻辞卜骨可知，占卜者会向神灵和祖先提出各种问题，这些问题涉及的范围很广泛，包括疾病、生育、农业、战争和贡品等[5]。然后他们会用灼热的火棒灼烧骨体薄且扁平的骨骼，例如有蹄类动物的肩胛骨或龟甲等，观察其上的兆文[6]。尽管人们使用多种动物的骨骼制作卜骨，但是随着时间的推移，牛卜骨的数量迅速增长[7]。到了商代晚期（ca. 1250～1046 BC）安阳殷墟遗址，大部分卜骨皆是由牛肩胛骨制作而成。其中有许多被用于商王室的占卜仪式，其上的刻辞是中国古代已知最早的书写文字[8]。

在商代和更早的时期，使用牛骨和龟甲做卜骨，通常都会被削薄，并在骨体上钻孔进行预制，来引导兆文的形成[9]。而其他动物骨骼做原料的卜骨通常未经预制处理。这说明，古代人对牛卜骨的制备给予了特殊的关注，家养黄牛在中国古代宗教和意识形态中具有重要的地位。那么，一个问题变得尤为关键：这些为卜骨制作提供原料的牛类是否为家养黄牛？因为这涉及商人宗教和世界观核心问题的讨论。有学者认为，商人视野生为无序，视家养为有序，并强调商王通过占卜等宗教活动来达到“驯服”并为精神世界和物质世界建立秩序的能力[10]。

牛骨是商代卜骨的主要原料。考古学家推测从更早时期开始，用于制作卜骨的牛骨都是家养黄牛[11]。但是在同时期的中国北方地区，本地原牛（*Bos primigenius*）和水牛（*Bubalus mephistopheles*）依然存在[12]。这些野生牛科动物现已灭绝，然而并不清楚它们于何时在中国消失。黄牛、原牛、水牛在骨骼形态上颇为相似。野生牛科动物也可能被用于占卜，但是还未有动物考古学方面的证据。如果中国古代先民也使用野生牛科动物肩胛骨制作卜骨，并且这些卜骨与家养黄牛为原料的卜骨一样经过预制，那么家养黄牛在占卜仪式中的角色将需要被重新评估。

本文运用古DNA技术对山西省南部的龙山时期陶寺遗址和周家庄遗址出土的非刻辞牛卜骨进行了研究。这两处遗址发现有广泛使用家养黄牛的最早证据，其中包括最早的经过预制的牛卜骨[13]。我们从8个卜骨样本和6个非卜骨样本中提取了DNA，并进行了线粒体DNA研究，结果显示普通牛、原牛和水牛同时存在于龙山时期的这一地区，并且家养普通牛和野生原牛同时用作卜骨原料。此外我们探讨了可能用于区分普通牛、原牛和水牛肩胛骨的骨骼形态学鉴定标准。研究结果显示，同一遗址中野生原牛和家养黄牛同时存在，并且它们的骨骼具有相似的用途。本文推测这些物种之间可能存在杂交，而且古代先民可能尝试管理中国本土的野生牛科动物。因此需要重新审视以前鉴定的卜骨和动物考古学材料，以便于确认中国其他遗址中是否也存在原牛。

二、考古背景

在中国北方中原地区龙山时期（late third millennium BC）是一个文化分界，原始城市化、社会复杂化加剧、不同区域文化间的长距离互动是这一时期的显著特征[14]。尽管在前龙山时期（ca. 3600 cal BC以前）考古遗址中发现有少量的家养黄牛遗存[15]，但是直到公元前2000年左右，家养黄牛在遗址中才大量出现[16]，使得龙山时期对于研究中国家养黄牛的重要性具有重要意义。

属于龙山时期的陶寺遗址（ca. 2300 ~ 1900 cal BC）和周家庄遗址（ca. 2300 ~ 1750 cal BC）位于黄河中游地区。这两个遗址中发现有中国古代大规模养牛的最早证据。在这两个遗址的全部动物遗存中，牛骨所占比例分别达到8%和9%[17]。陶寺遗址位于山西省南部临汾盆地（35° 52′ 55.90″ N，111° 29′ 54.89″ E），这是一座大型城市聚落，是当时的政治经济中心。遗址发现有城墙、宫殿建筑、等级明确的墓葬、专业的手工业区和包括日影观测台在内的宗教礼制建筑[18]。周家庄遗址位于运城盆地，陶寺以南约40千米（35° 29′ 10.59″ N，111° 28′ 12.98″ E），也是一座大型遗址，发现有居住区、墓葬区，并有环壕围绕。周家庄与陶寺在文化面貌上相似，但目前周家庄遗址还未发现宫殿、贵族墓葬、专门的手工业区和宗教礼制建筑。

在本文研究中，所有经过分析检测的卜骨均发现于遗址居址的灰坑中的残片。与多数新石器时代晚期其他遗址一样，在陶寺和周家庄卜骨使用广泛且相当特殊，而在此之后卜骨则开始和贵族宗教活动密切相关[19]。几乎所有的牛卜骨在灼烧之前都会经过预制，去掉肩胛骨的肩胛冈和外侧缘的一部分使骨体变薄。某些卜骨在骨体上钻有圆孔，这些圆孔往往经过灼烧。同样的现象可见于700年后的商代安阳殷墟遗址，这说明殷墟卜骨的预制与灼烧方式在龙山时期就已出现。

本文的研究样本中有4个来自于陶寺遗址，10个来自于周家庄遗址（彩版二三；附表1）。其中有8个样本是肩胛骨，其外侧缘经过切割和/或在骨骼表面可见灼烧圆孔，显示出它们应该用作卜骨。另有2个样本是未经任何处理的肩胛骨，无证据显示其为卜骨。此外我们还选择了3块未经加工的跟骨（骨骼形态鉴定2个为黄牛，1个为水牛）和1块未经加工的距骨（骨骼形态鉴定为黄牛）为研究对象，以此来检测骨骼形态鉴定结果是否可以得到古DNA技术的支持。

三、材料与方法

（一）DNA提取

我们对8个牛卜骨肩胛骨和6个非卜骨牛骨样本进行了DNA分析（附表1）。在这6个非卜骨的牛骨样本中，包括2块未经处理的肩胛骨、3块跟骨和1块距骨，这几个样本均已通过骨骼形态分析鉴定到种。在DNA实验取样之前，参照Driesch[20]的方法使用数字游标卡尺对每块骨骼都进行了测量，并进行了形态学观察。使用锯从每块骨骼上取1～2克的样本用于DNA实验。DNA提取和扩增均在中国社会科学院考古研究所专门从事古DNA研究的实验室中进行，DNA提取采用硅柱离心法完成[21]。

首先去除样本表面污染，样本在浓度4%～6%的次氯酸钠溶液中浸泡7分钟，再用去离子水冲洗以去除残留次氯酸钠溶液，每面紫外照射30～40分钟（UVP紫外交联仪CL-1000，波长254nm，紫外灯置于样本以上8厘米的高度），用以去除骨骼表面的DNA污染，并保证样本本身DNA受到最小的损害[22]。之后使用冷冻研磨机打磨成粉。取骨粉加入裂解液（0.5M EDTA pH8.0，0.5%SDS，0.5mg/mL蛋白酶K），50℃孵育过夜以裂解胶原蛋白和溶解骨骼中的矿物质，使用Amicon® Ultra-4 离心超滤管（Millipore，Billerica，MA）将3mL裂解液浓缩至100μL，随后按照QIAquick试剂盒说明书操作进行DNA的提取（QIAGEN，Hilden，Germany）。

本文选择已发表的PCR引物来扩增黄牛线粒体DNA控制区的DNA片段（L16022/H16178和L16137/H16315）[23]和水牛线粒体DNA片段（F213/R381）[24]。此外，我们还选择了黄牛线粒体DNA另外两对引物（L16159/H16334）和（L1269/H1346）进行PCR扩增用以检验样本的保存情况和污染问题。PCR反应体系为30 μL，包括50 mM KCl、10 mM Tris-HCl（pH 8.0）、2.5 mM $MgCl_2$、0.2 mM dNTPs Mix、1.0 mg/mL pig gelatin、0.3 μM引物、3.0 μL的DNA提取液，以及1.5～3.0 U AmpliTaq Gold™（Applied Biosystems）。PCR扩增程序如下：95℃ 12分钟，随后是95℃变性30秒、52℃退火30秒、70℃延伸40秒共60个循环，最后72℃延伸7分钟。取5μL扩增产物用2%琼脂糖凝胶进行电泳检测，PCR结果详见附表2。PCR阳性产物送到测序公司（Invitrogen,Thermo Fisher Scientific Inc.）直接测序，正反引物双向测序。

（二）线粒体DNA分析

PCR产物所得到的序列使用 Chromas Pro 软件进行读取，通过Clustal X2.1软件进行序列比对[25]。使用MEGA 6软件构建系统发育树[26]。我们从GenBank选择了普通牛（V00654）[27]、瘤牛（EU177870和EU177868）[28]和欧洲原牛（GU985279）[29]作为参考序列。以V00654为参考序列，依据已发表研究成果，基于线粒体DNA序列变异模式，对黄牛进行单倍型类群归属的划分[30]。以NC_006295和AY195595为参考序列，依据已发表研究成果，基于线粒体DNA序列变异模式，对水牛进行单倍型类群归属的划分[31]。

（三）DNA序列真实性验证

实验中严格按照古DNA操作规范进行以确保DNA序列的真实性[32]，DNA提取和扩增在专门的实验区完成，PCR前实验室和PCR后实验室分开。实验中所有样本都进行多次DNA提取，以保证不同次提取产物的结果相同；每次DNA提取与PCR扩增都要设置提取空白与PCR空白，用以判断是否存在外源污染。

尽管在实验过程中我们没有使用以牛为原料制备的试剂或耗材，但是污染仍有可能发生[33]。如果所有的可扩增的DNA被污染，这可能导致空白对照呈阳性（NTC）。对于每一次DNA提取，我们均设置了两个空白对照（附表2）。在PCR扩增中，至少设置一个PCR空白对照，该对照加入PCR使用的全部试剂但不包括DNA提取液。在全部的11次PCR扩增中，共有36个DNA提取或PCR空白对照，其中只有三个有污染发生。第一个是使用引物L1269/H1346的一次PCR扩增，有一个DNA提取空白有污染，但测序结果显示该污染DNA是人的序列。第二个是使用引物L1269/H1346的另一次PCR扩增，PCR空白有污染，但测序结果显示该污染DNA也是人的序列。第三个污染是黄牛引物L16022/H16178的一次PCR扩增，有一个DNA提取空白有污染，测序结果显示该污染是黄牛的序列。由此可见，在我们的整个实验过程中，仅有一个污染是由黄牛DNA造成的。因此我们认为，我们获得的这些考古样本的DNA序列并不是系统污染产生的结果，而是真实可靠的。

四、结　　果

（一）碳十四测年

我们选择了出土于周家庄遗址不同遗迹单位的两件卜骨送至Beta实验室进行AMS加速器测年，并使用INTCAL13数据库进行校正[34]（附表3）。样本BOC9的年代测定为[（3670±30）BP]（2140～1955 cal BC；4090～3905 cal BP），样本BOC10的年代测定为[（3500±30）BP]（1900～1745 cal BC；3850～3695 cal BP），这与周家庄遗址以前的测年结果（ca.2300～1750 cal BC）一致。我们进行测年的这两个样本经古DNA鉴定后发现均属于原牛，说明至少在公元前1900年左右，在黄河流域仍然存在原牛，并且直到龙山时期以后的某一时期才灭绝。

（二）古DNA分析

我们成功地获得了全部14个样本的线粒体DNA控制区的序列。我们对这些DNA序列进行了BLAST共享序列搜索，并与已发表的古代牛线粒体DNA序列进行比较，发现有10个样本（5个卜骨、2个未经加工的肩胛骨、2个跟骨、1个距骨）属于家养普通牛，可归属于普通牛T3和T4两个不同的单倍型类群（表1），这两个单倍型类群在陶寺和周家庄均有发现，并且在以前发表的陶寺家养黄牛的DNA研究中也有发现[35]。

有3个样本（BOC9、BOC10和BOC13，全部为卜骨）不属于已知普通牛的线粒体DNA单倍型类群，其DNA序列变异模式与东亚特有的单倍型类群C相似。单倍型类群C是通过对东亚地区距今10000年以上的一件牛下颌骨的研究而刚刚命名的[36]。我们认为BOC9、BOC10和BOC13这三个样本也可以归属于单倍型类群C，并属于东亚本土的野生原牛。我们在GenBank上寻找了对比序列，并与本文研究样本的DNA序列构建了系统发育树（彩版二四）。

另有一个样本（BOC6，未经加工的跟骨）可以归属于已经灭绝的中国圣水牛的单倍型类群KJ1[37]（表2）。我们认为这个样本属于野生水牛，与形态学鉴定结果相印

表1　本文研究牛骨样本的线粒体DNA序列情况（引物L16022/H16178，L16137/H16315）

Table 1　Variable positions in archaeological sequences using primers L16022, H16178, L16137, and H16315

ID	16042	16055	16057	16068	16083	16084	16085	16093	16095	16110	16113	16119	16125	16127	16139	16178	16201-16202	16224	16225	16231	16234	16243-16244	16250	16260	16264	Haplogroup	备注
V00654	T	T	G	T	A	C	T	G	A	C	T	T	A	C	C	G	-	C	C	C	T	-	A	C	G	T3	*Bos taurus* reference sequence
KF525852	N	N	N	N	N	N	N	N	N	N	N	N	N	N	N	.	A	.	.	T	.	.	G	T	A	C	*Bos mandible* from NE China
BOC4	C	.	.	.	.	.	.	A	.	.	.	.	.	.	.	.	-	T	T	.	.	A	.	.	.	T4	
BOC5	.	C	.	.	.	.	.	.	.	.	.	.	.	.	.	.	-	.	.	.	A	.	.	.	.	T3	
BOC7	.	C	.	.	.	.	.	.	.	.	.	.	.	.	.	.	-	.	.	.	.	.	.	.	.	T3	
BOC8	.	C	.	.	.	.	.	.	.	.	.	.	.	.	.	N	N	N	N	N	N	N	N	N	N	T3	PCR fail for L16137 and H16315
BOC9	.	.	A	C	G	T	C	.	.	T	.	C	T	T	.	.	A	.	.	T	.	.	G	T	A	C	
BOC10	.	.	.	C	G	T	C	.	G	.	C	C	T	.	T	.	A	.	.	T	.	.	G	T	A	C	
BOC11	.	C	.	.	.	.	.	.	.	.	.	.	.	.	.	A	-	.	.	.	.	.	.	.	.	T3	
BOC12	.	.	.	.	.	.	.	.	.	.	.	C	.	.	.	.	-	.	.	.	.	.	.	.	.	T3	
BOC13	.	.	.	C	G	T	C	.	G	.	C	C	T	.	T	.	A	.	.	T	.	.	G	T	A	C	
BOC14	.	.	.	.	.	.	.	.	.	.	.	C	.	.	.	.	-	.	.	.	.	.	.	.	.	T3	
BOC15	C	.	.	.	.	.	.	A	.	.	.	C	.	.	.	N	N	N	N	N	N	N	N	N	N	T4	PCR fail for L16137 and H16315
BOC16	.	.	.	.	.	.	.	.	.	.	.	C	.	.	.	.	-	.	.	.	.	.	.	.	.	T3	
BOC17	.	C	.	.	.	.	.	.	.	.	.	.	.	.	.	.	-	.	.	.	.	.	.	.	.	T3	

注：·表示与参考序列一致，–表示该位点插入/缺失

表2　本文研究水牛样本（BOC6）的线粒体DNA序列情况（引物F213/R381）

Table 2　Variable positions for water buffalo sample BOC6 using primers F213 and R381

ID	16058	16066	16067	16073	16074	16081	16084	16088	16095	16101	16102	16120	16122	16123	16128	16140	16142	16146	16147	16156	16159	16163	16168	Haplogroup
NC_006295	A	G	G	C	A	C	G	G	G	T	C	A	T	G	C	G	C	G	C	A	T	C	C	Swamp type
AY195595	G	A	A	T	A	C	G	G	G	A	T	A	C	A	T	A	T	A	T	G	T	T	T	River type
BOC6	A	A	A	T	G	T	A	A	A	A	C	G	C	A	T	A	T	G	C	A	C	T	T	KJ1

证，说明水牛也存在于周家庄遗址中。由此可见，在龙山时期该地区有三个不同种的牛科动物共同存在，家养普通牛与野生原牛的骨骼都被用于制作卜骨。由于有两个卜骨都是原牛的左侧肩胛骨（BOC9和BOC10），因此在周家庄遗址中至少有两个原牛个体。

（三）形态学观察

为了验证形态和测量特征是否可用于对不同牛科动物进行种属鉴定，我们重点观察了牛肩胛骨的远端，因为相比于肩胛骨的其他部位，这一部位骨密度大更容易保存下来。在本文研究中最大的一个原牛肩胛骨（BOC9）的测量数据落在了欧洲原牛的区间内[38]。另外两个原牛肩胛骨（BOC10和BOC13）的测量数据与普通牛有重叠（彩版二五）。此外，普通牛与原牛的肩胛骨在形态上较为相似。我们观察到，原牛肩胛盂外侧唇沿部位的凹槽凹陷更加明显，喙突也更加发达。但是这一结论有待于更多材料去验证。这一特征或许与动物体型大小相关，因为较大的一件家养黄牛的肩胛骨（BOC15）也具有突出的喙突。我们对收藏于中国社会科学院考古研究所和河南省文物考古研究院的现代水牛肩胛骨进行了观察，发现与黄牛相比，水牛肩胛骨前侧唇沿向远端翻卷的程度更大。这一观察也有待于在考古发现的圣水牛肩胛骨的研究中进一步确认。今后，需要有更加细部的形态观察帮助我们区分形态相似但属于不同种属的牛科动物的骨骼。

五、讨　　论

考古学家和遗传学家普遍认为家养黄牛有两个独立的驯化中心。普通牛于公元前8000年左右在近东地区由野生原牛驯化而来[39]。瘤牛于公元前6000年左右在南亚被独立驯化[40]。在中国，所有已知的古代家养黄牛均属于普通牛的线粒体DNA单倍型类群[41]。关于瘤牛最早的考古证据来自于公元前475～前221年的青铜器，这一青铜器纹饰上有肩峰高耸的家牛形象[42]。瘤牛何时传入中国目前还不清楚，在此我们的讨论主要围绕东亚地区家养普通牛及其与野生原牛的关系展开。

世界范围内的普通牛可归属于近东地区起源的多个线粒体DNA单倍型类群[43]。单倍型类群T、T2和T3主要分布于近东和欧洲，单倍型类群T1主要发现于非洲，单倍型类群T4仅见于东亚[44]。单倍型类群T5发现于意大利黄牛种群中[45]。由于T4只存在于东亚，所以有学者认为东亚也是一个独立的普通牛驯化中心[46]。然而，最近研究显示T4是单倍型类群T3的一个分支[47]。

黄牛中其他稀有的线粒体DNA单倍型类群反映了家养黄牛和欧洲野牛之间存在杂交。尽管德国新石器时代的一个欧洲野牛样本归属于单倍型类群E，但是古代欧洲野牛主要属于单倍型类群P[48]。当黄牛传入欧洲后，在母系上与本地欧洲野牛发生了杂交，从而产生了黄牛稀有的线粒体DNA单倍型类群Q和R[49]。通过对Y染色体DNA的研究，雄性欧洲野牛的基因渗入问题也得到了讨论[50]，但这些研究结论依然存在争议[51]。最近，针对欧洲野牛全基因组研究进一步证实欧洲家养黄牛与欧洲野牛之间发生过偶然地杂交[52]。

目前在东亚地区还未发现本地野牛种群与外来家养黄牛种群之间存在杂交。已发表的古DNA研究显示，在公元前2000年前后，单倍型类群T2、T3和T4在中国已全部存在[53]。

目前没有考古学或遗传学方面的证据表明中国家养黄牛是由本地野牛驯化而来。相反地，动物考古学证据显示，中国最早的家养黄牛出现于西北地区，沿史前丝绸之路分布[54]。遗传学证据表明，所有古代和现代的中国普通牛的单倍型类群都源于近东地区的单倍型类群[55]，说明中国的家养普通牛可能来自近东。然而，目前人们对于东亚地区野牛的遗传学信息还知之甚少。除了本文的三个原牛卜骨样本外，目前发表的DNA研究中只有一个古代东亚野牛个体[56]。在该研究中，作者对中国东北地区发现的一个古代牛下颌骨进行了线粒体DNA全基因组测序，他们认为，这个样本所代表的个体当时已处于人工管理的状态。但动物考古学和形态学分析并不支持以上研究结论[57]。值得一提的是，这项研究发现了一个新的牛线粒体DNA单倍型类群C，而该单倍型类群C不同于其他已知的现代普通牛单倍型类群。

本文研究又发现了属于单倍型类群C的样本，这些样本的年代明显晚至全新世，这也是首次发现具有明确考古出土背景的单倍型类群C。我们的研究还说明，东亚地区属于单倍型类群C的牛与属于单倍型类群T3和T4的黄牛共存。不但本地的和外来的牛共同生活在同一地理区域内，古人还同时对这两个种群进行了开发利用，这也就为种群间的杂交提供了机会。由此我们推测：①在没有人类行为干预的情况下，家养黄牛与本地东亚野牛之间存在零星杂交；②中国古代先民有意识地对野牛与家养黄牛进行杂交，通过提高遗传多样性的方法，提升牛群的健康水平；③人们有意识地阻止野牛与家养黄牛进行杂交；④人们尝试管理野牛种群，但未达到完全的驯化。然而，目前包括本文在内的所有已发表的中国古代家养黄牛的DNA研究均集中于线粒体DNA研究，而以周家庄遗址为代表的考古遗址中出土的家养黄牛和东亚野牛是否发生过杂交，还有待于通过核DNA研究来解释。

我们的研究结果还证明了野生水牛与家养黄牛、野生原牛种群共存。虽然我们并未发现野生水牛肩胛骨制作的卜骨，但是我们在周家庄遗址中发现了一件属于野生水牛的跟骨。现代动物线粒体DNA研究显示，沼泽水牛可能在中国西南部或东南亚被驯化[58]。动物考古学研究表明中国最早的家养水牛可追溯至公元1世纪之后，在此之前所有的水牛遗存应该都属于中国本土已经灭绝的圣水牛[59]。古DNA研究显示，在公元前2000年左右的中国北方考古遗址中出土的圣水牛对中国现代家养水牛没有基因贡献[60]。因此需要有进一步的核DNA研究，以探讨在古代家养水牛引入到中国北方地区后是否与本地圣水牛之间发生过杂交。

陶寺和周家庄遗址出土牛骨的DNA研究表明，在公元前2000年左右的黄河流域，对卜骨进行预制已经出现，且制作原料并不局限于家养黄牛肩胛骨。经过我们分析的大部分卜骨都进行了预制处理，预制的方法是平整肩胛骨的外侧缘，之后钻孔来引导兆文的走向。到了青铜时代这种相似的肩胛骨预处理方式实现了标准化，这被认为是国家掌控占卜行为的一种体现[61]。在周家庄遗址中，用原牛的肩胛骨来制作卜骨，这可能是因为，当时人们把原牛与家养黄牛视作同等重要的仪式性动物，或者是原牛可以作为家养黄牛的替代品，抑或是我们检测到的这些单倍型类群C的原牛实为杂交物种。如果这些牛不是第一代杂交物种，其表型当与家养黄牛相似。在中国开发利用杂交物种的可能性有待于进一步的研究。在周家庄遗址发现有单倍型类群C的原牛肩胛骨制作的卜骨，这暗示了在此之后的青铜时代经过特殊处理的牛卜骨也不一定全部来自家养黄牛。

目前来看并不清楚是什么样的文化动因促使古代中国倾向于使用牛骨来制作卜骨和其他骨制品。公元前两千纪晚期饲养黄牛在中原地区得到普及以后，用卜骨进行占卜更加普遍[62]。与中国古代其他常见哺乳动物的骨骼相比，牛肩胛骨最大且最平整。在家养黄牛传入以前，人们只能偶尔从捕猎得来的野生原牛与水牛上获得肩胛骨。在陶寺和周家庄等考古遗址中饲养黄牛可以更加容易获得理想的卜骨原料，也促使了卜骨占卜仪式在龙山时期及其之后能够广泛传播与扩散。

在陶寺与周家庄，牛骨除了用作卜骨外，也被用来制作实用器[63]。在商代的许多制骨作坊中，牛骨都是最主要的骨器制作原料[64]。在这些制骨作坊中，野生原牛与水牛骨骼的使用情况还不清楚①。在新石器时代的长江流域遗址中，发现有经过磨制的水牛肩胛骨用作农具或其他实用工具[65]。据我们所知，除此之外，中国其他考古遗址中再没有关于水牛骨骼制作实用器或卜骨的报道。究其原因，是中国古人有意识地避免使用水牛骨骼，还是仅仅因为很多水牛骨制品未被辨认出来，还有待于深入研究。在商代的青铜礼器上频繁出现水牛的形象，说明水牛在当时具有重要的象征和礼仪意义。但商代的卜骨中，迄今未见水牛骨骼。人们可能将特定牛种的骨骼，分别用于制作实用器或卜骨。这也就进一步强调了准确鉴定卜骨所属动物物种的重要性。

我们初步建立了一些标准，可能将有助于对中国其他遗址出土牛的肩胛骨进行鉴定。这些标准包括：①与家养黄牛相比，原牛肩胛盂外侧唇沿部位的凹槽凹陷更加明显；②原牛肩胛骨的喙突更加粗壮发达；③与牛属相比，水牛肩胛盂头侧唇沿向远端的翻卷更明显。目前，我们正在用更多的对比材料来验证这些结论。值得注意的是，考古遗址中出土的骨骼多已残破，这些形态特征点并不一定能够保存下来。这就使得对卜骨进行种属鉴定更具难度，因为肩胛骨上有特征点的部位往往会被去掉。例如安阳出土的许多商代卜骨中，整个关节盂外侧、连同唇沿上的凹陷部位和喙突往往会被切除[66]。此外，野生和家养牛骨的测量尺寸区间具有很大范围的重叠，所以不能仅通过形态大小来判断是否存在野牛。在很多情况下，不采用分子生物学方法则难以鉴定到属

---

① 在安阳铁三路遗址中，可鉴定的牛骨中水牛所占比例小于1%（源于Roderick Campbell与Zhipeng Li个人交流），但是在区分水牛和黄牛时仅选择了可确定的骨骼特征作为鉴定依据。据我们所知，在中国发现的骨制品中并未鉴定出属于原牛的样本。

或种。这些认识对于卜骨的种属鉴定研究提出了挑战，此外可能存在属于野牛的卜骨未被鉴定出来的情况。

中国考古遗址出土的动物遗存中，野牛骨骼可能并未得到正确的种属鉴定。特别是原牛，在家养黄牛传入中国后，显有原牛的报道。本文研究认为在家养黄牛传入中国后很长一段时间内，野牛依然存在。目前没有证据显示，东亚原牛与家养黄牛存在杂交，或者中国古代先民对野牛进行了管理，这是因为很少有遗址和牛骨样本得到深入的分析和研究。此前研究推测，在家养黄牛传入中国北方后，本土野牛迅速灭绝。考古遗址中出土的水牛皆属于未经人为管理的野生种群。如果像周家庄遗址所发现的一样，原牛、水牛与家养黄牛曾经共存并且它们的骨骼具有相似的用途，那么这一发现将对上述推测提出质疑。

六、结　论

我们首次发现了使用原牛肩胛骨制作卜骨的现象。这些样本的年代约为公元前1900年，说明在新石器时代晚期至青铜时代早期，中国北方地区依然存在野生原牛。本文研究认为，黄河流域的先民同时开发利用了野生与家养牛类，推测野生原牛与家养黄牛之间可能存在杂交，抑或是先民可能尝试对野牛种群进行了管理。此外，我们认为仅通过形态学研究，难以辨识骨制品是否由野牛骨骼制作而成。需要重新检验过去鉴定的卜骨及动物考古学材料，以此来确认其他遗址中是否也存在野牛遗存。尽管目前没有遗传学方面的证据显示家养黄牛与野生原牛发生过杂交，关于中国黄牛的古DNA研究也才刚刚开展。今后需要有动物考古学、遗传学及稳定同位素研究的进一步开展，以探讨中国古代黄牛饲养，家养黄牛与东亚原牛的关系，家养黄牛、野生原牛以及水牛在中国古代礼仪活动中的地位等重要问题。

附记　感谢中国社会科学院考古研究所的研究人员及学生，特别感谢袁靖先生、李志鹏先生、吕鹏先生以及动物考古实验室的其他成员给予的帮助，以及对于实验室现生水牛肩胛骨照片的提供。感谢河南省文物考古研究院、加州大学洛杉矶分校人类学系和Cotsen考古研究所、哈佛大学费正清中国研究中心。感谢Jeffrey Brantingham，Lothar von Falkenhausen，Rowan Flad，Richard Meadow，Li Min，Gregson Schachner和Thomas Wake等学者。Brunson的研究得到了美国国家科学基金会GRFP（DGE-1144087）和DIG（BCS-1249600）、加州大学洛杉矶分校Cotsen研究所考古学之友以及哈佛大学费正清中国研究中心的支持。赵欣的研究得到了中国国家社会科学基金项目“中原地区先秦时期家养黄牛的分子考古学研究”（15CKG017）和“中华文明探源及其相关文物保护技术研究（2013-2015）：中华文明形成过程中的资源、技术与生业研究”的支持。杨东亚和Rodrigues的研究得到了加拿大SSHRC基金的支持。

注 释

［1］ a. Flad R K, Yuan J, Li S. 2007. Zooarchaeological evidence for animal domestication in northwest China. Madsen D B, Chen F H, Gao X. (eds.) *Late Quaternary Climate Change and Human Adaptation in Arid China*. Amsterdam; London: Elsevier, 167-204.

b. 吕鹏：《论中国家养黄牛的起源》，见《动物考古》（第一辑），北京：文物出版社，2010年，第152-176页。

［2］ a. Yuan J. 2008. The origins and development of animal domestication in China. *Chinese Archaeology*, 8: 1-7.

b. 罗运兵：《中国古代猪类驯化、饲养与仪式性使用》，北京：科学出版社，2012年。

［3］ 同［1］b。

［4］ Yuan J, Flad R K. 2005. New zooarchaeological evidence for changes in Shang Dynasty animal sacrifice. *J. Anthropol. Archaeol.*, 24 (3): 252-270.

［5］ Keightley D N. 2000. *The Ancestral Landscape: Time, Space, and Community in Late Shang China (Ca. 1200-1045 B.C.)*. Berkeley: University of California, Berkeley.

［6］ a. Keightley D N. 1978. *Sources of Shang History: the Oracle-bone Inscriptions of Bronze Age China*. Berkeley: University of California Press.

b. Keightley D N. 1999. The Shang: China's first historical dynasty. Loewe M, Shaughnessy E L. (eds.) *The Cambridge History of Ancient China: from the Origins of Civilization to 221 B.C.* Cambridge, UK: Cambridge University Press, 232-291.

［7］ Flad R K. 2008. Divination and power: a multiregional view of the development of oracle bone divination in early China. *Curr. Anthropol.*, 49 (4): 403-437.

［8］ a. Li J. 1977. *Anyang*. Seattle: University of Washington Press.

b. 同［6］a。

c. 同［6］b。

d. Chang K C. 1980. *Shang Civilization*. New Haven, CT: Yale University Press.

e. 同［7］。

［9］ a. 同［6］a。

b. 同［7］。

c. Pak C B：《先秦卜法研究》，上海：上海古籍出版社，2011年。

［10］ a. Chang K C. 1983. *Art, Myth, and Ritual: the Path to Political Authority in Ancient China*. Cambridge, Massachusetts, and London, England: Harvard University Press.

b. 同［5］。

c. Fiskesjö M. 2001. Rising from blood-stained fields: royal hunting and state formation in Shang China. Bull. Mus. Far East. *Antiq.*, 48: 191.

d. Campbell R B. 2007. *Blood, Flesh and Bones: Kinship and Violence in the Social Economy of the Late Shang*. Harvard University PhD Dissertation.

e. Campbell R B. 2014. Animal, human, god: pathways of Shang animality and divinity. Arbuckle B S,

McCarty S A. (eds.) *Animals and Inequality in the Ancient World*. Boulder, CO: University Press of Colorado, 251-273.

[11] 同[7]。

[12] a. 刘莉、杨东亚、陈星灿：《中国家养水牛的起源初探》，《考古学报》2006年第2期，第141-178页。

b. 同[1]b。

[13] Brunson K, He N, Dai X. 2015. Sheep, cattle, and specialization: new zooarchaeological perspectives on the Taosi Longshan. *Int. J. Osteoarchaeol.*, 26 (3):460-475.

[14] a. Chang K C. 1986. *The Archaeology of Ancient China*, fourth ed. New Haven, CT: Yale University Press.

b. Liu L. 2004. *The Chinese neolithic: trajectories to early states*. Cambridge, UK, New York: Cambridge University Press.

c. Shelach-Lavi G. 2015. *The Archaeology of Early China: from Prehistory to the Han Dynasty*. New York: Cambridge University Press.

[15] a. 赵信：《甘肃武山傅家门史前文化遗址发掘简报》，《考古》1995年第4期，第289-296、304、385页。

b. 周本雄：《师赵村与西山坪遗址的动物遗存》，见中国社会科学院考古研究所：《师赵村与西山坪》，北京：中国大百科全书出版社，1999年，第335-339页。

c. 余翀、吕鹏、赵丛苍：《甘肃省礼县西山遗址出土动物骨骼鉴定与研究》，《南方文物》2011年第3期，第73-79页。

[16] 同[1]b。

[17] 同[13]。

[18] He N. 2013. The longshan period site of Taosi in southern Shanxi province. Underhill A P. (ed.) *A Companion to Chinese Archaeology*. Chichester, West Sussex: John Wiley & Sons Inc., 255-277.

[19] 同[7]。

[20] Driesch A V D. 1976. A Guide to the Measurement of Animal Bones from Archaeological Sites, Peabody Museum of Archaeology and Ethnology. Harvard University, Cambridge, MA.

[21] Yang D, Eng B, Waye J S, et al. 1998. Improved DNA extraction from ancient bones using silica-based spin columns. *Am. J. Phys. Anthropol.*, 105: 539-543.

[22] Salamon M, Tuross N, Arensburg B, et al. 2005. Relatively well preserved DNA is present in the crystal aggregates of fossil bones. *PNAS*, 102: 13783.

[23] a. Troy C S, MacHugh D E, Bailey J F, et al. 2001. Genetic evidence for Near-Eastern origins of European cattle. *Nature*, 410(6832): 1088-1091.

b. Cai D, Sun Y, Tang Z, et al. 2014. The origins of Chinese domestic cattle as revealed by ancient DNA analysis. *J. Archaeol. Sci.*, 41: 423-434.

[24] Yang D, Liu L, Chen X, et al. 2008. Wild or domesticated: DNA analysis of ancient water buffalo remains from north China. *J. Archaeol. Sci.*, 35(10): 2778-2785.

[25] Larkin M A, Blackshields G, Brown N P, et al. 2007. Clustal W and clustal X version 2.0.

Bioinformatics, 23: 2947-2948.

[26] Tamura K, Stecher G, Peterson D, et al. 2013. Mega6: Molecular Evolutionary Genetics Analysis Version 6.0. *Molecular Biology and Evolution*, 30 (12): 2725-2729.

[27] Anderson S, de Bruijn M H L, Coulson A R, et al. 1982. Complete sequence of bovine mitochondrial DNA conserved features of the mammalian mitochondrial genome. *J. Mol. Biol.*, 156 (4): 683-717.

[28] Achilli A, Olivieri A, Pellecchia M, et al. 2008. Mitochondrial genomes of extinct aurochs survive in domestic cattle. *Curr. Biol.*, 18: R157-R158.

[29] Edwards C J, Magee D A, Park S D E, et al. 2010. A complete mitochondrial genome sequence from a Mesolithic wild aurochs (*Bos primigenius*) (an aurochs mtDNA genome). *PLoS One*, 5 (2): e9255.

[30] a.同［27］。

b. Mannen H, Tsuji S, Loftus R T, et al. 1998. Mitochondrial DNA variation and evolution of Japanese black cattle (*Bos taurus*). *Genetics*, 150: 1169-1175.

c. Mannen H, Kohno M, Nagata Y, et al. 2004. Independent mitochondrial origin and historical genetic differentiation in north eastern Asian cattle. *Mol. Phylogenetics Evol.*, 32 (2): 539-544.

d. 同［23］a。

e. 同［23］b。

[31] a. Kierstein G, Vallinoto M, Silva A, et al. 2004. Analysis of mitochondrial d-loop region casts new light on domestic water buffalo (*Bubalus bubalis*) phylogeny. *Mol. Phylogenetics Evol.*, 30: 308-324.

b. Lei C Z, Zhang W, Chen H, et al. 2007. Independent maternal origin of Chinese swamp buffalo (*Bubalus bubalis*). *Anim. Genet.*, 38: 97-102.

c. 同［24］。

[32] Poinar H N. 2003. The top 10 list: criteria of authenticity for DNA from ancient and forensic samples. *Int. Congr. Ser.*, 1239: 575-579.

[33] a. Leonard J A, Shanks O, Hofreiter M, et al. 2007. Animal DNA in PCR reagents plagues ancient DNA research. *J. Archaeol. Sci.*, 34: 1361-1366.

b. Champlot S, Berthelot C, Pruvost M, et al. 2010. An efficient multistrategy DNA decontamination procedure of PCR reagents for hypersensitive PCR applications (DNA decontamination). *PLoS One*, 5: e13042.

[34] Reimer P J, Bard E, Bayliss A, et al. 2013. Intcal13 and marine13 radiocarbon age calibration curves 0-50,000 years cal BP. *Radiocarbon*, 55 (4): 1869-1887.

[35] 同［23］b。

[36] Zhang H, Paijmans J L A, Chang F, et al. 2013. Morphological and genetic evidence for early Holocene cattle management in northeastern China. *Nat. Commun.*, 4: 2755.

[37] 同［24］。

[38] Degerbøl M, Fredskild B. 1970. The Urus (*Bos primigenius Bojanus*) and Neolithic Domesticated Cattle (*Bos taurus domesticus Linné*) in Denmark: With a Revision of Bos-Remains from the Kitchen Middens. Zoological and Palynological Investigations. Munksgaard, København.

[39] a. Loftus R T, MacHugh D E, Ngere L O, et al. 1994. Mitochondrial genetic variation in European,

African and Indian cattle populations. *Anim. Genet.*, 25 (4): 265-271.

b. Loftus R T, Ertugrul O, Harba A H, et al. 1999. A microsatellite survey of cattle from a centre of origin: the Near East. *Mol. Ecol.*, 8 (12): 2015-2022.

c. MacHugh D E, Shriver M D, Loftus R T, et al. 1997. Microsatellite DNA variation and the evolution, domestication and phylogeography of taurine and zebu cattle (*Bos taurus and Bos indicus*). *Genetics*, 146: 1071-1086.

d. Helmer D, Gourichon L, Monchot H, et al. 2005. Identifying early domestic cattle from Pre-Pottery Neolithic sites on the middle Euphrates using sexual dimorphism. Vigne J-D, Peters J, Helmer D. (eds.) *The First Steps of Animal Domestication: New Archaeobiological Approaches*. Oxford, Oakville, CT, Oxbow ［Distributed in the U.S. by］ D. Brown Bk. Co, 86-95.

e. Bradley D G, Magee D A, 2006. Genetics and the origins of domestic cattle. Zeder M A, Bradley D G, Emshwiller E, Smith B D. (eds.) *Documenting Domestication: New Genetic and Archaeological Paradigms*. Berkeley, CA: University of California Press, 317-328.

f. Hongo H, Pearson J, Öksüz B, et al. 2009. The process of ungulate domestication at Çayönü, southeastern Turkey: a multidisciplinary approach focusing on *Bos* sp. and *Cervus elaphus*. *Anthropozoologica*, 44 (1): 63-78.

［40］ a. Grigson C. 1985. *Bos indicus* and *Bos namadicus* and the problem of autochthonous domestication in India. Misra V N, Bellwood P S. (eds.) *Recent Advances in Indo-Pacific Prehistory*. New Delhi, India: Oxford and IBH, 425-428.

b.同［39］a。

c. 同［39］b。

d. Meadow R H. 1996. The origins and spread of pastoralism in northwestern South Asia. Harris D R. (ed.) *The Origins and Spread of Agriculture and Pastoralism in Eurasia*. London: UCL Press, 390-412.

e. Meadow R H, Patel A K. 2003. Prehistoric pastoralism in northwestern South Asia from the neolithic through the harappan period. Weber S A, Belcher W R. (eds.) *Indus Enthnobiology: New Perspectives from the Field*. Lanham MD: Lexington Books, 65-93.

f. Chen S, Lin B Z, Baig M, et al. 2009. Zebu cattle are an exclusive legacy of the South Asia Neolithic. *Mol. Biol. Evol.*, 27 (1): 1-6.

［41］ 同［23］b。

［42］ a. 张增祺：《晋宁石寨山》，昆明：云南美术出版社，1998年。

b. 陈小波：《岭南地区牛的考古发现与研究》，《学术论坛》1999年第4期，第13-18页。

［43］ 同［23］a。

［44］ a. 同［30］b。

b. 同［30］c。

c. 同［23］a。

d. 同［39］e。

e. 同［28］。

f. Achilli A, Bonfiglio S, Olivieri A, et al. 2009. The multifaceted origin of taurine cattle reflected by the mitochondrial genome (the origin of taurine cattle). *PLoS One*, 4 (6): e5753.

g. Magee D A, MacHugh D E, Edwards C J, 2014. Interrogation of modern and ancient genomes reveals the complex domestic history of cattle. *Anim. Front.*, 4 (3): 7-22.

［45］ a. 同［28］。

b. 同［44］f。

［46］ a. 同［30］b。

b. 同［30］c。

c. Lai S-J, Liu Y-P, Liu Y-X, et al. 2006. Genetic diversity and origin of Chinese cattle revealed by mtDNA d-loop sequence variation. *Mol. Phylogenetics Evol.*, 38(1): 146-154.

［47］ a. 同［28］。

b. 同［44］f。

［48］ a. Edwards C J, Bollongino R, Scheu A, et al. 2007. Mitochondrial DNA analysis shows a Near Eastern Neolithic origin for domestic cattle and no indication of domestication of European aurochs. *Proc. Biol. Sci.*, 274: 1377-1385.

b. 同［29］。

［49］ 同［44］f。

［50］ Götherström A, Anderung C, Hellborg L, et al. 2005. Cattle domestication in the Near East was followed by hybridization with aurochs bulls in Europe. *Proc. Biol. Sci./R. Soc.*, 272: 2345-3450.

［51］ Bollongino R, Elsner J, Vigne J-D, et al. 2008. Y-snps do not indicate hybridisation between european aurochs and domestic cattle (bovine Y-haplotypes). *PLoS One*, 3 (10): e3418.

［52］ Park S D E, Magee D A, McGettigan P A, et al. 2015. Genome sequencing of the extinct Eurasian wild aurochs, *Bos primigenius*, illuminates the phylogeography and evolution of cattle. *Genome Biol.*, 16: 234.

［53］ 同［23］b。

［54］ a. 同［1］a。

b. 同［1］b。

［55］ a.同［46］c。

b. 同［28］。

c. 同［44］f。

d. 同［23］b。

［56］ 同［36］。

［57］ 吕鹏、袁靖、李志鹏：《再论中国家养黄牛的起源——商榷〈中国东北地区全新世早期管理黄牛的形态学和基因学证据〉一文》，《南方文物》2014年第3期，第48-59页。

［58］ Yue X-P, Li R, Xie W-M, et al. 2013. Phylogeography and domestication of Chinese swamp buffalo. *PLoS One*, 8 (2): e56552.

［59］ 同［12］a。

［60］ 同［24］。

[61] a. 同 [6] a。
b. 同 [5]。
c. 同 [7]。
[62] a. 同 [1] a。
b. 同 [7]。
[63] 同 [13]。
[64] a. 马萧林：《关于中国骨器研究的几个问题》，《华夏考古》2010年第2期，第138-142页。
b. Campbell R B, Li Z, He Y, et al. 2011. Consumption, exchange and production at the great settlement Shang: bone-working at Tiesanlu, Anyang. *Antiquity*, 85 (330): 1279-1297.
c. 中国社会科学院考古研究所安阳工作队、何毓灵、李志鹏、江雨德、岳占伟：《河南安阳市铁三路殷墟文化时期制骨作坊遗址》，《考古》2015年第8期，第37-62页。
[65] Xie L, Lu X, Sun G, et al. 2017. Functionality and morphology: identifying Si agricultural tools from among Hemudu scapular implements in eastern China. *J. Archaeol. Method Theory*, 24 (2): 377-423.
[66] a.同 [6] a。
b. Pak C B：《先秦卜法研究》，上海：上海古籍出版社，2011年。

New Insights into the Origins of Oracle Bone Divination: Ancient DNA from Late Neolithic Chinese Bovines

BRUNSON Katherine, ZHAO Xin, HE Nu, DAI Xiang-ming, RODRIGUES Antonia, YANG Dong-ya

Abstract: Domestic taurine cattle (*Bos taurus*) were introduced to China from West Asia between 3600 and 2000 cal BC. Most of the earliest domestic cattle remains in China come from sacrificial or ritual contexts, especially in the form of oracle bones used in divination rituals. These oracle bones became closely tied to royal authority and are the source of the earliest written inscriptions in ancient China. In this article, we use ancient DNA to identify uninscribed bovine oracle bones from the Longshan period archaeological sites of Taosi(ca. 2300-1900 cal BC) and Zhoujiazhuang(ca. 2300-1750 cal BC) in the middle Yellow River Valley, southern Shanxi Province. These sites contain some of the earliest evidence for extensive domestic cattle exploitation in China, including some of the earliest pre-treated bovine oracle bones. DNA was successfully recovered from eight oracle bone specimens and six non-oracle bone specimens in dedicated ancient DNA labs. Mitochondrial DNA (mtDNA) were PCR amplified and sequenced, resulting in a high success rate (100%) for mtDNA. The obtained ancient DNA data revealed ten specimens (five oracle bones, two unworked scapulae, two calcanei, and one astragalus) are domestic *Bos taurus*. Two haplogroups of *Bos taurus* (T3 and T4) were present at both sites. Three specimens (BOC9, BOC10, and BOC13, all carved oracle bones) do not match any known mtDNA haplogroups for *Bos Taurus*, but belong to haplogroup C and should be classified as wild *Bos primigenius* native to this part of East Asia. These specimens date to significantly later in the Holocene and represent the first identified cases associated with solid archaeological contexts. One specimen (an unworked calcaneus, BOC6) belongs to water buffalo haplogroup KJ1, which has been linked to the extinct Chinese species *Bubalus mephistopheles*. We believe that BOC6 is wild water buffalo, confirming its identification based on morphology and indicating that this bovine species was also represented at Zhoujiazhuang. Therefore, *Bos taurus*, *Bos primigenius*, and *Bubalus mephistopheles* were all present in this region during the Longshan period. We found that in addition to making oracle bones out of domestic cattle scapulae, people also used aurochs (wild cattle: *Bos primigenius*) scapulae for oracle bone divination. Although wild water buffalo were also exploited at Zhoujiazhuang, we did not identify water buffalo oracle bones in our analysis. Our results demonstrate that East Asian cattle of haplogroup C were present alongside cattle of haplogroups T3 and T4, and we have identified the first known cases of oracle bones made from aurochs (*Bos primigenius*) scapulae at Zhoujiazhuang, which may indicate that both wild and domestic bovines were seen as equally important ritual animals at that time or that aurochs could be used as a substitute for domestic cattle. Hybrid animals may have also been used. Our findings indicate that not only were native and non-native cattle populations living in the same geographic region, people living in the Yellow River Valley were exploiting both wild and domestic bovines, thus providing evidence that opportunities existed for interbreeding and experimentation with management of wild populations. We propose some morphological criteria that may be useful for distinguishing between bovine scapulae at other Chinese sites, but conclude that it is not always possible to identify bovine worked bone artifacts based on morphology alone. Previously identified oracle bones and zooarchaeological collections should be carefully re-examined to determine if aurochs were also present at other Chinese sites. The application of additional zooarchaeological, genetic, and isotopic research will be critical for understanding the conditions under which cattle herding was adopted in China, the relationship between domestic cattle and East Asian wild aurochs, and the role of cattle, aurochs, and water buffalo in ancient Chinese ritual practice.

Key Words: oracle bones; Longshan; ancient DNA; Zooarchaeology; Chinese archaeology

（原刊于 *Journal of Archaeological Science* 2016年第74期，翻译后略有改动）

附　表

附表1　本文研究的陶寺遗址和周家庄遗址出土牛骨的考古学相关信息

Table S1　Archaeological contexts of sampled oracle bones from Taosi and Zhoujiazhuang

实验编号	鉴定号#	是否卜骨	遗址	出土单位	骨骼部位	种属
BOC04	Z-130	否	周家庄	2012 JZI T1508 H258 (1)	左肩胛骨	普通牛*Bos taurus*
BOC05	Z-2893	否	周家庄	2013 JZII TG17 H384 (1)	左肩胛骨	普通牛*Bos taurus*
BOC06	Z-4844	否	周家庄	2013 JZII TG18 H355 (1)	右跟骨	水牛*Bubalus mephistopheles*
BOC07	Z-2664	否	周家庄	2013 JZII TG18 G17 (2)	右跟骨	普通牛*Bos taurus*
BOC08	Z-4930	否	周家庄	2013 JZII TG18 H355 (3)	左跟骨	普通牛*Bos taurus*
BOC09	Z-2436	是	周家庄	2013 JZII TG18 H373	左肩胛骨	原始牛*Bos primigenius*
BOC10	Z-2593	是	周家庄	2013 JZII TG18 G17 (2)	左肩胛骨	原始牛*Bos primigenius*
BOC11	Z-2592	是	周家庄	2013 JZII TG18 G17 (2)	左肩胛骨	普通牛*Bos taurus*
BOC12	Z-1741	是	周家庄	2013 JZII TG20 H405 (2)	左肩胛骨	普通牛*Bos taurus*
BOC13	Z-4926	是	周家庄	2013 JZII TG18 H355 (3)	右肩胛骨	原始牛*Bos primigenius*
BOC14	T-39	否	陶寺	2013 JXTI TG32 (3B)	右距骨	普通牛*Bos taurus*
BOC15	T-566	是	陶寺	2010 JXTI T5013 H59 (1)	左肩胛骨	普通牛*Bos taurus*
BOC16	T-689	是	陶寺	2010 JXTI T5023 H93 (2)	右肩胛骨	普通牛*Bos taurus*
BOC17	T-171	是	陶寺	2013 JXTI TG33 Q4	右肩胛骨	普通牛*Bos taurus*

附表2 PCR扩增结果

Table S2 PCR amplification results

日期	PCR序列号	实验编号	DNA提取	PCR扩增结果				
				L1269/H1346	L16022/H16178	L16137/H16315	L16159/H16334	F213/R381
2014/4/25	A093	BOC4	第一次提取	阳性－牛属				
2014/4/25	A093	BOC5	第一次提取	阳性－牛属				
2014/4/25	A093	BOC6	第一次提取	阳性－水牛属				
2014/4/25	A093	BOC7	第一次提取	阳性－牛属				
2014/4/25	A093	BOC8	第一次提取	阳性－牛属				
2014/4/25	A093	BOC9	第一次提取	阳性－牛属				
2014/4/25	A093	BOC10	第一次提取	阳性－牛属				
2014/4/25	A093	BOC11	第一次提取	阳性－牛属				
2014/4/25	A093	BOC12	第一次提取	阳性－牛属				
2014/4/25	A093	BOC13	第一次提取	阳性－牛属				
2014/4/25	A093	BOC14	第一次提取	阳性－牛属				
2014/4/25	A093	BOC15	第一次提取	阳性－牛属				
2014/4/25	A093	BOC16	第一次提取	阳性－牛属				
2014/4/25	A093	BOC17	第一次提取	阳性－牛属				
2014/4/25	A093	BK1	第一次提取	阴性				
2014/4/25	A093	BK2	第一次提取	阳性－智人				
2014/4/25	A093	NEG	第一次提取	阴性				
2014/4/25	A094-A095	BOC4	第一次提取		阳性－牛属	阳性－牛属		
2014/4/25	A094-A095	BOC5	第一次提取		阳性－牛属	阳性－牛属		

续表

日期	PCR序列号	实验编号	DNA提取	PCR扩增结果				
				L1269/H1346	L16022/H16178	L16137/H16315	L16159/H16334	F213/R381
2014/4/25	A094-A095	BOC6	第一次提取		阳性－水牛属	阴性		
2014/4/25	A094-A095	BOC7	第一次提取		阳性－牛属	阳性－牛属		
2014/4/25	A094-A095	BOC8	第一次提取		阴性	阴性		
2014/4/25	A094-A095	BOC9	第一次提取		阳性－牛属	阳性－牛属		
2014/4/25	A094-A095	BOC10	第一次提取		阳性－牛属	阳性－牛属		
2014/4/25	A094-A095	BOC11	第一次提取		阳性－牛属	阳性－牛属		
2014/4/25	A094-A095	BOC12	第一次提取		阳性－牛属	阳性－牛属		
2014/4/25	A094-A095	BOC13	第一次提取		阳性－牛属	阳性－牛属		
2014/4/25	A094-A095	BOC14	第一次提取		阳性－牛属	阳性－牛属		
2014/4/25	A094-A095	BOC15	第一次提取		阳性－牛属	阴性		
2014/4/25	A094-A095	BOC16	第一次提取		阳性－牛属	阳性－牛属		
2014/4/25	A094-A095	BOC17	第一次提取		阳性－牛属	阳性－牛属		
2014/4/25	A094-A095	BK1	第一次提取		阴性	阴性		
2014/4/25	A094-A095	BK2	第一次提取		阴性	阴性		
2014/4/25	A094-A095	NEG	第一次提取		阴性	阴性		
2014/6/23	A105	BOC4	第一次提取					阳性－牛属
2014/6/23	A105	BOC5	第一次提取					阳性－牛属
2014/6/23	A105	BOC6	第一次提取					阳性－水牛属
2014/6/23	A105	BOC7	第一次提取					阳性－牛属
2014/6/23	A105	BOC8	第一次提取					阴性

续表

日期	PCR序列号	实验编号	DNA提取	PCR扩增结果				
				L1269/H1346	L16022/H16178	L16137/H16315	L16159/H16334	F213/R381
2014/6/23	A105	BOC9	第一次提取					阳性－牛属
2014/6/23	A105	BOC10	第一次提取					阳性－牛属
2014/6/23	A105	BOC11	第一次提取					阳性－牛属
2014/6/23	A105	BOC12	第一次提取					阳性－牛属
2014/6/23	A105	BOC13	第一次提取					阳性－牛属
2014/6/23	A105	BOC14	第一次提取					阳性－牛属
2014/6/23	A105	BOC15	第一次提取					阳性－牛属
2014/6/23	A105	BOC16	第一次提取					阳性－牛属
2014/6/23	A105	BOC17	第一次提取					阳性－牛属
2014/6/23	A105	BK1	第一次提取					阴性
2014/6/23	A105	BK2	第一次提取					阴性
2014/6/23	A105	NEG1	第一次提取					阴性
2014/6/23	A105	NEG2	第一次提取					阴性
2014/6/24	A108	BOC4	第一次提取					阳性－牛属
2014/6/24	A108	BOC5	第一次提取					阳性－牛属
2014/6/24	A108	BOC6	第一次提取					阴性
2014/6/24	A108	BOC7	第一次提取					阳性－牛属
2014/6/24	A108	BOC8	第一次提取					阴性
2014/6/24	A108	BOC9	第一次提取					阳性－牛属
2014/6/24	A108	BOC10	第一次提取					阳性－牛属

续表

日期	PCR序列号	实验编号	DNA提取	PCR扩增结果				
				L1269/H1346	L16022/H16178	L16137/H16315	L16159/H16334	F213/R381
2014/6/24	A108	BOC11	第一次提取					阳性－牛属
2014/6/24	A108	BOC12	第一次提取					阳性－牛属
2014/6/24	A108	BOC13	第一次提取					阳性－牛属
2014/6/24	A108	BOC14	第一次提取					阳性－牛属
2014/6/24	A108	BOC15	第一次提取					阳性－牛属
2014/6/24	A108	BOC16	第一次提取					阳性－牛属
2014/6/24	A108	BOC17	第一次提取					阳性－牛属
2014/6/24	A108	BK1	第一次提取					阴性
2014/6/24	A108	BK2	第一次提取					阴性
2014/6/24	A108	NEG1	第一次提取					阴性
2014/6/24	A108	NEG2	第一次提取					阴性
2014/6/26	A114	BOC4	第一次提取					阳性－牛属
2014/6/26	A114	BOC5	第一次提取					阳性－牛属
2014/6/26	A114	BOC6	第一次提取					阴性
2014/6/26	A114	BOC7	第一次提取					阳性－牛属
2014/6/26	A114	BOC8	第一次提取					阴性
2014/6/26	A114	BOC9	第一次提取					阳性－牛属
2014/6/26	A114	BOC10	第一次提取					阳性－牛属
2014/6/26	A114	BOC11	第一次提取					阳性－牛属
2014/6/26	A114	BOC12	第一次提取					阳性－牛属

续表

日期	PCR序列号	实验编号	DNA提取	PCR扩增结果				
				L1269/H1346	L16022/H16178	L16137/H16315	L16159/H16334	F213/R381
2014/6/26	A114	BOC13	第一次提取					阳性－牛属
2014/6/26	A114	BOC14	第一次提取					阳性－牛属
2014/6/26	A114	BOC15	第一次提取					阳性－牛属
2014/6/26	A114	BOC16	第一次提取					阳性－牛属
2014/6/26	A114	BOC17	第一次提取					阳性－牛属
2014/6/26	A114	BK1	第一次提取					阴性
2014/6/26	A114	BK2	第一次提取					阴性
2014/6/26	A114	NEG1	第一次提取					阴性
2014/6/26	A114	NEG2	第一次提取					阴性
2014/7/23	A125	BOC4	第二次提取	阳性－牛属				
2014/7/23	A125	BOC5	第二次提取	阳性－牛属				
2014/7/23	A125	BOC6	第二次提取	阳性－未找到共享序列				
2014/7/23	A125	BOC7	第二次提取	阳性－牛属				
2014/7/23	A125	BOC8	第二次提取	阳性－牛属				
2014/7/23	A125	BOC9	第二次提取	阳性－牛属				
2014/7/23	A125	BOC10	第二次提取	阳性－牛属				
2014/7/23	A125	BOC11	第二次提取	阳性－牛属				
2014/7/23	A125	BOC12	第二次提取	阳性－牛属				
2014/7/23	A125	BOC13	第二次提取	阳性－牛属				

续表

日期	PCR序列号	实验编号	DNA提取	PCR扩增结果				
				L1269/H1346	L16022/H16178	L16137/H16315	L16159/H16334	F213/R381
2014/7/23	A125	BOC14	第二次提取	阳性－牛属				
2014/7/23	A125	BOC15	第二次提取	阳性－牛属				
2014/7/23	A125	BOC16	第二次提取	阳性－牛属				
2014/7/23	A125	BOC17	第二次提取	阳性－牛属				
2014/7/23	A125	BK1	第二次提取	阴性				
2014/7/23	A125	BK2	第二次提取	阴性				
2014/7/23	A125	NEG	第二次提取	阳性－智人				
2014/7/30	A136	BOC4	第二次提取		阳性－牛属			
2014/7/30	A136	BOC5	第二次提取		阳性－牛属			
2014/7/30	A136	BOC6	第二次提取		阳性－未找到共享序列			
2014/7/30	A136	BOC7	第二次提取		阳性－牛属			
2014/7/30	A136	BOC8	第二次提取		阳性－牛属			
2014/7/30	A136	BOC9	第二次提取		阳性－牛属			
2014/7/30	A136	BOC10	第二次提取		阳性－牛属			
2014/7/30	A136	BOC11	第二次提取		阳性－牛属			
2014/7/30	A136	BOC12	第二次提取		阳性－牛属			
2014/7/30	A136	BOC13	第二次提取		阳性－牛属			
2014/7/30	A136	BOC14	第二次提取		阳性－牛属			
2014/7/30	A136	BOC15	第二次提取		阳性－牛属			

续表

日期	PCR序列号	实验编号	DNA提取	PCR扩增结果				
				L1269/H1346	L16022/H16178	L16137/H16315	L16159/H16334	F213/R381
2014/7/30	A136	BOC16	第二次提取		阳性－牛属			
2014/7/30	A136	BOC17	第二次提取		阳性－牛属			
2014/7/30	A136	BK1	第二次提取		阳性－牛属			
2014/7/30	A136	BK2	第二次提取		阴性			
2014/7/30	A136	NEG	第二次提取		阴性			
2014/9/29	A146	BOC4	第二次提取			阳性－牛属		
2014/9/29	A146	BOC5	第二次提取			阳性－牛属		
2014/9/29	A146	BOC6	第二次提取			阴性		
2014/9/29	A146	BOC7	第二次提取			阳性－牛属		
2014/9/29	A146	BOC8	第二次提取			阳性－牛属		
2014/9/29	A146	BOC9	第二次提取			阳性－牛属		
2014/9/29	A146	BOC10	第二次提取			阳性－牛属		
2014/9/29	A146	BOC11	第二次提取			阳性－牛属		
2014/9/29	A146	BOC12	第二次提取			阳性－牛属		
2014/9/29	A146	BOC13	第二次提取			阳性－牛属		
2014/9/29	A146	BOC14	第二次提取			阳性－牛属		
2014/9/29	A146	BOC15	第二次提取			阳性－牛属		
2014/9/29	A146	BOC16	第二次提取			阳性－牛属		
2014/9/29	A146	BOC17	第二次提取			阳性－牛属		
2014/9/29	A146	BK1	第二次提取			阴性		

续表

日期	PCR序列号	实验编号	DNA提取	PCR扩增结果				
				L1269/H1346	L16022/H16178	L16137/H16315	L16159/H16334	F213/R381
2014/9/29	A146	BK2	第二次提取			阴性		
2014/9/29	A146	NEG	第二次提取			阴性		
2014/10/22	A156	BOC4	第二次提取				阳性－牛属	
2014/10/22	A156	BOC5	第二次提取				阳性－牛属	
2014/10/22	A156	BOC6	第二次提取				阳性－未找到共享序列	
2014/10/22	A156	BOC7	第二次提取				阳性－牛属	
2014/10/22	A156	BOC8	第二次提取				阳性－牛属	
2014/10/22	A156	BOC9	第二次提取				阳性－牛属	
2014/10/22	A156	BOC10	第二次提取				阳性－牛属	
2014/10/22	A156	BOC11	第二次提取				阳性－牛属	
2014/10/22	A156	BOC12	第二次提取				阳性－牛属	
2014/10/22	A156	BOC13	第二次提取				阳性－牛属	
2014/10/22	A156	BOC14	第二次提取				阳性－牛属	
2014/10/22	A156	BOC15	第二次提取				阳性－牛属	
2014/10/22	A156	BOC16	第二次提取				阳性－牛属	
2014/10/22	A156	BOC17	第二次提取				阳性－牛属	
2014/10/22	A156	BK1	第二次提取				阴性	
2014/10/22	A156	BK2	第二次提取				阴性	
2014/10/22	A156	NEG	第二次提取				阴性	

续表

日期	PCR序列号	实验编号	DNA提取	PCR扩增结果				
				L1269/H1346	L16022/H16178	L16137/H16315	L16159/H16334	F213/R381
2015/1/17	A225	BOC4	第二次提取				阴性	
2015/1/17	A225	BOC5	第二次提取				阳性－牛属	
2015/1/17	A225	BOC6	第二次提取				阳性－未找到共享序列	
2015/1/17	A225	BOC7	第二次提取				阳性－牛属	
2015/1/17	A225	BOC8	第二次提取				阳性－牛属	
2015/1/17	A225	BOC9	第二次提取				阳性－牛属	
2015/1/17	A225	BOC10	第二次提取				阳性－牛属	
2015/1/17	A225	BOC11	第二次提取				阳性－牛属	
2015/1/17	A225	BOC12	第二次提取				阳性－牛属	
2015/1/17	A225	BOC13	第二次提取				阳性－牛属	
2015/1/17	A225	BOC14	第二次提取				阳性－牛属	
2015/1/17	A225	BOC15	第二次提取				阳性－牛属	
2015/1/17	A225	BOC16	第二次提取				阳性－牛属	
2015/1/17	A225	BOC17	第二次提取				阳性－牛属	
2015/1/17	A225	BK1	第二次提取				阴性	
2015/1/17	A225	BK2	第二次提取				阴性	
2015/1/17	A225	NEG	第二次提取				阴性	

注：BK代表DNA提取空白对照；NEG代表PCR扩增空白对照。每一个阳性结果都进行测序并记录BLAST共享序列搜索结果

Note: BK=blank (prepared along with the ancient samples from extraction through amplification using the same protocols). NEG=negative control (prepared during amplification using the same PCR solution as the ancient samples and blanks, but without DNA extract). Each positive result was sequenced and the corresponding BLAST search match is noted

附表3　碳十四测年结果

Table　S3　AMS ^{14}C dating results

样品编号	材料	δ^{13}C（‰）	δ^{15}N（‰）	碳十四年代	校正年代（2σ）	pMC	D14C（‰）
BOC9（Beta-427482）	骨骼	−15.7	8.1	3670 +/− 30 BP	Cal BC 2140 ~ 1955	63.3 +/− 0.2	−366.7 +/− 2.4
BOC10（Beta-427483）	骨骼	−14.9	8.6	3500 +/− 30 BP	Cal BC 1900 ~ 1745	64.7 +/− 0.2	−353.2 +/− 2.4

邺城佛教造像的三维重建探索

张　蕾

摘要：邺城作为6世纪中国北方佛教中心，在中国佛教史上占据着极其重要的地位，其出土的大量佛像具有独特的历史价值、科学价值和艺术价值。本文介绍了通过使用数字摄影测量与多视角三维重建技术进行佛教造像三维重建的探索。首先在进行影像的采集和拍摄时根据所拍摄佛像的形制和状况，采取了多种方法的拍摄以保证佛像全方位影像的获取。然后使用Agisoft PhotoScan软件设置相应的参数，对拍摄的佛像影像进行运算处理，最终完成佛像三维模型的重建，同时还可以生成模型、正射影像、DEM（数字高程模型）等产品，用于佛像的图像绘制和三维展示等。多视角三维重建技术不仅提高了数据采集和三维重建的灵活性和便捷性，而且能够满足考古文物三维重建的精度要求，因此这项技术在考古中的应用具有很好的发展前景。邺城佛教造像的三维重建探索，为文物的三维影像拍摄和Agisoft PhotoScan软件实际使用提供了宝贵的经验，也将会对邺城佛像全方位空间信息的采集和展示以及完整数据库的建立提供有力的帮助，必将在其研究中发挥越来越重要的作用。

关键词：邺城佛教造像　数字摄影测量　三维重建　Agisoft PhotoScan软件

一、邺城佛教造像

邺城遗址，位于河北省临漳县西南约20千米处，由南北毗连的两座古城邺北城和邺南城组成。曾是曹魏、后赵、冉魏、前燕、东魏、北齐诸王朝的都城，故邺城又被称为六朝古都。邺城都城布局前承秦汉，后启隋唐，是中国古代都城发展史上的里程碑之一。

邺城初兴于十六国后赵时期，至东魏北齐达到顶峰，长期积淀了深厚的文化艺术、科学技术和宗教民俗等传统，是当时中国北方的文化中心之一。邺城曹魏时期的建安文学、十六国时期的建筑技术、东魏北齐时期的佛教艺术等，无不对后世有着持续而深远的影响。

东魏北齐时期邺城佛教兴盛，为中原北方地区的佛教文化中心，根据历史记载“都下大寺略计四千，见住僧尼仅将八万。讲席相距二百有余，在众常听出过一万”。许多著名高僧曾驻锡邺城寺院，对中国佛教流派的形成也做出了重要的贡献。邺城从寺院布局到造像艺术均独创一格，邺城佛教上承北魏传统，下启隋唐宗派，“邺城模式”有继承，更有创新，其艺术内涵丰富，影响深远，在中国佛教史上占据着极其重要的地位。

目前邺城遗址内时有佛教遗迹、遗物发现。进入21世纪，邺城考古队还先后在外郭区发现了赵彭城北朝佛寺遗址、北吴庄佛教造像埋藏坑等一批重要遗迹和遗物，为东魏北齐邺城的全面研究提供了重要的资料。邺城出土的大量佛教石造像，折射出东魏北齐佛教艺术的璀璨光芒，深刻影响了世俗文化与艺术，成为隋唐艺术源流之一。

二、三维重建的影像拍摄

为了将这批佛教造像进行系统化的数据采集、记录与展示，中国社会科学院考古研究所科技中心与邺城考古队和邺城博物馆合作，通过使用数字摄影测量与多视角三维重建技术进行对佛教造像三维重建的探索。

多视角三维重建技术是以数字相机作为影像获取工具，从多角度围绕被拍摄物体以最佳成像焦距拍摄多幅数字影像，然后使用三维建模软件根据计算机视觉原理，对获取的全部数字影像进行相互匹配，生成被拍摄物体的表面三维点云，加载影像信息后得到真实的三维模型，实现被拍摄物体三维模型重建的技术。

进行多视角三维重建首先要进行影像的采集和拍摄，这需要使用高分辨率数码相机进行拍摄。相机的设置需要使用手动档（M档）设置统一的光圈大小和曝光时间，并且在尽可能短的时间内完成拍摄，使每幅数字影像的亮度、反差、阴影等情况比较一致。在拍摄邺城佛像时根据拍摄场地和环境，我们将相机进行了相应的设置：光圈值一般为8或10左右，以确保数字影像具有足够的景深；感光度小于400，避免产生明显的噪点；曝光时间定到1/60秒或1/80秒（拍摄者根据具体情况而定），光线比较暗的时候需要适当增加感光度进行拍摄。

另外因为要进行多视角三维重建，这就需要对佛像进行全方位拍摄。我们根据所拍摄佛像的形制和状况，采用了多种拍摄方法。首先需要对所拍摄的佛像的顶部和底部分别进行全方位的多组拍摄。另外为了在三维建模时的空间参照和计算，以便区别顶部和底部影像的不同，建立完整的空间数据，这就需要分别在对佛像进行顶部和底部拍摄时将佛像安置在不同的两个台面上，且将这两个台面放置在不同的位置以示区别。

为了便于以后对三维重建的佛像进行测量和绘图，我们将有底座的佛像在其底座下铺垫上米格纸，方便以后在图像处理时加注控制点，从而能够生成真实坐标的三维模型。而为了对底座部分进行全方位的拍摄，我们采用了两种方法：一是将佛像的顶部进行包裹保护之后插入沙箱（彩版二三）；二是将佛像倒放然后铺垫其他支撑物，使底座突出悬空，便于进行全方位的的拍摄（彩版二四）。还有一些佛像由于无底座造型或已经残破，不能正常摆放，我们就只好将佛像顶部和底部分别进行包裹保护之后插入沙箱完成全方位拍摄。

为了保证对佛像进行全方位多角度的拍摄，我们在进行顶部和底部拍摄时都要采用正拍、俯拍、仰拍的方法进行两到三圈的全方位拍摄，并对佛像顶部和底部的正面进行多角度拍摄，而对一些复杂和镂空的局部则需要增加拍摄角度和拍摄数量，保证佛像数据的全面获取。

照片拍好之后，如果拍摄照片的反差、亮度比较合适，可以不用进行匀光等处理即可使用；如果照片存在比较暗淡等问题，则需要在Photoshop软件中进行反差和亮度的调整，增强影像的质量，以便提高后续三维处理的速度和精度。

三、三维影像的数据处理

关于使用三维重建软件进行后期处理，我们使用的软件是Agisoft Photoscan。Agisoft PhotoScan软件基于多视角影像三维重建技术原理，是一款能够将平面影像进行重建，生成高质量的三维点云模型、三维真实模型、高分辨率真实坐标的正射影像图（使用控制点可达5厘米精度）、带有详细彩色纹理的DEM模型等的三维模型制作软件。针对其他一些三维重建软件，这款软件无需设置初始值，无需相机检校，可以对任意照片进行处理，对照片的拍摄位置没有要求，可自由选定是否使用控制点。其特点和优势是获取被拍摄对象特征点的数目较少，点云与照片纹理可以严格对应，能够自动贴附纹理，建模速度快、效果好。并且整个工作流程无论是影像定向还是三维模型重建过程都是完全自动化的，即使是非专业人员也可以进行操作，生成专业级别的摄影测量数据，便于推广。

打开Agisoft PhotoScan软件，将软件进行语言、背景、视图等的基本设置。在工作区先添加一个模块，将我们拍摄并处理好的佛像顶部照片选择添加。在工作流程中设置相应的参数，依次进行对齐照片、建立密集点云的处理（图1）。如果是需要添加控制点的话，还需要在工作流程中继续进行生成网格和生成纹理的处理。然后在处理好的三维影像的四个角添加标记，作为控制点（图2）。在完成佛像顶部三维重建后，在工作区再添加一个模块，将我们拍摄并处理好的佛像底部照片选择添加。同样在工作流程中设置相应的参数，依次进行对齐照片、建立密集点云的处理（图3）。将佛像顶部和底部三维重建完成后，继续在工作流程中设置相应的参数，依次进行对齐模块和合并模块的处理，最终形成完整的佛像三维重建影像（图4）。我们可以在视图中选择相机（位置）、标记、区域、轨迹球、资讯的显示或隐藏，进行相关数据的查阅与展示（图5）。

如觉得三维影像模型的纹理效果不够满意，比如亮度、反差不够，或是有需要修改的瑕疵，我们可以在工具中导出纹理，通过Photoshop软件进行相应的处理和修改，然后再在工具中重新将修改后的纹理导入。这个步骤可以重复进行，直到取得满意的效果，最终完成佛像三维影像模型的重建。

三维重建技术生成的产品包括多种样式，我们可以导出模型，以其他的文件格式在别的软件里进行展示。也可以导出点云、正射影像、DEM（数字高程模型）等。其中正射影像图、立面影像图等应该确定导出影像的分辨率，以便在绘制线图的时候确定图示比例尺。而正射影像图可以使考古绘图更方便和精准，在设置标记（控制点）的前提下，可以导出佛像顶部、底部、前面、背面、右侧和左侧共六个方向的正射影像图（图6）。

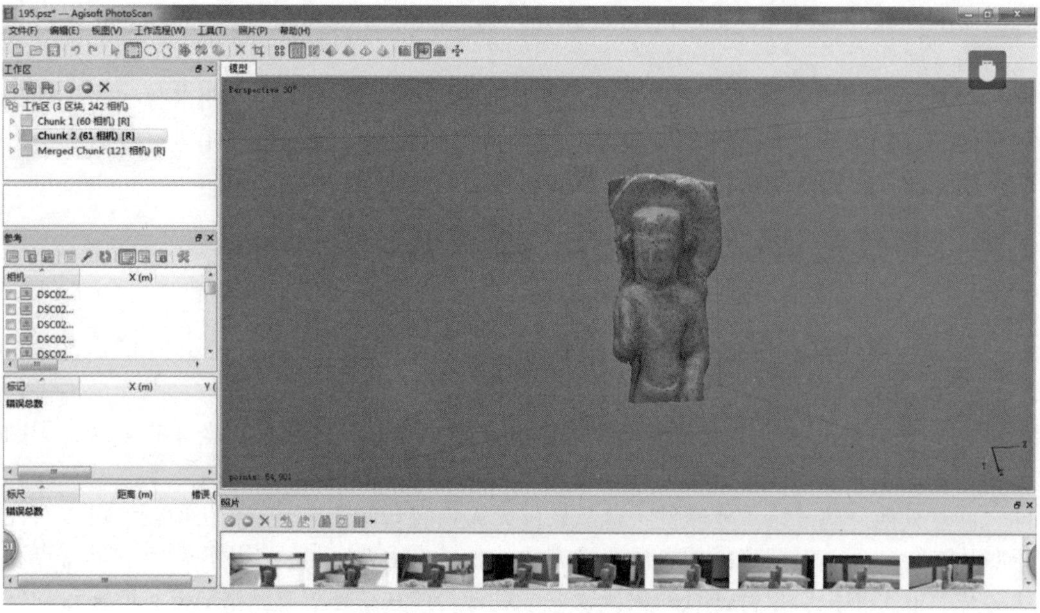

图1　在Agisoft Photoscan中建立佛像顶部的密集点云

Figure 1　A dense point cloud reconstructed for the top of the investigated Buddhist statue in Agisoft PhotoScan

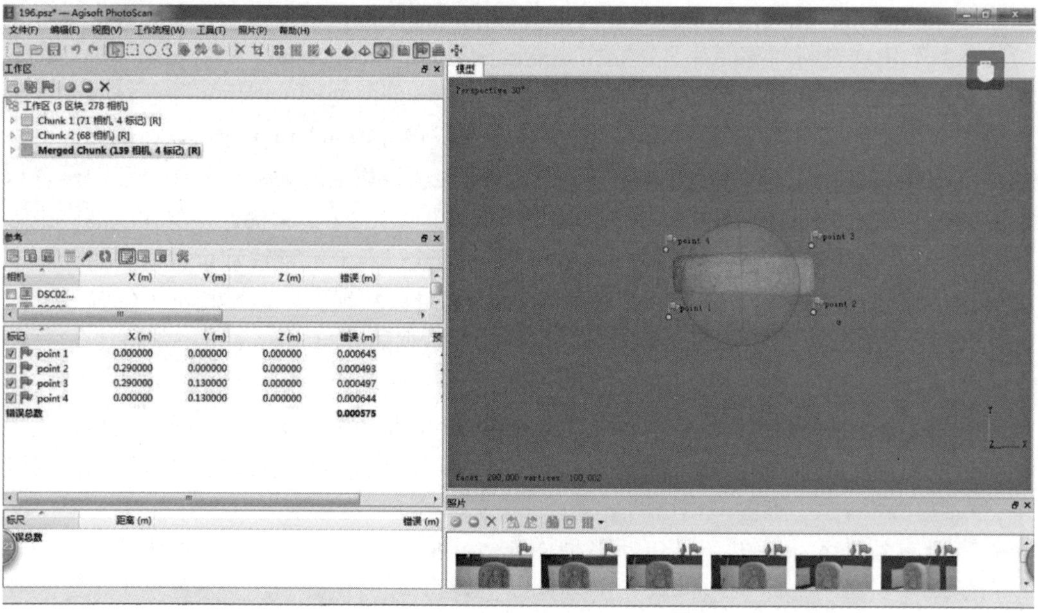

图2　在Agisoft Photoscan中设定控制点

Figure 2　Ground control points （GCP） set up in Agisoft PhotoScan

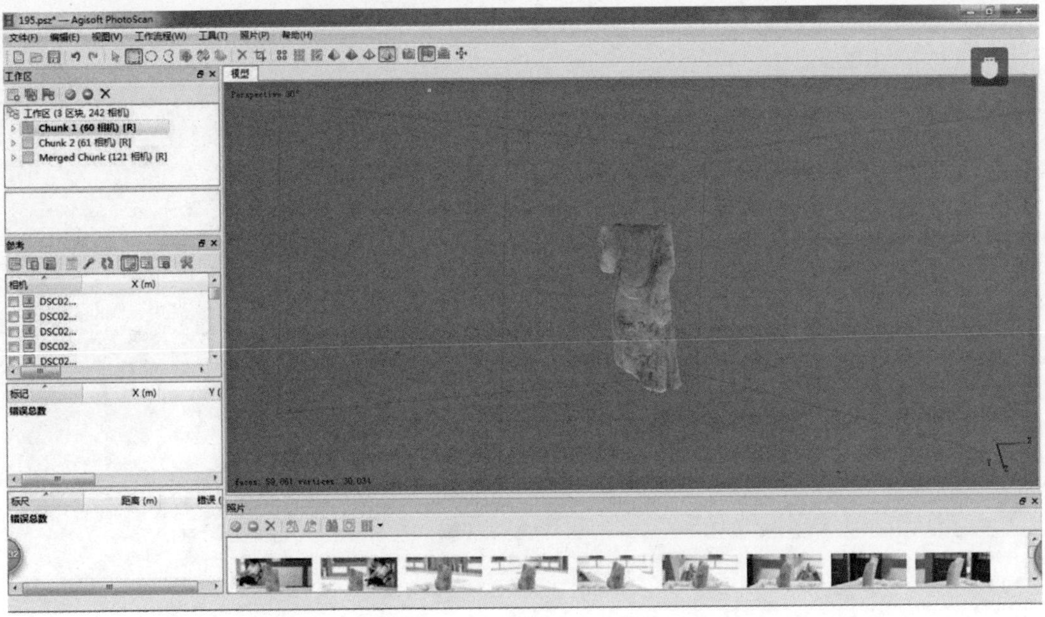

图3 在Agisoft Photoscan中建立佛像底部的密集点云

Figure 3 A dense point cloud reconstructed for the bottom of the investigated Buddhist statue in Agisoft PhotoScan

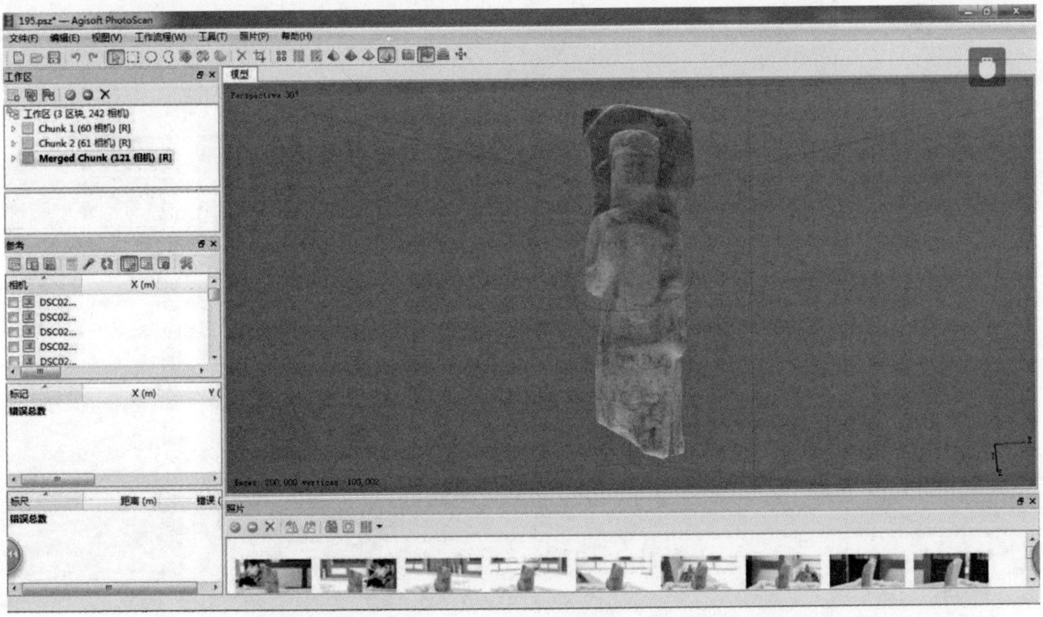

图4 在Agisoft Photoscan中完成佛像的完整三维模型

Figure 4 A full 3D model reconstructed for the investigated Buddhist statue

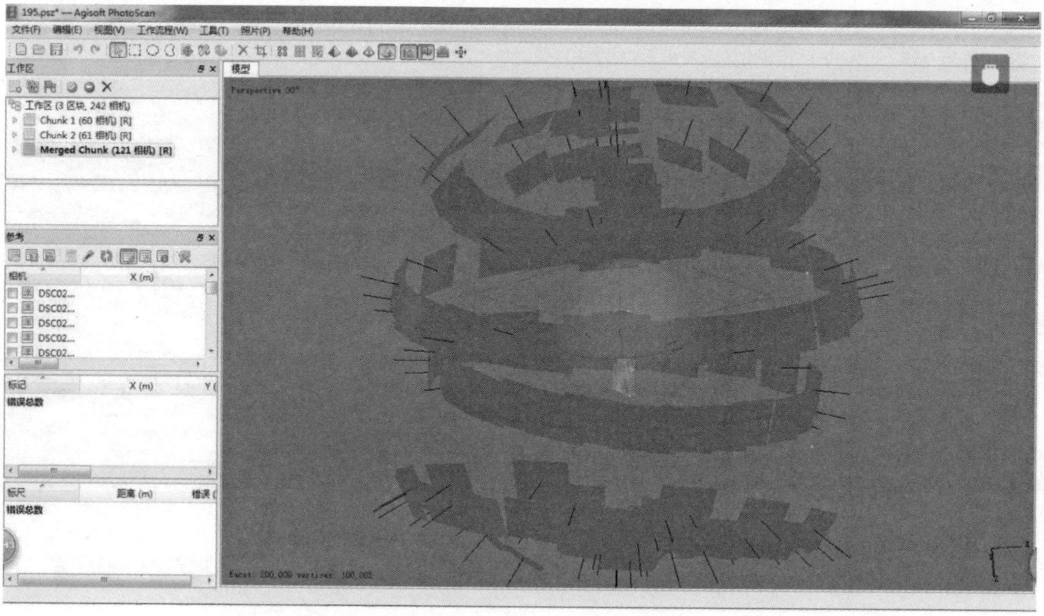

图5 在Agisoft PhotoScan中显示佛像三维模型的相关信息

Figure 5 Details about the 3D model reconstructed for the investigated Buddhist statue in Agisoft PhotoScan

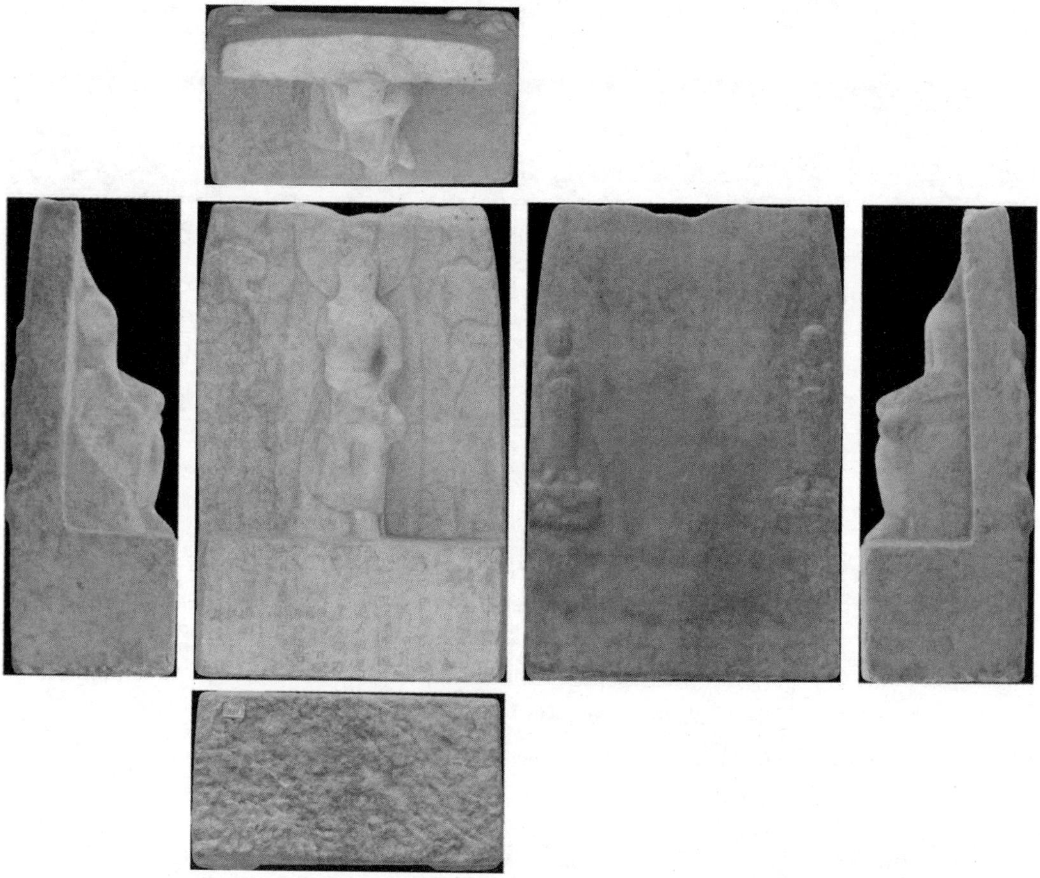

图6 在Agisoft PhotoScan中导出佛像六个方向的正射影像图

Figure 6 Orthophotos exported in six different planar projections

四、小　结

多视角三维重建技术不仅提高了数据采集和三维重建的灵活性和便捷性，而且能够满足考古三维重建的精度要求，因此这项技术在考古中的应用具有很好的发展前景。邺城佛教造像的三维重建探索是为了更好地促进三维重建技术能够为考古的各项工作提供服务与帮助。通过邺城佛教造像的三维重建探索，我们进一步掌握了在实际操作中针对拍摄文物和拍摄环境的不同，所需要关注的重点并能够及时注意并加以调整。以及了解了使用Agisoft PhotoScan软件处理不同拍摄方法的照片时所需采用的不同方法和步骤。总之，邺城作为6世纪中国北方佛教中心，其出土的大量佛像具有独特的历史价值、科学价值和艺术价值。而邺城佛教造像的三维重建探索将会对邺城佛像全方位空间信息的采集和展示以及完整数据库的建立提供有力的帮助，也将在其研究中发挥越来越重要的作用。

3D Reconstruction of Buddhist Statues Unearthed from Ye City: A Methodological Exploration

ZHANG Lei

Abstract: Ye City, as the Center for Buddhism in 6th century AD North China, holds an extremely important position in the history of Chinese Buddhism. Findings of remains and artifacts related to Buddha have been frequently made inside the present-day Ye City. Since the 21st century, the Ye City archaeological team has found very important remains and artifacts at a few locations, including the Buddhist temple remains of Northern Wei Dynasty at Zhaopengcheng beyond the outer city wall and Buddhist statues in storage pits at Beiwuzhuang, all of which are crucial for creating a more fully understanding of Ye City in the Eastern Wei and Northern Qi dynasties. The massive Buddhist statues unearthed from Ye City shed light on the extraordinary achievements in Buddhism arts in the Eastern Wei and Northern Qi dynasties. Their very unique historic, scientific, and artistic values had a profound impact on the secure culture and arts and partly contributed to art in the Sui and Tang dynasties.

The present paper introduces a methodological exploration of the three-dimension (3D) reconstruction of Buddhist statues by means of the digital photogrammetry and the multi-view 3D reconstruction techniques. To perform a multi-view 3D reconstruction, it must begin with photographing and collection of images. High-resolution digital cameras were utilized to acquire best-imaged pictures from the targeted statues in views from different angles. While taking pictures on Buddhist statues unearthed from Ye City, we adjusted the camera settings according to the working environments or locations and tried to finish all image acquisition within the shortest possible time so that the brightness, contrast, darkness, and other parameters remained（approximately）the same for each digital image. Given the fact that each targeted Buddhist statue has its own shape and form, we collected digital images not only from the top but also from the bottom of each Buddhist statue to secure a full-viewing-angle three-dimensional image for each statue. All images acquired from the statue can be imported into Photoshop, the digital imaging and photo editing software, to adjust the brightness and contrast to enhance the image quality, which would improve the speed and precision of image processing in later 3D reconstruction.

Once image processing was done in Photoshop, all saved images were imported into Agisoft PhotoScan.

Then use Agisoft PhotoScan, a 3D reconstruction software, for further processing. Proper parameters were set up in the first place in the software; then, images acquired from the top and the bottom of the Buddhist statue were processed in software, respectively, following certain procedures. Image alignment and matching was then applied to the two sets of images, which led to a 3D reconstruction of images acquired on the Buddhist statue. The modelled 3D statue can be viewed and demonstrated in Agisoft PhotoScan; more than that, the software also generates models, orthoimages, digital elevation models (DEMs) and other products, which can be used for imaging rendering and 3D demonstration. Orthoimages help produce archaeological drawings of Buddhist statues more conveniently and more precisely, while 3D demonstration displays a truly vivid representation of the statute and allows for easier and fuller observations.

The multi-view 3D reconstruction technique not only makes data collection and 3D image reconstruction quicker and easier, but also satisfies the requirement for precision in 3D reconstruction of archeological findings and cultural objects. Therefore, it is a technique that has very promising applications in archaeological studies. The exploration of 3D reconstruction on Buddhist statues unearthed from Ye City provided valuable empirical information for applying 3D imaging and Agisoft PhotoScan to the studies of cultural relics. This case study will also contribute to the acquisition and demonstration of spatial information about the Buddhist statues at Ye City and to the construction of a full database, which will surely become more and more important in future studies on Buddhist statues at Ye City.

Key Words: Ye City Buddhist statues; digital photogrammetry; 3D reconstruction; Agisoft PhotoScan software

（原刊于《南方文物》2015年第4期，略有改动）

陶寺遗址石器生产的产能分析

翟少冬

摘要：产能是反映企业生产能力的一个参数。对于古代手工业来讲，产能是衡量他们在社会经济中的地位和角色的一个重要方面。然而，对于缺少文献记载的史前社会来说，产能的衡量则有很大难度。因此，学者们使用不同的方法来估算相对的产能以说明生产和消费之间的关系，并进一步探讨手工业对于社会的影响。目前，估算产能的方法主要有三种：即重量比、技术法和消费比。本文根据陶寺遗址石制品复制实验的结果，结合一个陶寺晚期灰坑中发现的2万多件变质砂岩石片，对陶寺遗址晚期的石器生产的产能进行了估算。首先根据复制实验中的变质砂岩石制品的打片和制坯速度，推算了这2万多件石片可能是245件石坯加工过程中的副产品。然后根据陶寺遗址石器的出土情况，分析了陶寺对石器的消费需求。最后将推算的石器数量与陶寺普通居址区2000多平方米范围内发现的石器数量相比，认为陶寺晚期变质砂岩石器的生产可能远远高于自身消费的需求，超出自身消费的部分可能输出到周边遗址，或许用来换取陶寺自身发展需要但供给不足的物资。

关键词：陶寺遗址　石器生产　产能

产能也就是生产能力，是反映企业加工能力的一个技术参数。对于古代手工业来讲，产能是反映它们生产能力的一个重要指标。现代工业文明产生之前，手工业是社会经济的主要支柱之一。而衡量各种手工业在社会经济生活中的地位和作用，产能无疑是一个重要方面。对于古代社会产能的衡量标准，Costin认为，一个生产单位的产出可以由生产者的数量、投入的劳动力或该生产单位的产品数量来体现[1]。然而，无论是生产者的数量、投入的劳动力，还是单位产品数量的估算，对于缺少文献记载的史前遗址来讲，都有很大的难度。为此，学者们使用了不同的方法，尝试对产量进行估计或是估算一个相对的生产能力，以说明生产和需求的关系，进而探讨该生产对人们生产和生活的影响。

一、石器产能分析方法

（一）重量比

在产能分析方法中，重量比或数量比是应用最为普遍的一种方法。Torrence使用堆积中废品和全部堆积物的重量比（所有种类但不包括石叶和石核）估算了希腊Phylakopi“工厂”可能生产的石叶的数量[2]。她首先根据黑曜石的密度估算了Phylakopi遗址上30立方米黑曜石堆积的重量，约7755千克；然后根据石制品中废品的比例（约94%，在分析石制品类型后得出）计算出成品的重量（约7289.7千克）；她又结合Sheets 和Muto的实验结果——2.5小时内，一件重820克的石核上可以生产出重746克的83件石叶和24克的废品[3]（剥完石叶的石核重50克），计算出在Phylakopi遗址大概可以生产出约2500万件石叶（7289.7千克/0.024千克=303738件石核×83≈2500万件石叶），如果一个人的话，大约需要工作759345个小时（约2500万/83×2.5≈300年，以平均每天工作8小时、每年300天计算）。Torrence认为这个结果并不能表示当时工业繁荣，因为其实早期青铜时代的持续时间都比300年长（早期青铜时代在Phylakopi延续了大约1000年）。Torrence在将估算的2500万件石叶和遗址出土的53160件石叶进行比较后，提出Phylakopi遗址生产的黑曜岩石叶可能也用于出口，也就是说其他遗址可能也使用在Phylakopi生产的石叶，因为出土的石叶数量明显大大少于估算出的石叶数量。

Cleghorn使用石坯和石片重量比的方法估算了夏威夷Mauna Kea石锛作坊的产量[4]。他首先计算了实验中石坯和生产石锛过程中产生的石片重量的比例（这里的石坯指包括废坯在内的所有石坯）；然后计算了遗址中打片地点石坯和石片的重量比（这里的石坯仅包括废坯）。根据这两个重量比，计算出出口到其他地点的石坯的数量。

（二）技术法

技术法也是产量估算的一种方法。Shafter和Hester依据墨西哥Colha遗址堆积中tranchet石片①的数量推算了该遗址燧石tranchet尖状工具的产量[5]。他们认为，每一片tranchet石片就代表一件了tranchet尖状工具制作过程的开始，因此tranchet石片的数量就代表了tranchet尖状器的数量。他们将一个燧石作坊中tranchet石片的数量来代表该遗址上作坊的平均产能，估算了前古典时代晚期该遗址上36个燧石作坊的产量。然后再根据

① Tranchet尖状工具生产技术仅限于指中美洲北部伯利兹玛雅低地前古典时代晚期（约前300～250年）流行的一种技术。这种技术能够高效地将工具的刃缘或端部加工成尖状，以作斧或锛使用。这种尖状工具的制作过程是先打下一个长30厘米、宽20厘米的石片，然后对石片的边缘从背面向腹面进行单向加工。石片的台面加工成凸起状，并在一侧边缘靠近台面处修整一个凹槽，然后沿凹槽处将台面整个打下，这个打下的带有修整台面的石片叫作tranchet石片。完成剥离tranchet石片的步骤后，继续沿原石片的两侧边缘进行修整，修整的足够薄后就是tranchet尖状工具。在整个制作过程中，tranchet石片前后的步骤剥下的石片都是很小的小石片，因此tranchet石片在tranchet尖状工具的生产过程中极有代表性（参考注释［5］a）。

这些作坊使用的时间和遗址人口的数量，计算尖状工具的人均年产量。估算的结果是每个工作年龄的男性每年大约生产150件tranchet器物。这大大超出了个人每年的需求，因此认为Colha的燧石工具是为出口而生产的。

（三）消费比

消费比指生产出的工具数量和需要的工具数量的比例，用来表示生产和消费的关系。生产出的工具数量可以用石坯表示，需要的工具数量可以用成品工具表示。Costin指出，如果坯子和成品的比值较高，则表示这些石制品的出土地点是工具的生产地点，因为生产地点的成品通常被输送到其他地方去[6]。基于这种假设，Ford计算了河南灰嘴遗址石坯和成品的比例。她发现这个比例较高，因此推测成品工具被输送到其他遗址去了[7]。

这些方法为了解一个遗址石器的产能以及生产和消费的关系提供了有用的信息，但是他们也有各自的不足之处。重量比会随着所选石料、器型以及生产者的技术熟练程度的不同而变化，其中一个变量的值变了，结果就会不同。例如在夏威夷Mauna Kea石锛作坊中就有两处地点石坯和石片的重量比悬殊，研究者认为一处是学徒用来练习的场所，另一处才是作坊工匠们加工锛的场所[8]。研究者选择了工匠加工场所石坯和石片的重量比来计算。因此考古学者通常会尽量减少变量，而将产能分析限制在某一器型，和某一种石料上，并且取一个加工速度的平均值。而技术法的问题则特殊性太强，并不是每一个遗址都有如tranchet石片辨识度极高、代表性极强的遗物，一个生产过程中的石片就可以代表一件工具的生产。消费比分析只是利用了一个相对的概念来辨别生产地点和消费地点，缺少对总体生产规模的认识。另外，在产能研究中，采取哪种研究方法还是要根据遗址出土材料的具体情况来进行选择。

二、陶寺遗址变质砂岩石制品的产量分析

2008年在陶寺遗址石制品调查和试掘中发现的陶寺晚期的一个灰坑PM03H1中出土了20958件石片和4件石坯，包括1件斧形石坯、1件矛形坯和2件刀形坯，其中20930件石片为变质砂岩，这为分析陶寺遗址变质砂岩石制品的产能提供了很好的材料。结合陶寺石制品复制实验提供的信息，可以约略估算倾倒这些石片的生产地点在产生这些废片的同时生产出的石制品的数量，从而对这些生产地点的变质砂岩石制品的产量有一个认识。本文采用的方法与上一节提到的方法不同，主要是通过对剥片时间进行分析来估算生产石制品的数量。

考古学家通常用民族和实验的方法来研究某些人类行为花费的时间。Hayden观察并且记录了澳大利亚土著人的工作时间和行为以研究他们使用木作工具的方法[9]。同样，Jones和White也使用这种方法研究了澳大利亚Arnhem Land土著石镞的生产率[10]。Bradley 和Edmonds 记录了生产效率实验中抛光石斧花费的时间[11]。在笔者陶寺石制品的复制实验中，记录了石制品复制的每个步骤花费的时间，这为估算H1出土的那些石片的剥片时间提供了依据。

估算这2万多件石片的剥片时间的关键是对剥下一件石片的时间定义。这里剥离一件石片的时间用“整个剥片时间/石片数量”来估算。一件石片的剥离通常是瞬间发生的，时间难以统计。但剥片的过程常常包括一系列的打击动作，不仅包括从石核上剥下一件石片的过程，而且包括连续打片之间的时间间隔。然而连续剥片之间的速度可能并不均衡，而且有时一次打击可能打下不仅一件石片，而有时则可能一件石片也打不下来。在澳大利亚Arnhem Land土著生产石箭头的过程中，有26次用力的打击，但是仅打下5件完整石片[12]。在这种情况下，如果用26次打击的时间来作为5件石片的剥片时间的话，每件石片的剥片时间就会变长。但这在剥片过程中只是偶尔发生的情况，本文中我们将这些时间平摊在剥片过程中。实验中，剥片时间的计算是从操作者开始使用石锤打击石核的那一刻直至整个剥片过程结束，包括期间发生的任何非直接剥片动作的时间，这些时间在计算剥离一件石片的时间时，就被分摊到了剥离一件石片的时间上。

本文中变质砂岩石制品的剥片时间以笔者的实验为参考。表1中列出了实验中变质砂岩石制品剥片阶段的剥片时间和剥片数量。因为上文提到的PM03H1中出土的2万多件石片可能是在制作不同器型时产生的，而且无论最后成器与否，都会产生石片，所以表1中的数据包括了复制矛形坯、锛、凿、楔等不同器型，以及复制成功的和不成功的例子。

表1　　陶寺石制品复制实验中剥片所需的时间

Table 1　　Time consumed in the flaking steps in the replication experiment on the lithics from Taosi

序号	标本号	石制品类型	长（厘米）	宽（厘米）	厚（厘米）	重（克）	时间（分钟）	剥片数量（件）	单位石片剥片时间（秒）
1	No.9	矛形坯	12.1	5.8	3.4	195	9	33	13.4
2	No.10	矛形坯	15.5	9.9	3.3	378	9	46	11.7
3	No.12	矛形坯（次品）	15.9	10.1	3.4	535	26	248	10.5
4	No.13	楔	14.93	11.67	3.44	452	7	84	5
5	No.22	矛形坯（次品）	14.8	9.2	3.5	334	11	44	15
6	No.23	矛形坯（次品）	16.9	8.3	2.7	380	13	213	3.7
7	No.24	楔	14.6	7.2	2.2	201	17	108	9.4
8	No.27	矛形坯	17.9	13.1	2.61	589	18	157	6.9
9	No.29	矛形坯（次品）	19.9	12.3	3.38	944	17	142	7.2
10	No.30	矛形坯（次品）	24.4	15.4	2.98	1515	6	113	3.2
11	No.31	矛形坯（次品）	18.1	8.01	2.91	398	15	73	12.3
12	No.32	矛形坯	17.3	9.53	4.03	637	12	61	11.8
13	No.33	矛形坯（次品）	12.29	7.69	2.39	223	17	147	6.9
14	No.34	矛形坯（次品）	10.98	7.57	2.39	249	6	43	8.4
15	No.35	矛形坯	17.7	7.67	3.37	436	9	74	7.3
16	No.36	矛形坯	9.81	7.97	1.95	186	12	194	3.7
17	No.37	矛形坯	15.3	7.4	4.35	440	12	98	7.3
18	No.38	凿	15.1	11.3	3.42	535	9	78	6.9
19	No.40	矛形坯（次品）	9.17	8.02	2.09	178	15	82	10.9
20	No.41	矛形坯（次品）	10.66	6.61	2.44	144	7	36	11.7
21	No.42	矛形坯（次品）	10.42	6.89	2.49	180	32	56	34.3

表1所列21组数据中的剥片时间和剥下的石片数量各有不同，单位时间的剥片时间差别也很大，因此这里采用他们的中位数（median）来作为计算剥下一件石片的时间，这样可能更贴近最经常的剥片情况。通过计算可知，单位剥片时间的中位数是8.4秒，这意味着一分钟内大约可以剥下约7.1件石片。

Jones和White依据观察和记录澳大利亚土著人的生产获取了有关从石核上剥离石片的时间和行为特征等方面的信息。这些信息显示，在1.5分钟内可以剥下5件大石片（大于等于2厘米的石片）和一些小的石片以及一些碎屑，这里所说的时间包括准备、再准备工作和剥片过程的时间。另外，在这个过程中，大部分时间被用来修整和再次修整台面，这就会产生小的石片和碎屑，而大石片只有在用力打击时才会产生。5件大石片实际上只需约50秒就可以剥离下来[13]。与之相比，笔者实验中的剥片时间（1分钟7.1片）略微快了些，但实验中的剥片数量基本包括所有剥下的可以看出石片特征的石片，因此单位时间产出的石片就会多些。另外，实验中的操作者没有任何打制石器的经验，而陶寺时期的石匠则可能技艺娴熟，因此上述实验中的剥片速度可以看做是陶寺文化时期的石匠需要花费的最长时间。

基于陶寺石制品实验中的剥片速度，剥下H1出土的那些石片需要的时间就可以估算出来。试掘的H1的范围是长2.78米，宽0.5米，高0.55米。出土了约20930件变质砂岩的石片。假如1分钟大约能够生产7.1件石片，剥离20930片石片大约需要2948分钟。那么这么长时间内可以生产多少件石坯呢?

这里列出陶寺石制品复制实验中制作各种变质砂岩石坯的时间作为参考，以估算在剥离H1出土的20930件石片的2948分钟的时间内可以生产出的石坯数量。表2列出的是实验中用变质砂岩成功制作不同种类的石坯花费的时间。我们同样取这10组数据的中位数——12分钟，来代表加工一件石坯花费的时间。如果12分钟制作一件石坯的话，那么2948分钟至少可以生产出245件石坯，也就是说在剥离H1出土的20930件石片的时间内可以制作245件石坯。

表2　　陶寺石制品复制实验中制作变质砂岩石坯的时间

Table 2　Time consumed in the producing metamorphic sandstone blanks steps in the replication experiment on the lithics from Taosi

序号	样品号	石坯类型	时间（分钟）
1	No.9	矛型坯	9
2	No.10	矛型坯	9
3	No.13	楔坯	19
4	No.24	矛型坯	31
5	No.27	锛坯	18
6	No.32	矛型坯	12
7	No.35	矛型坯	9
8	No.36	矛型坯	12
9	No.37	矛型坯	12
10	No.38	凿坯	9

表2中的例子都是打制成功可以用来进一步加工的石坯。而陶寺遗址磨制石器的制作虽然包括若干步骤，但最重要的是打片和打磨的技术，其他技术比较少用[14]。陶寺遗址石器制作成功与否的关键也在打片步骤，打片步骤成功了，石坯也就制成了，接下来再磨出刃就成器了，磨很简单，少有不成功的。表2中所列的楔、锛、凿坯最后都成功地加工成了石器。因此，可以说上文所说的245件石坯最后都成功地加工成为工具。这245件工具可以看作是在生产H1出土的那些石片的时间内可以生产出的变质砂岩的工具数量。对于这个数字，我们可以比较陶寺遗址对石器的消费需求来理解。

三、陶寺遗址变质砂岩石制品的消费需求分析

Costin认为，需求可以由消费单位发现的器物总数反映出来[15]。陶寺遗址石器消费需求可以参考遗址内石器的出土数量。目前来看，陶寺遗址的成品石器主要出土于陶寺的大型建筑基址、墓葬和居址内。

陶寺大型建筑基址内发现少量石器，器类仅有镞、刀、圆石片等几种[16]。但是这几种器类的石料都不是变质砂岩。墓葬中出土的石器主要是中型墓中的石钺、石刀、石镞、石琮、石质头饰和大型墓中的磬、镞、钺、刀、锛（成组）、磨盘、磨棒、纺轮、瑗、环、琮、梳、头饰、项饰[17]，但这些器类的石料除石磬和大型厨刀外，都不是变质砂岩，而石磬目前也仅发现4件，其中2件为变质砂岩。

陶寺遗址的居址目前已经发掘了大约2077.55平方米，其中包括Ⅰ、Ⅱ区共135.3平方米，Ⅲ区1570.25平方米，Ⅳ区372平方米[18]。在这2000多平方米的范围内共出土了陶寺遗址不同时期的石器约400件[19]，其中包括铲、斧、锛、刀、凿、楔、纺轮、镞和曲尺形小石器等器类，同时还出土有石器坯料和半成品，石质多为角页岩（即本文所说的变质砂岩），少量为砂岩、大理石[20]。此外，2002年发掘的IHG8中曾出土30件石器和大量的石片、石坯、石屑以及石器的半成品和废品[21]，其中石器以铲、斧、刀、镞为主，石料多为角页岩（即本文所说的变质砂岩），少量为砂岩[22]。但是以这些石制品的出土情况来看，这些石制品应该是石器生产阶段的产物，不是使用阶段的工具，不代表需求。

因此，陶寺遗址对变质砂岩石器的需求主要集中在居址范围内。按照上文所说，2077.55平方米范围内发现了约400件石器，其中大多是变质砂岩，少量不是，因此可以将400件作为陶寺此居址面积内变质砂岩石器数量的上限。

四、陶寺遗址变质砂岩石器的产能分析

本文不是讨论陶寺遗址生产石器的绝对数量，而只是希望通过比较陶寺石器生产和消费的数量来分析该遗址的石器生产能力，以此来了解生产和消费的相对强弱。因此，可以将一定范围内的石器出土数量和一定范围内的石器生产数量进行比较。

前文估算了在陶寺遗址晚期一个灰坑内仅1.39平方米的面积内所发现的2万多件变质砂岩石片的生产时间内可以生产出的变质砂岩石器的数量——245件，并且分析了陶

寺时期普通居址2000多平方米范围内变质砂岩石器的最大消费需求——400件。比较这两个数据可以发现，400件基本是这2000多平方米范围对变质砂岩石器消费的最大需求，而245件则只是一个保守的估算，因为H1是挂在田垄上的，对它的试掘只是从田垄边缘向里深入了0.5米，仍有向里深入大概0.5米的灰坑范围没有试掘。如果未发掘的一半的情况和已发掘的一半相同的话，那么在生产陶寺晚期整个H1约2.78平方米范围内出土的石片的时间内就可以生产出多于整个陶寺时期普通居址2000多平方米范围内所要消费的石器数量。在这种生产和消费数量大致相同的情况下，生产和消费面积上的悬殊，使得石器的生产能力看上去要强一些。再加上这里石器的生产数量仅指晚期，而石器的消费数量则包括整个陶寺时期。即使这样，石器的生产数量仍可以比肩石器的消费数量，陶寺晚期的石器生产就显得更强一些了。此外，在陶寺遗址还发现了多处陶寺晚期大量石片堆积的地点[23]，反映了与石器生产有关的行为在陶寺晚期曾大规模存在。这更加强化了陶寺晚期石器的生产能力，使得我们甚至相信其生产的数量远远超过了消费的数量。

Costin认为，遗址上生产的器物能够满足或超过遗址上消费的器物数量的话，那么该遗址的生产能力就很强[24]。陶寺遗址晚期变质砂岩石器生产的数量可能远远超过了他的消费数量，因此，陶寺遗址晚期变质砂岩石器的生产能力可能很强。这种很强的生产能力或许在陶寺的社会发展中起了一定的作用。

五、讨　　论

许多研究已经证明，石器作为史前社会的重要生活和生产工具，它的生产和交换在史前社会的政治和经济发展中有着重要作用。Spence认为黑曜石的生产和交换在特奥蒂瓦坎（Teotihuacan）作为一个巨大疆域的城市中心不断发展的过程中发挥了重要作用[25]。Renfrew 认为不断增长的黑曜石和金属制品的商业交换导致了爱琴文明的产生[26]。Hampton认为，印度尼西亚伊里安查亚（Irian Jaya）高地省石器工具的交换将由于地理和语言障碍而分隔的人们联系了起来[27]。

陶寺社会对石质工具有着巨大需求。首先，陶寺文化的生业是农业经济，遗址上浮选出了大量的黍粟稻等炭化植物种子[28]，也发现了许多铲、刀等可能与农业相关的工具，农业生产的发展需要大量工具；其次，墓葬中大量漆木器以及木作工具的发现表明，陶寺遗址的漆木业也很繁荣，漆木器生产需要斧、锛、凿、楔等工具。根据对陶寺之前出土石器的观察，这些工具的石料均以变质砂岩为多；另外，陶寺城墙、宫殿等工程的开展也需要大量的石质工具。由此看来，陶寺遗址农业、漆木业的发展以及大型工程的开展都对其石器生产提出了强烈需求。

前文提到的陶寺晚期变质砂岩石器的生产能力很强，而遗址附近大崮堆山遗址变质砂岩的石料更是为陶寺变质砂岩石器的生产提供了条件[29]，为陶寺遗址晚期变质砂岩石器的生产满足陶寺社会各行业的发展对石器的巨大需求提供了原料保障。而陶寺可能也正是看到了变质砂岩这种优质的石料的重要性，因此可能将大崮堆山这个原料产地纳为己有，进行封闭式开发，临汾盆地其他遗址的变质砂岩的石器也可能是从陶寺输出的[30]。陶寺遗址对周围其他遗址变质砂岩的输出进一步说明，陶寺遗址自身的变质砂岩生产能力很强，可能不仅满足了自身发展的需求，甚至或许有多余的产品输出其他遗址。这种输出是单向的输出还是和其他遗址进行交换，目前不知。但是陶寺遗址作为陶寺文化时期临汾盆地的聚落中心[31]，中期城址面积达280万平方米，晚期达300万平方米。维持如此大规模的聚落在该地区的中心地位需要大量的人口。而陶寺遗址本身是否能够提供维持这些人口日常生活所需的各种物资或许是个问题。变质砂岩石器的出口或许为陶寺遗址换取自身发展所需的物资提供了一些帮助。

因此，陶寺遗址较强的变质砂岩石器生产能力在陶寺社会的发展过程中有着重要作用。它可能不仅为其自身发展提供了必要的生产工具，而且可能为其向外换取自身发展所需的物资提供了帮助，对维持陶寺遗址在临汾盆地聚落中心的地位发挥了应有的作用。

注 释

[1] Costin C L 2001. Craft production systems. Gary M. Feinman and T. Douglas Price (eds.). *Archaeology at the Millennium: A Sourcebook*. New York: Kluwer Academic/Plenum Publishers , 291.

[2] Torrence R. 1986. *Production and Exchange of Stone Tools*. Cambridge: Cambridge University Press.

[3] Sheets P, Muto G. 1972. Pressure blades and total cutting edge: an experiment in lithic technology. *Science*, 175: 632-4.

[4] Cleghorn P L. 1986. Organisation structure at the Mauna Kea Adze Quarry Complex, Hawaii. *Journal of Archaeological Science*, 13: 375-387.

[5] a. Shafer H J , Hester T R 1983. Ancient Maya chert workshops in Northern Belize, Central America. *American Antiquity*, 48 (3): 519-43.

b. Shafer H J, Hester T R. 1986. Maya stone-tool craft specialization and production at Colha, Belize: reply to Mallory. *American Antiquity*, 51 (1):158-166.

[6] Costin C L. 1991. Craft specialization: issues in defining, documenting, and explaining the organization of production. M. B. Schiffer (eds.). *Archaeology method and theory*. Tucson: University of Arizona Press.

[7] Ford A. 2007. *Stone tool production-distribution systems during the early Bronze Age at Huizui, China*. MA thesis, La Trobe University: Melbourne.

[8] 同[4]。

[9] Hayden B. 1979. *Palaeolithic reflections: lithic technology and ethnographic excavation among Australian Aborigines*. Canberra: Australian Institute of aboriginal Studies.

[10] Jones R, White N. 1988. Point blank: stone tool manufacture at the Ngilipitji quarry, Arnhem Land. Betty Meehan &Rhys Jones (eds.). *Archaeology with ethnography: an Australian perspective*, Canberra: Department of Prehistory, Research School of Pacific Studies The Australian National University, 67.

[11] Bradley R, Edmonds M. 2005. *Interpreting the axe trade: Production and exchange in Neolithic Britain*. Cambridge: Cambridge University Press.

[12] 同[10]。

[13] 同[10]。

[14] 翟少冬：《陶寺遗址石制品复制实验与磨制工艺》，《人类学学报》2015年第2期，第192-201页。

[15] 同[1]，273-328。

[16] 中国社会科学院考古研究所山西队、山西省考古研究所、临汾市文物局：《山西襄汾县陶寺城址祭祀区大型建筑基址2003年发掘简报》，《考古》2004年第7期，第9-24页。

[17] 中国社会科学院考古研究所山西工作队、临汾地区文化局：《1978～1980年山西襄汾陶寺墓地发掘简报》，《考古》1983年第1期，第30-42页。

[18] a. 中国社会科学院考古研究所山西工作队、临汾地区文化局：《山西襄汾县陶寺遗址发掘简报》，《考古》1980年第1期，第18-31页。

b. 中国社会科学院考古研究所山西工作队、山西省临汾地区文化局：《陶寺遗址1983～1984年III区居住址发掘的主要收获》，《考古》1986年第9期，第773-781页。

c. 中国社会科学院考古研究所山西队、山西省临汾行署文化局：《山西襄汾县陶寺遗址Ⅱ区居住址1999～2000年发掘简报》，《考古》2003年第3期，第3-17页。

[19] 中国社会科学院考古研究所等：《襄汾陶寺：1978～1985年考古发掘报告》，北京：文物出版社，2015年。

[20] 同[18]c。

[21] 中国社会科学院考古研究所、山西省考古研究所、临汾文物局：《山西襄汾陶寺城址2002年发掘报告》，《考古学报》2005年第3期，第307-346页。

[22] 严志斌：《陶寺文化石制品研究——以HG8为中心》，见中国社会科学院考古研究所编：《二十一世纪的中国考古学》，北京：文物出版社，2006年。

[23] a. 同[21]。

b. 翟少冬、王晓毅、高江涛：《山西陶寺遗址石制品及相关遗迹调查简报》，《考古学集刊》（19），2013年，第1-26页。

[24] 同[6]。

[25] Spence M W. 1981. Obsidian production and the state in Teotihuacan. *American Antiquity*, 46: 769-88.

[26] Renfrew C. 1972. *The emergence of civilization: the Cyclades and the Aegean in the Third Millennium B.C.* London: Methuen.

[27] Hampton O W. 1999. *Culture of Stone: sacred and profane uses of stone among the Dani.* College Station: Texas A & M Press.

[28] 赵志军、何驽：《陶寺城址2002年度浮选结果及分析》，见解希恭主编：《襄汾陶寺遗址研究》，北京：科学出版社，2007年，第591-601页。

[29] 山西省考古研究所：《山西襄汾县大崮堆山石器制造场遗址1988-1989年的发掘》，《考古》2014年第8期，第7-19页。

[30] 翟少冬：《山西襄汾大崮堆山遗址石料资源利用模式初探》，《考古》2014年第3期，第58-67页。
[31] 何驽：《2010年陶寺遗址群聚落形态考古实践与理论收获》，见中国科学院古代文明研究中心：《中国社会科学院古代文明研究中心通讯》2011年第21期，第46-57页。

Productive Capacity of Stone Tool Production at the Taosi Site

ZHAI Shao-dong

Abstract: In modern societies, productive capacity reflects the potential output of a company. As for crafting activities in ancient times, productive capacity can serve as one most important index to evaluate their social and economic status and role. However, the evaluation of productive capacity in a prehistoric society can be quite difficult due to the missing written records. Different approaches have been employed by different scholars to make estimates of the relative productive capacity in order to demonstrate the relationship between production and consumption, which in return helps evaluate the social influence of crafting activities. In archaeological studies, three different methods have been proposed so far for making estimates of productive capacity: torrence calculated the weight ratio of waste products to lithic debitage deposits (including all categories but blades and cores), with which she made estimates of the possible quantity of blades produced at Phylakopi, a stone industry site, in Greek; given the unique feature of tranchet flaking technique, Shafer and Hester used tranchet flakes deposited at the Colha site in Mexico as an index to make estimates of the output of flint tranchet points; while others explored the production-consumption relation by means of calculating the ratio of the quantity of produced stone tools to that of stone tools to be needed.

The Taosi site is located in north of the Yellow River and within the Xiangfen County of Linfen City, Shanxi Province. The site, roughly dated between 2300 BC and 1900 BC, has remains of town walls, palacial residence, observatory platform, large-elaborate tombs, as well as collections of finely-made pottery, jade, and stone artifacts, therefore making it as one most important late Neolithic site in China. In 2008, the author carried out an investigation and some exploratory excavations at the Taosi site in the hope of understanding the onsite stone tool production and use. At one ash pit dated to the late Taosi Culture period, 20958 flakes in total and 4 semi-finished products were unearthed. 20930 of the 20958 flakes were made of metamorphic sandstones, which can serve as the perfect materials for investigating the productive capacity of production of stone tools using metamorphic sandstones at the Taosi site.

Using the more than 20000 flakes made of metamorphic sandstones and calculating the ratio of the quantity of produced stone tools to that of stone tools to be needed, the present paper makes an estimate of the productive capacity of stone tool production in the late Taosi Culture period. Firstly, it is estimated that these flakes might have been the byproducts of 245 semi-finished stone products, according to the flaking and blank-shaping speeds noticed in replication experiments on stone tools made from metamorphic sandstones. Given the stone tools unearthed at the Taosi site, another estimate was then made for the quantity of stone tools to be needed by inhabitants at the site. Finally, the estimated quantity of stone tools to be needed by the Taosi people was compared with the number of stone tools unearthed within the 2000m^2 residential area by the Taosi commoners, leading to the conclusion that stone tools made of metamorphic sandstones were productions far more than needed at the site during the late Taosi Culture period and that extra stone tools might have been exported to sites in the neighboring areas in exchange of resources needed by inhabitants of the Taosi site but insufficiently produced onsite. The estimate of productive capacity of stone tool production at the Taosi site opens a window into the understanding of the relationship between Taosi and the sites in the surrounding areas.

Key Words: Taosi; stone tool production ; productive capacity

（原刊于《南方文物》2016年第2期，略有改动）

新疆于田流水墓地青铜时代人类牙齿非测量性状

张　旭　朱　泓　王明辉　巫新华

摘要：我国新疆地区作为欧亚草原地带的重要组成部分，自古以来即是东西方文明相互交融的摇篮，以往的考古学、体质人类学研究表明，该区域内不同文化之间的互通有无早在我国青铜—早期铁器时代便已经发生。关于这种交流与融合产生的原因，目前学术界仍未有定论。新疆于田流水墓地（2950±50BP）是由中国社会科学院考古所于2003～2005年主持发掘的青铜时代墓葬群，该墓地共发掘墓葬65座，被视为是昆仑山北麓发现的最早人类文化遗存。本文从采集自流水墓地108例人骨标本的19项牙齿非测量性状研究入手，将其与欧亚大陆范围内的古今人群进行比较研究，并进行史密斯生物学距离的计算以及主成分分析。结果表明，生活在新疆流水地区的古代人类与南西伯利亚、日本绳纹、阿富汗/巴基斯坦、中国姜家梁新石器时代人群之间在牙齿非测量性状方面存在某种程度上的相似性，这或许可以说明至少在3000年前，我国新疆西南部就已经出现了东西方的人群交流。

关键词：流水墓地　青铜时代　牙齿非测量性状

非测量性状观察与测量性状统计是传统体质人类学研究的主要方法，同测量性状相比，人类发展到今天，人类骨骼及牙齿的非测量性状受自然环境等外部因素的影响较小，却与人类遗传学关系较为密切[1]，因此，对于非测量性状的观察可以为体质人类学研究提供更为直观的描述性信息，并被广泛运用于对古代人类的性别鉴定[2]、死亡年龄估算[3]及人群之间或内部的相互关系界定[4]。

牙齿作为人体中最为坚硬的组织，伴随着人类进化的脚步，也在经历着逐渐退化和变异的过程，然而，不同地区的人类牙齿由于受到多种因素的制约，退化或变异发生的时间与速度也有所不同，致使其在尺寸、形态及内部结构特征等方面都具有明显的区域性群体差异，并且不具备明显的性别差异，因此，通过对不同人群牙齿非测量性状的观察与分析，可以比较出牙齿形态特征在人群之间存在的地区性差异，甚至可以此为依据进一步探索人群之间的亲疏关系[5]。目前，针对人类恒齿的非测量性状观察主要集中在齿列的特定区域上，具体表现为牙齿萌出、数量、尺寸、形态以及牙釉质形成等项目的观察与记录。

一、研究材料与方法

（一）本文所用的标本材料

本文研究所用的人骨标本采集自新疆和田地区于田阿羌乡流水墓地，经碳十四测年结果表明，该墓地的年代为（2950 ± 50）BP [6]。流水墓地南傍克里雅河，西临流水河，北面是拥有多个泉眼的阿克布拉克台地以及广袤的喀让古山缓坡，优越的地理环境暗示其很有可能是一处被反复、长期使用的古代墓地，该墓地的古代人骨保存完好，但个别个体存在牙齿过度磨耗现象，故本文仅选取2003～2005年由中国社会科学院考古研究所主持发掘出土的108例牙齿保存相对完好的个体作为研究对象。

（二）牙齿形态特征的观察与记录

本文所采用的观察方法是参照由Christy G. Turner Ⅱ等牙齿人类学家建立的美国亚利桑那州立大学牙齿模型系统（Arizona State University Dental Anthropology System）[7]，该系统主要定义了38项人类牙齿齿冠、齿根的非测量形态特征，并配有分级标准的参考牙模，自建立以来，被广泛运用于国内外牙齿人类学研究当中，逐渐成为牙齿非测量性状研究标准化的象征。而根据流水墓地古代居民牙齿保存的具体情况，本文在这38项牙齿非测量形态特征中筛选了19项主要性状，并根据样本保存情况，运用“个体记录计算法[8]”观察并记录（表1）。

表 1　流水墓地古代人类的19项牙齿非测量性状出现率

Table 1　Frequencies of 19 nonmetric traits in tooth crown and root of the Liushui Cemetery

上下颌	观察性状Dental Nonmetric Traits	缩写 Abbreviation	分级范围 Grades	性状范围 Range of presence	出现个数/观察总数			出现率（%）
					♂	♀	?	
上颌 (maxilla)	中门齿扭转 Winging（UI1）	WING	1—4	1—2	17/26	11/13	6/8	72.3
	中门齿铲形 Shoveling（UI1）	SHOV	0—7	3—7	2/19	0/10	3/7	13.9
	中门齿双铲形 Double-shoveling（UI1）	DSHOV	0—6	2—6	1/18	0/10	0/7	2.9
	侧门齿齿结节Tuberculum Dental（UI2）	TD	0—6	1—6	14/14	10/10	12/12	100.0
	犬齿远中副脊 Distal Accessory Ridge（UC）	DAR	0—5	2—5	25/26	12/14	7/8	91.7
	第一前臼齿双根 2-Rooted Upper Premolars（UP1）	2RT UP1	1—3	2	24/49	10/28	6/14	44.0
	第一臼齿第五尖 Cusp 5（UM1）	CUSP5	0—5	1—5	8/19	2/11	4/12	33.3
	第一臼齿卡氏尖Carabelli's Trait（UM1）	CARA	0—7	2—7	4/18	4/11	4/10	30.8
	第二臼齿次尖Hypocone（UM2）	HYPO UM2	0—5	2—5	21/28	12/18	9/11	73.7
	第二臼齿三根 3-Rooted Upper Molars（UM2）	3RT UM2	1—4	3	34/48	16/28	12/13	69.7

续表

上下颌	观察性状Dental Nonmetric Traits	缩写 Abbreviation	分级范围 Grades	性状范围 Range of presence	出现个数/观察总数			出现率（%）
					♂	♀	?	
下颌 (mandible)	犬齿双根 2-Rooted Lower Canines（LC）	2R LC	1—2	2	0/50	2/34	0/18	2.0
	第二前臼齿舌侧多尖 Multiple Lingual Cusps（LP2）	MLC LP2	0—9	2—9	11/32	7/19	8/13	40.6
	第一臼齿六尖 Cusp 6（LM1）	C6 LM1	0—5	1—5	11/27	6/19	9/14	43.3
	第一臼齿七尖 Cusp 7（LM1）	C7 LM1	0—5	1—5	2/27	1/19	0/13	5.1
	第一臼齿转向皱纹 Defecting Wrinkle（LM1）	DW	0—3	2—3	5/41	1/29	1/17	8.0
	第一臼齿三根 3-Rooted Lower Molars（LM1）	3R LM1	1—3	3	1/50	0/35	0/18	1.0
	第二臼齿四尖 4-Cusped Lower Molars（LM2）	4C LM2	4—6	4	21/39	14/23	2/19	45.7
	第二臼齿单根 1-Rooted Lower Molars（LM2）	1R LM2	1—2	1	18/48	5/33	0/18	23.2
	上、下前臼齿牙瘤 Premolar Odontomes（U&LP）	ODONT	0—1	1	0/32	0/22	1/13	1.5

（三）数据统计分析方法

参照由牙齿人类学家G. Richard Scott和Christy G. TurnerⅡ发布的世界五大人群牙齿非测量性状的出现率[9]情况，来对流水墓地古代人类的牙齿形态特征进行总结与归类；并结合以往的研究成果，将其与世界范围内不同时代的古代居民的牙齿非测量性状出现情况进行比较分析，计算他们之间的史密斯生物学距离（The Mean Measure of Divergence，MMD值）[10]，利用系统聚类和主成分析的方法试图探寻流水墓地古代人群的主要组成成分以及与其他人群之间的牙齿形态学关系。

本文使用的史密斯生物学距离（MMD值）的计算公式参考自人类学家Freeman和Tukey[11]所提出，具体公式如下。

$$\theta = \frac{1}{2}sin^{-1}\left(1 - \frac{2m}{n+1}\right) + \frac{1}{2}sin^{-1}\left(1 - 2\left(\frac{m+1}{n+1}\right)\right)$$

$$MMD = \frac{\sum_{k=1}^{r}\left((\theta_{ik} - \theta_{jk})^2 - \left(\frac{1}{n_{ik} + \frac{1}{2}} + \frac{1}{n_{jk} + \frac{1}{2}}\right)\right)}{r}$$

其中，θ代表计算MMD所需非测量性状出现情况的角度转换值；

i和j分别代表两组需要进行对比的古代人群；

k代表观察到具体的非测量性状；

m代表出现该非测量性状的样本例数；

n代表观察该非测量性状时的样本总数；

r代表对比i和j两组人群时所需的非测量性状的总和。

当MMD值小于0.1时，则表示两个对比人群非常相似或者可能拥有相同的一个祖先；当MMD值介于0.1与0.2之间时，则表示两个对比人群比较相似；当MMD值超过0.2时，则表示两个对比人群拥有着不同的人种来源；当MMD值为负值时可计为0，则表示两个对比人群之间MMD值的计算不具备生物学意义。

为了检验MMD值是否具备统计学意义，本文还计算了不同对比组人群间的MMD值标准差（SD_{MMD}），当MMD值计算结果表明对比组之间差异显著时，MMD值只有大于2倍标准差，该结论才可以成立，否则可将二者之间的距离设为0[12]，公式如下。

$$SD_{MMD} = \sqrt{Var_{MMD}}$$

$$Var_{MMD} = \frac{2}{r^2}\sum_{k=1}^{r}\left(\frac{1}{n_{ik}+\frac{1}{2}} + \frac{1}{n_{jk}+\frac{1}{2}}\right)^2$$

如果MMD值不具备统计学意义时，那么则表明两组对比人群之间不存在显著性差异；有两种原因会导致MMD值不具有显著差异：第一，两组人群间的基因表型不足以将其区分；第二，对比组的样本含量过小。

二、结果与讨论

完全萌出后的恒齿基本形态特征相对稳定，理论上，同一人群中应该不存在明显的两性差异，故本文首先将流水墓地古代居民的牙齿非测量性状进行了两性差异的卡方检验（表2）。

表2　流水墓地古代两性居民的牙齿非测量性状出现率差异卡方检验

Table 2　Chi-square test result of dental nonmetric traits of the Liushui Cemetery by sex

牙齿非测量性状 Dental Nonmetric Traits	X^2	牙齿非测量性状 Dental Nonmetric Traits	X^2
中门齿扭转 Winging（UI1）	0.276	犬齿双根 2-Rooted Lower Canines（LC）	0.161
中门齿铲形 Shoveling（UI1）	0.532	第二前臼齿舌侧多尖 Multiple Lingual Cusps（LP2）	1.000
中门齿双铲形 Double-shoveling（UI1）	1.000	第一臼齿六尖 Cusp 6（LM1）	0.555
侧门齿齿结节Tuberculum Dental（UI2）	-	第一臼齿七尖 Cusp 7（LM1）	1.000
犬齿远中副脊 Distal Accessory Ridge（UC）	0.276	第一臼齿转向皱纹 Defecting Wrinkle（LM1）	0.389
第一前臼齿双根 2-Rooted Upper Premolars（UP1）	0.341	第一臼齿三根 3-Rooted Lower Molars（LM1）	1.000
第一臼齿第五尖 Cusp 5（UM1）	0.246	第二臼齿四尖 4-Cusped Lower Molars（LM2）	0.609
第一臼齿卡氏尖Carabelli's Trait（UM1）	0.433	第二臼齿单根 1-Rooted Lower Molars（LM2）	0.044
第二臼齿次尖Hypocone（UM2）	0.738	上、下前臼齿牙瘤 Premolar Odontomes（U&LP）	-
第二臼齿三根 3-Rooted Upper Molars（UM2）	0.316		

根据表2所示数据，在流水墓地古代人群中，除下颌第二臼齿单根的卡方检验P值小于0.05，其余各项牙齿非测量性状两性出现率的卡方检验P值均大于0.05，即出现情况的两性差异并不明显，可认为流水墓地的古代居民在牙齿非测量性状方面表现较为一致。

根据以往的牙齿人类学研究成果[13]，依照不同的牙齿非测量性状特征可以将世界范围的人类牙齿形态划分为五大人群类型，即西部欧亚人群/Western Eurasia、撒哈拉南非洲人群/Sub-Saharan Africa、中国—美洲人群/Sino-Americas、巽他—太平洋人群/Sunda-Pacific以及莎湖—太平洋人群/Sahul-Pacific。根据流水墓地所处的地理位置，本文从中主要选择了西部欧亚人群和中国—美洲人群作为主要的牙齿非测量性状出现率的参照标准（表3），其中西部欧亚人群主要包括：西欧组/Western Europe；北欧组/Northern Europe；北非组/North Africa；中国—美洲人群主要为：中国—蒙古组/China-Mongolia；日本绳文组/Japan（Jomon）；日本现代组/Japan（Recent）；东北西伯利亚组/Northeast Siberia；南西伯利亚组/South Siberia；美洲北极组/American Arctic（Eskimo-Aleuts）；西北—北美印第安组/Northwest North America（Indians）；北美—南美印第安组/North and South America（Indians）。其中，西部欧亚人群不同于世界其他地区人群的最主要的牙齿非测量形态特征是：较高的下颌臼齿四尖型出现率以及相对较高的下颌犬齿双根出现率。而中国—美洲人群的牙齿非测量形态特征主要表现为：较高的上颌中门齿扭转、上颌中门齿双铲形、下颌第一臼齿六尖、下颌第一臼齿转向皱纹、下颌第二臼齿单根出现率以及较低的上颌第一前臼齿双根、上颌第二臼齿三根出现率。参照表3所示的牙齿非测量性状出现率情况，流水墓地古代人类的牙齿非测量形态特征主要表现如下。

（1）上颌中门齿扭转：流水墓地古代居民该项特征出现率为72.3%，明显高于西部欧亚人群和中国—美洲人群的出现率范围。

（2）上颌中门齿铲形：流水墓地古代居民该项特征出现率为13.9%，介于西部欧亚人群和中国—美洲人群的出现率范围之间。

（3）上颌中门齿双铲形：流水墓地古代居民该项特征出现率为2.9%，与西欧组（3.8%）的出现率最为接近，并且小于除了日本绳纹组（1.4%）之外的中国—美洲人群的出现率范围。

（4）上颌第一前臼齿双根：流水墓地古代居民该项特征出现率为44.0%，与北欧组（46.0%）的出现率最为接近，同时大于所有中国—美洲人群的出现率范围。

（5）上颌第一臼齿第五尖：流水墓地古代居民该项特征出现率为33.3%，与日本绳纹组（31.5%）的出现率最为接近，并大于西部欧亚人群的出现率范围。

（6）上颌第一臼齿卡氏尖：流水墓地古代居民该项特征出现率为30.8%，高于西部欧亚人群和中国—美洲人群的出现率范围，与西欧组（27.3%）的出现率最为接近。

（7）上颌第二臼齿三根：流水墓地古代居民该项特征出现率为69.7%，与现代日本组（68.9%）的出现率最为接近。

（8）下颌犬齿双根：流水墓地古代居民该项特征出现率为2.0%，与北非组

表3　　西部欧亚人群、中国—美洲人群的15项牙齿非测量性状出现率

Table 3　　Frequencies of 15 nonmetric traits in tooth crown and root of the Western Eurasia and Sino-Americas

观察性状（观察齿）		WE		NE		NA		CM		JO		RJ		NES		SS		AA		NWA		NSAI	
		N	%	N	%	N	%	N	%	N	%	N	%	N	%	N	%	N	%	N	%	N	%
门齿扭转	WING	180	7.2	150	5	460	7.5	591	24.5	166	19.9	265	21.9	112	33.9	109	18.3	220	23.2	226	35.8	1177	50
门齿铲形	SHOV	186	2.7	46	2	194	7.5	542	72	117	25.7	276	66	61	62	98	36.7	172	69.2	172	83.1	1368	91.9
门齿双铲形	DSHOV	184	3.8	100	5	175	8.6	545	28.8	138	1.4	267	19.5	43	32.5	92	15.2	155	34.9	158	56.7	1231	70.5
前臼齿双根	2RT UP1	317	40.7	194	46	468	57.1	645	27.2	241	24.5	506	24.9	375	6.9	278	31.3	1022	4.9	693	6.7	2849	14.3
臼齿第五尖	CUSP5	238	11.8	140	26	357	18.5	633	24.2	146	31.5	390	19.7	106	10.4	191	25.1	418	16.7	378	21.4	1780	16.7
臼齿卡氏尖	CARA	249	27.3	138	18	200	20	774	16.2	181	2.3	458	14.9	172	5.3	186	14	477	1.9	388	5.5	2054	5.6
臼齿三根	3RT UM2	265	57.4	227	61	364	78.6	591	65	254	46.9	495	68.9	260	50.8	247	47	836	37.4	523	41.5	2054	55.9
犬齿双根	2R LC	314	5.7	214	6.1	347	2.3	401	0	203	1	335	1.2	206	0	260	3	733	0.3	500	0	2404	0.7
臼齿六尖	C6 LM1	217	8.3	130	16.9	352	7.7	538	35.9	214	46.7	314	42.7	90	50	195	20.5	355	50.4	322	50.3	1847	55.1
臼齿七尖	C7 LM1	291	4.5	179	5	414	9.4	721	7.9	285	3.1	382	5.7	151	6	272	9.9	565	8.5	473	6.8	2756	8.5
臼齿转向皱纹	DW	154	5.2	75	16	267	8.2	343	15.7	162	4.9	262	14.9	81	39.5	142	16.9	230	30	192	36.5	1311	38.1
臼齿三根	3R LM1	357	6	198	0	337	1.2	604	28.3	377	3.4	429	24.2	238	22.3	242	2.5	871	31.1	741	16.5	3276	6.5
臼齿四尖	4C LM2	284	71.1	225	84.4	381	66.4	639	20.8	244	28.7	345	13.6	138	6.5	225	54.2	484	5.2	447	4.4	2462	8.6
臼齿单根	1R LM2	318	28	269	20.8	333	11.7	548	39.8	336	9.8	407	32.9	220	35.5	242	46.3	772	31.2	659	38.7	2703	32.8
前臼齿牙瘤	ODONT	246	8	111	0	545	2	639	5.5	260	0.4	462	5	95	2.1	155	6	372	6.2	371	6.5	1787	4.4

注：N代表观察样本数，%代表性状出现率。WE：西欧组、NE：北欧组、NA：北非组、CM：中国—蒙古组、JO：日本绳文组、RJ：日本现代组、NES：东北西伯利亚组、SS：南西伯利亚组、AA：美洲北极组、NWA：西北-北美印第安组、NSAI：北美—南美印第安组

（2.3%）的出现率最为接近。

（9）下颌第一臼齿六尖：流水墓地古代居民该项特征出现率为43.3%，与现代日本组（42.7%）的出现率最为接近，并且高于中国—美洲人群的出现率范围。

（10）下颌第一臼齿七尖：流水墓地古代居民该项特征出现率为5.1%，与北欧组（5%）的出现率最为接近。

（11）下颌第一臼齿转向皱纹：流水墓地古代居民该项特征出现率为8.0%，与北非组（8.2%）的出现率最为接近。低于除了日本绳纹组（4.9%）之外的所有中国—美洲人群的出现率范围。

（12）下颌第一臼齿三根：流水墓地古代居民该项特征出现率为1.0%，与北非组（1.2%）的出现率最为接近，并且小于所有中国—美洲人群的出现率范围。

（13）下颌第二臼齿四尖：流水墓地古代居民该项特征出现率为45.7%，与南西伯利亚组（54.2%）的出现率最为接近。小于西部欧亚人群的出现率范围。

（14）下颌第二臼齿单根：流水墓地古代男性居民与女性居民在该项非测量形态特征上存在显著性差异（P<0.05），其出现率分别为37.5%和15.2%。

（15）上、下颌前臼齿牙瘤：流水墓地古代居民该项特征出现率为1.5%，与北非组（2.0%）的出现率最为接近。

为了进一步分析出流水墓地与西部欧亚人群、中国—美洲人群之间的牙齿非测量性状特征的形态学关系，本文将流水墓地与11组对比人群进行了MMD值的计算（表4），根据表4计算结果可知，流水墓地古代人类与西部欧亚人群、中国—美洲人群之间都存在不同程度上的牙齿形态学相似性，其中，与属于中国—美洲人群的日本绳纹组之间的生物学距离最小（MMD=0.163），与南西伯利亚组之间的生物学距离次之（MMD=0.168）；相比中国—美洲人群中的中国—蒙古组、日本现代组以及东北西伯利亚组，流水组与西部欧亚人群之间的生物学距离更小一些，而与美洲各组人群之间的生物学距离最为疏远。

表4　流水墓地古代人类与11组对比人群的15项牙齿非测量性状MMD值

Table 4　The MMD analysis among the Liushui Cemetery and other 11 comparison groups

项目	WE	NE	NA	CM	JO	RJ	NES	SS	AA	NWA	NSAI
MMD	0.241	0.243	0.219	0.296	0.163	0.265	0.397	0.168	0.511	0.545	0.557
2*SDMMD	0.016	0.019	0.015	0.014	0.017	0.015	0.020	0.017	0.015	0.015	0.013

为了探寻流水墓地古代人类与其他古代人群之间的相互关系，本文将其与吉林台组[14]、洋海组、营盘组[15]、陶家寨组[16]、姜家梁组[17]、陇县组[18]、下王岗组[19]、庙子沟组[20]、印度文明组[21]、阿富汗/巴基斯坦组[22]、匈奴组[23]、Chandman组[24]欧亚范围内的12组古代人群（详见表5）的10项牙齿非测量性状进行MMD值的计算（详见表6）。

表5 本文选用的欧亚范围内的12组古代对比人群

Table 5 The sample names, sizes, and the brief information used in this study

名称/Sample Name	例数/N	年代/Time Period	简介/Brief Information
吉林台组/JLT	78	距今3000-2000年	新疆伊犁吉林台库区墓葬（穷科克一号墓地、别特巴斯陶墓地、加勒格斯哈音特墓地、吉仁托海墓地、铁木里克沟口墓地、阿克布早沟墓地、桥彩门墓地）
洋海组/YH	35	距今1000年的青铜时代—早期铁器时代	新疆鄯善洋海墓地
营盘组/YP	23	上限到汉，下限到魏晋或略晚[25]	新疆尉犁营盘遗址
陶家寨组/TJZ	68	汉晋时期	青海西宁陶家寨墓地
姜家梁组/JJL	62	仰韶时代向龙山时代的过渡时期	河北阳原姜家梁遗址
陇县组/LX	97	战国时期，其中部分属于汉唐时期	陕西陇县城关乡店子村墓地
下王岗组/XWG	187	距今约5000～4500年	河南淅川下王岗遗址
庙子沟组/MZG	28	距今约5000年	内蒙古察右前旗庙子沟遗址
印度文明组/IC	58	距今4350～3350年	印度的kalibangan（公元前2500～1750年）、lothal（公元前2400年）遗址巴基斯坦的Harappa（公元前1500年）、Mohanjo-daro（公元前2600年）遗址
阿富汗&巴基斯坦组/A&P	77	19～20世纪	Punjab、Hindu Kush、Kashmir地区以及巴基斯坦的Peshawar地区
匈奴组/XN	59	公元前300～200年	蒙古国境内代表匈奴部落联盟内的不同人群的6个遗址
Chandman组/CD	97	公元前700～前400年	蒙古国的Chandman青铜文化遗址

根据表6的计算结果可知：流水墓地古代人类与12组古代人群之间并不存在极其接近的生物学距离。但相比之下，其与姜家梁组（MMD = 0.330）、阿富汗/巴基斯坦组（MMD = 0.385）之间的距离较近。为了更加直观的解析流水墓地古代人类与这12组古代人群间的相互关系，进一步绘制出树状聚类图（图1）。根据图1所示，在牙齿形态上，流水墓地古代人类与新疆地区的吉林台、洋海、营盘组古代人群之间并不存在十分明显的近似关系，却与姜家梁组、陇县组等华北地区对比组之间有着一定程度上的相似性。

为了更加清楚的分析各组之间的亲疏关系以及牙齿形态特征对这种关系的贡献率情况，本文运用因子分析的降维方法，提取累积贡献率达到85.51%的前四个因子，以代表对比研究所用的10项牙齿非测量性状的大部分信息。根据因子载荷矩阵可知（表7），各对比组在上颌侧门齿齿结节、上颌第一臼齿第五尖和下颌第二臼齿四尖这3项非测量性状上具有较高的贡献率，同时，下颌臼齿齿根形态的各项贡献率次之。

表6　流水墓地古代人类与12组古代人群的10项牙齿非测量性状MMD值

Table 6　The MMD analysis among the Liushui Cemetery and other 10 comparison groups

观察性状 Trait（观察齿teeth）	JLT		YH		YP		TJZ		JJL		LX		XWG		MZG		IC		A/P		XN		CD	
	N	%	N	%	N	%	N	%	N	%	N	%	N	%	N	%	N	%	N	%	N	%	N	%
上颌侧门齿齿结节Tuberculum Dental UI2	31	12.9	8	0	8	12.5	12	0	49	55.2	31	22.5	78	35.9	20	45.0	29	34.5	4	50.0	23	13.0	14	7.1
上颌第一臼齿第五尖 Cusp 5（UM1）	69	7.2	32	0	23	4.3	53	5.7	52	3.8	55	3.6	125	4.0	18	16.7	30	23.3	33	6.0	54	9.3	27	0
上颌第一臼齿卡氏尖Carabelli's Trait（UM1）	53	22.6	31	16.1	21	28.6	56	17.9	56	7.2	54	5.6	128	0	17	11.8	45	22.3	40	15.0	59	18.6	29	13.8
上颌第二臼齿三根 3-Rooted Upper Molars（UM2）	70	75.7	27	70.4	22	72.7	58	58.6	59	64.4	56	71.4	115	77.4	18	88.9	5	60	19	68.4	34	64.7	10	50.0
下颌第二前臼齿舌侧多尖 Multiple Lingual Cusps（LP2）	62	50.0	19	57.9	16	62.5	41	61.0	59	67.8	48	75.0	135	77.8	23	87.0	19	57.9	10	20.0	36	58.3	20	55.0
下颌第一臼齿六尖 Cusp 6（LM1）	76	6.6	32	0	18	0	56	7.1	59	50.1	65	46.2	162	14.8	16	31.3	18	16.7	17	5.9	44	11.4	29	6.9
下颌第一臼齿七尖 Cusp 7（LM1）	75	5.3	34	5.9	19	15.8	60	0	57	15.8	60	1.7	155	2.6	17	11.8	44	4.5	24	8.3	48	8.3	31	9.7
下颌第一臼齿三根 3-Rooted Lower Molars（LM1）	78	0	29	0	23	0	66	21.2	61	11.5	76	26.3	187	36.4	21	47.6	10	0	13	7.7	23	4.3	7	0
下颌第二臼齿四尖 4-Cusped Lower Molars（LM2）	76	88.2	32	81.3	22	86.4	54	42.6	59	22.4	54	18.5	156	27.6	16	18.8	36	100	24	91.7	46	67.4	34	64.7
下颌第二臼齿单根 1-Rooted Lower Molars（LM2）	74	20.3	28	0	23	8.7	60	30.0	66	21.2	70	34.3	184	31.0	18	27.8	4	0	12	16.7	25	28.0	10	30.0
MMD值	0.680		1.054		0.709		0.913		0.330		0.628		0.683		0.509		0.509		0.385		0.575		0.716	
2*SDMMD	0.031		0.059		0.068		0.042		0.031		0.033		0.032		0.063		0.100		0.094		0.041		0.075	

注：JLT：吉林台组、YH：洋海组、YP：营盘组、TJZ：陶家寨组、JJL：姜家梁组、LX：陇县组、XWG：下王岗组、MZG：庙子沟组、IC：印度文明组、A/P：阿富汗/巴基斯坦组、XN:匈奴组、CD：Chandman组

表7　　11项牙齿非测量性状因子得分

Table 7　　Results of component analysis

因子	1	2	3	4
特征值	3.945	2.342	1.255	1.009
贡献率（%）	39.451	23.422	12.546	10.088
累积贡献率（%）	39.451	62.873	75.418	85.506
因子载荷矩阵				
上颌侧门齿齿结节Tuberculum Dental UI2	0.229	0.91	−0.034	−0.132
上颌第一臼齿第五尖 Cusp 5（UM1）	−0.044	0.901	−0.084	0.292
上颌第一臼齿卡氏尖Carabelli's Trait（UM1）	−0.721	0.462	0.084	0.153
上颌第二臼齿三根 3-Rooted Upper Molars（UM2）	0.466	0.2	0.62	0.475
下颌第二前臼齿舌侧多尖 Multiple Lingual Cusps（LP2）	0.726	−0.276	0.327	0.09
下颌第一臼齿六尖 Cusp 6（LM1）	0.648	0.577	−0.117	−0.321
下颌第一臼齿七尖 Cusp 7（LM1）	−0.095	0.107	0.709	−0.653
下颌第一臼齿三根 3-Rooted Lower Molars（LM1）	0.897	−0.103	0.119	0.281
下颌第二臼齿四尖 4-Cusped Lower Molars（LM2）	−0.949	−0.075	0.113	0.159
下颌第二臼齿单根 1-Rooted Lower Molars（LM2）	0.701	−0.102	−0.453	−0.126

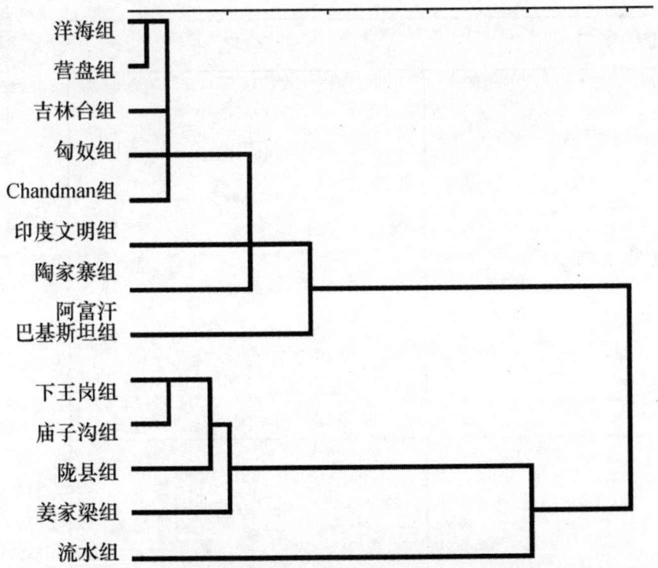

图1　流水墓地与12组古代对比组之间树状聚类图

Figure 1　The Ward's method cluster dendrogram based on 10 dental nonmetric traits of 13 groups

根据图2所示的前四个因子的矩阵分布图可知，流水墓地古代人类与12组古代人群之间并不存在极其接近的生物学距离，仅在第三因子与第四因子矩阵分布图中，与印度文明组、阿富汗/巴基斯坦组、匈奴组之间距离相对较近，与其他古代组之间相距较远。

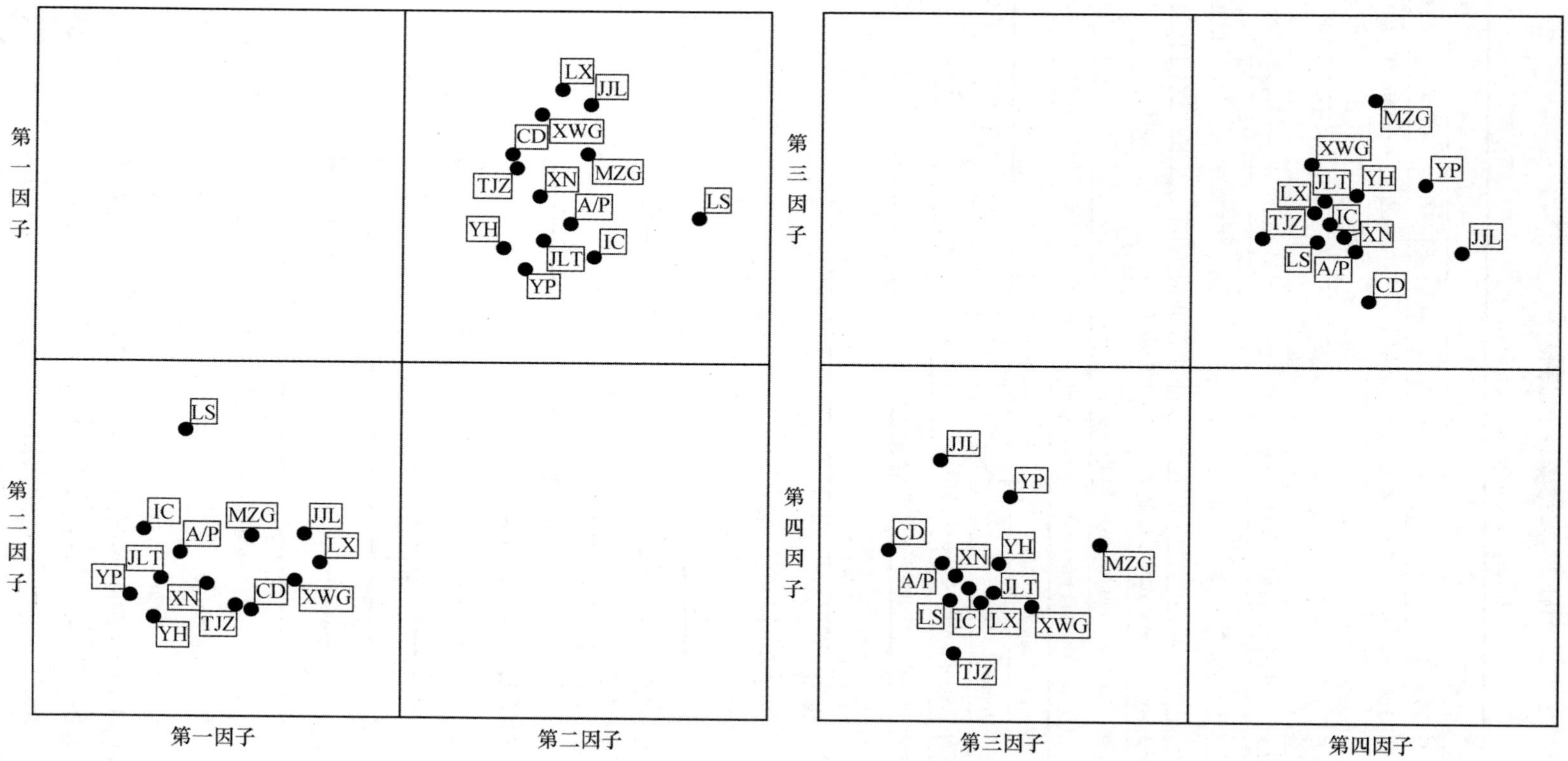

图2　牙齿非测量性状的前四个因子矩阵分布图

Figure 2　Matrix Distribution to show relationships of samples using dental morphological factors identified by PCA.

LS：流水组　JLT：吉林台组　YH：洋海组　YP：营盘组　TJZ：陶家寨组　JJL：姜家梁组　LX：陇县组　XWG：下王岗组　MZG：庙子沟组　IC：印度文明组　A/P：阿富汗/巴基斯坦组　XN：匈奴组　CD：Chandman组

三、小　结

本文对采集自新疆于阗流水墓地古代人类的牙齿形态特征进行了非测量性状分析与比较研究，结果表明：

第一，流水墓地古代人类在牙齿形态特征上几乎不存在明显的两性差异，仅下颌第二臼齿单根表现为差异显著，但很有可能与观察样本数量的局限性有关，故不赘论。参照以往的考古研究，流水墓地的墓葬形式主要表现石堆墓和石围墓两种，笔者将采集自这两种墓葬形制的人骨标本进行牙齿非测量形态特征比较分析后，并未发现明显差别，表明两种墓葬形制中埋葬的古代人类在牙齿特征方面应为同一人群，这同有关“石围墓原本是石堆墓”的推论[26]相互印证。

第二，流水墓地古代人类的牙齿形态特征更多地表现出与西部欧亚人群之间相近的形态学关系，例如较高出现的上颌前臼齿双根、上颌臼齿卡氏尖，以及较少出现的上颌门齿双铲形、臼齿转向皱纹、下颌臼齿三根；但值得注意的是流水墓地古代人类还存在介于西部欧亚人群和中国—美洲人群之间，甚至超过两大人群出现率范围的牙齿非测量性状特征，虽然目前尚无法解释其原因，但不排除是早期人群间相互融合后产生的基因突变所致[27]。

第三，流水墓地古代人类在某些牙齿形态特征上与南西伯利亚人群之间存在一定程度上的相似性，可能是流水墓地与南西伯利亚地区相近的地缘关系所致。

第四，流水墓地古代人类与新疆地区的吉林台、洋海、营盘墓地古代人群相比，其牙齿形态更具有自身的特点。作为我国古代东西方文化交流的核心区域，新疆地区一直以来就不乏东西方人群之间的基因交流与融合[28]，笔者认为同一地区内人群间的这种形态特征差异应该是在整个欧亚大陆腹地内基因融合的洪流中产生的。

第五，流水墓地与12组古代居民之间并不明朗的近似关系，或许表明一千多年前生活在流水地区的古代人类，其牙齿形态方面在很大程度上受到多个古代地区先民的影响，这种形态特征的复杂性或许可以为探索流水墓地古代人类的人群构成提供一些线索。

诚然，根据目前所采集的牙齿非测量性状数据进行比较分析与研究，在很大程度上会受到样本数量及保存情况，以及对比组数据的选择等多方因素的影响。因此，本文仅对新疆于田流水墓地出土的古代人类的牙齿形态特征进行初步观察分析与比较研究，所得结果并不能很好地为流水地区古代人群构成以及同其他地区古代人群的群属关系等方面的研究提出见解与参考，故期待未来研究工作的进一步开展。

注　释

[1] Scott G R, Turner C G. 2000.*The anthropology of modern human teeth dental morphology and its variation in recent human populations.* Cambridge: Cambridge University Press.

[2] a. Phenice T W. 1969. A newly developed method of sexing the os pubis. *American Journal of Physical Anthropology* , 30 (2): 297-302.

b. Walker P L. 2008. Sexing skulls using discriminant function analysis of visually assessed traits. *American Journal of Physical Anthropology*, 136 (1): 39-50.

[3] a. Lovejoy C O, Meindl R S, Pryzbeck T R, Mensforth R P. 1985. Chronological metamorphosis of the auricular surface of the ilium: a new method for the determination of adult skeletal age at death. *American Journal of Physical Anthropology*, 68 (1): 15-28.

b. Meindl R S, Lovejoy C O, Mensforth R P, Don Carlos L. 1985. Accuracy and direction of error in the sexing of the skeleton: implications for paleodemography. *American Journal of Physical Anthropology,* 68 (1): 79-85.

[4] Ossenberg N S. 1969. *Discontinuous Morphological Variation in the Human Cranium.* University of Toronto. Ph. D. Dissertation.

[5] a. Kelley M A, Larsen C S. 1991. *Advances in Dental Anthropology.* New York: Wiley Liss.

b. Turner C G II. 1978. Late pleistocene and holocene population history of East Asia based on dental variation. *Am J Phys Anthropol,* 73: 305-321.

c.Tocheri M W. 2002. The effects of sexual dimorphism, asymmetry, and inter-trait association on the distribution of thirteen deciduous dental nonmetric traits in a sample of Pima Americans. *Dental Anthropology*, 15:1-9.

[6] 中国社会科学院考古研究所新疆队：《新疆于田县流水青铜时代墓地》，《考古》2006年第7期，第31-38页。

[7] a. Turner C G, Nichol C R, Scott G R. 1991. Scoring procedures for key morphological traits of the permanent dentition: The Arizona State University dental anthropology system. Kelley M A, Larsen C S (eds.) *Advances in Dental Anthropology.* New York: Wiley & Sons.

b. 同［1］。

[8] 刘武、朱泓：《庙子沟新石器时代人类牙齿非测量特征》，《人类学学报》1995年第1期，第8-20页。

[9] 同［1］。

[10] Irish J D. 2010. The mean measure of divergence: its utility in model-free and model-bound analyses relative to the mahalanobis D2 distance for nonmetric traits. *American Journal of Human Biology*, 22 (3): 378-395.

[11] Freeman M F, Tukey J W. 1950. Transformations related to the angular and square root. *Annals of Mathematical Statistics*, 21: 607-611.

[12] Harris E F, Sjøvold T. 2004. Calculation of Smith's mean measure of divergence for intergroup comparisons using nonmetric data. *Dental Anthropology*, 17(3): 83-93.

[13] 同［1］。

[14] 张林虎：《新疆伊犁吉林台库区墓葬人骨研究》，长春：吉林大学文学院博士学位论文，2010年。

[15] 同［14］。

[16] 张敬雷：《青海省西宁市陶家寨汉晋时期墓地人骨研究》，长春：吉林大学文学院博士学位论文, 2008年。

［17］ 李法军：《河北阳原姜家梁新石器时代人骨研究》，长春：吉林大学文学院博士学位论文，2004年。

［18］ 刘武、曾祥龙：《陕西陇县战国时代人类牙齿形态特征》，《人类学学报》1996年第4期，第302-314页。

［19］ 刘武：《华北新石器时代人类牙齿形态特征及其在现代中国人起源与演化上的意义》，《人类学学报》1995年第4期，第360-380页。

［20］ 同［8］。

［21］ 同［14］。

［22］ Hawkey D E. 1998. *Out of Asian: Dental evidence for affinities and microevolution of early populations from India and Sri Lanka.* Arizona State University. Ph.D. Dissertation.

［23］ Lee C. 2007. *The biological affinities of Neolithic through Modern period population from China and Mongolia: the cranial and dental nonmetric trait evidence*. Arizona State University. Ph.D. Dissertation.

［24］ Lee C, Zhang L. 2013. Do all Asians look alike: a dental nonmetric analysis of population diversity at the dawn of the Chinese Empire (770 BC-AD 420). Scott G R, Irish JD (eds). *Anthropological Perspectives on Tooth Morphology: Genetics, Evolution, Variation.* Cambridge: University of Cambridge Press.

［25］ 新疆文物考古研究所：《新疆尉犁营盘墓地1999年发掘简报》，《考古》2002年第6期，第58-74页。

［26］ 中国社会科学院考古研究所新疆队：《新疆于田县流水青铜时代墓地》，《考古》2006年第7期，第31-38页。

［27］ Hanihara T, Ishida H, Dodo Y. 2003. Characterization of biological diversity through analysis of discrete cranial traits. *Am J Phys Anthropol*, 3: 241-251.

［28］ 韩康信：《丝绸之路古代居民种族人类学研究》，乌鲁木齐：新疆人民出版社，2009年。

Non-metric Dental Traits of Bronze Age Populations at the Liushui Cemetery in Yutian County, Xinjiang

ZHAN Xu, ZHU Hong, WANG Ming-hui, WU Xin-hua

Abstract: The Eurasian Steppe provides very suitable conditions for living and it, as a cradle-place that witnessed interactions between Eastern and Western civilizations, facilitates the transmission of information and technology, therefore leading to constant cultural contact and assimilation. It is for this particular reason that a great ethnic diversity was (and still is) noticed for this broad region, along with many biological subtypes. The present-day Xinjiang of northwestern China, as an important part of the Eurasian Steppe, is located in northwestern China and has long been a region where populations of the East and the West met. Human migration to and from this region has been confirmed by previous studies on human cranial variation. Archaeological studies in this region also indicated cultural exchanges across the entire area during the Bronze to early Iron Age. However, it remains unclear when the earliest cultural exchanges or population migrations took place in the region and how. The Liushui Cemetery (2950 ± 50)BP is located within Yutian county of Xinjiang and was excavated by Research Center for Frontier Archaeology at Chinese Academy of Social Sciences during 2003 to 2005. A total of 65 tombs were excavated, all of which have earthen pits with stone barrows or enclosures on the surface and mostly contain multiperson and secondary burials. Animal bones, very likely due to sacrificial activities, were also found inside the tombs. Grave goods include incised pottery vessels, metal ornaments in the Scythian style or bronzes with distinctive forms and shapes, jades and stone artifacts. The cemetery is believed to have belonged to inhabitants of the earliest Bronze Culture in the northern side of the Kunlun Mountains, and could serve as the perfect material for understanding people living in this area and their cultures back in the first millennium BC.

The present paper investigates a sample of 108 human skeletal remains collected at the Liushui Cemetery by their 19 non-metric dental traits, the results of which were later compared with those obtained for the ancient and present-day populations living across the Eurasian steppes. The Smith's Mean Measure of Divergence (MMD) as a measure of distance and the principle component analysis were employed for the comparative purpose. The MMS first calculates the distance between two individuals on the frequency of each of the 19 trait and then, based on the means calculated for all 19 traits, determines the final distance between any two individuals. The two individuals would have been the most/least closely related if the distance between them is the shortest/longest. The results show a certain degree of similarity in non-metric dental traits between the ancient population groups living in the Liushui area of Xinjiang and those living in southern Siberia, Japan (back in the Jomon period), Afghanistan/Pakistan, and Jiangjialiang (Neolithic North China). Significant differences do exist among some of these investigated 108 individuals, suggesting a possible multi-ethnicity at Liushui Cemetery and therefore likely human migration (by non-local populations) across a wide geographical area. All findings lead to the conclusion that the migration of Western populations to the present-day southwestern Xinjiang might have occurred at least 3000 years ago. Given the relatively small sample size (108), tracing non-local individuals back to where they originally lived is impossible. A systematic sampling that consists of more samples in the Liushui region and from earlier periods elsewhere in Xinjiang is needed to address this issue. Other lines of evidence from, for example, archaeological and linguistic studies could also contribute to a more fully understanding of human migration to and from the Liushui region in the Bronze Age.

Key Words: Liushui Cemetery; Bronze Age; non-metric dental traits.

（原刊于《人类学学报》2014年第33卷第4期，略有改动）

后　记

自2005年以来，中国社会科学院考古研究所科技考古中心（以下简称科技考古中心）连续编纂了四辑《科技考古》论文集。编纂论文集的初衷是纪念科技考古中心成立10周年，展示科技考古中心各个方向和各位同仁近年来的研究成果，向考古学界和科技考古学界做个汇报。

《科技考古》第二、三辑汇集了“中华文明探源工程”的“技术与经济”课题的研究成果，扩大了收稿范围，有些稿件还属于原创成果，极大地提升了《科技考古》的品质和学界认可度。《科技考古》第四辑是2015年为纪念科技考古中心成立20周年而编辑的。

《科技考古》系列论文集出版以来，得到了全国考古学界和科技考古学界的关注和一致好评。经过几任编委的不懈努力，《科技考古》也在不断进步和提升，在各位领导的关心和前辈学者的关怀下，已然成为科技考古中心的重要品牌之一。我们自知，《科技考古》的编辑都是非编辑专业的科技考古中心的同仁利用业余时间编辑的，难免会出现不足和缺点，感谢各位领导和前辈学者的不断提醒和提携，使得我们的《科技考古》能够更上一层楼。

十多年来，科技考古中心在不断壮大，茁壮成长，已经发展成为中国科技考古学界学科门类最齐全、科研设备最先进、科研成果最丰硕的科技考古部门，在国际科技考古学界也产生了一定的影响，成为中国社会科学院考古研究所的重要品牌之一。

经过多年的发展，科技考古已经经历了由逐步应用到全面推广的过程，其学术价值和深远意义早已在我国考古学研究的发展进程中彰显出来，科技考古中心作为中国科技考古排头兵，为完善我国科技考古学科体系做出了突出的贡献。科技考古中心曾先后被中国社会科学院列为院重点扶持学科和重点学科，2002年开始被列为社科院6个重点研究室之一，2010年在中心动物考古和植物考古两个实验室基础上设立动植物考古国家文物局重点科研基地。科技考古中心现有15个实验室，分别从事年代学研究、数字考古、环境考古、土壤微形态分析、人骨考古、动物考古、植物考古、木材分析、食性分析、古DNA分析、成分分析、冶金考古、陶器研究、玉石器研究和考古摄影等，配备了扫描电子显微镜、电感耦合等离子体质谱仪、气相色谱质谱仪、原子吸收光谱仪、实时荧光定量PCR仪、凝胶成像仪、三维扫描仪、三维建模图形工作站、探地雷达、磁化率仪和元素分析仪等多个实验平台和科学仪器。同时，科技考古中心收藏了大量国内不同地域、不同个体特征的实物标本，具体包括现生动物标本（完整个体）150余种、现生植物种子2000余种、现生树芯300余块；古代标本库的建立不仅有助于保存大量不同时期、不同地点的珍贵的考古资料，进一步突出中心的特色、价值和地位，也有助于今后利用的新的技术手段，从这些资料中获取更多的重要信息，开展再研究，中心收藏有全国各地考古遗址的大量珍贵资料，如遥感影像资料2000余幅（景）、土壤样品1000余份、人骨遗存10000余例、动物遗存20余万块、植物种子遗存100余万粒、古代树盘（芯）1000余块、木炭遗存3000余份、冶金遗物1500余块等。科技考古中心各实验室立足自身研究和国内外相关前沿研究，建立各考古遗址或特定区域的科研基础数据库并进行数字化录入，在全国范围内搭建相互交流和学习的网络平台。

科技考古中心现有科研人员20名，从年龄结构看，二十世纪五六十年代出生的人员与七八十年代出生的人员各占一半，高研人员占据四分之三以上，3人具有博士生导师资格，研究人员中绝大多数都拥有博士学位，三分之一以上有过到国外攻读博士学位或进行学术访问一年以上的海外经历。中心科研人员当中既有德高望重的资深专家，如袁靖作为中国动物考古学研究的领军人物，荣登爱思唯尔（Elsevier）旗下的Scopus数据库2014年和2015年“全球高引用科学家名录”；又有崭露头角的青年才俊，八〇后青年学者既具有扎实的考古学功底，又精通相关自然科学方法，日渐成为国内动物考古学、古DNA研究、食性分析等科技考古研究的中坚力量。总之，中心已经建成一支符合现代考古学科发展需要、研究领域多样、年龄结构合理、以多名具备较高学术研究水平和创新能力的学科带头人和学术骨干为主体的研究团队。

科技考古中心承担了国家科技攻关计划、国家科技支撑计划、国家社会科学基金、国家自然科学基金、中国社会科学院重大课题、国家文物局课题等国家和省部级以及中外合作课题50余项，制定行业标准4项，出版专著和论文集10余部，发表学术论文数百篇，获得省部级以上奖励或全国性行业奖励20余项。科研成果开创或完善了学科体系，提出一系列创新性观点，中心科研人员主编或独著的《科技考古》（第一至四辑）、《科技考古的方法与应用》、《科技考古文集》、《中国动物考古学》、《植物考古学：理论、方法和实践》、《胶东半岛贝丘遗址环境考古》、《考古测绘、遥感与GIS》和《考古与地理信息系统》等专著或论文集，以及《考古遗址出土动物遗存的收集与实验室操作规范》、《田野考古植物遗存浮选采集及实验室操作规范》、《碳氮同位素食性分析骨质样品采集及实验室操作规范》和《田野考古制图规范》等行业标准有力地推进了科技考古在考古学及相关学科中的适用性和规范性，极大地提高了对考古遗存的解读能力，引领和带动了中国科技考古整体研究水平的提升和发展，向国际学术界展现了我国科技考古前沿和创新研究的实力。

科技考古中心科研人员积极开展广泛的学术交流活动，多批次赴美国、加拿大、法国、英国、日本等国家以及中国台湾等地就中国古代家养动物的起源、鸟类遗存的鉴定、古DNA研究、人群健康、性别考古等进行学术交流。由动物考古实验室和植物考古实验室分别组织召开的每年一届的全国动物考古/植物考古研讨会，已打造成为国内相关领域研究学者间进行广泛学术交流的平台。

如今，《科技考古》已经成为重要的学术交流平台。由于科技考古领域众多，从业人员来源广泛，涉及行业较多，研究成果发表的刊物差异较大，不同学科之间的交流也相对不足，学者间了解最新学科发展和成果也不容易，因此，我们希望通过《科技考古》搭建一个学术交流平台，各学科展示自己最新成果的研究平台和各学者间的对话平台。当然，目前《科技考古》还存在一些问题，由于人员和经费等方面的不足，目前入选稿件仍以科技考古中心同仁的稿件为主，且出版时限暂不固定等。但是，我们相信在社科院和考古所领导的支持下，在科技考古界同行的协助下，我们的《科技考古》终究会结出甘甜的累累硕果。

2017年，在中国社会科学院“登峰计划”的支持下，我们再接再厉，再次捧出《科技考古》（第五辑）向学界汇报我们最近几年的研究成果，期望得到学界同行和考古学界的诚恳指导。我们也将不断努力，将《科技考古》这个学术交流平台继续办下去，我们相信《科技考古》会越办越好。

王明辉

2017年11月30日

1. 控制点标志与蒙山大佛遗址多视角影像分布图
1. Control point mark and the distribution of multi-view images on Mengshan Buddha

2. 蒙山大佛立面0.5米等值线图
2. 0.5 meter contours in the front of Mengshan Buddha

彩版二

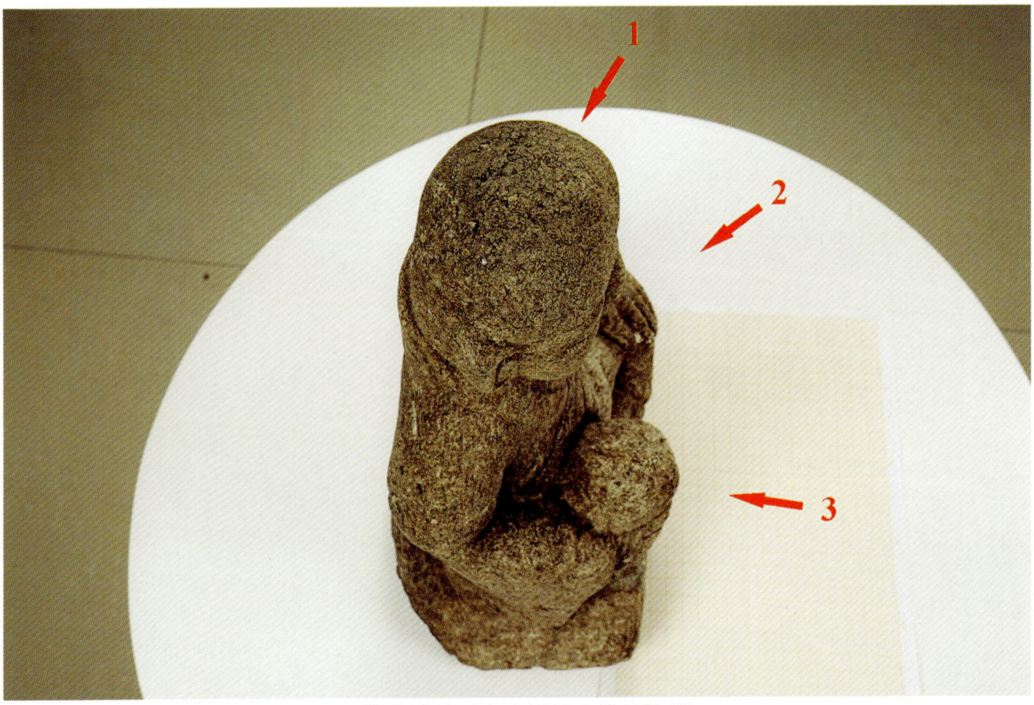

1. 将佛像放置在坐标纸上进行拍摄
1. Taking photography for a Buddha statue on graph paper

2. 将佛像放置在另一个台面上进行拍摄
2. Taking photography for the Buddha statue on another platform

彩版三

1. 佛像各平面、立面正射影像图
1. Ortho images of plan and vertical on the Buddha statue

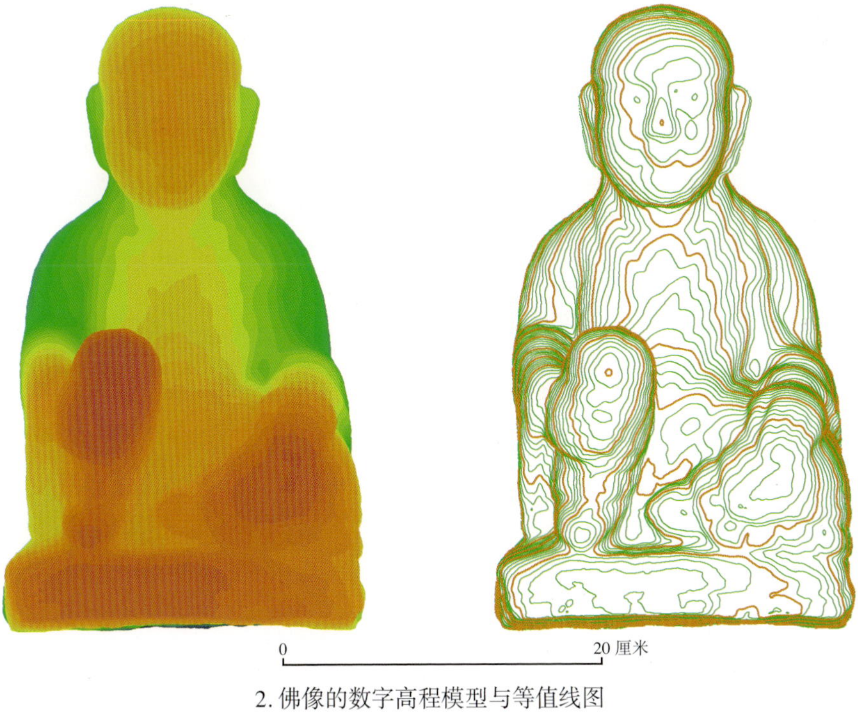

2. 佛像的数字高程模型与等值线图
2. Digital elevation model (DEM) and contour plot of the Buddha statue

1. 克孜尔8号石窟多视角影像位置
1. Distribution of multi-view images in No.8 of Kezil Grottoe

2. 克孜尔8号石窟的顶面正射影像图
2. Ortho image on the top of No.8 of Kezil Grottoe

槛泉寺塔的多视角影像拍摄位置
Distribution of multi-view images of Kanquansi tower

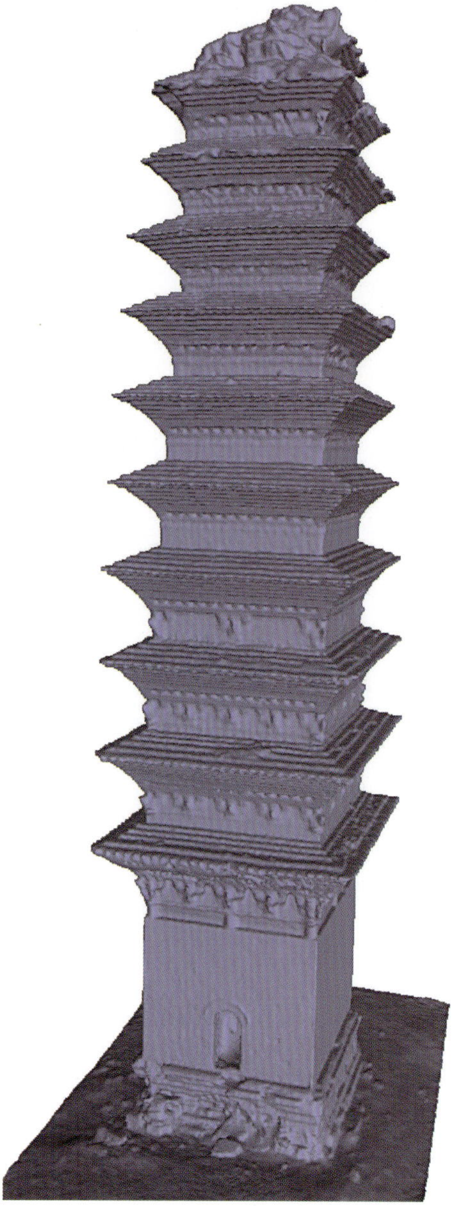

1. 槛泉寺塔的三维模型
1. 3D model of Kanquansi tower

2. 槛泉寺塔的侧立面影像图
2. Ortho image on the side of Kanquansi tower

重庆大佛湾石刻的多视角影像拍摄与三维重建

Distribution of multi-view images and 3D reconstruction for carved stone in Dafowan, Chongqing

彩版八

1. 白家庄出土的罍（C8M2：1）《中国青铜器全集》（夏商1）

1. *Lei* (C8M2 : 1), Middle Shang (14th-13th century BC), from Baijiazhuang, Zhengzhou city, Henan province

2. 二里头时期的爵（传出商丘，现藏天津博物馆）《中国青铜器全集》（夏商1）

2. *Jue*, Erlitou period (18th-16th century BC), Tianjin Museum

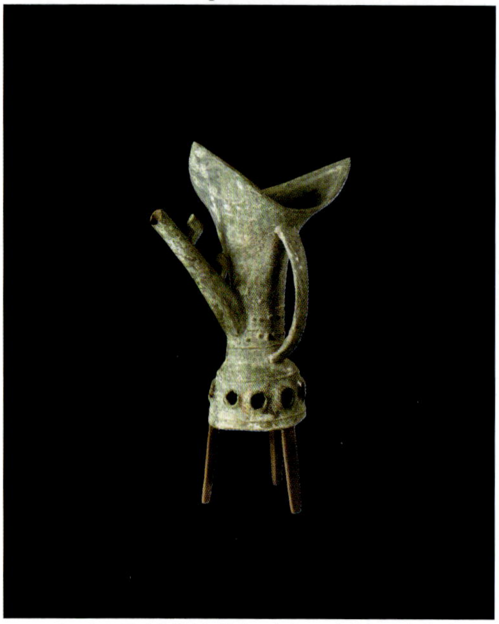

3. 角（上海博物馆藏）《中国青铜器全集》（夏商1）

3. *Jiao*, Erlitou period (18th-16th century BC), Shanghai Museum

4. 盘龙城出土的簋（PLZM2：2）《盘龙城：1963-1994年考古发掘报告》（下）

4. *Gui* (PLZM2 : 2), Early Shang (16th-14th century BC), Panlongcheng site

1. 盘龙城出土的簋（PLZM1：5）《盘龙城：1963-1994年考古发掘报告》（下）
1. *Gui* (PLZM1：5), Panlongcheng site

2. 殷墟出土的簋（04ASM303：79）《殷墟大司空M303发掘报告》
2. *Gui* (04ASM303：79), Late Shang (13th-11th century BC), Yinxu

3. 殷墟出土的簋（小屯M18：5）《中国青铜器全集》（商2）
3. *Gui* (Xiaotun M18：5), Yinxu

4. 白家庄出土的盘（C8M2：3）《中国青铜器全集》（夏商1）
4. *Pan* (C8M2：3), Middle Shang (14th-13th century BC), Baijiazhuang

彩版一〇

1. 平谷刘家河出土的盘《中国青铜器全集》（商4）

2. *Pan*, Middle Shang (14th-13th century BC), Liujiahe site

2. 小屯M18出土的盘（M18：14）《中国青铜器全集》（商3）

2. *Pan* (Xiaotun M18：14), Yinxu

3. 刘家庄北地M1046出土的盘（99ALNM1046：8），由安阳考古队提供

3. *Pan* (99ALNM1046：8), Yinxu

4. 盘龙城出土的尊（PLZM1：8）《盘龙城：1963-1994年考古发掘报告》（下）

4. *Zun* (PLZM1：8), Panlongcheng site

1. 花东M60出土的尊（M60：57）
《安阳殷墟花园庄东地商代墓葬》
1. *Zun* (M60：57), Yinxu

2. 小屯M18出土的子渔尊（M18：13）
《中国青铜器全集》（商3）
2. Ziyu *Zun* (M18：13), Yinxu

3. 新干出土的罍（XDM：44）
《中国青铜器全集》（商4）
3. *Lei* (XDM：44), Late Shang (13th-11th century BC), Xin'gan county

4. 铭功路出土的觚（MGM2：8）
《中国青铜器全集》（夏商1）
4. *Gu* (MGM2：8), Early Shang (16th-14th century BC), Minggonglu

彩版一二

1. 盘龙城出土的觚（PLZM1：21）《盘龙城：1963-1994年考古发掘报告》（下）
1. *Gu* (PLZM1：21), Panlongcheng site

2. 盘龙城出土的觚（PYWM3：2）《盘龙城：1963-1994年考古发掘报告》（下）
2. *Gu* (PYWM3：2), Panlongcheng site

3. 花东M54出土的觚（M54：237）《安阳殷墟花园庄东地商代墓葬》
3. *Gu* (M54：237), Yinxu

4. 安阳梯家口M3所出觚《中国青铜器全集》（商2）
4. *Gu* (TijiakouM3), Anyang

1. 山西灵石旌介所出觚式尊（M1：34）
《中国青铜器全集》（商4）
1. *Zun* (M1：34), Jingjie county, Shanxi province

2. 郑州向阳食品厂提梁卣（XSH1：11）
《中国青铜器全集》（夏商1）
2. *You* (XSH1：11), Middle Shang (14th-13th century BC), Xiangyangshipinchang, Zhengzhou city

3. 小屯M331羊首方卣《中国青铜器全集》
（商3）
3. *You* (M331), Yinxu

4. 刘家庄北地M1提梁卣
《中国青铜器全集》（商3）
4. *You* (Liujiazhuang NorthM1), Yinxu

彩版一四

1. 英国不列颠博物馆藏商代壶
《中国青铜器全集》（商4）
1. *Hu*, Late Shang (13th-11th century BC), British Museum

2. 妇好墓出土方壶（M5：807）
《中国青铜器全集》（商3）
2. *Fanghu* (M5：807), Yinxu

3. M54出土方尊（M54：84）
《安阳殷墟花园庄东地商代墓葬》
3. *Fangzun* (M54：84), Yinxu

4. 孝民屯铸铜遗址出土的鼎足泥芯
4. Clay core in the foot of *ding*, Xiaomintun foundrty site, Yinxu

5. 郭家庄M160：32鼎足部
5. Foot of *ding* (M160：32), Yinxu

1. 司母戊鼎右耳
1. The right ear of Simuwu *ding*, Yinxu

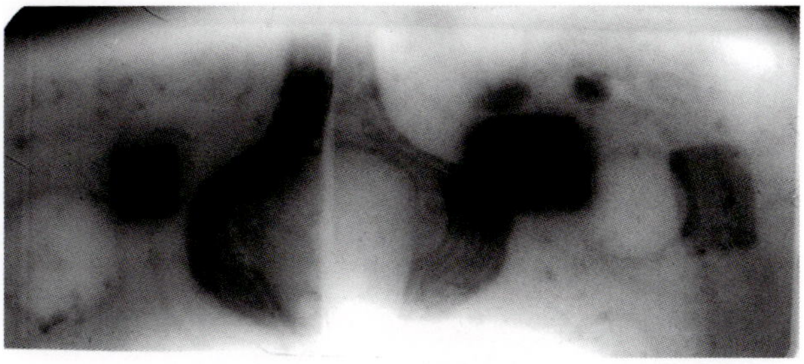

2. 右耳的X射线影像
2. X-ray photograph of the right ear of Simuwu *ding*

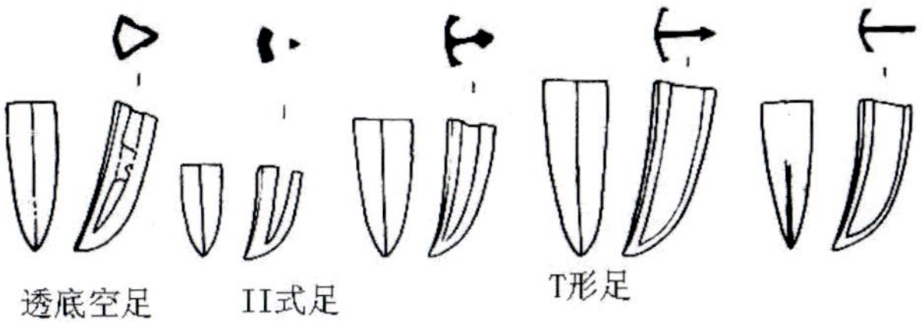

3. 斝的五种足形
3. Five kinds of foot Shape of *jia*

4. 59武官北地M1：4斝《中国青铜器全集》（商3）
4. *Jia* (59 Wuguan North M1：4), Yinxu

5. 三家庄M3：3斝
5. *Jia* (Sanjiazhuang M3：3), Yinxu

彩版一六

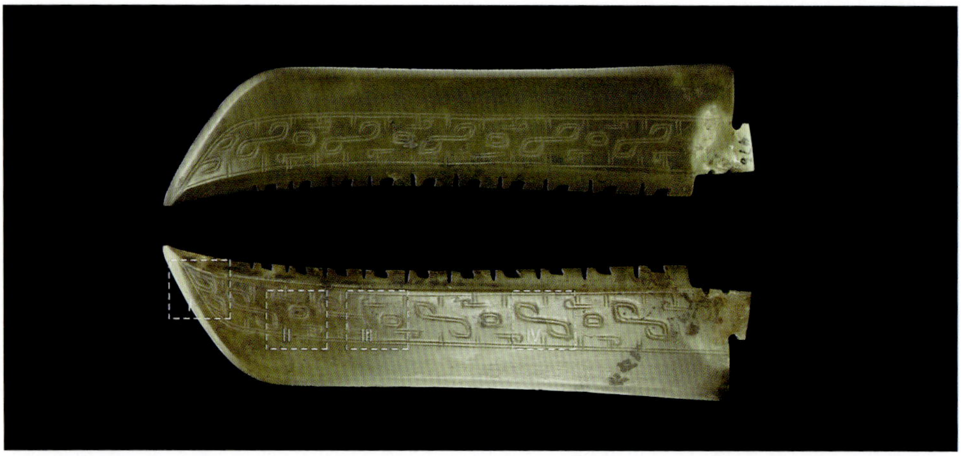

1. 玉刀

1. Jade knife (M5：476)

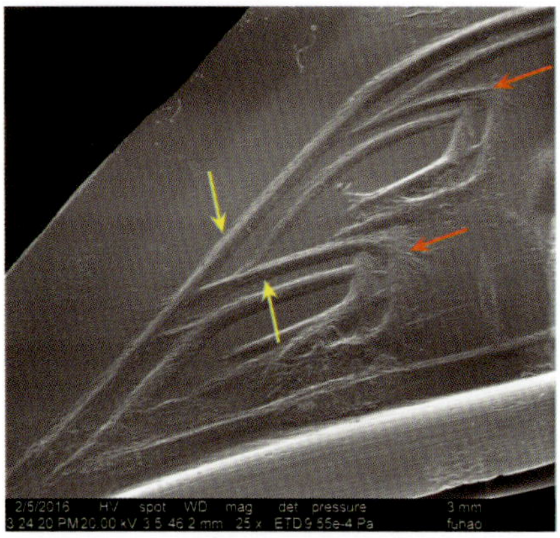

2. 方框Ⅰ处微痕图片

2. SEM image of the molded details of the design highlighted in box Ⅰ

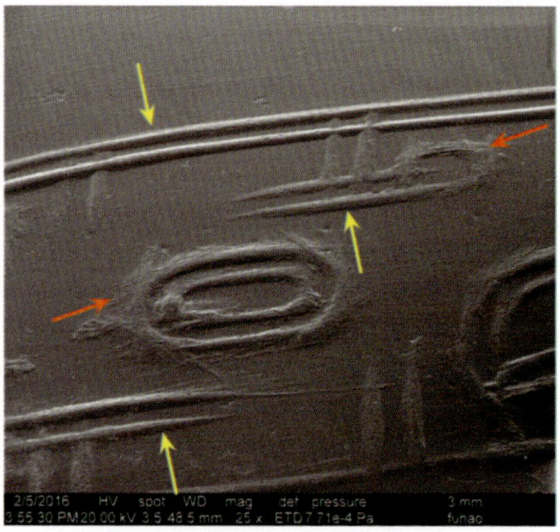

3. 方框Ⅱ处的微痕图片

3. SEM image of the molded details of the design highlighted in box Ⅱ

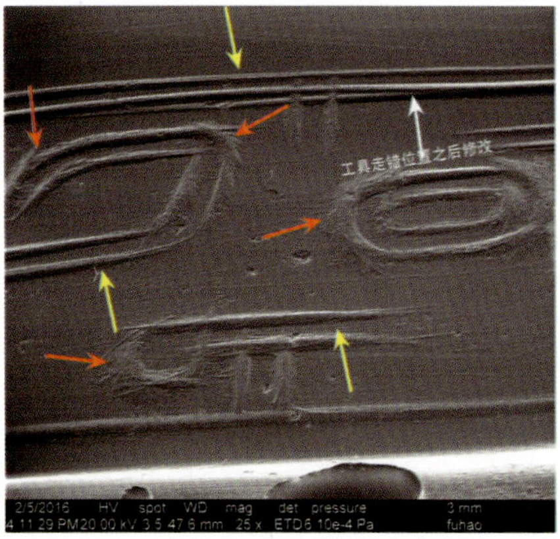

4. 方框Ⅲ处的微痕图片

4. SEM image of the molded details of the design highlighted in box Ⅲ

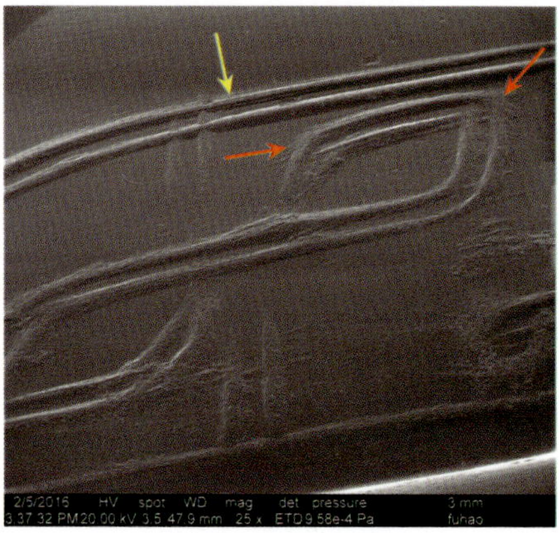

5. 方框Ⅳ处的微痕图片

5. SEM image of the molded details of the design highlighted in box Ⅳ

1. 龙形玦
1. Jade *jue* in the shape of a dragon (M5：600)

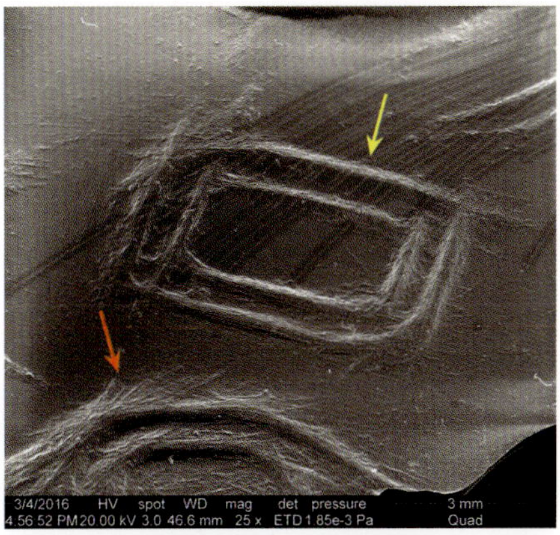

2. 方框Ⅰ处的微痕图片
2. SEM image of the molded details of the design highlighted in box Ⅰ

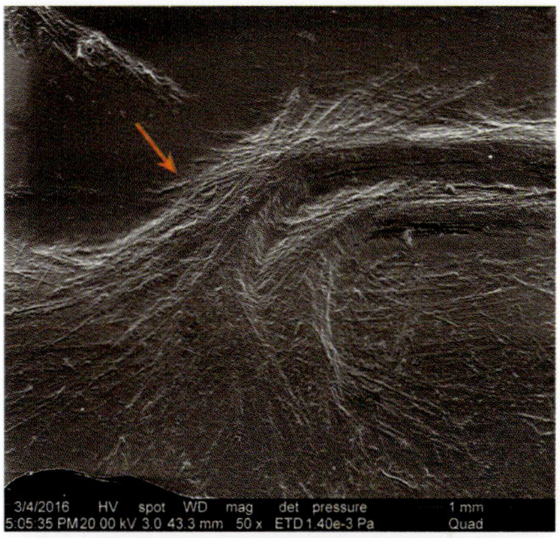

3. 方框Ⅱ处的微痕图片
3. SEM image of the molded details of the design highlighted in box Ⅱ

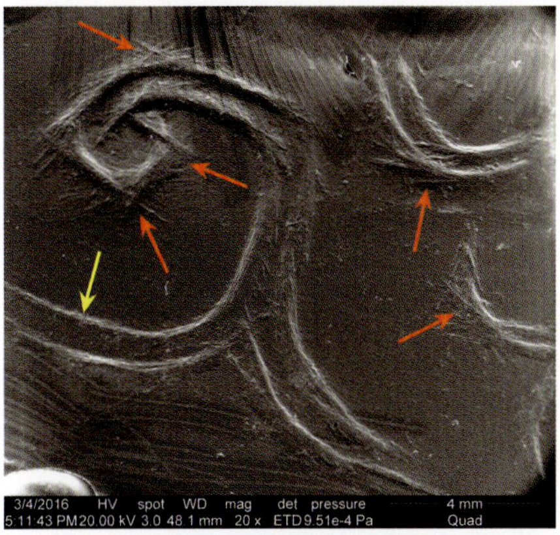

4. 方框Ⅲ处的微痕图片
4. SEM image of the molded details of the design highlighted in box Ⅲ

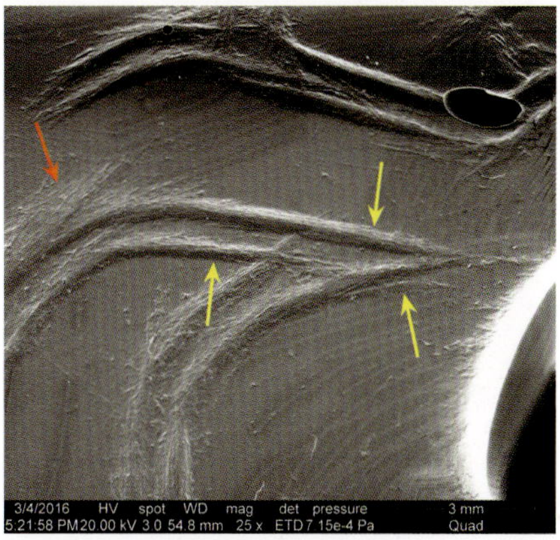

5. 方框Ⅳ处的微痕图片
5. SEM image of the molded details of the design highlighted in box Ⅳ

彩版一八

1. 玉熊
1. Bear-shaped pendant (M5：430)

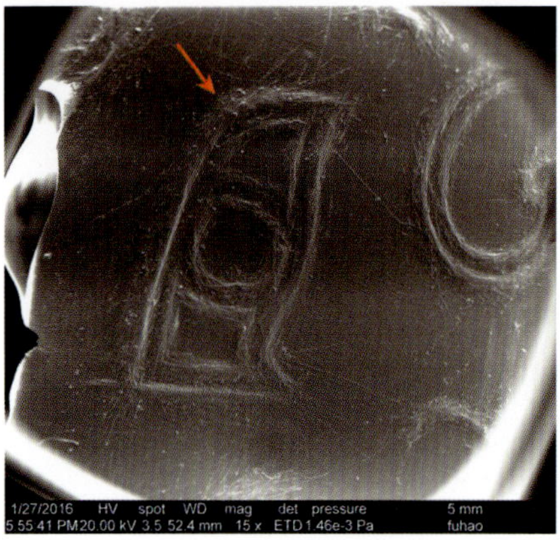

2. 方框Ⅰ处的微痕图片
2. SEM image of the molded details of the design highlighted in box Ⅰ

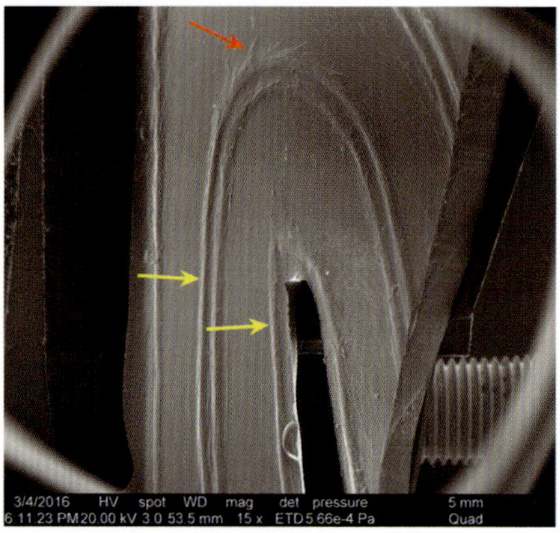

3. 方框Ⅱ处的微痕图片
3. SEM image of the molded details of the design highlighted in box Ⅱ

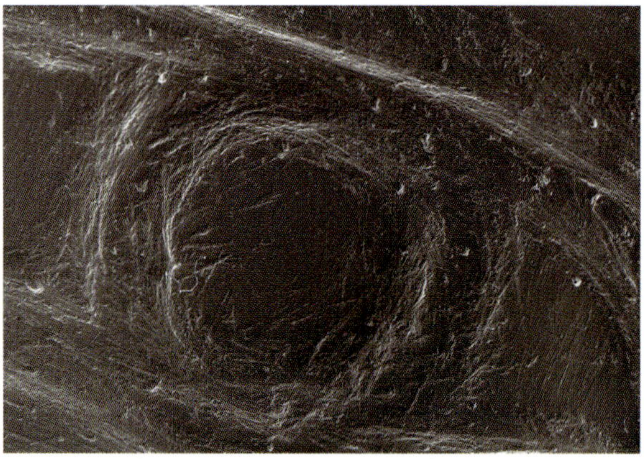

4. 方框Ⅰ处的微痕图片[（2）中眼珠放大]
4. SEM image of the molded details of the design highlighted in box Ⅰ [the eye magnified in (2)]

彩版一九

1. 玉匕

1. Jade spoon (M5：572)

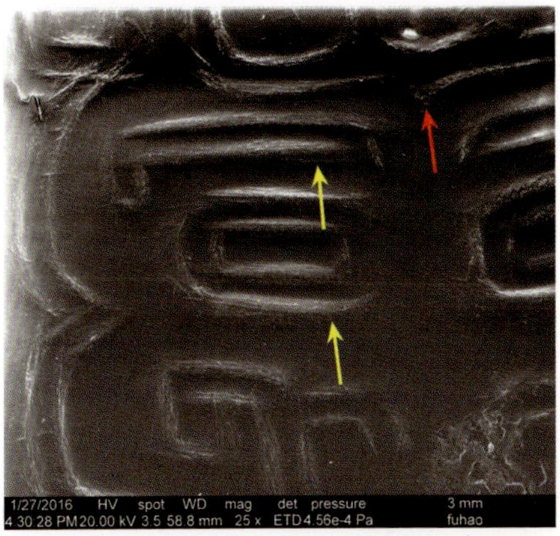

2. 方框Ⅰ处的微痕图片

2. SEM image of the molded details of the design highlighted in box Ⅰ

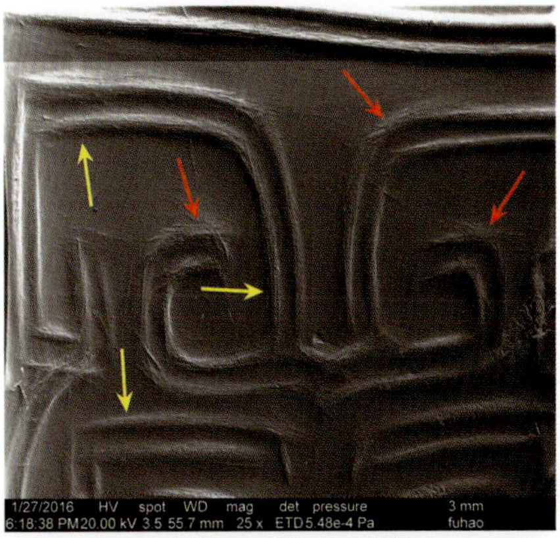

3. 方框Ⅱ处的微痕图片

3. SEM image of the molded details of the design highlighted in box Ⅱ

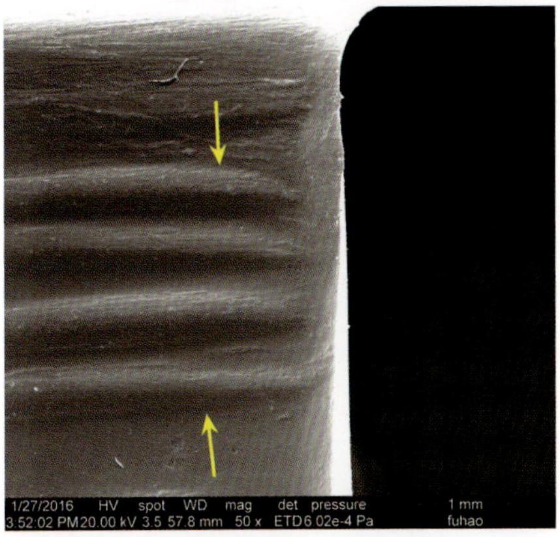

4. 方框Ⅲ处的微痕图片

4. SEM image of the molded details of the design highlighted in box Ⅲ

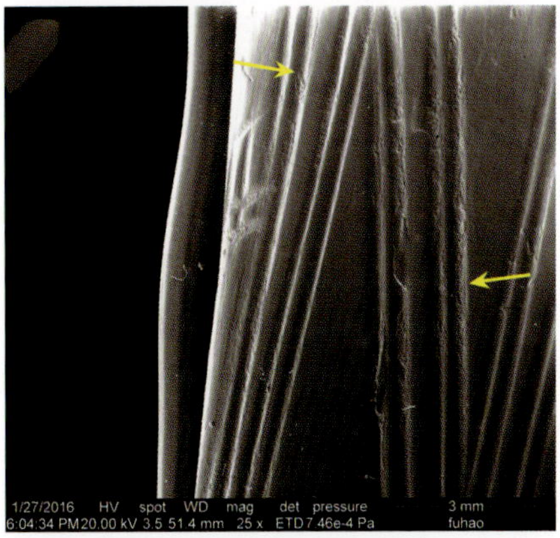

5. 方框Ⅳ处的微痕图片

5. SEM image of the molded details of the design highlighted in box Ⅳ

彩版二〇

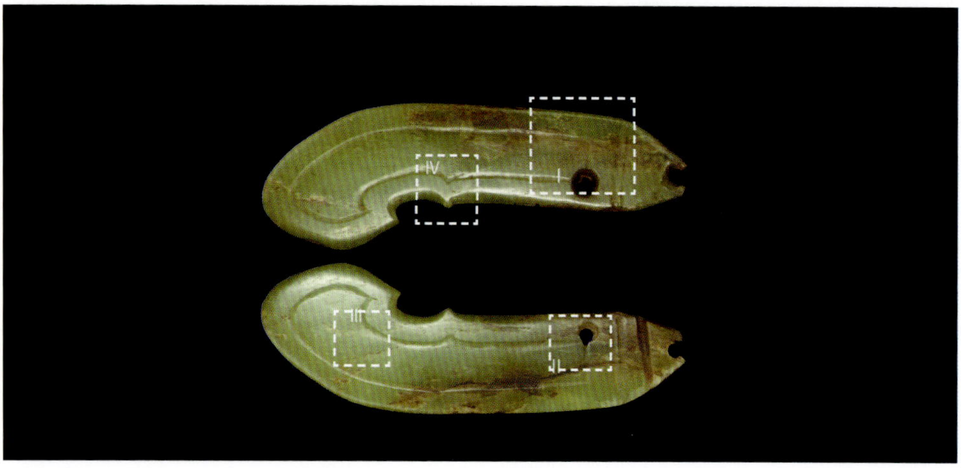

1. 玉勾形器

1. Jade pendant in the shape of a hook (M5：1120)

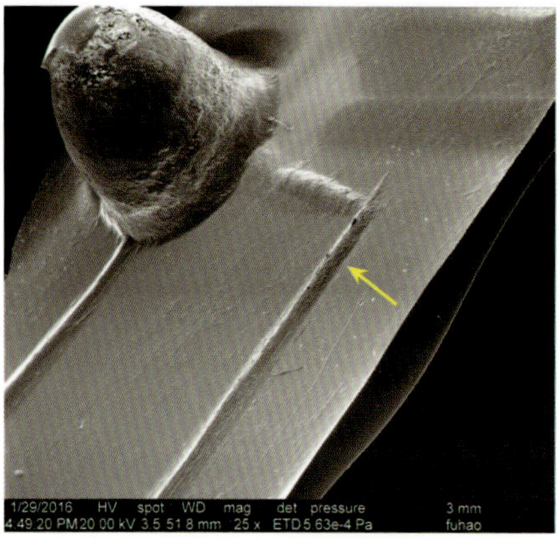

2. 方框Ⅰ处的微痕图片

2. SEM image of the molded details of the design highlighted in box Ⅰ

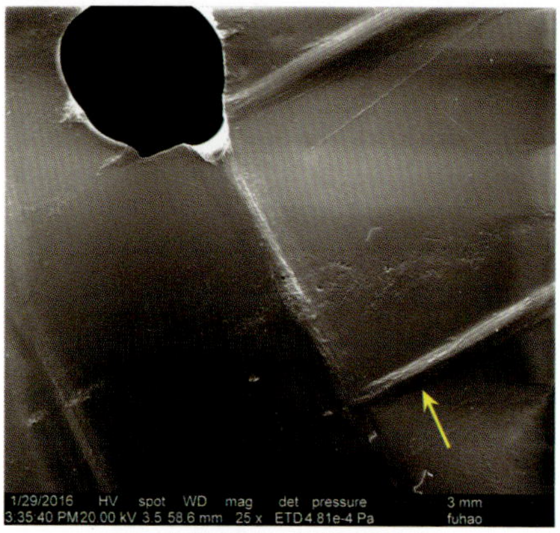

3. 方框Ⅱ处的微痕图片

3. SEM image of the molded details of the design highlighted in box Ⅱ

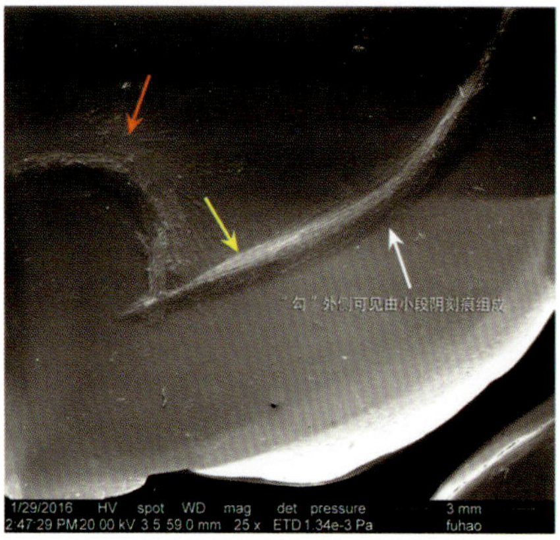

4. 方框Ⅲ处的微痕图片

4. SEM image of the molded details of the design highlighted in box Ⅲ

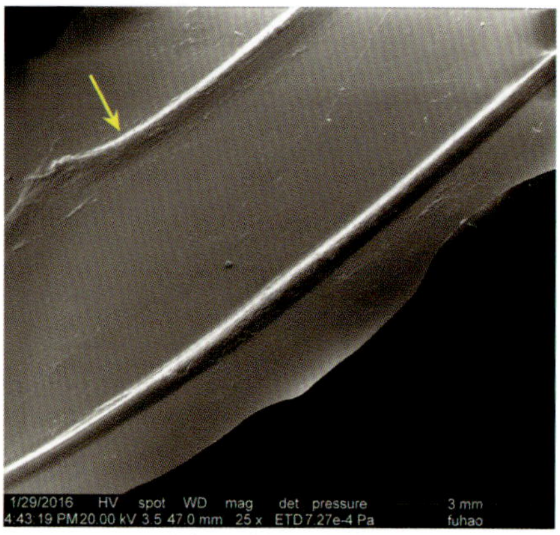

5. 方框Ⅳ处的微痕图片

5. SEM image of the molded details of the design highlighted in box Ⅳ

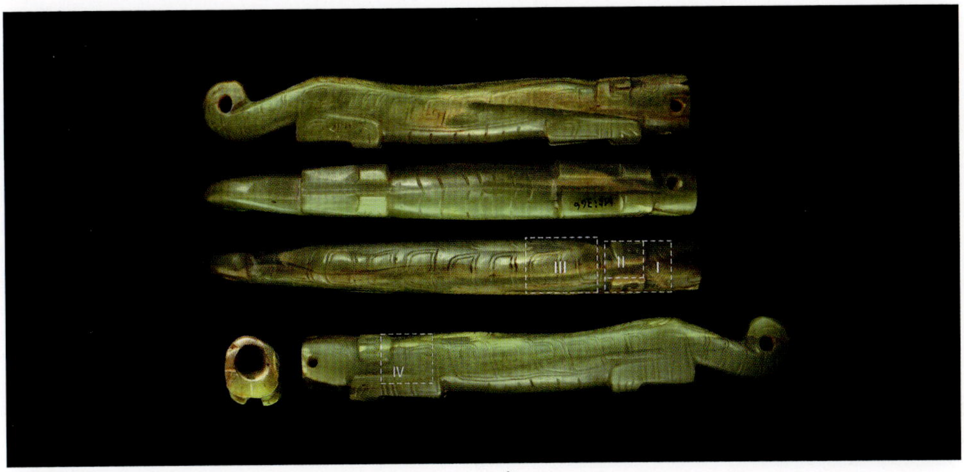

1. 玉虎

1. Jade tiger (M5：366)

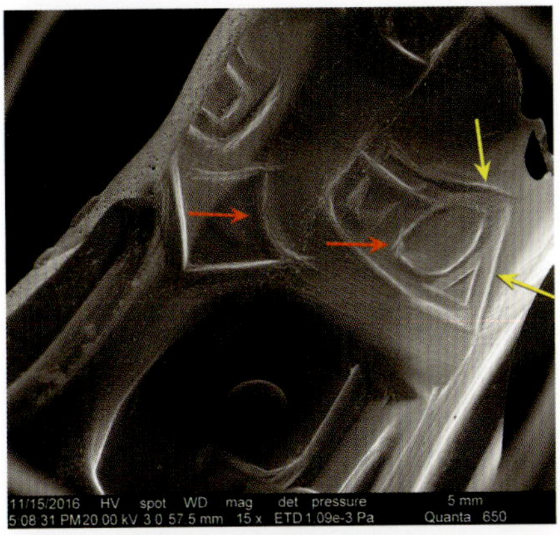

2. 方框Ⅰ处的微痕图片SEM

2. image of the molded details of the design highlighted in box Ⅰ

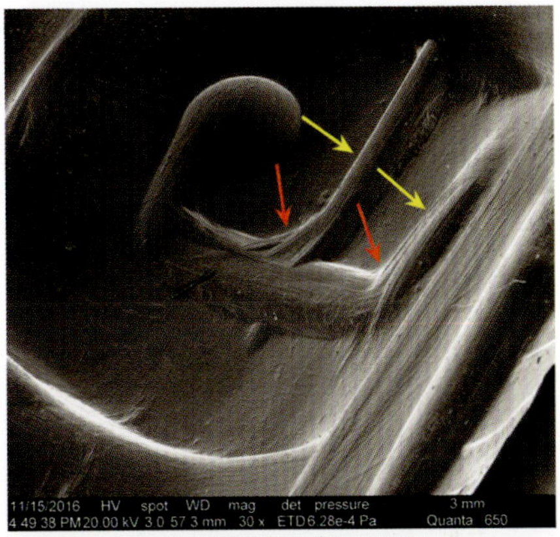

3. 方框Ⅱ处的微痕图片

3. SEM image of the molded details of the design highlighted in box Ⅱ

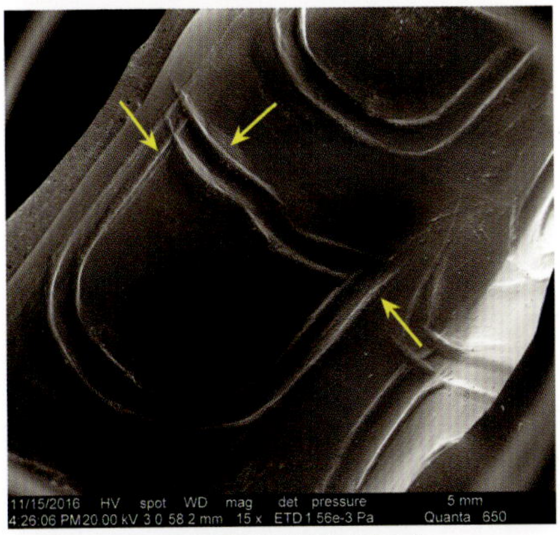

4. 方框Ⅲ处的微痕图片

4. SEM image of the molded details of the design highlighted in box Ⅲ

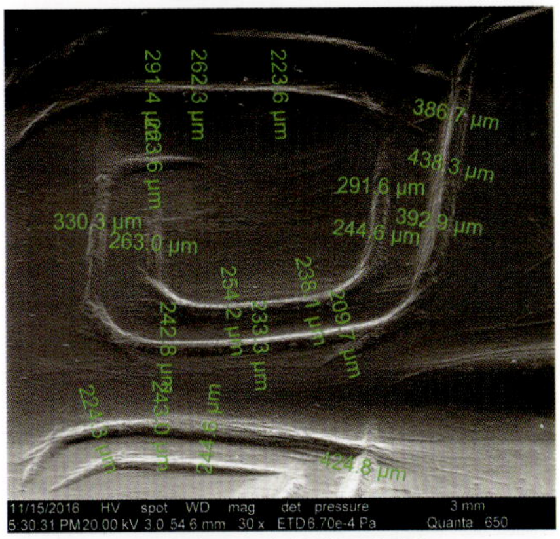

5. 方框Ⅳ处的微痕图片

5. SEM image of the molded details of the design highlighted in box Ⅳ

彩版二二

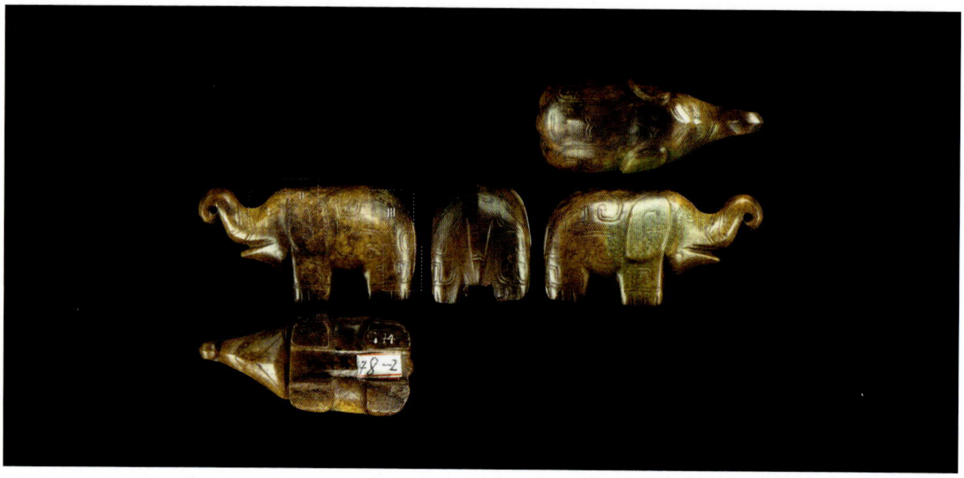

1. 玉象
1. Jade elephant (M5：511)

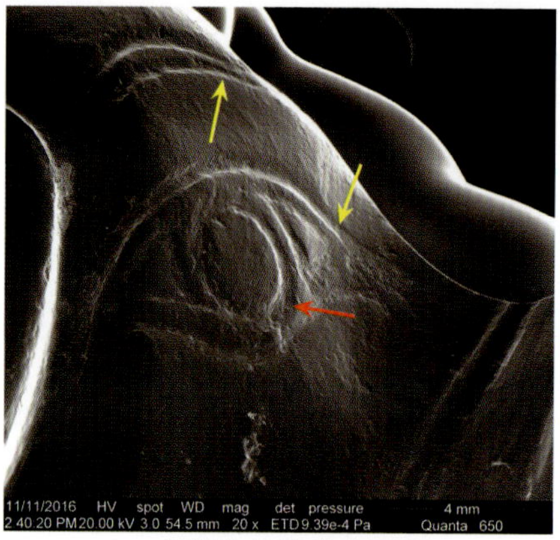

2. 方框Ⅰ处的微痕图片
2. SEM image of the molded details of the design highlighted in box Ⅰ

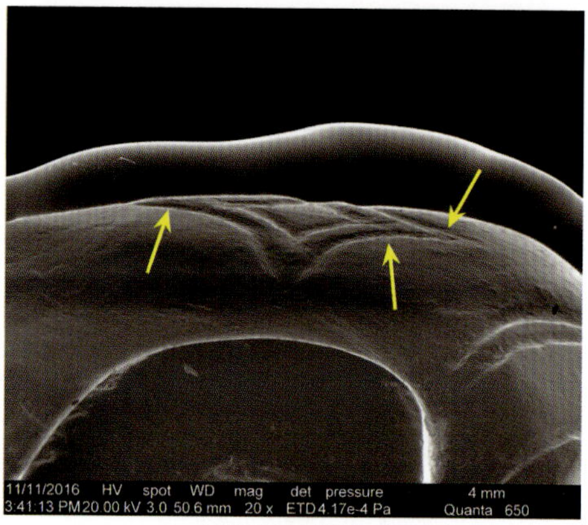

3. 方框Ⅱ处的微痕图片
3. SEM image of the molded details of the design highlighted in box Ⅱ

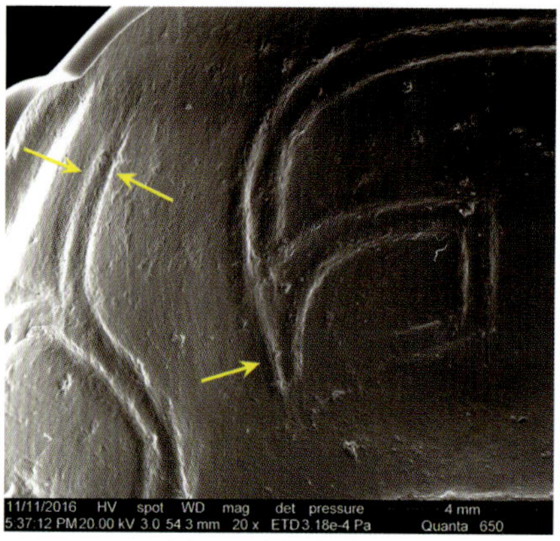

4. 方框Ⅲ处的微痕图片
4. SEM image of the molded details of the design highlighted in box Ⅲ

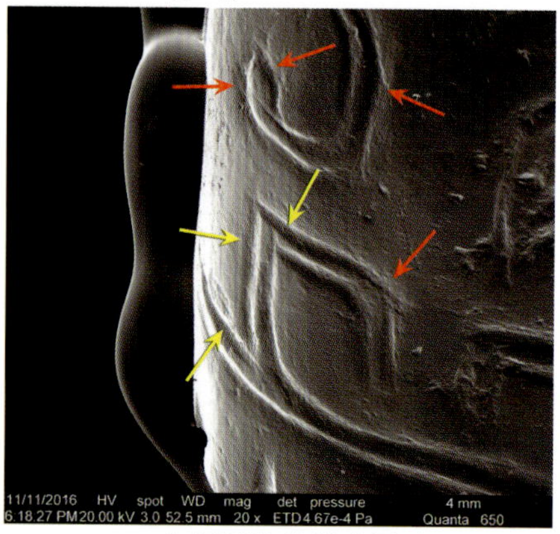

5. 方框Ⅳ处的微痕图片
5. SEM image of the molded details of the design highlighted in box Ⅳ

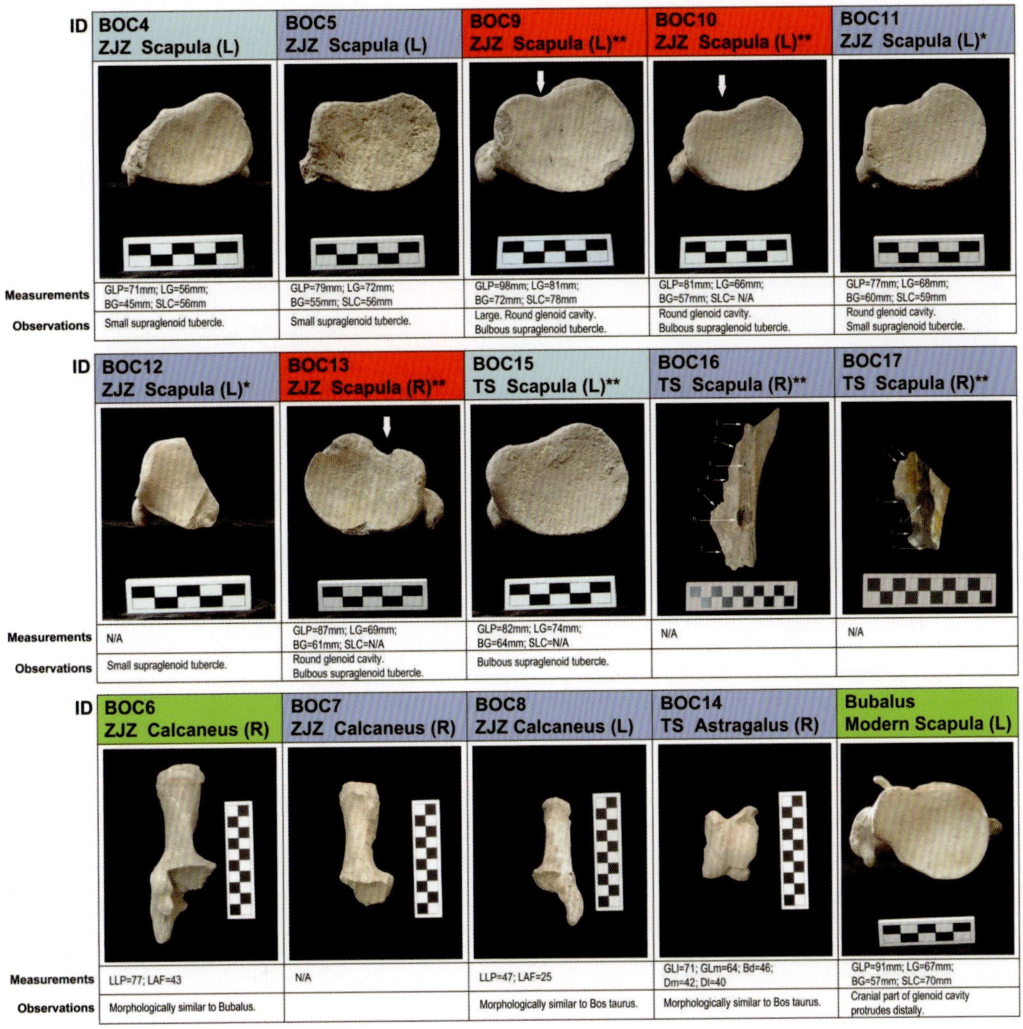

本文分析的周家庄遗址（ZJZ）和陶寺遗址（TS）的牛骨样本测量结果

Specimens from Zhoujiazhuang (ZJZ) and Taosi (TS) included in the analysis

注：*代表卜骨，**代表经预制的卜骨。跟骨测量数据包括外侧突起的长度（LLP）和外侧突起的踝关节面长度（LAF）；其他骨骼测量参考Dreisch（1976）的方法。蓝色代表普通牛，红色代表原牛，绿色代表水牛。水牛样本中包括一件收藏于中国社会科学院考古研究所动物考古实验室的现代水牛标本。

Note: Oracle bones are indicated with a * and pre-treated oracle bones are indicated with a **. Calcaneus measurements include the length of the lateral process (LLP) and length of the articular facet for the *os malleolar* on the lateral process (LAF). Other measurements follow Dreisch (1976). Blue indicates *Bos taurus* specimens, red indicates *Bos primigenius* specimens, and green indicates *Bubalus* specimens including a modern scapula from the zooarchaeological laboratory at IA CASS, Beijing.

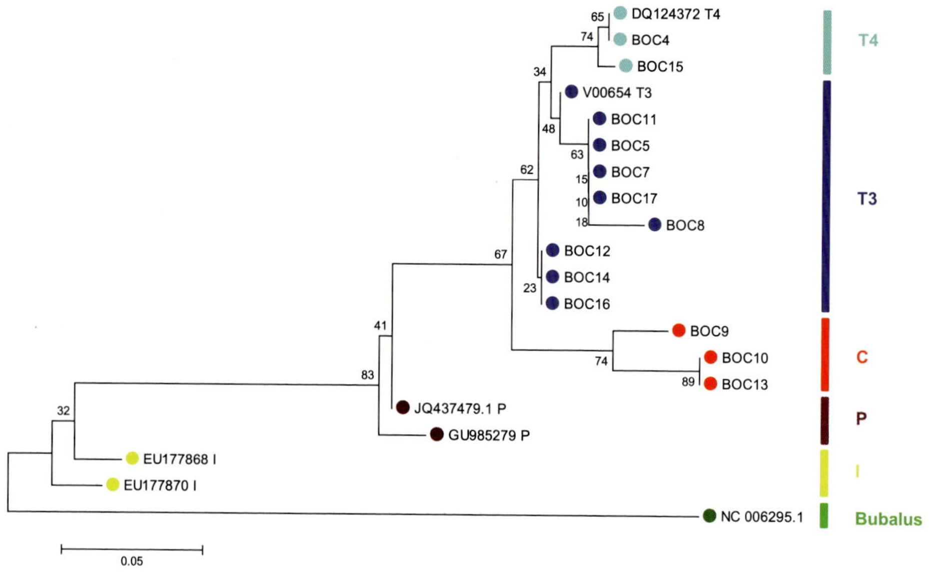

系统发育邻接树

Neighbor-joining phylogenetic tree

注：本文研究样本用BOC表示。对比序列包括：普通牛单倍型类群T3（GenBank：V00654），普通牛单倍型类群T4（GenBank：DQ124372），欧洲原牛单倍型类群P（GenBank：JQ437479和 GenBank：GU985279），瘤牛单倍型类群 I （GenBank：EU177870和EU177868）。水牛（GenBank：NC_006295）作为外类群。全部节点都标注自展值。

Note: Archaeological *Bos* samples were labeled "BOC". Comparative sequences include *Bos taurus* T3 (GenBank: V00654) and T4 (GenBank: DQ124372) haplogroups, European *Bos primigenius* P haplogroup (Bubalus bubalis GenBank: JQ437479 and GenBank: GU985279), and *Bos indicus* I haplogroups (GenBank: EU177870 and EU177868). (GenBank: NC_006295) is included as an outgroup. All major nodes are labeled with bootstrap values (% of 2000 replicates). Scale bar indicates the number of amino acid substitutions per site.

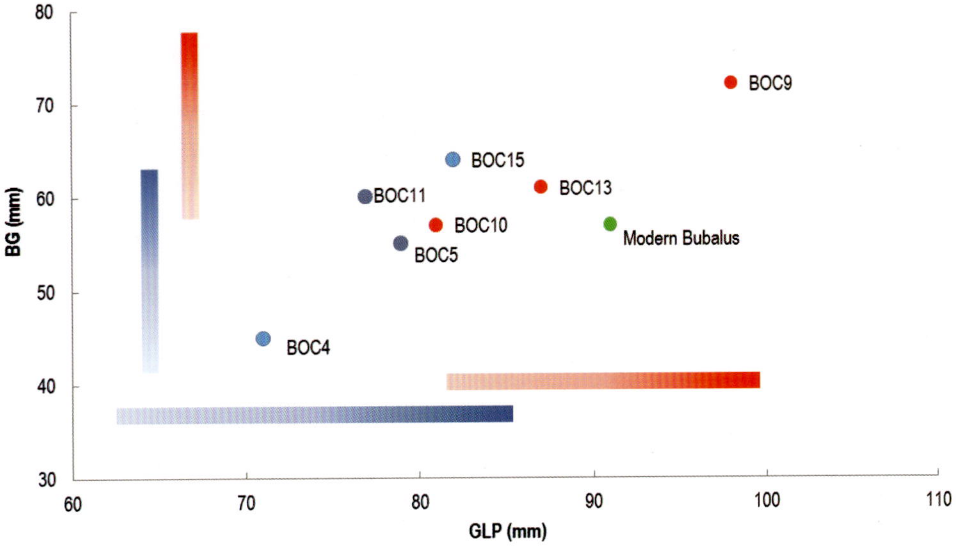

肩胛骨臼窝最大长（GLP）与肩胛盂最大宽（BG）构建的散点图（依据Driesch的方法）

Plot of scapula measurements for the greatest length of the glenoid process (GLP) and greatest breadth of the glenoid cavity (BG) (Driesch, 1976)

注：红点代表原牛，蓝点代表普通牛。绿点是收藏于中国社会科学院考古研究所动物考古实验室的现代水牛标本。红色长条代表欧洲野牛的范围，蓝色长条代表家养黄牛的范围（依据Degerbøl 和Fredskild的研究）：欧洲野牛GLP：81-100 毫米，欧洲野牛BG：58-77 毫米；家养黄牛GLP：61-85 毫米，家养黄牛BG：40-63毫米。由此可见最大的普通牛的肩胛骨与最小的原牛的肩胛骨的测量值有重叠。

Note: *Bos primigenius* scapulae are shown in red and *Bos taurus* scapulae are shown in blue. The green point is a modern *Bubalus bubalis* scapula from the Institute of Archaeology, Chinese Academy of Social Sciences in Beijing. Bars indicate ranges for the measurements of European aurochs (red) and domestic cattle (blue) listed in Degerbøl and Fredskild (1970): Aurochs GLP: 81-100 mm; aurochs BG: 58-77 mm; domestic cattle GLP: 61-85 mm; domestic cattle BG: 40-63 mm. There is considerable overlap between the largest *Bos Taurus* scapulae and the smallest *Bos primigenius* scapulae.

佛像双面垂直拍摄法
Taking photos on both sides of the investigated Buddhist statue from high angle

佛像底部悬空拍摄法

Taking photos from the investigated Buddhist statue hang in air from low angle